개정세법
2025

www.nanumclass.com

입법취지로 배우는
세무입문

김갑순 · 양성희 · 박시훈 · 김태준 저

NANUM CLASS
나눔클래스

머리말

세금은 국가경제, 기업 활동 뿐만 아니라 개인의 삶에도 전 생애에 걸쳐 영향을 미친다. 국가는 세금을 주된 재원으로 하여 운영되는 경제 주체이다. 세금이 없다면 국가도 없다. 국가는 국회에서 법률을 제정하여 개인과 법인을 대상으로 일정한 세목에 대해 세금을 부과하고 징수한다. 세법은 국가로 하여금 납세의무자의 소득 등 과세대상에 대해 일정한 세금을 부과할 수 있는 근거를 제공한다. 그러므로 세법에 대한 올바른 이해는 경제활동의 주체인 기업과 개인들에게는 무엇보다 중요하다.

개인은 돈을 벌 때 세금을 내야하고, 그것을 저축하여 이자가 발생하면 또 세금을 내야한다. 그리고 그 돈을 다시 부동산이나 주식 등에 투자할 때도 세금을 내야하고, 투자의 대가인 배당을 받을 때 또 세금을 내야한다. 뿐만 아니라 그 돈을 다 쓰지 않고 누군가에게 남기고 죽는다면, 국가는 그 돈의 상당부분을 또 다시 세금으로 걷어간다. 개인의 경제적 의사결정에서 세금 문제와 관련되지 않는 것은 찾아보기 어렵다. 그리고 이러한 점은 기업과 같은 법인도 마찬가지이다.

개인이나 기업의 경제적 의사결정 과정에서 세금에 대한 고려는 필수적인 요소이다. 세금이라는 변수를 적절하게 고려하지 않을 경우 최적의 경제적 선택이 바뀔 가능성이 얼마든지 있다. 대학에서 경영학을 전공하는 사람뿐만 아니라 무슨 학문을 전공하는 사람일지라도 세법에 대한 이해가 중요한 이유가 여기에 있다. 우리의 삶은 계속되는 경제적 의사결정의 집합이고 따라서 우리는 경제적 환경에 영향을 받는 경제인들이기 때문이다.

본서는 주요 세법의 전체적인 얼개와 주요 내용을 공부하고자 하는 대학생과 일반인들을 위해 집필하였다. 이를 위해 국세기본법과 부가가치세법, 소득세법, 법인세법, 상속세 및 증여세법의 주요 내용을 간략하면서도 알기 쉽게 전달하고자 노력하였다. 대학에서는 경영대학에서 세무입문 등의 기초전공 과목의 교재로 또는 세무 관련 기초교양의 교재로 활용 가능할 것이다. 앞으로 저자들은 우리나라 주요 세법의 내용을 체계적으로 쉽게 이해할 수 있도록 본서를 꾸준히 개정해 나갈 계획이다. 올해 공동저자로 참여한 오승민회계사는 세금교육연구소를 운영하며 느낀 점들을 바탕으로 본서가 세무를 처음 접하는 학생들 입장에서 좀더 알기쉬운 세무입문서로 만드는데 많은 기여를 할 것이다.

올해 2025년판에서는 2024년 말에 개정된 세법 내용을 반영하였다. 본서 집필을 위하여 각 세법 항목의 취지를 보다 상세히 기록하고자 기획재정부로부터 개정세법 자료를 협조 받아 실무적으로 접근하였다. 끝으로 편집과 출판을 맡아 애써준 김상길 사장과 박채연 과장에게도 고마움을 전한다.

2025년 2월 19일

김갑순(kks@dongguk.edu)·**양성희**(ysh11000@hanmail.net)·
박시훈(sihun_park@naver.com)·**김태준**(tax.kimtaejun@gmail.com)

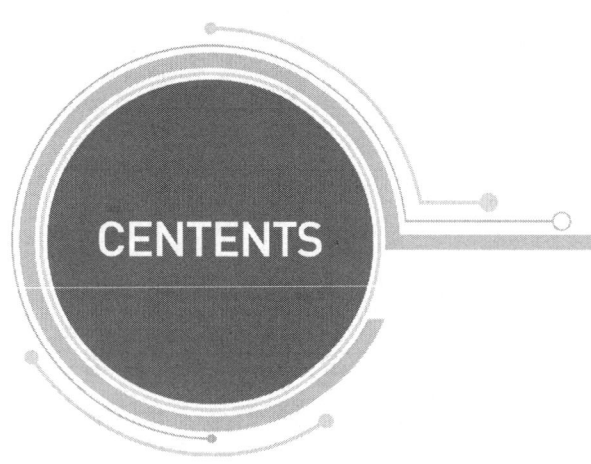

PART 01 조세법의 기본개념

제1절 조세의 개념 · 2
제2절 조세법의 체계와 학습방법 · 5

PART 02 부가가치세법

제1장 현행 부가가치세법의 과세원리 · 10
제1절 왜, 부가가치세법에는 '부가가치'란 단어는 등장하지 않는가? · 10
제2절 왜, 부가가치세법의 과세대상은 '부가가치'가 아니라 '재화와 용역의 공급'인가? · 14
제3절 왜, 최종사업자가 아닌 모든 사업자에게 부가가치세를 과세하는가? · 20
제4절 전단계세액공제법은 현행 부가가치세법에 어떻게 귀결되어 있는가? · 22

제2장 부가가치세법 총설 · 24
제1절 부가가치세 개요 · 24
제2절 영세율과 면세 · 28
제3절 납세의무자와 사업자등록 · 33
제4절 납세지와 부가가치세 신고·납부 · 36

제3장 과세거래 · 49
제1절 과세거래의 의의 · 49
제2절 재화의 공급 · 51
제3절 용역의 공급 · 57
제4절 재화의 수입 · 59

제4장 공급시기와 세금계산서 · 63
제1절 공급시기 · 63
제2절 세금계산서 · 66

제5장 부가가치세 계산구조 ········· 76
　제1절　과세표준과 매출세액 ········· 76
　제2절　매입세액과 납부세액 ········· 83
　제3절　차가감납부세액 ········· 92

제6장 간이과세 ········· 105
　제1절　간이과세의 개요 ········· 105
　제2절　간이과세자의 부가가치세 계산구조 ········· 108

PART 03　법인세법

제1장 법인세법 총설 ········· 116
　제1절　납세의무자와 과세소득 ········· 116
　제2절　법인세 신고와 납부 ········· 121
　제3절　각 사업연도 소득에 대한 법인세 계산구조 ········· 124
　제4절　세무조정 ········· 126
　제5절　소득처분 ········· 131

제2장 익금회계와 손금회계 ········· 146
　제1절　익금회계 ········· 146
　제2절　손금회계 ········· 158

제3장 손익의 귀속사업연도와 자산·부채의 평가 ········· 184
　제1절　손익의 귀속사업연도 ········· 184
　제2절　자산의 취득가액과 자산·부채의 평가 ········· 189

제4장 법인세 계산구조 ········· 205
　제1절　과세표준과 산출세액 ········· 205
　제2절　차감납부할세액 ········· 211

제5장 법인세 주요 신고서식 및 첨부서류 사례 ········· 222

PART 04 소득세법

제1장 **소득세법 총설** ·· 228
제1절 소득세 개요 ·· 228
제2절 소득세 계산구조 ·· 233
제3절 소득세 신고와 납부 ··· 235

제2장 **종합소득금액** ·· 240
제1절 금융소득 ·· 240
제2절 사업소득 ·· 247
제3절 근로소득 ·· 257
제4절 연금소득 ·· 262
제5절 기타소득 ·· 265

제3장 **종합소득세 계산구조** ·· 280
제1절 과세표준과 산출세액 ··· 280
제2절 차감납부할세액 ·· 290

제4장 **퇴직소득세** ·· 306
제1절 퇴직소득세 개요 ·· 306
제2절 퇴직소득세 계산구조 ··· 308

제5장 **양도소득세** ·· 310
제1절 양도소득세 개요 ·· 310
제2절 양도소득세 계산구조 ··· 317

PART 05 상속세 및 증여세법

제1장 **상속세** ·· 328
제1절 상속세 개요 ·· 328
제2절 상속세 신고와 납부 ··· 331

　　　　　제3절　상속세 계산구조 ·· 332
　제2장 **증여세** ·· **349**
　　　　　제1절　증여세 개요 ·· 349
　　　　　제2절　증여세 신고와 납부 ·· 353
　　　　　제3절　증여세 계산구조 ·· 354
　제3장 **재산의 평가** ·· **364**
　　　　　제1절　재산평가의 원칙 ·· 364
　　　　　제2절　보충적 평가방법 ·· 366

PART 06　국세기본법

　제1장 **국세부과와 세법적용** ····································· **370**
　　　　　제1절　국세부과의 원칙 ·· 370
　　　　　제2절　세법적용의 원칙 ·· 375
　제2장 **납세의무** ·· **379**
　　　　　제1절　납세의무의 성립 ·· 379
　　　　　제2절　납세의무의 확정 ·· 381
　　　　　제3절　납세의무의 소멸 ·· 383
　제3장 **수정신고와 경정 등의 청구** ··················· **391**
　　　　　제1절　수정신고와 경정청구 ······································· 391
　　　　　제2절　기한 후 신고 등 ·· 395
　　　　　제3절　가산세 ··· 397
　제4장 **조세불복제도** ·· **404**
　　　　　제1절　조세불복절차 ·· 404
　　　　　제2절　국세기본법상의 조세불복제도 ························· 407

PART 01

조세법의 기본개념

제1절 조세의 개념

I. 조세의 정의와 특징

조세란 (1) 국가 또는 지방자치단체가 (2) 재정수입을 조달할 목적으로 (3) 법률에 규정된 과세요건을 충족한 모든 자에게 (4) 직접적인 반대급부 없이 부과하는 (5) 금전급부이다. 이를 토대로 조세의 특징을 살펴보면 다음과 같다.

(1) 과세주체

조세를 부과할 수 있는 주체, 과세권자는 국가 또는 지방자치단체이다. 따라서 한국전력공사에서 부과하는 전기요금 같이 국가 또는 지방자치단체가 아닌 공공단체가 부과하는 공과금은 조세가 아니다.

(2) 과세목적

조세를 부과하는 주된 목적은 국가 또는 지방자치단체의 살림에 필요한 재원의 조달, 즉 재정수입의 조달(국고적 목적)이다. 따라서 법을 위반한 경우에 그에 대한 제재로서 부과하는 벌금·과료·과태료는 조세가 아니다. 한편 오늘날에는 사회·경제가 다양하고 복잡한 형태로 발전되어 감에 따라 국고적 목적에 더하여 소득 재분배나 부동산 가격 안정화와 같은 사회·경제정책적 목적도 강조되고 있다.

(3) 과세근거

조세는 법률에 의하여 사전적으로 규정된 과세요건을 충족한 경우에만 부과할 수 있다. 여기서 과세요건이란 납세의무의 성립에 필요한 법률상의 요건으로 납세의무자, 과세대상, 과세표준, 세율을 말한다. 이 4가지 요건을 갖춘 상태를 가리켜 과세요건의 충족이라고 한다.

과세요건

구 분	내 용
① 납세의무자	조세를 납부할 의무가 있는 자를 말하며, 조세채권자인 과세권자의 상대방(조세채무자)이 된다.
② 과세대상	소득·소비·재산 등 조세부과의 물적요소를 말하며, 과세물건 또는 과세객체라고도 한다.
③ 과세표준	세액산출의 기초가 되는 가액 또는 수량으로 과세대상의 크기를 측정한 값을 말한다.
④ 세율	세액을 산출하기 위하여 과세표준에 곱하는 비율을 말한다.

(4) 일반보상

조세는 직접적이고 개별적인 반대급부 없이 부과된다. 국방이나 소방 등 조세 납부에 따른 보상은 납부의 크기에 따라 달리 주어지는 개별보상이 아니라 모든 국민에게 똑같이 주어지는 일반보상이다. 따라서 수도요금과 같이 국가 또는 지방자치단체가 제공하는 재화나 용역의 개별적인 사용에 대한 대가로 지급하는 수수료·사용료 등은 조세가 아니다.

(5) 납부방법

조세는 금전납부가 원칙이다. 다만, 상속세 및 증여세법(상속세에 한함)과 지방세법(재산세에 한함)에는 예외적으로 금전 이외의 재산으로 조세를 납부할 수 있는 물납제도가 규정되어 있다. 이러한 물납제도는 해당 물납재산의 교환가치에 주안점을 둔 것으로, 수용재산의 사용가치에 주안점을 둔 공공수용과 다르다.

Ⅱ. 조세의 분류

조세는 여러 기준에 따라 다양하게 분류할 수 있는데 이를 살펴보면 다음과 같다.

기 준	분 류
(1) 과세권자	① 국　세: 국가가 부과·징수하는 조세 　　➡ 예: 부가가치세, 법인세, 소득세, 상속세, 증여세 등 ② 지방세: 지방자치단체가 부과·징수하는 조세 　　➡ 예: 지방소비세, 지방소득세, 취득세, 재산세 등
(2) 사용목적 특정	① 보통세: 일반적인 재정수요에 충당하기 위한 조세 　　➡ 예: 목적세 외 대부분의 조세 ② 목적세: 특정 재정수요에 충당하기 위하여 사용목적이 제한된 조세 　　➡ 예: 교육세, 교통·에너지·환경세, 농어촌특별세 등
(3) 조세부담 전가	① 직접세: 납세의무자와 실제 조세를 부담하는 담세자가 일치하는 조세 　　➡ 예: 법인세, 소득세, 상속세, 증여세 등 ② 간접세: 납세의무자와 담세자가 일치하지 않는 조세 　　➡ 예: 부가가치세, 개별소비세, 주세 등
(4) 담세력 고려 여부	① 인　세: 납세의무자의 인적인 측면, 즉 담세력을 고려하여 부과되는 조세 　　➡ 예: 법인세, 소득세, 상속세, 증여세 등 ② 물　세: 납세의무자의 담세력과 관계없이 특정 사실이나 행위에 부과되는 조세 　　➡ 예: 부가가치세, 개별소비세, 주세 등
(5) 담세력 형태	① 수득세: 소득을 얻은 자는 담세력이 있다고 보아 부과되는 조세 　　➡ 예: 법인세, 소득세 등 ② 소비세: 재화나 용역을 소비하는 경우 담세력이 있다고 보아 부과되는 조세 　　➡ 예: 부가가치세, 개별소비세, 주세 등 ③ 재산세: 재산을 소유한 자는 담세력이 있다고 보아 부과되는 조세 　　➡ 예: 종합부동산세, 재산세 등 ④ 유통세: 재산을 취득·변경, 이전하는 경우 담세력이 있다고 보아 부과되는 조세 　　➡ 예: 상속세, 증여세, 인지세, 증권거래세 등
(6) 독립된 세원 유무	① 독립세: 독립된 세원이 존재하는 조세 　　➡ 예: 부가세 외 대부분의 조세 ② 부가세: 독립된 세원이 존재하지 않고 다른 조세에 부가되는 조세 　　➡ 예: 교육세, 농어촌특별세 등
(7) 과세표준 단위	① 종가세: 과세표준을 가액으로 측정하는 조세 → 세율: 백분율 또는 천분율 　　➡ 예: 종량세 외 대부분의 조세 ② 종량세: 과세표준을 수량으로 측정하는 조세 → 세율: 금액 　　➡ 예: 개별소비세, 주세, 담배소비세 등

주요 세목의 분류

기 준	분 류				
	부가가치세	법인세	소득세	상속세	증여세
1) 과세권자	국세	국세	국세	국세	국세
2) 사용목적 특정	보통세	보통세	보통세	보통세	보통세
3) 조세부담 전가	간접세	직접세	직접세	직접세	직접세
4) 담세력 고려 여부	물세	인세	인세	인세	인세
5) 담세력 형태	소비세	수득세	수득세	유통세	유통세
6) 독립된 세원 유무	독립세	독립세	독립세	독립세	독립세
7) 과세표준 단위	종가세	종가세	종가세	종가세	종가세

우리나라 조세체계

구 분			세 목	조 세 법
국 세	내국세	보통세 (직접세)	소득세 법인세 상속세 증여세 종합부동산세	소득세법 법인세법 상속세 및 증여세법 상속세 및 증여세법 종합부동산세법
		보통세 (간접세 - 소비세)	부가가치세 개별소비세 주세	부가가치세법 개별소비세법 주세법
		보통세 (간접세 - 유통세)	인지세 증권거래세	인지세법 증권거래세법
		목적세	교육세 교통·에너지·환경세 농어촌특별세	교육세법 교통·에너지·환경세법 농어촌특별세법
	관세		관세	관세법
지방세	보통세		취득세 등록면허세 레저세 지방소비세 담배소비세 주민세 지방소득세 재산세 자동차세	지방세법
	목적세		지역자원시설세 지방교육세	

제2절 조세법의 체계와 학습방법

Ⅰ. 조세법의 체계

국가 또는 지방자치단체는 법률에 규정된 과세근거에 따라 조세를 부과해야 한다. 여기서 법률, 즉 조세법이란 과세권자가 따라야 할 조세의 징수와 부과 등에 관한 내용을 규정해 놓은 법 일체를 말한다.

독자가 본서를 통해 학습하게 될 내용은 필자의 견해나 이론 보다는 조세법에 규정되어 있는 것이 대부분이다. 따라서 조세법을 바르게 이해하는 것이 세무입문의 기본이라 할 수 있다. 조세법은 하나의 법이 아니라 헌법에서부터 시작해 법률, 명령 등 다양하면서도 일정한 체계를 갖고 존재하는데 이를 살펴보면 다음과 같다.

(1) 헌법

헌법은 우리나라 최상위 법규범으로 조세법을 포함한 모든 하위법의 제정과 개정의 기준이자 근거다. 조세법의 규정이 헌법에 위배되는 경우 헌법재판소에서 위헌여부를 결정하며, 위헌으로 결정되는 경우 해당 규정은 무효가 된다.

헌법에서는 '모든 국민은 법률이 정하는 바에 의하여 납세의 의무를 진다(제38조).'고 규정하고 있으며, '조세의 종목과 세율은 법률로 정한다(제59조).'고 규정하여 조세법의 근거를 마련하고 있다.

(2) 법률

국민의 대표가 모인 국회는 헌법에 따라 조세의 종목과 세율, 즉 각 세목의 과세요건과 부과·징수에 관한 내용을 규정한 법률을 제정한다. 법률은 헌법에 비해 보다 구체적이면서 행정의 근거로 작용하고 있기 때문에 조세법 체계상 가장 중요한 근간을 이루고 있다.

국세에 관한 법률은 내국세에 관한 내국조세법과 관세에 관한 관세법으로 구분되고, 주로 다루게 될 내국조세법은 다시 개별조세법과 일반조세법으로 구분된다. 개별조세법은 각 세목의 과세요건 등을 규정한 법률을 말하며, 일반조세법은 불복제도나 징수절차와 같이 개별조세법에 규정하기엔 중복되는 공통적인 사항이나 모든 세목에 적용되는 일반적인 사항을 규정한 법률을 말한다. 개별조세법의 예로는 부가가치세법, 소득세법, 법인세법 등이 있으며 일반조세법의 예로는 국세기본법, 국세징수법 등이 있다.

지방세에 관한 법률은 각 세목의 과세요건 등을 하나의 법률에 규정한 지방세법과 일반조세법에 해당하는 지방세기본법, 지방세특례제한법으로 구분된다.

(3) 명령

헌법에 따라 조세의 종목과 세율은 법률로 규정해야 하지만 법률에 조세에 관한 모든 사항을 규정하기엔 한계가 있다. 따라서 법률에서는 납세의무자, 세율 등 조세에 관한 주요사항을 규정하고

보다 구체적인 내용은 조세정책을 담당하는 중앙행정기관에서 정할 수 있도록 위임해주고 있다. 이처럼 법률에서 위임한 사항을 규정한 하위규범을 가리켜 명령이라고 한다.

법률의 위임을 받아 대통령이 제정하는 명령을 대통령령 또는 시행령이라고 하며, 다시 대통령령의 위임을 받아 조세정책을 담당하는 기획재정부 장관이 제정하는 명령을 기획재정부령 또는 시행규칙이라고 한다. 참고로 법률과 명령을 통칭하여 법령이라고 한다.

이 외의 조세법으로는 지방자치단체가 제정하는 조례·규칙과 국가 간의 조세협약인 조세조약이 있다. 한편, 조세법은 아니지만 납세의무자에게 영향을 미치는 세무행정의 집행기준으로서 하급 행정기관에 대한 상급 행정기관의 지침인 훈령·예규통첩이 있다.

구 분		조 세 법	
		개별조세법	일반조세법
(1) 헌법		'모든 국민은 법률이 정하는 바에 의하여 납세의 의무를 진다(제38조).' '조세의 종목과 세율은 법률로 정한다(제59조).'	
(2) 법률		부가가치세법 소득세법 법인세법 상속세 및 증여세법 등	국세기본법 국세징수법 조세특례제한법 조세범처벌법 등
(3) 명령	대통령령 (시행령)	부가가치세법 시행령 소득세법 시행령 법인세법 시행령 상속세 및 증여세법 시행령 등	국세기본법 시행령 국세징수법 시행령 조세특례제한법 시행령 조세범처벌법 시행령 등
	기획재정부령 (시행규칙)	부가가치세법 시행규칙 소득세법 시행규칙 법인세법 시행규칙 상속세 및 증여세법 시행규칙 등	국세기본법 시행규칙 국세징수법 시행규칙 조세특례제한법 시행규칙 조세범처벌법 시행규칙 등

II. 조세법의 학습방법

(1) 조세법 체계를 중심으로

조세에 관한 모든 사항은 조세법에 일정한 체계를 갖춰서 규정되어 있다. 조세에 관한 주요사항은 법률에 규정되어 있고 보다 구체적이고 예외적인 사항은 시행령과 시행규칙에 규정되어 있다. 따라서 법률에 규정된 사항을 중심으로 뼈대를 먼저 세우고 시행령과 시행규칙에 규정된 사항으로 살을 붙이는 것이 조세법 학습의 기본이다.

독자는 이러한 조세법 체계를 염두에 두고 본서를 여러 회에 걸쳐 학습할 필요가 있다. 즉 초기에는 주요내용으로 중심을 잡고 구체적이고 예외적인 내용은 생략한 다음, 회차를 거듭하면서 생략했던 내용을 덧붙여가며 학습하기를 권한다.

(2) 과세요건을 중심으로

과세권자는 국민이 과세요건을 충족한 경우에만 조세를 부과할 수 있다. 조세법에는 과세의 근거가 되는 과세요건, 즉 납세의무자, 과세대상, 과세표준, 세율을 중심으로 각 세목에 관한 사항이 규정되어 있다. 조세법을 근간으로 하는 본서 역시 각 세목별 과세요건을 중심으로 서술되어 있다.

과세요건을 독자의 입장에서 쉽게 풀어보면 조세에 관한 육하원칙이라고 할 수 있는데, 누가(납세의무자), 언제(과세기간과 신고·납부기한), 어디서(납세지), 무엇을(과세대상과 과세표준 및 세율), 어떻게(과세방법과 신고·납부절차), 왜(취지)가 바로 그것이다. 조세법은 그 내용이 방대하고 복잡하기 때문에 과세요건과 조세에 관한 육하원칙을 중심으로 정리하면서 학습하기를 권한다.

(3) 실무를 중심으로

누구나 카페에서 커피를 구매하면 부가가치세를 부담한다. 이처럼 조세법에 규정된 내용은 법으로만 존재하는 것이 아니라 우리 삶에 직접적인 영향을 미친다. 따라서 조세법 학습은 이론적인 체계와 내용에 대한 숙지 위에 실무상 적용형태와 방법을 이해하는 것으로 완성된다.

독자가 대학생이거나 세무업무를 다루지 않는 일반인이라면 실무를 경험할 기회가 많지 않을 것이다. 이 경우 본서에 실린 예제나 기출문제 풀이를 통해 이론의 숙지 여부를 확인하고 간접적이나마 실무를 경험하는 기회로 삼으며 학습하기를 권한다.

부가가치세법

제1장 현행 부가가치세법의 과세원리
제2장 부가가치세법 총설
제3장 과세거래
제4장 공급시기와 세금계산서
제5장 부가가치세 계산구조
제6장 간이과세

입법취지로 배우는 세무입문

제1장 현행 부가가치세법의 과세원리

제1절 왜, 부가가치세법에는 '부가가치'란 단어는 등장하지 않는가?

현행 부가가치세법에는 '부가가치'란 단어가 한 번도 온전한 낱말로 등장하지 않는다. 부가가치와 관련된 단어는 '부가가치세'와 '부가가치율'이 전부이다. 이는 현행 부가가치세법에서 규정하고 있는 과세대상이 '부가가치'가 아니기 때문이다.

소득세는 개인이 일정기간 동안 벌어들인 소득에 대해 과세하는 세금이고, 재산세는 개인이나 법인이 소유하고 있는 재산에 대해 과세하는 세금이다. 이런 관점에서 본다면 부가가치세는 부가가치에 대해 과세하는 세금이라는 생각이 자연스럽게 든다.

그런데 우리나라 부가가치세법의 내용을 전제로 판단해 보면, 부가가치세는 부가가치에 대해 과세하는 세금이라는 말은 한편으로는 옳고, 다른 한편으로는 옳은 말이 아니다. 부가가치세가 부가가치에 대해 과세하는 세금이라는 말에 대한 옳고 그름을 판단하기 위해서는 먼저 부가가치가 무엇인가부터 알아야 한다.

부가가치가 무엇인가에 대해 이론적인 논의가 가장 많이 이루어진 분야는 경제학 분야이다. 경제학 분야에는 '부가가치'에 대한 다양한 정의가 있다. 본장에서는 우리가 공부하고자 하는 것이 부가가치세법이므로 현행 부가가치세법이 사용하고 있는 부가가치 정의를 중심으로 설명하겠다.

현행 부가가치세법 제2조에서는 부가가치세법에서 사용하는 용어의 뜻에 대해 규정하고 있다. 그런데 정작 '부가가치'에 대한 정의는 찾아볼 수 없다. 그 대신 '재화'와 '용역'에 대한 정의가 가장 먼저 규정되어 있다. 그 이유에 대해서는 차차 설명하도록 하겠다. 부가가치에 대한 과세를 규정하고 있는 부가가치세법에서 '부가가치'에 대한 정의 없이, '재화'와 '용역'의 정의를 가장 먼저 하고 있는 점은 현행 부가가치세법이 부가가치에 대해 직접 과세하고 있지 않다는 점을 간접적으로 보여주는 증거라 할 수 있다. 실제 부가가치세법 제4조에서는 과세대상을 '사업자가 행하는 재화 또는 용역의 공급'과 '재화의 수입'으로 규정하고 있다. 다시 말해 현행 부가가치세법상 과세대상은 '부가가치'가 아닌 '재화 또는 용역의 공급'과 '재화의 수입'이라는 것이다.

비록 부가가치세법에는 명확한 정의가 없지만, 부가가치세법에서 의미하고 있는 부가가치란 '사업자가 스스로 창출한 경제적 가치' 정도로 정의할 수 있다. 여기서 '스스로 창출'했다는 말은 무슨 뜻인가? 사업자 입장에서 투입물의 가치보다 산출물의 가치가 더 큰 경우에 그 증가한 가치가 바로 사업자가 '스스로 창출'한 가치라 할 수 있다. 이를 회계적 관점에서 보면, 산출물의 가치는 매출액으로 볼 수 있고, 투입물의 가치는 매입액으로 볼 수 있으므로 부가가치는 다음의 식으로 계산할 수 있다.

$$부가가치 = 매출액 - 매입액 \quad \cdots\cdots\cdots\cdots\cdots\cdots(식1)$$

위 식의 의미를 좀 더 깊이 있게 이해하기 위해 간단한 사례를 통해 설명해 보자.

㈜원유는 국내에서 800원의 비용을 들여 원유를 채취[1]한 후 200원의 이익을 남기고 1,000원에 ㈜정유에 판매한다. ㈜정유는 ㈜원유로부터 1,000원에 매입한 원유를 400원의 비용을 들여 정제[2]한 휘발유를 100원의 이익을 남기고 1,500원에 ㈜주유소에 판매한다. 그리고 ㈜주유소는 1,500원에 매입한 휘발유에 200원의 비용과 100원의 이익을 더하여 1,800원에 소비자에게 판매한다. 이를 정리하면 다음 표와 같다.

〈표1〉 사업자별 부가가치의 측정

사업자	매입액 (투입물)	매출액 (산출물)	부가가치 (=매출액-매입액)	부가가치 (=구성요소의 합)
㈜원유	0원 (없음)	1,000원 (원유)	1,000원 (=1,000원-0원)	1,000원 = 원유채취설비 관련 비용 500원 + 인건비 300원 + 이익 200원
㈜정유	1,000원 (원유)	1,500원 (휘발유)	500원 (=1,500원-1,000원)	500원 = 원유정제설비 관련 비용 300원 + 인건비 100원 + 이익 100원
㈜주유소	1,500원 (휘발유)	1,800원 (휘발유)	300원 (=1,800원-1,500원)	300원= 주유설비 관련 비용 100원 + 인건비 100원 + 이익 100원

[1] 풀이나 나무, 어패류, 광물질 따위를 찾아 캐거나 베거나 따거나 뜯거나 하여 얻는 것을 말한다.
[2] 원유를 증류하여 각종 석유제품과 반제품을 제조하는 것을 말한다. 원유를 정제하면 수백 가지의 유용한 제품이 나온다.

㈜원유는 땅 속 깊숙이 묻혀 있어 경제적 가치가 전혀 없는 자연 상태의 원유를 500원의 채취설비와 300원의 노동력을 사용하여 채취한 후 200원의 이익을 남기고 1,000원에 ㈜정유에 판매하고 있다. 이때 ㈜원유는 세상에 없던 1,000원의 경제적 가치가 있는 원유를 '스스로 창출'하였으므로 ㈜원유가 만든 부가가치는 1,000원이다. ㈜원유의 부가가치 1,000원은 두 가지 방법으로 측정할 수 있다. 하나는 투입물 없이 자연 상태에서 설비자산과 노동력만을 이용하여 원유를 채취하였으므로 산출물의 가치인 원유 매출액 1,000원에서 투입물의 가치인 매입액 0원을 차감하는 것이다. 다른 하나는 부가가치 1,000원을 구성하는 요소인 원유 채취설비 관련 비용 500원과 인건비 300원, 이익 200원을 더하는 것이다.

㈜정유는 ㈜원유로부터 1,000원에 매입한 원유를 300원의 정제설비와 100원의 노동력을 사용하여 정제한 후 100원의 이익을 더하여 1,500원에 ㈜주유소에 판매하고 있다. ㈜정유는 1,000원의 가치 밖에 없는 원유에 '정제'라는 과정을 거치게 함으로써 1,500원의 가치가 있는 휘발유를 만들어 내었다. 그러므로 휘발유 1,500원의 경제적 가치 중 ㈜정유가 '스스로 창출'한 가치는 500원이 되는 것이다. ㈜정유의 부가가치 500원도 두 가지 방법으로 측정할 수 있다. 하나는 산출물의

가치인 휘발유 매출액 1,500원에서 투입물의 가치인 원유 매입액 1,000원을 차감하는 것이다. 다른 하나는 부가가치 500원을 구성하는 요소인 원유 정제설비 관련 비용 300원과 인건비 100원, 이익 100원을 더하는 것이다.

㈜주유소는 ㈜정유로부터 1,500원에 매입한 휘발유에 100원의 주유설비와 100원의 노동력, 100원의 이익을 더하여 1,800원에 고객에게 판매하고 있다. 그러므로 ㈜주유소가 판매하는 휘발유 1,800원의 경제적 가치 중 ㈜주유소가 1,500원에 매입한 휘발유를 안전하게 저장하였다가 고객이 구입을 원하는 때에 원하는 양만큼을 판매하는 서비스를 제공함으로써 '스스로 창출'한 가치는 300원이 되는 것이다. ㈜주유소의 부가가치 300원도 두 가지 방법으로 측정할 수 있다. 하나는 산출물의 가치인 휘발유 매출액 1,800원에서 투입물의 가치인 ㈜정유로부터의 휘발유 매입액 1,500원을 차감하는 것이다. 다른 하나는 부가가치 300원을 구성하는 요소인 주유설비 관련 비용 100원과 인건비 100원, 이익 100원을 더하는 것이다.

위의 [사례]에서 부가가치를 산출하는 첫 번째 방법은 (식1)을 적용하여 산출하는 방법이다. 그리고 부가가치를 산출하는 두 번째 방법은 다음의 (식2)를 적용하여 산출하는 방법이다.

$$\text{부가가치} = \text{임금} + \text{지대(地代)} + \text{이자} + \text{이윤} \quad \cdots\cdots\cdots\cdots\cdots(식2)$$

(식2)는 경제학에서 정의하고 있는 부가가치의 구성요소를 식으로 표현한 것이다. 임금은 노동의 사용대가인 인건비를 말하고, 지대는 토지의 사용대가를 말한다. 즉, 토지소유자가 그 토지의 사용자로부터 징수하는 대가를 말한다. 토지가 생산의 주된 요소인 농업 중심의 경제에서는 지대가 부가가치의 주요 구성요소이지만, ㈜원유나 ㈜정유와 같은 제조산업의 경우에는 토지사용의 대가뿐만 아니라 설비자산의 사용에 대한 대가도 이 지대와 유사한 성격의 부가가치 구성요소에 해당한다. 그리고 이자는 타인자본 즉 부채를 사용한 대가이다. 마지막으로 이윤은 자기자본 즉 주주가 투자한 투자원금에 대한 대가에 해당한다. 이와 같이 부가가치는 한 마디로 노동, 토지(또는 생산설비), 자본(타인자본과 자기자본) 등 생산요소에 대한 대가로 구성된다.

경제학에서 일반적으로 사용하는 용어로 구성된 (식2)를 기업에서 보통 사용하는 회계학적 개념의 용어로 재구성하면 다음과 (식3)과 같다.

$$\text{부가가치} = \text{인건비} + \text{설비임차료 또는 감가상각비} + \text{이자비용} + \text{이익} \quad \cdots\cdots\cdots(식3)$$

만약에 ㈜원유나 ㈜정유가 원유채취설비나 원유정제설비를 외부에서 임차하여 사용한다면 그 대가는 임차료가 될 것이고, 주주가 투자한 자기자본으로 취득하여 사용한다면 그 비용은 감가상각비가 될 것이다. 하지만 해당 설비를 은행에서 차입한 부채로 취득하였다면 감가상각비와 부채 사용의 대가인 이자비용이 동시에 발생할 것이다.

지금까지 설명한 것처럼 부가가치를 계산하는 방법에는 두 가지가 있다. 산출물의 가치에서 투입물의 가치를 차감하는 (식1)의 방법과 부가가치 구성요소들의 가치를 합산하는 (식2)의 방법이 그것이다. (식1)의 방법을 '전단계거래액공제법'이라 하고, (식2)의 방법을 '가산법'이라 한다. 그리고 이들 두 가지 방법은 부가가치를 직접 측정하는 방법이라는 의미에서 '직접법'이라고 한다. '전단계거래액공제법'과 '가산법'은 어떤 방법을 사용하여도 같은 값을 얻게 되므로 결과적으로는 전혀 차이가 없다. 하지만 계산을 위해 어떤 정보를 사용하는가에 있어서는 차이가 있다.

만약 부가가치세법을 만들면서 이러한 직접법을 염두에 두었다면, 부가가치세법에는 각 사업자들의 매출액과 매입액을 이용하여 부가가치를 측정하거나, 부가가치 구성요소인 인건비, 임차료, 감가상각비, 이자비용, 이익 등을 합하여 부가가치를 측정하도록 하는 규정을 두었을 것이다. 따라서 부가가치에 대한 정의가 필요하고, 과세대상 또한 직접법에 의해 측정할 부가가치로 규정하였을 것이다.

하지만 앞에서 언급하였듯이 현행 부가가치세법에는 '부가가치'에 대한 정의 규정이 없고, 제4조에서 '사업자가 행하는 재화 또는 용역의 공급'과 '재화의 수입'을 과세대상으로 규정하고 있다. 이는 현행 부가가치세법은 과세대상을 부가가치로 규정하고, '전단계거래액공제법'이나 '가산법'을 이용하여 부가가치를 직접적으로 측정하여 과세하고 있지 않다는 것을 의미하는 것이다.

제2절 왜, 부가가치세법의 과세대상은 '부가가치'가 아니라 '재화와 용역의 공급'인가?

현행 부가가치세법의 과세대상이 '부가가치'가 아니라 '재화와 용역의 공급'인 이유는 부가가치세법이 전제로 하고 있는 부가가치세 산출방식이 '직접법'인 '전단계거래액공제법'이나 '가산법'아니라 '간접법'인 '전단계세액공제법'이기 때문이다.

사업자별로 부가가치를 직접법으로 측정하여 과세한다는 것은 [사례]의 경우 다음의 〈표2〉와 〈표3〉과 같이 부가가치세를 산출한다는 것이다. 이때 부가가치세율은 10%로 가정한다.

〈표2〉 직접법을 이용한 사업자별 부가가치의 측정

사업자	전단계 거래액[1] (투입물)	공급가액[2] (산출물)	전단계거래액공제법에 따른 부가가치 (=매출액-전단계거래액)	가산법에 따른 부가가치 (=구성요소의 합)
㈜원유	0원 (없음)	1,000원 (원유)	1,000원 (=1,000원-0원)	1,000원 = 원유채취설비 관련 비용 500원 + 인건비 300원 + 이익 200원
㈜정유	1,000원 (원유)	1,500원 (휘발유)	500원 (=1,500원-1,000원)	500원 = 원유정제설비 관련 비용 300원 + 인건비 100원 + 이익 100원
㈜주유소	1,500원 (휘발유)	1,800원 (휘발유)	300원 (=1,800원-1,500원)	300원 = 주유설비 관련 비용 100원 + 인건비 100원 + 이익 100원

[1] 매입액을 의미한다.
[2] 매출액에 부가가치세를 합한 금액인 공급대가와 구분하기 위해 부가가치세법에서 매출액과 같은 의미로 사용하는 용어이다.

〈표3〉 직접법을 이용한 사업자별 부가가치세 납부세액과 공급대가의 측정

사업자	공급가액 (산출물)	직접법에 따른 부가가치 (전단계거래액공제법 또는 가산법)	부가가치세율	부가가치세 납부세액 (=부가가치×세율)	공급대가[주] (=공급가액+전가할 부가가치세)
㈜원유	1,000원 (원유)	1,000원	10%	100원	1,100원 (=1,000원+100원)
㈜정유	1,500원 (휘발유)	500원	10%	50원	1,650원 (=1,500원+100원+50원)
㈜주유소	1,800원 (휘발유)	300원	10%	30원	1,980원 (=1,800원+100원+50원+30원)

[주] 거래상대방인 사업자나 소비자에게 재화나 용역을 공급한 대가로서 공급가액에 부가가치세를 포함하여 받는 금액이다. 직접법을 적용할 경우 ㈜정유나 ㈜주유소와 같은 중간단계나 최종단계 사업자의 공급대가에는 전단계 사업자가 납부하였지만 자신이 부담하기 않기 위해 전가할 부가가치세(㈜원유의 부가가치세 100원 또는 ㈜정유의 부가가치세 50원)가 누적되어 포함되어 있다.

이러한 직접법을 이용하여 사업자별로 부가가치세를 계산하는 방식으로 부가가치세제를 운영하는 것은 다음과 같은 문제점이 있다.

첫째, 일반적으로 전단계거래액공제법이나 가산법을 적용하여 부가가치를 계산하기 위해 필요한 매출액, 매입액(전단계거래액), 인건비, 임차료, 감가상각비, 이자비용, 이익 등의 정보는 일정기간을 단위로 하여 측정되므로 거래하는 개개의 재화나 용역에 대하여 각각 계산하는 것은 불가능에 가까운 일이다. 다시 말해 일정기간을 단위로 하여 사업자의 부가가치를 계산하여 과세하기 때문에 개개의 재화나 용역의 부가가치 및 그에 부담된 부가가치세를 정확하게 파악할 수 없다. 그러므로 현재 소비자들이 재화나 용역을 구매할 때마다 영수증에 징수당한 것으로 표시되는 방식으로 부가가치세를 소비자에게 전가하는 것이 불가능하다.

둘째, 구조적으로 재화나 용역을 거래할 때마다 세액을 구분하여 명확하게 관리할 수 없으므로, 개개의 재화나 용역에 부담된 부가가치세의 전가 여부가 불투명해진다. 그러므로 사업자 입장에서는 부가가치세 납부 시 마치 소득과세인 것 같은 인상을 주기 때문에 부가가치세를 자기가 부담하는 것처럼 착각하게 되고 그 결과 조세회피와 조세저항의 원인으로 작용할 가능성이 있다.

셋째, 일정기간을 단위로 특정 사업자의 부가가치합을 계산하여 과세하고, 개별 거래와 관련된 부가가치세액에 대해서는 세무당국에서 관리할 수 없으므로 품목별로 면세나 차등세율을 적용하기가 어렵다.

넷째, 영세율을 적용받는 수출하는 재화 등에 대한 부가가치세의 환급이 부정확해질 수 있고, 장부를 제대로 적지않는 사업자가 아닌 자가 재화를 수입하는 경우에 과세하기가 어려워서 국경세조정이 곤란해진다.

다섯째, 〈표3〉을 보면, 예를 들어 ㈜정유 입장에서 ㈜주유소에 공급하는 휘발유의 공급대가를 1,650원으로 결정되기 위해서는 관련된 부가가치세 납부액인 50원이 결정되어야 한다. 그런데 ㈜정유가 ㈜주유소에 휘발유를 공급하는 시점이 부가가치세를 산출하는 기간의 중간에 놓일 가능성이 크다. 이럴 경우 공급대가에 포함될 부가가치세를 정확하게 반영하지 못할 수 있다.

직접법을 이용하여 부가가치세제를 운영할 경우에 발생할 수 있는 여러 가지 문제점을 해결하기 위해 대안으로서 등장한 것이 바로 '전단계세액공제법(invoice method)'이다.

'전단계세액공제법'은 '직접법'에 대응하여 '간접법'으로 불린다. 그 이유는 사업자별로 '부가가치'를 직접 계산하지 않고 납부할 부가가치세를 계산하는 방법이기 때문이다.

(식1)의 양변에 부가가치세율을 곱하면 다음의 (식4)와 같다.

$$\text{부가가치} \times 10\% = (\text{매출액} - \text{매입액}) \times 10\% \quad \cdots\cdots\cdots\cdots(\text{식}4)$$

(식4)의 의미는 '매출액'에서 '매입액'을 차감하면 '부가가치'가 되고, 여기에 세율을 곱하면 부가가치세 납부액이 된다는 의미이다. 한편 (식4) 우변의 괄호를 풀어 전개하면 (식5)와 같다.

$$\text{부가가치} \times 10\% = \text{매출액} \times 10\% - \text{매입액} \times 10\% \quad \cdots\cdots\cdots\cdots(\text{식}5)$$

(식4)와 (식5)를 수학적으로 비교해 보면, 괄호를 풀어 전개한 것에 불과하지만 특정 사업자의 납부할 부가가치세를 계산하는 방법에 적용하면 두 식 사이에는 큰 차이가 있다. (식4)는 매출액과

이에 대응되는 매입액이 결정된 다음에 그 차액을 구한 후에야 세율을 적용함으로써 일정 기간에 대한 부가가치 납부액을 결정하는 방식을 의미하는 반면에, (식5)는 개별 매출(거래)마다 공급가액(매출액)에 10% 부가가치세율을 곱하여 계산한 매출부가가치세를 징수한 후, 개별 매입 시마다 매입액에 10% 부가가치세율을 곱하여 징수당한 매입부가가치세를 차감하는 방식으로 부가가치세를 부과·징수할 수 있음을 의미한다. 그리고 이러한 매출부가가치세와 매입부가가치세는 '직접법'과 달리 매 거래마다 계산 가능하므로 거래 증빙에 구분하여 표시하는 것이 가능하다.

(식5)를 (식4)와 차별되는 이러한 특성들과 현행 부가가치세법상의 규정을 반영하여 다시 쓰면 다음의 (식6)과 같다.

$$\begin{aligned}
\text{부가가치세 납부세액} &(=\text{부가가치} \times 10\%) \\
&= \text{매출세액} - \text{매입세액} \\
&= \text{매출액} \times 10\% - \text{매입액} \times 10\% \\
&= \text{공급가액(과세표준)} \times 10\% - \text{교부받은 세금계산서(거래증빙)에 의해 입증되는 매입세액} \quad \cdots \text{(식6)}
\end{aligned}$$

(식6)이 의미하는 바를 다시 쓰면 (식7)과 같다.

$$\text{부가가치세 납부세액} = \text{거래징수한 부가가치세} - \text{거래징수 당한 부가가치세} \cdots \text{(식7)}$$

(식6)은 '전단계세액공제법'의 구조를 담고 있다. 여기서 '전단계세액'이란 '매입세액' 즉, '매입액 × 10%'로 계산된 세액을 의미한다. 하지만 부가가치세법에서 규정하고 있는 매입세액은 '매입액'에 세율 10%를 곱하여 산출한 금액이 아니라 매입 과정에서 거래상대방 사업자와 주고받은 부가가치세법상 거래증빙인 '세금계산서'에 의해 입증되는 매입세액이다. 다시 말해 매입세액은 계산에 의해 산출되는 수치가 아니라 증빙에 의해 확인되는 수치이다. 그러므로 부가가치세율 10%를 적용하는 과세표준은 매출세액을 계산하기 위한 '재화나 용역의 공급가액' 즉, '매출액'이 된다. 현행 부가가치세법에서 과세대상이 '부가가치'가 아니라 '재화나 용역의 공급'으로 규정하고 있는 것은 바로 부가가치세법이 '전단계세액공제법'을 전제로 짜여져 있기 때문이다.

'전단계세액공제법'을 이용하여 [사례]의 부가가치세 과세 흐름을 설명하면 다음의 〈표4〉와 같다.

〈표4〉 전단계세액공제법을 이용한 사업자별 부가가치세 납부액과 공급대가의 측정

사업자	공급대가 (=공급가액+부가가치세[1])	매출세액[2] (=공급가액×10%)	세금계산서상 매입세액	납부세액 (=매출세액- 매입세액)
㈜원유	1,100원 (=1,000원+100원)	100원 (=1,000원×10%)	0원	100원
㈜정유	1,650원 (=1,500원+150원)	150원 (=1,500원×10%)	100원	50원
㈜주유소	1,980원 (=1,800원+180원)	180원 (=1,800원×10%)	150원	30원

제1장 현행 부가가치세법의 과세원리

① 이 부가가치세는 ㈜원유나 ㈜정유, ㈜주유소가 '스스로 창출한 경제적 가치'인 '부가가치'에 대한 부가가치세가 아니라 ㈜원유, ㈜정유, ㈜주유소가 공급하는 원유와 정제된 휘발유의 공급가액에 10%의 부가가치세율을 적용하여 계산한 '매출세액'을 의미한다. 따라서 전단계세액공제법에 따른 부가가치세는 직접법에 따른 부가가치세와 차이가 있다. 간접법인 전단계세액공제법에 따라 산출된 부가가치세는 직접법에 따라 부가가치세를 계산할 때는 등장하지 않는다. 직접법에 따라 산출된 부가가치세는 전단계세액공제법에 따라 매출세액에서 매입세액을 공제하여 산출된 '부가가치세 납부세액'과 일치한다.
② 공급대가에 포함된 부가가치세가 바로 이 매출세액이다.

㈜원유는 ㈜정유에 공급가액 1,000원에 원유를 공급하면서 매출세액 100원(=공급가액(과세표준) 1,000원×10%)을 더한 1,100원을 ㈜정유로부터 공급대가로 징수한다. 이때 ㈜원유는 ㈜정유에 원유를 공급하면서 동시에 원유 공급가액 1,000원과 매출부가세액 100원이 구분 표시된 '세금계산서'를 교부한다. ㈜원유가 발행한 세금계산서는 ㈜원유의 매출거래와 ㈜정유의 매입거래에 대한 부가가치세법상의 법정증빙이 되는 것이다. ㈜원유는 매출세액 100원을 보관하고 있다가 따로 공제할 매입세액이 없으므로 전액을 부가가치세 납부기한까지 국세청에 납부한다.

㈜정유는 ㈜주유소에 공급가액 1,500원에 정제한 휘발유를 공급하면서 매출세액 150원(=공급가액(과세표준) 1,500원×10%)을 더한 1,650원을 ㈜주유소로부터 공급대가로 징수한다. 이때 ㈜정유는 ㈜원유와 마찬가지로 휘발유를 공급할 때 동시에 휘발유 공급가액 1,500원과 매출부가세액 150원이 구분 표시된 '세금계산서'를 교부한다. ㈜정유가 발행한 세금계산서는 ㈜정유의 매출거래와 ㈜주유소의 매입거래에 대한 부가가치세법상의 법정 증빙이 된다. ㈜정유는 매출세액 150원을 보관하고 있다가 ㈜원유로부터 교부받은 세금계산서를 통해 매입세액으로 확인되는 100원을 공제한 50원을 부가가치세 납부기한까지 국세청에 납부한다.

㈜주유소는 최종소비자인 주유소 이용 고객에게 공급가액 1,800원에 휘발유를 판매하면서 매출세액 180원(=공급가액(과세표준) 1,800원×10%)을 더한 1,980원을 고객으로부터 공급대가로 징수한다. 이때 ㈜주유소는 ㈜정유와 마찬가지로 휘발유를 공급할 때 동시에 휘발유 공급가액 1,800원과 매출부가세액 180원이 구분 표시된 '세금계산서'를 교부한다. ㈜주유소가 발행한 세금계산서는 ㈜주유소의 매출거래와 고객의 매입거래에 대한 부가가치세법상의 법정 증빙이 된다. ㈜주유소는 고객으로부터 거래징수한 매출세액 180원을 보관하고 있다가 ㈜정유로부터 교부받은 세금계산서를 통해 매입세액으로 확인되는 150원을 공제한 30원을 부가가치세 납부기한까지 국세청에 납부한다.

전단계세액공제법을 설명하면서 여러번 강조한 바와 같이, 전단계세액공제법에서 '세금계산서'라는 거래증빙은 매우 중요하다. 세금계산서는 사업자간 매출세액이라는 부가가치세를 거래징수하고 징수 당하였다는 것을 법적으로 인정하기 위한 가장 중요한 수단이다. 전단계세액공제법에서 사업자가 납부세액을 계산할 때 매출세액에서 공제하는 매입세액을 '매입액에 세율을 곱하여 계산하지 않고, 오직 사업자 사이에 적법하게 교부된 세금계산서에 의해 입증된 매입세액만을 인정하는 것은 사업자 사이에 세금계산서를 반드시 주고받으라는 의미이다.

이러한 세금계산서의 중요함으로 인해 전단계세액공제법을 영어로는 invoice method 즉, 세금계산서법이라 한다.

직접법과 비교할 때, 간접법인 전단계세액공제법의 특징은 다음과 같다.

첫째, 부가가치를 직접 계산하는 방식인 전단계거래액공제법이나 가산법을 적용하기 위해 필요한 정보는 일정기간을 단위로 하여 측정되는 매출액, 매입액, 인건비, 임차료, 감가상각비, 이자비용, 이익 등의 정보임에 비해, 전단계세액공제법을 적용하기 위해 필요한 정보는 일정기간을 단위로 하지 않은 개별 매출액 정보만 있으면 된다. 즉, 사업자 사이의 재화나 용역에 대한 공급 거래에서 매출거래와 매입거래는 동시에 일어나므로 매출거래에 대한 정보는 동시에 상대방 사업자의 매입거래가 된다. 다시 말해 전단계세액공제법에서는 공급가액과 세액을 구분 표시한 세금계산서만 있으면 된다.

둘째, 매입액에 세율을 곱한 금액을 매입세액으로 공제하는 것이 아니라, 매입할 때 교부받은 세금계산서에 의해 '거래징수'되었음이 확인되는 금액을 매입세액으로 공제함에 따라 사업자 입장에서 매입세액을 공제받기 위해 세금계산서를 주고받을 유인이 강하다.

셋째, 직접법에서는 납부할 부가가치세를 일정기간이 지난 후에 결정한 후 이를 공급가액에 더하여 거래 상대방으로부터 거래징수 하여야만 부가가치세를 전가할 수 있기 때문에 부가가치세 전가의 과정이 불투명한 문제점이 있었다. 하지만 전단계세액공제법에서는 매출세액을 공급가액에 추가하여 공급대가로서 '거래징수'하는 과정이 바로 부가가치세를 전가하는 방법이므로 부가가치세 전가 여부가 명확하게 세금계산서에 들어남으로써 사업자 입장에서 부가가치세 납부과정에서 소득세를 납부하는 것 같은 인상을 덜 갖게 된다.

넷째, 전단계세액공제법에서는 거래가 있을 때마다 부가가치세가 계산되고 전가되기 때문에, 개개의 재화나 용역에 부담된 부가가치세 및 부가가치가 정확하게 파악된다. 그 결과 품목별로 면세나 차등세율의 설정과 적용이 편리하다. 또한 재화의 수출 등에 대해 부가가치세를 정확히 환급할 수 있고, 재화의 수입에 대해 용이하게 과세할 수 있어서 국경세조정이 쉽다.

다섯째, 〈표4〉를 보면, ㈜원유의 매출세액 100원은 ㈜정유에게는 매입세액이 된다. 이러한 점을 ㈜원유와 ㈜정유가 부가가치세 납부세액을 회피하고자 하는 동기 관점에서 생각해 보면 ㈜원유 입장에서는 부가가치세를 회피하기 위해서는 매출세액을 100원보다 적게 보고하려는 유인을 갖는다. 그리고 ㈜정유 입장에서는 매입세액이 사실보다 많을수록 부가가치세를 줄일 수 있으므로 매입세액을 100원보다 많게 보고하려는 유인을 갖는다. 동일한 거래에서 파생된 금액에 대해 한 쪽은 실제보다 적게 보고하고 싶어하고, 다른 한 쪽은 실제보다 많게 보고하고 싶어하는 것이다. 이렇게 이해관계가 상충되는 효과를 '상호견제효과(cross-check effect)'라고 하며, 이로 인해 직접법에 비해 전단계세액공제법가 조세탈루를 방지하는 효과를 갖는다.

여섯째, 전단계세액공제법에 따르면 직접법과 달리 부가가치세법에 부가가치 계산방법에 대한 규정이 필요하지 않게 된다.

일곱째, 직접법인 납부세액을 결정한 후에 거래징수를 통해 전가할 세액을 결정하는 것과 달리, 전단계세액공제법에서는 거래징수를 통해 전가할 세액(매출세액)을 결정한 후에 납부세액(= 매출세액-매입세액)을 결정할 수 있다.

여덟째, 전단계세액공제법은 부가가치를 직접 계산하여 이를 과세표준으로 과세하는 방식이 아니므로 부가가치세의 과세물건이 부가가치라는 점을 불투명하게 만드는 문제점이 있다.

우리나라 부가가치세법은 부가가치에 대한 과세방법 중 전단계세액공제법을 받아들임으로써 과세대상을 '부가가치'가 아닌 '재화나 용역의 공급'으로 규정하고 있다. 그 결과 사업자별로 납부세액은 각 사업자가 창출한 부가가치에 대응되는 세액을 납부하게 되지만 부가가치세법상의 과세대상 즉, 과세표준은 부가가치가 아니라 '재화나 용역의 공급가액'이 되는 것이다. 이런 점에서 우리나라와 같은 방식의 부가가치세는 '사업자공급세'라 불러도 좋을 것이다.

소비세는 소비에 대한 과세이므로 소비자에게 납세의무가 있고, 소비자의 소비액에 대해 세율을 적용하여 직접 과세하면 된다. 하지만 소비자(재화나 용역의 수요자)에 직접 과세하는 방식은 소비자와 공급자 사이의 다음 〈표5〉와 같은 차이점으로 인해 사업자(생산자·공급자)에게 국가를 대신하여 매출 시 징수하여 납부하게 하는 것에 비해 비효율적이다.

〈표5〉 소비세 부과 시 소비자와 사업자의 특성 차이

구 분	소비자(수요자)	사업자(생산자·공급자)
납세자 수	다수	소수
조세행정의 부담	많음	적음
세무능력	약함	강함
과세대상	소비	공급
측정가능성	어려움	쉬움
납세관리	어려움	쉬움

제3절 왜, 최종사업자가 아닌 모든 사업자에게 부가가치세를 과세하는가?

위의 〈표4〉에 납세자와 담세자를 추가하여 정리하면 다음의 〈표6〉과 같다.

〈표6〉 전단계세액공제법하의 사업자별 부가가치세 납부세액과 소비자 부담세액

사업자 /소비자	공급대가 (=공급가액+ 부가가치세)	매출세액 (=공급가액×10%)	세금계산서상 매입세액	납부세액 (=매출세액- 매입세액)	부담세액
㈜원유	1,100원 (=1,000원+100원)	100원 (=1,000원×10%)	0원	100원	0원 (=100원-100원)
㈜정유	1,650원 (=1,500원+150원)	150원 (=1,500원×10%)	100원	50원	0원 (=150원-100원-50원)
㈜주유소	1,980원 (=1,800원+180원)	180원 (=1,800원×10%)	150원	30원	0원 (=180원-150원-30원)
최종 소비자	-	-	-	0원	180원 (=1,800원×10%)

〈표6〉을 보면, ㈜원유의 납부세액은 100원, ㈜정유의 납부세액은 50원, ㈜주유소의 납부세액은 30원으로 이들 세 사업자들이 납부하는 부가가치세 총액은 180원이다. 이는 이들 세 사업자들이 '스스로 창출한 경제적 가치'의 합인 1,800원(=㈜원유 1,000원+㈜정유 500원+㈜주유소 300원)의 10%에 해당하는 금액이다.

그러면 부가가치세 납부세액 180원은 궁극적으로 누가 부담하게 되는가? 부가가치세 납부세액 총액 180원은 ㈜주유소를 방문하여 자동차에 휘발유를 주유하는 고객이 부담한다. 이 고객은 휘발유 1,800원을 구입하면서 여기게 10% 부가가치세 180원을 더한 1,980원을 지불함으로써 180원의 부가가치세를 부담하게 된다. 이렇게 부가가치세는 각 사업자가 공급하는 공급가액에 10%세율을 곱하여 부과되고, 그 금액에서 매입세액을 공제한 잔액을 각 사업자가 납부함에도 불구하고 '사업자공급세'가 아닌 '소비세'로 불리는 이유는 이에 대한 부담을 '재화나 용역을 공급받아 소비'하는 소비자가 부담하기 때문이다.

이때 소비세제의 궁극적인 목적을 최종소비자가 소비하는 휘발유 1,800원에 대한 소비세 180원을 징수하는데 둔다면, 〈표6〉에서와 같이 세 사업자들로 하여금 각각의 단계에서 창출한 부가가치에 대해 복잡하게 계산하여 부가가치세를 납부하도록 하는 것보다 마지막 단계의 사업자인 ㈜주유소가 소비자에게 휘발유를 판매하는 단계에서만 공급가액에 부가가치세를 부가하여 징수한다면 보다 효율적일 것이라고 생각할 수 있다.

이렇게 최종 소비되는 상품 1단위당 일정한 금액 또는 상품가격의 일정비율을 부과하는 소비세가 바로 '물품세(excise tax)'이다. 물품세는 '최종 소비단계 거래세'로서 소비자 입장에서는 부가가

치세와 차이가 없다. 미국의 소비세는 부가가치세가 아닌 이 물품세 방식을 택하고 있다. 비록 소비장 입장에서는 물품세와 부가가치세 간에 차이가 없어 물품세가 보다 효율적인 소비세 방식처럼 보이기도 하지만 부가가치세는 물품세에 비해 다음과 같은 매우 큰 장점이 있다.

첫째, ㈜주유소와 같이 소비자와 거래하는 최종 거래단계의 사업자는 ㈜원유나 ㈜정유와 같은 중간단계의 사업자보다 수가 훨씬 많고 규모도 상대적으로 영세한 것이 일반적이다. 그러므로 최종소비자단계에서 세금을 한꺼번에 걷는 것은 수많은 영세 소매점을 모두 관리해야하는 부담을 져야하는 것이다. [사례]에서 휘발유 공급에 관한 모든 소비세를 제대로 걷기 위해서 물품세의 경우 전국의 모든 주유소를 완벽하게 관리하여야 가능하다. 반면에 부가가치세의 경우는 그 수가 극소수에 불과한 ㈜원유와 ㈜정유만 적절하게 관리하더라도 소비세 총액 180원의 83%인 150원을 그것도 거래과정의 초기에 징수할 수 있다.

둘째, 물품세를 제대로 걷기 위해서 국가는 최종 거래단계 사업자의 매출액을 촘촘하게 관리하여야 한다. 이에 비해 부가가치세는 모든 사업자의 수입을 국가가 꼼꼼하게 관리하여야 제대로 걷을 수 있는 소비세이다. 부가가치세가 많은 장점에도 불구하고 미국에서 아직까지 도입하지 못하고 있는 이유가 여기에 있다. 하지만 일단 부가가치세를 위한 시스템이 제도적으로 정착된다면 국가입장에서는 대부분 사업자들의 수입에 관한 정보를 얻을 수 있기 때문에 탈세를 효과적으로 예방하고나 추징할 수 있다는 장점이 있다. 뿐만 아니라 사업자의 매출은 소득과 직결되므로 소득세, 상속세 및 증여세 등 다른 세목과도 깊이 있게 연결되어 있어 다른 세원의 투명성을 확보하는데도 매우 큰 영향을 미친다.

셋째, 전단계세액공제법하의 부가가치세제는 위에서 설명하였듯이 사업자간에 부가가치세 회피목적으로 공급가액을 변경하고자 하는 방향에 서로 상충됨으로써 상호견제하는 기능이 내재되어 있다는 장점이 있다. 하지만 물품세의 경우는 부가가치세보다 최종 거래단계에서 이중장부를 이용한 매출누락, 현금거래를 이용한 탈세가 상대적으로 수월하다는 단점이 있다.

제4절 전단계세액공제법은 현행 부가가치세법에 어떻게 귀결되어 있는가?

전단계세액공제법은 각 거래단계의 사업자가 재화 등을 공급할 때 거래징수한 매출세액에서 재화 등을 매입할 때 거래징수당한 매입세액을 차감하여 납부세액을 계산하여 과세하는 방법이다. 이것은 외형적으로는 각 거래단계의 사업자가 창출한 부가가치에 대해 과세하면서 그 부담은 최종소비자에게 전가시키는 것을 목적으로 한다. 이러한 목적을 달성하기 위해 현행 부가가치세법은 전단계세액공제법을 전제로 짜여져 있으며, 결과적으로 다음과 같은 논리적 귀결을 규정화하고 있다.

① 과세대상: 이론상 부가가치세의 과세대상은 각 거래단계의 사업자가 창출한 부가가치이다. 그런데 전단계세액공제법 하에서는 이러한 부가가치를 직접 측정하여 과세하는 것이 아니다. 그렇기 때문에, 현행 부가가치세법에서는 '재화나 용역의 공급'을 과세대상으로 규정하고 있다(부가가치세법 제4조).

② 과세표준: 이론상 부가가치세의 과세대상은 부가가치이므로 과세표준은 과세대상의 측정치인 부가가치액이어야 한다. 그러나 현행 부가가치세법은 부가가치 자체가 아닌 재화나 용역의 공급을 과세대상으로 규정하고 있기 때문에, 과세표준도 부가가치액이 아니라 '재화나 용역의 공급가액'으로 규정하고 있다(부가가치세법 제29조①).

그런데 특정 거래단계 사업자의 과세표준인 '재화나 용역의 공급가액'은 당해 거래단계이전부터 창출되어 누적된 부가가치의 총액이다. 즉, 여기에는 당해 거래단계에서 창출된 부가가치액뿐 아니라 그 전단계에서 창출되어 이미 과세된 바 있는 부가가치액이 포함되어 있다. 앞의 [사례]에서 ㈜주유소의 공급가액 1,800원에는 ㈜원유의 부가가치 1,000원과 ㈜정유의 부가가치 500원, ㈜주유소의 부가가치 300원이 포함된 것을 상기하면 쉽게 이해할 수 있을 것이다. 따라서 특정 거래단계의 재화나 용역의 공급가액에 부가가치세율을 곱하여 부가가치세를 징수하게 되면 그 전단계에서 창출된 부가가치에 대해서는 두 번 이상 중복하여 과세되는 문제(누적효과)가 발생하게 된다.

③ 매입세액공제: 이러한 누적효과의 문제점을 해결하기 위한 장치가 바로 매입세액(즉 전단계세액)공제이다. 매입세액은 모든 이전단계에서 이미 부과된 부가가치세의 합계액이다. 따라서 납부세액 계산 시 이를 공제함으로써 이전단계에서 창출된 부가가치에 대한 중복과세 문제가 해결되는 것이다. 매입세액공제로 인해 사업자는 당해 거래단계까지 창출되어 누적된 부가가치 총액을 과세표준으로 하여 부가가치세가 과세됨에도 불구하고 결과적으로 오직 당해 거래단계에서 창출한 부가가치에 대해서만 부가가치세를 납부하게 되는 것이다.

④ 사업자등록과 세금계산서의 중요성: 전단계세액공제법은 사업자가 거래징수한 매출세액에서 거래징수당한 매입세액을 차감하여 납부세액을 계산한다. 그리고 이렇게 계산한 결과는 사업자가 스스로 창출한 부가가치를 직접 측정하여 세율을 적용한 것과 일치한다. 이러한 결과는

모든 사업자 단계에서 매입세액이 투명하고, 왜곡 없이 측정되어 공제될 때 비로소 가능해진다. 그리고 이를 가능하도록 만들어진 가장 중요한 수단이 바로 '세금계산서'이다. 세금계산서가 거래사실과 다름없이 적정하게 수수될 때 전단계세액공제법에 따른 부가가치세의 납부와 전가가 부가가치세법의 취지대로 실현된다. 그리고 세금계산서의 발행주체는 과세거래의 주체인 사업자이다. 사업자에는 개인뿐만 아니라 법인도 포함된다. 그러므로 개인의 주민등록번호와 같은 식별기준이 필요한데 이것이 '사업자등록번호'이다. 그리고 '사업자등록번호'를 부여하는 행정절차가 '사업자등록'이다.

만일 현행 부가가치세법하에서 거래징수와 세금계산서의 수수가 적정하게 이루어지지 않는다면, 그래서 매입세액공제가 제대로 이루어지지 않는다면, 사업자가 납부하는 부가가치세액은 그가 창출한 부가가치에 세율을 직접 적용하여 계산한 값과 차이가 날 것이다. 이런 이유에서 세금계산서에 대한 적정한 관리는 우리나라와 같이 전단계세액공제법을 전제로 한 부가가치세제를 채택하고 있는 경우에 부가가치세제 운용의 가장 핵심적인 요소가 된다.

제2장 부가가치세법 총설

제1절 부가가치세 개요

I. 부가가치세의 의의

1 부가가치세의 개념

부가가치란 재화 또는 용역이 생산되거나 유통되는 각 거래단계에서 새롭게 창출된 가치의 증가분을 말하며, 이러한 부가가치를 과세대상으로 하는 조세를 부가가치세라 한다.

2 부가가치세의 과세방식

부가가치세를 과세하는 방식은 부가가치를 어떻게 계산하느냐에 따라 가산법과 전단계거래액공제법, 그리고 전단계세액공제법으로 구분된다.

(1) 가산법과 전단계거래액공제법

사업자는 부가가치를 창출하기 위해 일정기간 임차료·임금·이자 등을 지급하는데, 부가가치는 이러한 부가가치 구성요소의 합이라고 할 수 있다. 가산법은 바로 이 부가가치 구성요소의 합계를 부가가치로 보아 여기에 세율을 곱하여 부가가치세를 과세하는 방식이다.

한편, 부가가치는 일정기간 매출액에서 이를 얻기 위해 지급한 매입액을 차감하여 계산할 수도 있다. 전단계거래액공제법은 매출액에서 매입액, 즉 이전 단계의 거래액을 공제한 금액을 부가가치로 보아 여기에 세율을 곱하여 부가가치세를 과세하는 방식이다.

```
부가가치세  = 부가가치                              × 세율
           = 임차료·임금 등 부가가치의 구성요소 합계액   × 세율   (가산법)
           = (매출액 - 매입액)                      × 세율   (전단계거래액공제법)
```

두 방식은 부가가치를 직접 계산하기 때문에 이론상 부가가치세를 정확하게 과세하는 방식이지만, 개별 재화나 용역의 공급에 대한 부가가치가 아닌 일정기간 전체 부가가치의 합계를 계산하기 때문에 최종소비자에게 전가되는 부가가치세를 파악할 수 없어 면세와 같은 개별 과세정책을 수립

하기 어렵다는 단점을 갖고 있다. 아울러 부가가치의 구성요소나 매입액 등을 정확하게 계산하기 위해서는 결산과정을 거친 장부가 필요한데 모든 사업자에게 이를 요구하기에는 현실적으로 쉽지 않은 문제도 있어 두 방식을 채택한 국가는 거의 없다.

(2) 전단계세액공제법

부가가치를 직접 계산하여 부가가치세를 과세하는 방식은 이론상 정확하지만 정책수립과 과세방식 면에서 여러 단점이 있기 때문에, 그 대신 각 거래단계의 부가가치세를 계산하여 과세함으로써 부가가치에 간접적으로 과세하는 효과를 얻는 방식을 현실적인 대안으로 생각해볼 수 있다. 즉, 각 거래단계의 매출액에 세율을 곱하여 매출세액을 구한 뒤 매입액과 함께 지급한 매입세액을 차감하여 부가가치세를 계산하는 것이다. 전단계세액공제법이란 매출세액에서 매입세액, 즉 이전 단계의 거래세액을 공제함으로써 부가가치세를 과세하는 방식을 말한다.

$$
\begin{aligned}
\text{부가가치세} &= \text{부가가치} \times \text{세율} \\
&= (\text{매출액} - \text{매입액}) \times \text{세율} \quad (\text{전단계거래액공제법}) \\
&= \text{매출액} \times \text{세율} - \text{매입세액} \quad (\text{전단계세액공제법})
\end{aligned}
$$

이 방식에 따르면 사업자는 재화나 용역을 공급할 때 매출액에 세율을 곱한 매출세액을 공급받는 자로부터 받고 그 증명서류인 세금계산서를 발급한다. 그 결과 사업자는 매출세액에서 공급자로부터 수취한 세금계산서를 통해 확인되는 매입세액을 공제하여 부가가치세를 납부하게 된다. 여기서 매입세액은 사업자가 직접 매입액에 세율을 곱하여 계산한 금액이 아니라 세금계산서에 의해 확인되는 금액이라는 점에 유의해야 한다.

전단계세액공제법은 각 거래단계에서 발급·수취하는 세금계산서를 통해 최종소비자에게 전가되는 부가가치세를 파악할 수 있어 개별 과세정책의 수립이 용이하고, 복잡한 결산과정을 거친 장부 없이도 간편하게 부가가치세를 과세할 수 있다는 장점을 갖고 있다. 이러한 이유로 우리나라를 포함한 대부분의 국가들은 부가가치세의 과세방식으로 전단계세액공제법을 채택하고 있다.

전단계세액공제법 예시

예컨대, "甲사업자 → 乙사업자 → 丙사업자 → 최종소비자"의 거래단계를 가정하여 살펴보면 다음과 같다.

[甲사업자]

재화의 공급시❶	(차)	현 금	1,100	(대)	매 출 V A T 예 수 금	1,000 100
VAT 납부시❷	(차)	V A T 예 수 금	100	(대)	현 금	100

❶ 편의상 사업자 甲이 최초로 부가가치를 창출하였다고 가정하고, 사업자 甲은 재화의 공급시 乙로부터 부가가치세 100원을 거래징수하면서 세금계산서를 발급한다.
❷ 거래징수한 부가가치세를 사업장 관할세무서에 납부한다.

[乙사업자]

재화의 매입시❶	(차)	매 입 V A T 대 급 금	1,000 100	(대)	현 금	1,100
재화의 공급시❷	(차)	현 금	2,200	(대)	매 출 V A T 예 수 금	2,000 200
VAT 납부시❸	(차)	V A T 예 수 금	200	(대)	V A T 대 급 금 현 금	100 100

❶ 사업자 乙은 재화를 공급받으면서 부가가치세 100원을 거래징수당하고, 세금계산서를 발급받는다.
❷ 사업자 乙은 재화의 공급시 사업자 丙으로부터 부가가치세 200원을 거래징수하면서 세금계산서를 발급한다.
❸ 거래징수한 부가가치세 200원에서 사업자 甲으로부터 재화를 공급받을 때 발급받은 세금계산서에 의하여 거래징수당한 사실이 확인된 부가가치세 100원을 공제한 후의 금액인 100원을 사업장 관할세무서에 납부한다.

[丙사업자]

재화의 매입시❶	(차)	매 입 V A T 대 급 금	2,000 200	(대)	현 금	2,200
재화의 공급시❷	(차)	현 금	3,300	(대)	매 출 V A T 예 수 금	3,000 300
VAT 납부시❸	(차)	V A T 예 수 금	300	(대)	V A T 대 급 금 현 금	200 100

❶ 사업자 乙과 같다.
❷ 사업자 丙은 최종소비자에게 재화를 공급하면서 부가가치세 300원을 거래징수한다. 따라서 최종소비자가 각 거래단계에서 발생한 부가가치에 대한 부가가치세를 전액 부담하게 되는 것이다.
❸ 사업자 乙과 같다.

[결 론]

구 분	甲(과세사업자)	乙(과세사업자)	丙(과세사업자)	결 과
(1) 매 출 액	1,000	2,000	3,000	① 최종소비자 부담
(2) 매 입 액	–	1,000	2,000	㉠ 재화의 가격 : 3,000원
(3) 부가가치	1,000	1,000	1,000	㉡ 부가가치세 : 300원
① 매출세액	100	200	300	
② 매입세액	–	100	200	② 과세당국 징수액 : 300원
③ 납부세액	100	100	100	

II. 부가가치세의 특징

구 분	내 용
(1) 일반 소비세	부가가치세는 특정한 재화 또는 용역에 대하여만 과세하는 개별소비세가 아니라 원칙적으로 모든 재화 또는 용역의 공급에 대하여 과세하는 일반소비세이다.
(2) 다단계 거래세	부가가치세는 재화나 용역의 생산과정에서 소비과정에 이르는 모든 거래단계에서 과세되는 다단계 거래세이다.
(3) 전단계 세액 공제법	부가가치세 = 매출액❶ × 세율 − 매입세액❷ ❶ 부가가치세법은 전단계세액공제법을 채택하고 있으므로 과세대상을 전체 부가가치가 아니라 개별 거래, 즉 재화 또는 용역의 공급과 재화의 수입으로 규정하고 있다. ❷ 부가가치세 계산 시 공제되는 매입세액은 매입자가 직접 계산한 매입세액이 아니라 매입 시 공급자로부터 발급받은 세금계산서를 통해 확인된 매입세액이다.
(4) 간접세	부가가치세를 납부할 의무가 있는 납세의무자는 부가가치세법상 사업자이지만 부가가치세를 실제 부담하는 담세자는 최종소비자로, 부가가치세는 납세의무자와 담세자가 다른 간접세이다.
(5) 물 세	부가가치세는 납세의무자와 담세자의 인적인 측면, 즉 담세력을 고려하지 않고 단지 재화나 용역의 소비사실에 대하여 과세하는 물세이다.
(6) 소비 지국 과세 원칙	부가가치세법은 국가 간 이중과세를 조정하기 위하여 소비지국 과세원칙을 채택하고 있다❸. 이에 따라 수출재화와 국외제공용역에 대해서는 영세율을 적용하여 우리나라에서 과세된 부가가치세를 제거하며, 수입재화는 우리나라에서 생산된 재화와 동일한 세율을 적용하여 부가가치세를 과세한다. ❸ 국가 간 거래되는 재화나 용역에 대해 생산지국(수출국)과 소비지국(수입국) 모두 부가가치세를 과세한다면 동일한 재화나 용역에 부가가치세가 두 번 과세되는 이중과세의 문제가 발생한다. 이를 해결하기 위한 방식으로 부가가치세를 생산지국에서만 과세하는 생산지국 과세원칙과 소비지국에서만 과세하는 소비지국 과세원칙을 생각해볼 수 있다. 다만, 생산지국 과세원칙은 생산지국과 소비지국의 세율이 다를 경우 수입품과 국산품의 부가가치세가 달라 국가 간 거래를 왜곡시킬 수 있어 우리나라를 포함한 대부분의 국가들은 소비지국 과세원칙을 채택하고 있다.
(7) 면세 제도	부가가치세는 소비의 크기에 관계없이 동일한 세율(10%)을 적용하는 비례세다. 이로 인해 소득 대비 부가가치세 부담은 고소득자에 비해 저소득자가 클 수밖에 없는데 이를 세부담의 역진성이라고 한다. 이를 완화하기 위하여 국민 기초생활에 필요한 재화나 용역의 공급 등에 대해서는 부가가치세를 면제하는 면세제도를 운용하고 있다.
(8) 소비형 부가 가치세	부가가치세법에서는 소비지출에 해당하는 부가가치만을 과세대상으로 하고, 투자지출에 해당하는 부가가치에 대해서는 과세하지 않는 소비형 부가가치세제를 채택하고 있다.

제2절 영세율과 면세

I. 영세율과 면세의 개요

현행 부가가치세법은 부가가치세 과세방식으로 전단계세액공제법을 채택하고 있어 개별 재화나 용역의 공급에 대한 개별 과세정책이 용이한데, 최종소비자의 부가가치세 부담을 줄여주기 위한 제도로 영세율과 면세를 운용하고 있다.

 영세율의 의의

우리나라를 포함한 대부분의 국가들은 국가 간 재화나 용역의 거래에 있어 이중과세를 조정하기 위하여 소비지국 과세원칙을 채택하고 있다. 이에 따라 생산지국에서는 수출재화의 공급이나 소비지국에서 제공되는 용역에 대해 영의 세율(0%)을 적용하여 부가가치세 부담을 완전히 제거시켜주는데, 이 제도를 영세율이라 한다.

영세율을 적용하면 재화나 용역의 공급에 부과된 부가가치세가 전액 제거되는 완전면세효과를 얻을 수 있다. 영세율이 적용되는 재화 또는 용역의 공급은 과세대상에는 포함되나 세율이 영의 세율(0%)이기 때문에 공급받는 자로부터 받아야 할 매출세액은 영(0)이 된다. 한편, 전단계세액공제법에 따라 공급하는 재화 또는 용역을 생산하기 위해 원재료나 중간재를 매입할 때 부담한 매입세액은 전액 환급된다.

예를 들어 과세상품인 휴대폰을 수출하는 경우 영세율에 따라 휴대폰 매출액에는 영의 세율(0%)을 곱하여 매출세액이 영(0)이 되고, 휴대폰을 생산하기 위해 반도체 부품을 매입하면서 부담한 매입세액은 전액 환급받는다. 매출세액은 없고 매입세액은 전액 환급받음으로써 수출하는 휴대폰에 부과된 부가가치세가 완전히 제거되는 것이다.

```
부가가치세  = 매출액 × 세율 - 매입세액        (전단계세액공제법)
           = 매출액 × 0(zero)% - 매입세액      (영세율 적용)
         ∴ 매출세액 0(zero) + 매입세액 전액 환급
```

 면세의 의의

현행 부가가치세법에서는 소득 대비 세부담의 역진성을 완화하기 위하여 국민 기초생활에 필요한 재화나 용역의 공급 등에 대해서는 부가가치세를 면제하는데, 이 제도를 면세라 한다.

면세를 적용하면 재화나 용역의 공급에 부과된 부가가치세가 일부 제거되는 부분면세효과 또는 불완전면세효과를 얻을 수 있다. 면세가 적용되는 재화나 용역을 공급하는 사업자는 부가가치세 납세의무가 없기 때문에 재화나 용역의 공급에 대한 매출세액이 면제됨과 동시에 매입할 때 부담한 매입세액도 환급받을 수 없다. 사업자는 환급 받지 못한 매입세액을 판매가격에 포함시킴으로써 최종소비자에게 그 부담을 전가한다.

예를 들어 면세상품인 책을 판매하는 경우 책 매출액에 대한 매출세액은 면제되고, 책을 판매하기 위해 책장을 매입하면서 부담한 매입세액은 환급받지 못한다. 매출세액은 없으나 환급받지 못한 매입세액은 책값에 포함되어 최종소비자에게 전가되므로 책에 부과된 부가가치세는 일부만 제거되는 것이다.

```
부가가치세  = 매출액 × 세율 - 매입세액           (전단계세액공제법)
            = (부가가치세 납세의무 없음)          (면세 적용)
          ∴ 매출세액 면제 + 매입세액 환급 불가
```

참고로 영세율이 적용되는 재화 또는 용역의 공급은 영의 세율(0%)을 적용받아 매출세액이 발생하지 않을 뿐 과세대상에 포함하나, 면세가 적용되는 재화 또는 용역의 공급은 처음부터 과세대상에서 제외된다는 점에서 두 제도는 본질적으로 차이가 있다.

3 영세율과 면세 비교

구 분	영 세 율	면 세
주 된 목 적	국가 간 이중과세의 방지 (소비지국 과세원칙 실현)	소득 대비 세부담의 역진성 완화
의 의	재화·용역의 공급에 대하여 영의 세율을 적용하는 제도	재화·용역의 공급에 대하여 부가가치세 납세의무를 면제하는 제도
대 상	수출 등 외화획득 재화·용역	기초생활 필수 재화·용역 등
과 세 대 상	부가가치세 과세대상에 포함	부가가치세 과세대상에서 제외
납 세 의 무	부가가치세 납세의무자임 (부가가치세법상 모든 의무 이행해야 함)	부가가치세 납세의무자가 아님 (부가가치세법상 납세의무 없음)
매 입 세 액	환급 가능	환급 불가
면 세 효 과	완전면세	부분면세·불완전면세

II. 영세율과 면세의 범위

1 영세율의 범위

부가가치세법상 영세율은 국가 간 이중과세를 방지하고 수출산업을 지원·육성하기 위하여 다음의 거래에 적용된다.

구 분	내 용
(1) 수출하는 재화	① 내국물품의 국외반출 ② 중계무역방식·위탁판매·외국인도·위탁가공무역방식 등의 수출로 국내의 사업장에서 계약과 대가수령 등 거래가 이루어지는 것 ③ 내국신용장·구매확인서에 의한 공급 ④ 한국국제협력단·한국국제보건의료재단·대한적십자사에 공급하는 재화
(2) 국외에서 제공하는 용역	해외건설용역 등
(3) 선박·항공기 외국항행용역	선박 또는 항공기에 의하여 여객이나 화물을 국내에서 국외로, 국외에서 국내로 또는 국외에서 국외로 수송하는 것
(4) 그 밖의 외화획득 재화·용역	우리나라에 상주하는 외교공관 등 국제기구에 공급하는 재화·용역 등 국내거래이지만 외화획득이 되는 거래
(5) 조세특례제한법상 영세율 적용 대상 재화·용역	농민에게 공급하는 농업용 기자재 등 조세정책적 목적으로 규정한 거래

2 면세의 범위

부가가치세법상 면세는 소득 대비 세부담의 역진성을 완화하기 위하여 다음의 재화나 용역의 공급에 적용된다. 특히 면세대상은 부가가치세법에 열거된 재화 또는 용역에 한정하기 때문에, 실무상 특정 재화 또는 용역의 공급이 면세대상인지의 여부를 판정할 때에는 법에 열거된 것에 해당하는지 여부를 먼저 살펴볼 필요가 있다. 즉, 법에 열거된 것에 해당하지 않는 재화 또는 용역의 공급은 모두 과세대상으로 봐야 한다.

구 분	내 용
기초생활필수품	① 가공되지 않은 식료품 등(식용으로 제공되는 농산물·축산물·수산물·임산물 포함) ② 우리나라에서 생산되어 식용으로 제공되지 않은 미가공 농·축·수·임산물 ③ 수돗물 ➡ 생수·전기는 과세 ④ 연탄과 무연탄 ➡ 유연탄·갈탄·착화탄(연탄용 불쏘시개)은 과세 ⑤ 여성용 생리처리 위생용품과 영유아용 기저귀와 분유(액상형태의 분유 포함) ⑥ 여객운송용역 ➡ 항공기·고속버스·전세버스·택시·고속철도·삭도 등에 의한 여객운송 용역은 과세 ⑦ 우표·인지·증지·복권·공중전화 ➡ 수집용 우표는 과세 ⑧ 주택과 이에 부수되는 토지의 임대용역 ➡ 사업용건물과 이에 부수되는 토지의 임대용역은 과세 ⑨ 공동주택 어린이집의 임대용역

구 분	면 세 대 상
국민후생용 재화·용역	① 의료보건용역과 혈액 ➡ 의약품의 단순판매는 과세
	② 교육용역 ➡ 무허가·무인가 교육용역은 과세
문화관련 재화·용역	① 도서(도서대여용역·실내도서열람 포함)·신문·잡지·관보·뉴스통신 ➡ 광고는 과세
	② 예술창작품·예술행사·문화행사·아마추어 운동경기
	③ 도서관·과학관·박물관·미술관·동물원·식물원에의 입장
부가가치 구성요소	① 금융·보험용역
	② 토지의 공급 ➡ 건물의 공급은 과세
	③ 인적용역 ➡ 변호사·공인회계사·세무사·관세사 등 전문직사업자의 인적용역은 과세
그밖의 재화·용역	① 종교·자선·학술·구호·그 밖의 공익을 목적으로 하는 단체가 공급하는 재화·용역
	② 국가·지방자치단체·지방자치단체조합이 공급하는 재화·용역 ◉
	③ 국가·지방자치단체·지방자치단체조합 또는 공익단체에 무상공급하는 재화·용역 ➡ 유상공급은 과세
	④ 국민주택의 공급·국민주택 건설용역·국민주택 리모델링용역 ➡ 국민주택 규모를 초과하는 주택은 과세

◉ 국가·지방자치단체·지방자치단체조합이 공급하는 용역 중 다음에 해당하는 용역은 과세대상임에 유의하여야 한다.
① 우정사업조직의 방문소포우편물 송달용역·택배용역·우정사업본부의 우편주문판매대행 용역
② 고속철도 여객운송용역
③ 부동산임대업·음식점업·숙박업
④ 도매 및 소매업
⑤ 골프장·스키장 운영업 등

Ⅲ. 일반과세·영세율·면세 예시비교

사업자(아래 예시에서 사업자 丙)가 제공하는 재화 또는 용역의 공급이 일반과세·영세율·면세를 적용받는 경우 각각 어떤 결과와 차이가 발생하는지 예시를 통해 살펴보면 다음과 같다.

1 일반과세

구 분	甲(과세사업자)	乙(과세사업자)	丙(과세사업자)	결 과
(1) 매 출 액	1,000	2,000	3,000	① 최종소비자 부담
(2) 매 입 액	−	1,000	2,000	㉠ 재화의 가격 : 3,000원
(3) 부가가치	1,000	1,000	1,000	㉡ 부가가치세 : 300원
1 매출세액	100	200	300	
2 매입세액	−	100	200	② 과세당국 징수액 : 300원
3 납부세액	100	100	100	

2 영세율

구 분	甲(과세사업자)	乙(과세사업자)	丙(영세율사업자)	결 과
(1) 매 출 액	1,000	2,000	3,000	① 최종소비자 부담
(2) 매 입 액	–	1,000	2,000	㉠ 재화의 가격 : 3,000원
(3) 부가가치	1,000	1,000	1,000	㉡ 부가가치세 : 0(zero)원
① 매출세액	100	200	–	
② 매입세액	–	100	200	② 과세당국 징수액 : 0(zero)원
③ 납부세액	100	100	(200)	

3 면세

구 분	甲(과세사업자)	乙(과세사업자)	丙(면세사업자)	결 과
(1) 매 출 액	1,000	2,000	3,200※	① 최종소비자 부담
(2) 매 입 액	–	1,000	2,200※	㉠ 재화의 가격 : 3,000원
(3) 부가가치	1,000	1,000	1,000	㉡ 부가가치세 : 200원
① 매출세액	100	200	–	
② 매입세액	–	100	–	② 과세당국 징수액 : 200원
③ 납부세액	100	100	–	

※ 면세사업자 丙이 과세사업자 乙로부터 재화를 매입하면서 부담한 매입세액 200원은 환급되지 않는다. 따라서 丙은 이를 원가로 보아 가격(매출액)에 반영하여 최종소비자에게 전가시킨다.

제3절 납세의무자와 사업자등록

국가 또는 지방자치단체는 국민이 과세요건, 즉 납세의무자·과세대상·과세표준·세율을 충족하여 납세의무가 성립된 경우 부가가치세를 과세할 수 있다. 본 절에서는 부가가치세의 과세요건 중 납세의무자에 대해서 살펴보고자 한다.

Ⅰ. 납세의무자

1 납세의무자의 개념

부가가치세법상 납세의무자란 부가가치세를 납부할 의무가 있는 자로, 개인이나 법인(국가·지방자치단체와 지방자치단체조합 포함), 법인 아닌 사단·재단 또는 그 밖의 단체 중 다음에 해당하는 자를 말한다.

① 사업자
② 재화를 수입하는 자

그런데 현실에서는 사업자가 아닌 개인, 즉 비사업자도 중고자동차나 중고컴퓨터를 처분하는 것처럼 재화 또는 용역을 공급하기도 한다. 그럼에도 불구하고 부가가치세법에서 납세의무자를 사업자로 국한시킨 이유는 비사업자를 납세의무자로 규정하는 데에 대한 과세실익이 낮기 때문이다. 즉 현실적으로 비사업자에게 세금계산서 발급이나 부가가치세 거래징수와 같은 의무이행을 기대하기 어렵고, 납부하지 않을 경우 세원포착이 쉽지 않을뿐더러 과세당국의 행정행위에 따른 비용이 과다할 수 있다. 따라서 비사업자의 일시적인 재화 또는 용역의 공급에 대해서는 부가가치세 납세의무가 없다.

2 사업자

부가가치세법상 사업자란 사업목적이 영리이든 비영리이든 관계없이 사업상 독립적으로 재화 또는 용역을 공급하는 자를 말한다.

(1) 사업자의 요건

요 건	내 용
1) 영 리 성	영리목적 유무와 무관하다. 이는 부가가치세가 납세의무자와 담세자가 다른, 즉 사업자에게 납부의무만 있을 뿐 실질적인 세부담은 최종소비자가 지는 간접세이기 때문이다. 또한 영리사업자와 비영리사업자 간의 경쟁관계에서 중립성을 유지하기 위함이다.
2) 사 업 성	사업성이 있어야 한다. 부가가치를 창출할 수 있을 정도의 사업형태를 갖추고, 사회통념상 인정될 수 있는 정도의 계속적·반복적으로 재화 또는 용역을 공급할 경우 사업성이 있다고 할 수 있다.
3) 독 립 성	독립성을 갖추어야 한다. 타인에게 고용 또는 종속되지 않으면서(인적기준), 주된 사업에 부수되는 등 다른 사업의 연장이 아닌 별개의 것인 경우(물적기준) 독립성을 갖추었다고 할 수 있다.
4) 과세대상 재화·용역공급	부가가치세 과세대상인 재화 또는 용역을 공급하는 자이어야 한다. 따라서 부가가치세 면세대상 재화 또는 용역을 공급하는 자는 부가가치세법상 사업자가 아니다.

(2) 사업자의 분류

유 형	구 분 기 준	부가가치세 계산구조
1) 일반과세자	① 법인사업자 ② 개인사업자	매출액 × 10% − 매입세액
2) 간이과세자	직전 연도의 공급대가가 8,000만원에 미달하는 개인사업자	공급대가 × 부가가치율 × 10%

3 재화를 수입하는 자

재화를 수입하는 자는 사업자인지 여부에 관계없이 부가가치세법상 납세의무자에 해당한다. 따라서 해외직구와 같이 비사업자가 개인적인 목적으로 부가가치세가 과세되는 재화를 수입한 경우에도 부가가치세 납세의무가 있다.

II. 사업자등록

부가가치세법상 사업자등록이란 부가가치세 납세의무자인 사업자의 인적사항, 사업장 소재지 등 과세자료를 파악하는데 필요한 사항을 신고하여 등재하게 함과 동시에 사업자등록번호를 부여하는 제도를 말한다. 참고로 부가가치세법상 납세의무자가 아닌 면세사업자는 부가가치세법에 따른 사업자등록의무는 없으나 법인세법(법인) 또는 소득세법(개인)에 따른 사업자등록의무를 진다.

사업자등록의 취지

사업자등록은 조세회피를 방지하고 및 근거과세원칙과 공평과세원칙을 실현하는 데에 그 목적이 있다. 과세당국은 사업자등록을 통해 사업자의 정보를 파악함으로써 사전에 조세회피를 예방할 수 있다. 또한 사업자는 사업자등록 시 부여되는 사업자등록번호를 기초로 세금계산서와 같은 증명서류를 발급·수취하는데, 과세당국은 거래의 근거가 되는 증명서류와 증명서류상의 사업자 정보를 바탕으로 근거과세원칙을 구현할 수 있다. 한편, 모든 사업자가 반드시 사업자등록을 하고 영업을 하도록 함으로써 공평과세원칙을 실현할 수 있다.

 ## 사업자등록 절차

사업자는 사업장마다 사업자등록을 해야 한다. 다만, 후술할 사업자단위과세사업자는 사업자 단위로 본점 또는 주사무소에 대하여 사업자등록을 해야 한다.

(1) 사업자등록의 신청

사업자는 사업장마다 사업개시일부터 20일 이내에 사업장 관할세무서장에게 등록해야 한다. 다만, 신규로 사업을 시작하려는 자는 사업개시일 전이라도 등록할 수 있다.

위의 규정에 불구하고 둘 이상의 사업장이 있는 사업자(사업장이 하나이나 추가로 사업장을 개설하려는 사업자 포함)는 사업자단위로 해당 사업자의 본점 또는 주사무소 관할 세무서장에게 등록할 수 있다. 사업장단위로 등록한 사업자가 사업자단위과세사업자로 변경하려면 사업자단위과세사업자로 적용받으려는 과세기간 개시 20일 전까지 사업자의 본점 또는 주사무소 관할세무서장에게 변경등록을 신청해야 한다.

다만, 사업장이 하나인 사업자가 추가로 사업장을 개설하면서 추가사업장의 사업개시일이 속하는 과세기간부터 사업자단위과세사업자로 적용받으려는 경우에는 추가사업장의 사업개시일부터 20일 이내(추가사업장의 사업개시일이 속하는 과세기간 이내에 한함)에 사업자의 본점 또는 주사무소 관할세무서장에게 변경등록을 신청해야 한다.

(2) 사업자등록증의 발급

사업자등록 신청을 받은 세무서장은 그 신청내용을 조사한 후 사업자등록증을 신청일로부터 2일(토요일·공휴일·근로자의 날 제외) 이내에 신청자에게 발급하여야 한다. 다만, 사업장시설이나 사업현황을 확인하기 위하여 국세청장이 필요하다고 인정하는 경우에는 발급기한을 5일 이내에서 연장하고 조사한 사실에 따라 사업자등록증을 발급할 수 있다.

한편, 관할 세무서장은 등록신청의 내용을 보정할 필요가 있다고 인정되는 때에는 10일 이내의 기간을 정하여 보정을 요구할 수 있다. 이 경우 해당 보정기간은 위 규정에 따른 기간에 산입하지 아니한다.

제4절 납세지와 부가가치세 신고·납부

Ⅰ. 납세지

납세지란 납세의무자가 사업자등록, 신고·납부 등 납세의무를 이행하고 과세당국이 결정, 징수·환급 등 국세처분을 하는, 즉 관할 세무서를 결정하는 기준이 되는 장소를 말한다. 부가가치세법상 납세지는 사업장 단위로 판정하는데, 사업자가 둘 이상의 사업장을 갖고 있는 때에는 각 사업장별로 납세지를 결정한다. 여기서 사업장이란 사업자 또는 그 사용인이 상시 주재하여 거래의 전부 또는 일부를 행하는 장소를 말한다.

 사업장의 범위

부가가치세법에서는 업종의 유형별로 사업장을 달리 규정하고 있는데, 이를 살펴보면 다음과 같다.

구 분	사 업 장
(1) 제조업	최종제품을 완성하는 장소 (따로 제품의 포장만을 하거나 용기에 충전만을 하는 장소는 제외)
(2) 건설업·운수업·부동산매매업	① 법인 : 해당 법인의 등기부상 소재지(지점 포함) ② 개인 : 사업에 관한 업무를 총괄하는 장소
(3) 무인자동판매기를 통한 사업	그 사업에 관한 업무를 총괄하는 장소
(4) 부동산임대업	부동산의 등기부상 소재지

한편, 사업장 여부를 판단함에 있어 주의가 필요한 장소로서 직매장과 하치장, 그리고 임시사업장이 있는데, 이를 자세히 살펴보면 다음과 같다.

(1) 직매장

직매장이란 사업자가 자기의 사업과 관련하여 생산 또는 취득한 재화를 직접 판매하기 위하여 특별히 판매시설을 갖춘 장소를 말한다. 직매장에서는 판매행위(재화의 공급)가 이루어지므로 사업장에 해당한다.

(2) 하치장

하치장이란 사업자가 재화의 보관·관리시설만을 갖춘 장소를 말한다. 하치장에서는 판매행위(재화의 공급)가 이루어지지 아니하므로 사업장이 아니다.
하치장은 사업장이 아니므로 사업자등록의무는 없으나, 하치장을 설치한 사업자는 해당 하치장을 둔 날로부터 10일 이내에 하치장설치신고서를 하치장 관할세무서장에게 제출해야 한다.

(3) 임시사업장

임시사업장이란 사업장이 있는 사업자가 기존사업장 외에 각종 경기대회·전람회·국제회의 그 밖에 이와 유사한 행사가 개최되는 장소에서 임시로 개설한 사업장을 말한다. 이러한 임시사업장은 기존사업장에 포함되는 것으로 보기 때문에 사업장이 아니다.

임시사업장은 사업장이 아니므로 사업자등록의무는 없으나, 임시사업장을 개설하고자 하는 자는 임시사업장 개설신고서를 해당 임시사업장의 사업개시일부터 10일 이내에 임시사업장의 관할세무서장에게 제출해야 한다. 다만, 임시사업장의 설치기간이 10일 이내인 경우에는 임시사업장개설신고를 하지 않을 수 있다.

2 주사업장 총괄납부제도

(1) 개념 및 취지

주사업장 총괄납부제도란 둘 이상의 사업장을 가진 사업자(사업장이 하나이나 추가로 사업장을 개설하려는 사업자 포함)가 주된 사업장에서 부가가치세를 총괄하여 납부할 수 있는 제도를 말한다.

부가가치세의 납세지는 각 사업장이기 때문에 둘 이상의 사업장을 가진 사업자는 원칙적으로 각 사업장마다 부가가치세를 납부해야 한다. 그런데 만약 일부 사업장에서 납부세액이 발생하고 다른 사업장에서 환급세액이 발생한다면, 통상 납부는 먼저 하고 환급은 나중에 받기 때문에 일시적으로 자금부담이 발생할 수 있다. 주사업장 총괄납부제도는 이러한 사업자의 자금부담을 완화시키고 납세의무자에게 납세편의를 제공하기 위해 도입된 제도이다.

(2) 주된 사업장의 범위

법인사업자는 본점(주사무소) 또는 지점(분사무소) 중 선택한 장소를 주된 사업장으로 하며, 개인사업자는 주사무소를 주된 사업장으로 한다.

(3) 주사업장 총괄납부제도의 효력

주사업장 총괄납부제도를 적용받는 사업자는 각 사업장 단위로 계산된 납부세액 또는 환급세액을 통산하여 주된 사업장의 관할 세무서장에게 납부하거나 환급받을 수 있다. 다만 사업자등록, 세금계산서 발급·수취, 과세표준 및 납부·환급세액의 계산·신고 등 납부·환급을 제외한 모든 납세의무는 각 사업장별로 해야 한다.

사업자단위과세제도

(1) 개념 및 취지

사업자단위과세제도란 둘 이상의 사업장을 가진 사업자(사업장이 하나이나 추가로 사업장을 개설하려는 사업자 포함)가 사업자 단위로 해당 사업자의 본점 또는 주사무소 관할 세무서장에게 등록하여, 납부·환급을 포함한 모든 납세의무를 각 사업장이 아닌 사업자 단위에서 이행할 수 있는 제도를 말한다. 이 경우 등록한 사업자를 사업자단위과세사업자라 한다. 사업자단위과세제도는 사업자로 하여금 편리하게 납세의무를 이행하게 하고, 과세당국이 보다 효율적으로 세원을 관리할 수 있도록 도입된 제도이다.

(2) 사업자단위과세 적용사업장의 범위

법인사업자는 본점(주사무소), 개인사업자는 주사무소에서 사업자단위과세를 적용받을 수 있다. 즉, 법인사업자의 지점(분사무소)은 사업자단위과세 적용사업장이 아니다.

(3) 사업자단위과세제도의 효력

사업자단위과세사업자는 납부·환급뿐만 아니라 사업자등록, 세금계산서 발급·수취, 과세표준 및 납부·환급세액의 계산·신고 등 모든 납세의무를 사업자단위과세 적용사업장에서 사업자단위로 할 수 있다.

II. 부가가치세 신고와 납부

 부가가치세 과세기간

부가가치세는 일정기간 동안의 거래에 대해 납세의무자가 직접 신고하고 납부하는 자진신고납부세목이다.

(1) 일반과세자

일반과세자는 상·하반기 각 6개월을 과세기간으로 하여 1년에 두 번 부가가치세를 신고·납부해야 한다. 1월부터 6월까지 상반기를 제1기, 7월부터 12월까지 하반기를 제2기라고 한다. 다만, 사업자가 6개월분 부가가치세를 일시에 납부할 경우 자금부담이 있을 수 있고 과세당국 입장에서도 재정에 필요한 조세징수가 지연되는 문제가 있다. 이를 해결하기 위해 각 과세기간을 다시 3개월로 나눠서 분할 납부하도록 하고 있는데, 각 과세기간의 첫 3개월의 기간을 예정신고기간이라고 한다.

(2) 간이과세자

간이과세자는 1년 전체를 과세기간으로 하여 1년에 한 번 부가가치세를 신고·납부해야 하는데, 이는 영세사업자인 간이과세자의 납세부담을 완화시키기 위함이다. 간이과세자도 자금부담의 완화 및 조세수입의 조기확보를 위해 과세기간을 다시 6개월로 나눠서 분할 납부하도록 하고 있는데, 첫 6개월의 기간을 예정부과기간이라고 한다.

2 예정신고와 납부

(1) 예정신고·납부

사업자는 각 과세기간 중 예정신고기간이 끝난 후 25일 이내에 각 예정신고기간에 대한 과세표준과 납부세액 또는 환급세액을 납세지 관할 세무서장에게 신고해야 하는데, 이를 예정신고라고 한다. 이 경우 사업자는 예정신고를 할 때 그 예정신고기간의 납부세액을 부가가치세 예정신고서와 함께 각 납세지 관할 세무서장에게 납부하거나 납부서를 작성하여 한국은행 또는 체신관서에 납부하여야 한다.

(2) 예정고지(부과)·납부

납세지 관할 세무서장은 위의 예정신고 규정에도 불구하고 개인사업자 및 직전 과세기간 공급가액의 합계액이 1억 5,000만원 미만인 법인사업자에 대하여는 직전 과세기간에 대한 납부세액에 50퍼센트를 곱한 금액을 결정하여 해당 예정신고기간이 끝난 후 25일까지 징수하는데, 이를 예정고지(간이과세자의 경우 예정부과)라고 한다. 즉, 원칙적으로 개인사업자는 직접 예정신고·납부하는 것이 아니라 관할 세무서장이 결정한 고지서를 받아 그에 따라 부가가치세를 납부만 하면 된다.

다만, 휴업 또는 사업 부진으로 인하여 사업실적이 악화된 경우 등 법에 정한 사유가 있는 개인사업자는 예정신고를 하고 예정신고기간의 납부세액을 납부할 수 있다. 이 경우 예정고지에 따른 결정은 없었던 것으로 본다.

3 확정신고와 납부

사업자는 각 과세기간에 대한 과세표준과 납부세액 또는 환급세액을 그 과세기간이 끝난 후 25일 이내에 납세지 관할 세무서장에게 신고하여야 하는데, 이를 확정신고라고 한다. 예정신고를 한 사업자는 이미 신고한 과세표준과 납부한 납부세액 또는 환급받은 환급세액은 신고하지 아니한다. 이 경우 사업자는 확정신고를 할 때 그 과세기간의 납부세액을 부가가치세 확정신고서와 함께 각 납세지 관할 세무서장에게 납부하거나 납부서를 작성하여 한국은행 또는 체신관서에 납부하여야 한다.

유형		예정신고·예정고지(부과)		확정신고	
		과세기간	신고·납부기한	과세기간	신고·납부기한
일반 과세자	법인 사업자	제1기 1/1 ~ 3/31 제2기 7/1 ~ 9/30	4/25 10/25	제1기 4/1 ~ 6/30 제2기 10/1 ~ 12/31	7/25 1/25
	개인 사업자	제1기 1/1 ~ 3/31 제2기 7/1 ~ 9/30	4/25 10/25	제1기 1/1 ~ 6/30 제2기 7/1 ~ 12/31	7/25 1/25
간이과세자		1/1 ~ 6/30	7/25	1/1 ~ 12/31	1/25

신용카드 등 결제금액에 대한 부가가치세 대리납부

신용카드업자는 일반유흥주점업 및 무도유흥주점업을 영위하는 특례사업자(간이과세자 제외)가 부가가치세가 과세되는 재화 또는 용역을 공급하고 그 신용카드업자로부터 공급대가를 받는 경우에는 해당 공급대가를 특례사업자에게 지급하는 때에 공급대가의 110분의 4에 해당하는 금액을 부가가치세로 징수하여 매 분기가 끝나는 날의 다음 달 25일까지 신용카드업자의 관할세무서장에게 납부해야 한다. 이는 부가가치세 체납률이 높은 특례사업자에 대하여 신용카드업자가 대리납부하게 함으로써 부가가치세의 체납을 방지하려는 데에 그 의의가 있다.

기출문제

제2장_부가가치세법 총설

01 우리나라 부가가치세의 성격으로 가장 틀린 것은? [세무회계 3급 2020]

① 다단계 과세방식을 취하고 있다.
② 세부담을 다음 거래단계로 전가하는 간접세이다.
③ 납세의무자는 재화와 용역을 소비하는 모든 주체이다.
④ 국경세 조정을 위해서 소비지국 과세원칙을 취하고 있다.

해설 납세의무자는 사업자와 재화를 수입하는 자이다.

해답 ③

02 다음 중 우리나라 부가가치세의 특징으로 옳은 것을 모두 고르시오. [세무회계 3급 2022]

가. 소비지국 과세원칙	나. 단일세율 과세
다. 간접세	라. 직접세
마. 국세	바. 과세지국 과세원칙
사. 목적세	아. 지방세

① 가, 나, 라, 바
② 가, 다, 라, 마
③ 나, 마, 사, 아
④ 가, 나, 다, 마

해설 우리나라 부가가치세는 소비지국 과세원칙을 채택하고 있으며, 단일세율로 과세하는 국세로서 면세 대상을 제외한 모든 재화와 용역의 소비에 대하여 과세하는 일반소비세이다. 또한 법률상의 납세의무자와 담세자가 일치하지 않는 간접세이다.

해답 ④

03 다음 중 부가가치세법상 납세의무자가 아닌 것은? [세무회계 3급 2019]

① 일반과세자
② 간이과세자
③ 면세사업자
④ 재화를 수입하는 자

해설 면세사업자는 부가가치세가 면제되는 재화 또는 용역을 공급하는 사업자로서 부가가치세법상 납세의무자가 아니다.

해답 ③

04 다음 중 부가가치세법상 과세기간에 대한 설명으로 옳지 않은 것은? [세무회계 3급 2022]

① 간이과세자의 과세기간은 1월 1일부터 12월 31일까지로 한다.
② 일반과세자는 1월 1일부터 6월 30일까지를 제1기로 하고, 7월 1일부터 12월 31일까지를 제2기로 한다.
③ 사업자가 폐업하는 경우의 과세기간은 폐업일이 속하는 과세기간의 개시일부터 해당 과세기간의 종료일까지로 한다.
④ 신규로 사업을 시작하는 자에 대한 최초의 과세기간은 사업 개시일부터 그 날이 속하는 과세기간의 종료일까지로 한다.

> **해설** 면세사업자는 부가가치세가 면제되는 재화 또는 용역을 공급하는 사업자로서 부가가치세법상 납세의무자가 아니다.
>
> **해답** ③

05 다음 중 부가가치세법상 영세율을 적용받는 거래는? [세무회계 3급 2020]

① 국외에서 제공하는 용역
② 외화획득재화 또는 용역의 공급
③ 외국항행용역의 공급
④ 위탁판매형식으로 국내의 본점에서 국내의 다른 지점으로 인도한 재화

> **해설** 위탁판매형식으로 국내의 본점에서 국내의 다른 지점으로 인도한 재화는 수출로 볼 수 없기에 영세율 적용대상이 아니다.
>
> **해답** ④

06 부가가치세법상 국내에 사업장이 있는 사업자가 행하는 재화 또는 용역의 공급에 대한 영세율 적용과 관련한 설명으로 옳지 않은 것은? [국가직 9급 2018]

① 외화를 획득하기 위한 것으로서 우리나라에 상주하는 국제연합과 이에 준하는 국제기구(우리나라가 당사국인 조약과 그 밖의 국내법령에 따라 특권과 면제를 부여받을 수 있는 경우에 한함)에 재화 또는 용역을 공급하는 것에 대해서는 영세율을 적용한다.
② 항공기에 의하여 여객을 국내에서 국외로 수송하는 것에 대해서는 영세율이 적용되지 않는다.
③ 국외에서 공급하는 용역에 대해서는 영세율이 적용된다.
④ 내국물품을 외국으로 반출하는 것에 대해서는 영세율이 적용된다.

> **해설** 외국항행용역이란 선박 또는 항공기에 의하여 여객이나 화물을 국내에서 국외로, 국외에서 국내로 또는 국외에서 국외로 수송하는 것을 말한다.
>
> **해답** ②

07 다음 중 부가가치세법상 면세대상에 해당하지 않은 것은? [세무회계 3급 2020]

① 미가공식료품
② 주무관청에 인허가받은 교육용역
③ 토지의 공급
④ 항공법에 따른 항공기에 의한 여객운송용역

> 해설   항공법에 따른 항공기에 의한 여객운송 용역은 과세대상이다.

해답 ④

08 다음 중 부가가치세법상 면세가 적용되는 재화 또는 용역에 해당하지 않는 것은?
[세무회계 3급 2022]

① 전기
② 연탄과 무연탄
③ 도서
④ 토지

> 해설   전기는 법에서 열거하고 있는 면세 대상 재화 또는 용역의 공급에 해당하지 않는다.

해답 ①

09 다음의 재화 또는 용역을 공급할 때 부가가치세가 과세되는 경우는? [세무회계 3급 2020]

① 수돗물
② 연탄
③ 맛김(조미김)
④ 무연탄

> 해설   맛김(조미김)은 부가가치세가 과세되는 재화이다.
> 가공되지 않은 식료품은 면세대상이다. (소금은 면세, 맛소금은 과세)

해답 ③

10 부가가치세법상 면세에 대한 설명으로 옳은 것만을 모두 고른 것은? [국가직 9급 2016 수정]

> ㄱ. 면세사업만을 경영하는 자는 부가가치세법에 따른 사업자등록의무가 없다.
> ㄴ. 국가나 지방자치단체에 유상 또는 무상으로 공급하는 용역에 대하여는 부가가치세를 면제한다.
> ㄷ. 유연탄의 공급은 과세되지만, 무연탄의 공급은 면세된다.
> ㄹ. 부가가치세가 면세되는 미가공 식료품에는 김치, 두부 등 기획재정부령으로 정하는 단순가공식료품이 포함된다.

① ㄱ, ㄴ, ㄷ   ② ㄱ, ㄴ, ㄹ   ③ ㄱ, ㄷ, ㄹ   ④ ㄴ, ㄷ, ㄹ

> 해설   ㄴ. 국가나 지방자치단체에 유상으로 공급하는 용역에 대하여는 부가가치세를 과세한다.

해답 ③

11 부가가치세법상 면세되는 재화 또는 용역에 해당하지 않는 것은? [국가직 7급 2018]

① 국가에 무상으로 공급하는 재화 또는 용역
② 미술관에 입장하게 하는 것
③ 생수·전기
④ 도서

> **해설** 기초생활필수품 중 수돗물은 면세이나 생수·전기는 과세대상이다.

해답 ③

12 다음은 부가가치세법상 사업자에 대한 설명으로 가장 옳은 것은? [세무회계 3급 2020]

① 과세사업자라 하더라도 사업자등록은 선택적으로 할 수 있다.
② 사업자란 영리목적의 유무는 불문한다.
③ 재화를 수입하는 자도 사업자에 한하여 부가가치세납세의무를 진다.
④ 과세사업과 면세사업을 겸영하는 자를 겸영사업자라 하며 겸영사업자는 부가가치세 납세의무가 없다.

> **해설**
> ① 과세사업자는 부가가치세법상의 사업자 등록의무가 있다.
> ③ 재화를 수입하는 자는 사업자여부를 불문하고 납세의무를 진다.
> ④ 겸영사업자는 부가가치세 납세의무가 있으므로 과세사업자이다.

해답 ②

13 부가가치세법상 납세의무자에 관한 설명으로 옳지 않은 것은? [국가직 9급 2018]

① 부가가치세 납세의무자인 사업자란 사업상 독립적으로 재화 또는 용역을 공급하는 자로서 그 사업목적은 영리인 경우에 한한다.
② 위탁자의 채무이행을 담보할 목적으로 대통령령으로 정하는 신탁계약을 체결한 경우로서 수탁자가 그 채무이행을 위하여 신탁재산을 처분하는 경우에는 수탁자가 재화를 공급하는 것으로 본다.
③ 재화를 수입하는 자는 사업자가 아니어도 부가가치세의 납세의무자가 될 수 있다.
④ 위탁자를 알 수 있는 위탁매매의 경우에는 위탁자가 직접 재화를 공급하거나 공급받은 것으로 본다.

> **해설** 부가가치세 납세의무자인 사업자란 사업 목적이 영리이든 비영리이든 관계없이 사업상 독립적으로 재화 또는 용역을 공급하는 자를 말한다.

해답 ①

14 다음 중 부가가치세법상 납세지에 대한 설명 중 틀린 것은? [세무회계 3급 2024]

① 사업자의 납세지는 각 사업장의 소재지로 한다. .
② 사업장은 사업자가 사업을 위하여 거래의 전부 또는 일부를 하는 고정된 장소이다.
③ 사업자가 사업장을 두지 아니하면 사업자의 주소 또는 거소를 사업장으로 한다.
④ 재화를 수입하는 자의 납세지는 각 사업장의 소재지로 한다.

> **해설** 재화를 수입하는 자의 부가가치세 납세지는 관세법에 따라 수입을 신고하는 세관의 소재지로 한다.

해답 ④

15 다음 중 부가가치세법상 사업장에 해당하는 것은? [세무회계 3급 2020]

① 재화를 판매하기 위하여 판매시설을 갖춘 사업장
② 각종 경기대회나 박람회 등 행사가 개최되는 장소에 개설한 임시사업장
③ 재화를 보관하고 관리할 수 있는 시설만 갖춘 장소
④ 건설업(법인)의 경우 건설현장

> **해설** 다음의 장소는 사업장으로 보지 아니한다.
> ② 각종 경기대회나 박람회 등 행사가 개최되는 장소에 개설한 임시사업장
> ③ 재화를 보관하고 관리할 수 있는 시설만 갖춘 장소
> ④ 건설업(법인)의 경우 건설현장
> 건설업(법인)의 경우 해당 법인의 등기부상 소재지(지점 포함)를 사업장으로 본다.

해답 ①

16 다음 중 부가가치세법상 사업장에 관한 내용으로 가장 잘못된 것은? [세무회계 3급 2023]

① 사업장은 사업자가 사업을 하기 위해서 거래의 전부 또는 일부를 하는 고정된 장소이다.
② 자기의 사업과 관련하여 생산하거나 취득한 재화를 직접 판매하는 장소는 사업장으로 본다.
③ 부동산임대업의 사업장은 원칙적으로 그 사업에 관한 업무를 총괄하는 장소이다.
④ 거래처의 관리 또는 기획관리 등 기타업무연락만을 수행하는 장소는 사업장으로 보지 않는다.

> **해설** 부동산임대업의 사업장은 부동산의 등기부상 소재지이다.

해답 ③

17 다음 중 부가가치세법상 사업자등록에 대한 설명으로 옳지 않은 것은? [세무회계 3급 2023]

① 사업자등록은 사업장 관할세무서장이 아닌 다른 세무서장에게도 할 수 있다.
② 하치장을 둔 사업자는 하치장을 둔 날부터 20일 이내에 관할세무서장에게 사업자등록 정정 신고를 하여야 한다.
③ 사업자가 사업자등록을 하지 않는 경우에는 사업장 관할세무서장이 조사하여 등록할 수 있다.
④ 사업자등록의 신청을 받은 사업장 관할세무서장은 신청자가 사업을 사실상 시작하지 아니할 것이라고 인정될 때에는 등록을 거부할 수 있다.

> **해설** 부가가치세법 제6조 제5항, 하치장은 사업장으로 보지 아니하며, 하치장을 둔 사업자는 하치장 설치신고서를 하치장을 둔 날부터 10일 이내에 하치장 관할세무서장에게 제출하여야 한다.

해답 ②

18 다음 중 부가가치세법상 사업자등록에 대한 설명으로 옳지 않은 것은? [국가직 7급 2023]

① 2025년 1월 1일 사업을 시작한 사업자가 2025년 2월 15일 사업자등록을 신청한 경우 등록신청일부터 공급시기가 속하는 과세기간 기산일까지 역산한 기간 내의 매입세액을 공제받을 수 없으며, 미등록가산세도 납부하여야 한다.
② 신규로 사업을 시작하려는 자는 사업개시일 전이라도 사업자등록신청을 할 수 있다.
③ 사업자 단위로 등록신청을 한 사업자에게는 사업자 단위 과세적용 사업장에 한 개의 등록번호를 부여한다.
④ 사업장 단위로 등록한 사업자가 사업자 단위 과세 사업자로 변경하려면 사업자 단위 과세 사업자로 적용받으려는 과세기간 개시 20일 전까지 사업자의 본점 또는 주사무소 관할 세무서장에게 변경등록을 신청해야 한다.

> **해설** 사업자등록을 신청하기 전의 매입세액은 매출세액에서 공제하지 않는다. 다만, 공급시기가 속하는 과세기간이 끝난 후 20일 이내에 등록을 신청한 경우 등록신청일부터 공급시기가 속하는 과세기간 기산일까지 역산한 기간 내의 매입세액은 매출세액에서 공제한다. 또한 사업개시일부터 20일 이내에 사업자등록을 신청하지 않았으므로 미등록가산세를 부과한다.

해답 ①

19 부가가치세법령상 납세지 및 사업자등록에 대한 설명으로 옳은 것만을 모두 고르면?
[국가직 7급 2021]

> ㄱ. 국가, 지방자치단체 또는 지방자치단체조합이 공급하는 부동산 임대용역에 있어서 사업장은 그 부동산의 등기부상 소재지이다.
> ㄴ. 신규로 사업을 시작하는 자가 주된 사업장에서 총괄하여 납부하려는 경우에는 주된 사업장의 사업자등록증을 받은 날부터 20일까지 주사업장 총괄 납부 신청서를 주된 사업장의 관할 세무서장에게 제출하여야 한다.
> ㄷ. 무인자동판매기를 통하여 재화 또는 용역을 공급하는 사업에 있어서 사업장은 그 사업에 관한 업무를 총괄하는 장소이다. 다만, 그 이외의 장소도 사업자의 신청에 의하여 추가로 사업장으로 등록할 수 있다.
> ㄹ. 법인이 주사업장 총괄 납부의 신청을 하는 경우 주된 사업장은 본점 또는 주사무소를 말하며, 지점 또는 분사무소는 주된 사업장으로 할 수 없다.

① ㄴ ② ㄱ, ㄴ ③ ㄱ, ㄷ ④ ㄷ, ㄹ

해설
ㄱ. 국가, 지방자치단체 또는 지방자치단체조합이 공급하는 부동산 임대용역에 있어서 사업장은 사업에 관한 업무를 총괄하는 장소이다.
ㄷ. 무인자동판매기를 통하여 재화 또는 용역을 공급하는 사업에 있어서 사업장은 그 사업에 관한 업무를 총괄하는 장소이며, 이외의 장소를 신청하더라도 그 사업에 관한 업무를 총괄하는 장소만 사업장이다.
ㄹ. 법인이 주사업장 총괄 납부의 신청을 하는 경우 지점 또는 분사무소도 주된 사업장으로 할 수 있다.

해답 ①

20 다음은 부가가치세법상 주사업장총괄납부제도와 사업자단위과세제도에 대한 설명이다. 잘못 설명된 것은? [세무회계 3급 2020]

① 주사업장총괄납부제도의 경우는 법인의 본점 또는 지점을 주된 사업장으로 신청할 수 있다.
② 개인사업자는 주사업장총괄납부를 신청할 수 없다.
③ 주사업장총괄납부를 적용받기 위해서는 적용과세기간 개시 20일 전에 신청을 하여야 한다.
④ 사업자단위과세의 승인을 받은 경우에는 판매목적 타사업장반출 공급의제의 적용이 배제된다.

해설 개인사업자도 주사업장총괄납부를 신청할 수 있다.

해답 ②

21 다음은 부가가치세법상 사업자단위과세사업자에 관한 설명이다. 빈칸에 알맞은 것은?

[세무회계 3급 2023]

> 사업장 단위로 등록한 사업자가 사업자단위과세사업자로 변경하려면 사업자단위과세사업자로 적용받으려는 과세기간 개시 (　)일 전까지 사업자의 본점 또는 주사무소 관할세무서장에게 변경등록을 신청하여야 한다.

① 10　　　　② 15　　　　③ 20　　　　④ 25

해설　사업자단위과세를 적용받으려면 적용받으려는 과세기간 개시 20일 전까지 신청해야 한다.

해답　③

제3장 과세거래

국가 또는 지방자치단체는 국민이 과세요건, 즉 납세의무자·과세대상·과세표준·세율을 충족하여 납세의무가 성립된 경우 부가가치세를 과세할 수 있다. 본 장에서는 부가가치세의 과세요건 중 과세대상에 대해서 살펴보고자 한다.

제1절 과세거래의 의의

1 재화 또는 용역의 공급

이론적으로 부가가치세의 과세대상은 부가가치다. 그러나 앞서 살펴본 바와 같이 현행 부가가치세법에서는 부가가치세 계산방법으로 부가가치를 직접 측정해서 세율을 적용하는 방법(가산법 또는 전단계거래액공제법)이 아니라 재화 또는 용역의 거래에서 발생하는 부가가치세를 통해 부가가치를 간접적으로 측정하는 방법(전단계세액공제법)을 채택하고 있다. 즉, 사업자가 재화 또는 용역을 공급하면서 받은 매출세액에서 이를 위해 재화 또는 용역을 공급받으면서 부담한 매입세액을 공제하여 부가가치세를 계산하고 있으므로, 부가가치세법에서는 부가가치가 아닌 거래, 즉 재화 또는 용역의 공급을 부가가치세의 과세대상으로 규정하고 있다. 과세대상 거래를 줄여 과세거래라고 한다.

재화 또는 용역의 공급은 그 공급자가 사업자인 경우에만 과세대상이 된다. 공급자가 비사업자인 경우에는 그 세원의 포착이 어렵고 행정비용이 과다하게 발생하는 등 과세실익이 적기 때문이다. 물론 공급받는 자는 사업자 여부를 불문한다.

2 재화의 수입

부가가치세법에서는 재화 또는 용역의 공급과 별도로 재화의 수입을 과세대상으로 규정하고 있다. 이는 국가 간 이중과세를 방지하는 소비지국 과세원칙을 실현하고, 수입품과 국산품에 대한 부가가치세의 중립성을 지킴으로써 국내 산업을 보호하기 위함이다.

재화의 수입은 그 수입자의 사업자 여부에 관계없이 과세대상에 포함된다. 즉, 수입하는 재화는 국가 간 거래와 관세를 관리하는 세관을 통과하게 되는데, 이 때 세관장은 수입자가 사업자인지 여부를 불문하고 부가가치세를 징수하여 과세당국에 납부한다. 참고로 용역의 수입은 세관을 통과하지 않기 때문에, 현실적으로 그 소비의 파악과 세원의 포착이 어려워 과세대상으로 규정하고 있지 않다.

이상을 바탕으로 부가가치세의 과세대상, 즉 과세거래를 정리하면 다음과 같다.

과 세 거 래	공 급 자	공급받는 자	비 고
사업자가 행하는 재화·용역의 공급	국내 사업자 (납세의무자)	사업자 무관	면세대상 재화·용역은 부가가치세 면제
재화의 수입	국외 사업자✽	사업자 무관✽ (납세의무자)	면세대상 재화는 부가가치세 면제

✽ 재화의 수입에 있어 공급자인 국외의 사업자는 우리나라 부가가치세법의 적용을 받지 않으므로, 현행 부가가치세법에서는 재화를 수입하는 자를 납세의무자로 하여 재화의 수입에 대한 부가가치세를 신고·납부하도록 규정하고 있다.

제2절 재화의 공급

재화의 공급은 계약상 또는 법률상의 모든 원인에 따라 재화를 인도하거나 양도하는 것을 말한다. 본 절에서는 재화의 공급을 재화의 개념과 공급의 범위로 구분하여 자세히 살펴보기로 한다.

I. 재화의 개념

재화란 재산가치가 있는 물건과 권리를 말한다. 물건은 상품, 제품, 원료, 기계, 건물 등 모든 유체물과 전기, 가스, 열 등 관리할 수 있는 자연력을 말하며, 권리는 광업권, 특허권, 저작권 등 물건 외에 재산적 가치가 있는 모든 것을 말한다. 여기서 재산가치란 교환가치를 뜻하는데, 강물이나 공기와 같이 재산가치가 없는 물건이나 권리는 재화에 해당하지 않는다.

II. 공급의 범위

 재화의 공급

재화의 공급은 계약상 또는 법률상의 원인에 따라 재화를 인도 또는 양도하는 것을 말한다. 즉, 수재·화재·도난·파손 등으로 재화를 잃어버리거나 멸실된 것과 같이 계약상 또는 법률상의 원인 없이 재화가 인도되는 것은 재화의 공급에 해당하지 않는다.

한편, 재화의 공급은 공급자와 공급받는 자 간의 자유로운 계약을 원인으로 하는 계약상 원인에 따른 공급과 법률에 규정된 절차 등을 원인으로 하는 법률상 원인에 따른 공급으로 구분된다.

(1) 계약상 원인에 따른 공급

계약상 원인에 따른 재화의 공급으로는 매매계약, 가공계약, 교환계약, 현물출자 등이 있다. 이중 매매계약, 가공계약, 교환계약을 살펴보면 다음과 같다.

구 분	내 용
1) 매매계약	현금판매·외상판매·할부판매·장기할부판매·조건부 및 기한부판매·위탁판매 그 밖의 매매계약에 따라 재화를 인도 또는 양도하는 것
2) 가공계약	가공계약에 따라 자기가 주요자재의 전부·일부를 부담하고 상대방으로부터 인도받은 재화를 가공하여 새로운 재화를 만들어 인도하는 것 ❺ 다만, 상대방으로부터 인도받은 재화에 주요자재를 전혀 부담하지 않고 단순히 가공만 하여 인도하는 것은 용역의 공급으로 보며, 건설업의 경우 자재부담 여부에 관계없이 용역의 공급에 해당한다.
3) 교환계약	재화의 인도대가로서 다른 재화를 인도받거나 용역을 제공받는 교환계약에 따라 재화를 인도 또는 양도하는 것

(2) 법률상 원인에 따른 공급

법률상 원인에 따른 재화의 공급으로는 경매와 수용이 있다. 다만, 국세징수법에 따른 공매와 민사집행법에 따른 경매에 따라 재화를 인도하거나 양도하는 것은 재화의 공급으로 보지 아니한다.

이론상 법원 등 공공기관에서 진행되는 공매나 경매에 따라 재화를 인도·양도하는 것은 재화의 공급이므로 부가가치세 과세거래에 해당한다. 다만, 공매·경매의 당사자인 공급자는 사실상 폐업상태인 등을 이유로 부가가치세를 납부하지 않는 경우가 많고, 공급받는 자는 전단계세액공제법에 따라 매입세액 공제가 가능하므로 과세당국 입장에서 과세실익이 없기 때문에 부가가치세법에서는 법률에 따른 공매·경매를 재화의 공급으로 보지 않고 있다.

2 재화의 공급으로 보지 않는 경우

(1) 재화를 담보로 제공하는 것

질권·저당권 또는 양도담보의 목적으로 동산·부동산·부동산상의 권리를 제공하는 것은 재화의 공급으로 보지 않는다. 즉, 재화를 담보로 제공하는 것은 채권자가 재화의 인도·양도라는 형식을 빌려 채권에 대한 우선변제권을 가지는 것일 뿐 실제 담보재화에 대한 사용권을 갖는 것은 아니기 때문에 실질적인 공급이 아니다.

다만, 담보로 제공된 재화가 채무불이행 등의 사유로 담보권자 또는 제3자에게 인도되는 경우에는 실질적인 공급이 이뤄진 것이므로 재화의 공급으로 본다. 물론, 해당 담보재화의 소유자인 채무자가 사업자이면 과세대상이 되나, 사업자가 아니면 과세대상이 아니다.

(2) 사업양도

사업양도란 양도사업자가 양수사업자에게 사업장별로 그 사업에 관한 모든 권리와 의무를 포괄적으로 승계시키는 것을 말한다. 사업양도는 재화의 공급으로 보지 않는다. 그 취지는 거래금액이 큰 사업양도의 특성상 적지 않은 매입세액을 부담해야 하는 양수사업자의 일시적인 자금부담을 완화시켜 원활한 사업양도를 돕기 위함이다. 다만, 사업양도에 해당하나 양수사업자가 부가가치세액을 대리납부한 경우 또는 사업양도에 해당하는지 여부가 불분명한 경우에는 재화의 공급으로 본다.

(3) 조세의 물납

사업자가 사업용 자산을 상속세 및 증여세법, 지방세법에 따라 물납을 하는 것은 재화의 공급으로 보지 않는다. 만약 조세의 물납을 재화의 공급으로 볼 경우 납세의무자인 사업자가 과세당국인 국가 또는 지방자치단체로부터 부가가치세를 받아 다시 과세당국에 납부해야 되는 비효율이 발생하기 때문이다.

3 재화의 간주공급

재화의 간주공급이란 재화 공급의 특례로, 계약상·법률상 원인에 따라 재화를 인도·양도하지 않았음에도 일정한 요건에 해당할 경우 재화의 공급으로 보는 것을 말한다. 재화의 간주공급은 세무 입문자가 학습하기에 다소 어려운 주제이므로, 본서에서는 그 개념과 취지 위주로 살펴보기로 한다.

(1) 직매장 반출

 1) 개념

사업장이 둘 이상인 사업자가 자기의 사업과 관련하여 생산 또는 취득한 재화를 판매할 목적으로 자기의 다른 사업장에 반출하는 것은 재화의 공급으로 본다.

 2) 취지

예를 들어, 신발 제조업을 하는 사업자가 제조사업장과 판매사업장을 갖고 있다면, 제조사업장에서는 신발 제조와 관련한 매입세액만 발생하고 판매사업장에서는 신발 판매에 따른 매출세액만 발생한다. 그런데 매출세액은 부가가치세 신고기한까지 납부해야 하지만 매입세액은 부가가치세 신고기한 이후에 환급해주는 것이 일반적이다. 따라서 사업자 입장에서는 매출세액을 먼저 납부하고 매입세액을 나중에 환급 받으므로 일시적인 자금부담이 생길 수밖에 없다.

따라서 부가가치세법에서는 제조사업장에서 판매사업장으로 신발을 반출할 때 의도적으로 이를 재화의 공급으로 보아 매출세액을 발생시킴으로써, 판매사업장에서 일괄하여 매입세액공제가 가능하도록 하고 있다. 즉, 직매장 반출을 재화의 공급으로 보는 취지는 둘 이상의 사업장을 가진 사업자의 자금부담을 완화시켜주기 위함이다.

(2) 자기생산·취득재화의 공급

 1) 개념

자기생산·취득재화란 사업자가 자기의 과세사업과 관련하여 생산하거나 취득한 재화로서 다음 중 어느 하나에 해당하는 재화를 말한다.

① 매입세액이 공제된 재화
② 재화의 공급으로 보지 않는 사업양도로 취득한 재화로서 사업양도자가 매입세액을 공제받은 재화
③ 내국신용장·구매확인서에 의한 재화의 공급으로서 수출에 해당하여 영세율을 적용받는 재화

앞서 살펴본 직매장 반출 대상 재화와의 차이는 과세사업과의 관련성 여부와 매입세액 공제여부, 그리고 영세율 적용여부이다. 즉, 사업자가 자기의 사업과 관련하여 생산하거나 취득한 재화라도 과세사업과 관련이 없거나 매입세액을 공제받지 못하였거나, 또는 영세율 적용대상이 아닌 재화는 자기생산·취득재화에 해당하지 않는다.

구 분	내 용
① 면세사업 전용	원래 면세사업은 부가가치세 납세의무가 없어 매입세액공제가 불가능하므로, 사업자가 자기생산·취득재화를 면세사업을 위해 사용·소비하는 경우에는 재화의 공급에 해당한다.
② 비영업용❶ 개별소비세 과세대상 자동차❷와 그 유지를 위한 사용	사업자가 자기생산·취득재화를 부가가치세법상 매입세액이 매출세액에서 공제되지 않는 비영업용 개별소비세 과세대상 자동차로 사용 또는 소비하거나 그 자동차의 유지를 위하여 사용 또는 소비하는 것 ▶ 예: 주유소운영업을 경영하는 사업자가 유류를 출퇴근용 개별소비세 과세대상 자동차를 위해 사용하는 경우 운수업, 자동차판매업 등의 사업을 경영하는 사업자가 자기생산·취득재화 중 개별소비세 과세대상 자동차와 그 자동차의 유지를 위한 재화를 해당 업종에 직접 영업으로 사용하지 않고 다른 용도(비영업용)로 사용하는 것 ▶ 예: 운수업을 경영하는 사업자가 개별소비세 과세대상 자동차를 운수업에 사용하지 않고 출퇴근용으로 사용하는 경우
③ 개인적 공급	사업자가 자기생산·취득재화를 사업과 직접적인 관계없이 자기의 개인적인 목적이나 그 밖의 다른 목적을 위하여 사용·소비하거나 그 사용인 또는 그 밖의 자가 사용·소비하는 것으로서, 사업자가 그 대가를 받지 않거나 시가보다 낮은 대가를 받는 경우에는 재화의 공급으로 본다. 다만, 사업자가 실비변상적이거나 복리후생적인 목적으로 그 사용인에게 대가를 받지 않거나 시가보다 낮은 대가를 받고 제공하는 것으로서 다음 중 어느 하나에 해당하는 것을 그 사용인에게 제공하는 경우에는 재화의 공급으로 보지 않는다 (부법 10④ 후단, 부령 19의2). ㉠ 사업을 위해 착용하는 작업복, 작업모 및 작업화 ㉡ 직장연예 및 직장문화와 관련된 재화 ㉢ 다음 중 어느 하나에 해당하는 재화를 제공하는 경우. 이 경우 각 ⓐ, ⓑ별로 각각 사용인 1명당 연간 10만원을 한도로 하며, 10만원을 초과하는 경우 해당 초과액에 대해서는 재화의 공급으로 본다. 　ⓐ 경조사와 관련된 재화 　ⓑ 설날·추석, 창립기념일 및 생일 등과 관련된 재화
④ 사업상 증여	사업자가 자기생산·취득재화를 자기의 고객이나 불특정 다수에게 증여하는 경우는 재화의 공급으로 본다.
⑤ 폐업 시 남아 있는 재화	사업자가 폐업할 때 자기생산·취득재화 중 남아 있는 재화는 자기에게 공급하는 것으로 본다.

❶ 영업용이란 운수업, 자동차판매업, 자동차임대업, 운전학원업, 기계경비업무를 하는 경비업(출동차량에 한함), 이와 유사한 업종에 직접 영업으로 사용되는 것을 말하며, 이 외의 용도로 사용되는 것은 비영업용에 해당한다.
❷ 개별소비세 과세대상 자동차란 다음 중 어느 하나에 해당하는 자동차를 말한다.
　① 승용자동차와 전기승용자동차(정원 8명 이하로 한정, 배기량 1,000cc·길이 3.6m·폭 1.6m 이하인 것 제외)
　② 캠핑용자동차(캠핑용 트레일러 포함)
　③ 이륜자동차(배기량 125cc 초과하는 것만 해당)

2) 취지

사업자가 자기의 과세사업과 관련하여 재화를 생산하거나 취득하면서 부담한 매입세액은 전단계세액공제법에 따라 매출세액에서 공제받는데, 해당 매입세액의 공제시점은 매출시점이 아닌 매입시점이다. 이론적으로는 사업자가 자기생산·취득재화를 과세사업에 사용하여 매출세액이 발생하는 매출시점에 매입세액을 공제해주는 것이 타당하지만, 부가가치세법에서는 사업자의 자금부담을 완화시켜주기 위해 향후 과세사업에 정상적으로 사용할 것이라고 예상하여 매입세액을 매입시점에 공제해주는 것이다.

예를 들어 과세사업인 노트북 소매업을 하는 사업자가 제조회사로부터 노트북을 매입하면서 부담한 매입세액은 노트북을 판매한 시점이 아닌 매입한 시점에 공제받을 수 있다. 즉, 노트북 소매업자가 매입한 노트북을 이번 과세기간에 판매하지 못하더라도 다음 과세기간 이후에 판매하여 매출세액을 발생시킬 것으로 예상하고 해당 매입세액을 매입시점에 공제해주는 것이다.

그런데 만약 노트북 소매업자가 매입세액을 공제받은 노트북을 자녀나 직원에게 무상으로 선물하거나 학원 교육용으로 사용하는 것과 같이 과세사업이 아닌 면세사업에 사용한다면, 이는 최종소비자가 아무런 부가가치세 부담 없이 노트북을 소비하거나 애초에 매입세액을 공제받을 수 없는 면세사업에서도 매입세액을 공제받게 되는 불합리한 결과를 낳게 된다.

부가가치세법에서는 이를 방지하기 위해 사업자가 자기생산·취득재화를 개인적으로 사용하거나 과세사업에 사용하지 않고 면세사업으로 전용하는 등의 경우 해당 거래를 재화의 공급으로 보아 부가가치세를 납부하게 하고 있다. 이와 같이 자기생산·취득재화의 공급을 재화의 간주공급으로 보는 것은 부가가치세 부담 없는 최종소비와 변칙적인 매입세액공제를 방지하기 위한 방법으로서 그 의의가 있다.

위탁매매 또는 대리인에 의한 매매

위탁매매 또는 대리인에 의한 매매를 할 때에는 위탁자 또는 본인이 직접 재화를 공급하거나 공급받은 것으로 본다. 다만, 위탁매매 또는 대리인에 의한 매매를 하는 해당 거래 또는 재화의 특성상 또는 보관·관리상 위탁자 또는 본인을 알 수 없는 경우에는 수탁자 또는 대리인에게 재화를 공급하거나 수탁자 또는 대리인으로부터 재화를 공급받은 것으로 본다.

신탁재산의 매매

신탁이란 신탁을 설정하는 자(위탁자)와 신탁을 인수하는 자(수탁자) 간의 신임관계에 기하여 위탁자가 수탁자에게 특정의 재산을 이전하거나 담보권의 설정 또는 그 밖의 처분을 하고 수탁자로 하여금 일정한 자(수익자)의 이익 또는 특정의 목적을 위하여 그 재산의 관리, 처분, 운용, 개발, 그 밖에 신탁 목적의 달성을 위하여 필요한 행위를 하게 하는 법률관계를 말한다(신탁법 제2조).

(1) 신탁 관련 재화의 공급

신탁재산과 관련된 재화 또는 용역을 공급하는 때에는 수탁자가 신탁재산별로 각각 별도의 납세의무자로서 부가가치세를 납부할 의무가 있다. 여기서 신탁재산이란 신탁법 또는 다른 법률에 따른 신탁재산(해당 신탁재산의 관리, 처분 또는 운용 등을 통하여 발생한 소득 및 재산 포함)을 말한다(부법 10⑧, 부령 5의2①).

신탁재산에 둘 이상의 수탁자(공동수탁자)가 있는 경우 공동수탁자는 부가가치세를 연대하여 납부할 의무가 있다. 이 경우 공동수탁자 중 신탁사 무를 주로 처리하는 수탁자(대표수탁자)가 부가가치세를 신고·납부하여야 한다.

다만, 다음의 어느 하나에 해당하는 경우에는 위탁자가 부가가치세를 납부할 의무가 있다.

① 신탁재산과 관련된 재화 또는 용역을 위탁자 명의로 공급하는 경우
② 위탁자가 신탁재산을 실질적으로 지배·통제하는 경우로서 다음 중 어느 하나에 해당 하는 경우
  ㉠ 수탁자가 위탁자로부터 부동산 또는 부동산 관련권리 등을 수탁받아 부동산개발 사업을 목적으로 하는 신탁 계약을 체결한 경우로서 그 신탁계약에 의한 부동산개 발사업비의 조달의무를 수탁자가 부담하지 아니하는 경우
  ㉡ 수탁자가「도시 및 주거환경정비법」등에 따른 재개발사업·재건축사업 등의 사업 대행자인 경우
③ 그 밖에 신탁의 유형, 신탁설정의 내용, 수탁자의 임무 및 신탁사무 범위 등을 고려하여 대통령령으로 정하는 경우

(2) 신탁 관련 제2차 납세의무 및 물적납세의무

수탁자가 납부하여야 하는 다음 중 어느 하나에 해당하는 부가가치세 또는 강제징수비(부가가치세 등)를 신탁재산으로 충당하여도 부족한 경우에는 그 신탁의 수익자는 지급받은 수익과 귀속된 재산의 가액을 합한 금액을 한도로 하여 그 부족한 금액에 대하여 납부할 의무를 진다(부법 3의2, 부령 5의2).

① 신탁 설정일 이후에 국세기본법에 따른 법정기일이 도래하는 부가가치세 로서 해당 신탁재산과 관련하여 발생한 것
② ①의 금액에 대한 강제징수 과정에서 발생한 강제징수비

제3절 용역의 공급

용역의 공급은 계약상 또는 법률상의 모든 원인에 따라 역무를 제공하거나 시설물, 권리 등 재화를 사용하게 하는 것을 말한다. 본 절에서는 용역의 공급을 용역의 개념과 공급의 범위로 구분하여 자세히 살펴보기로 한다.

I. 용역의 개념

용역은 재화 외에 재산 가치가 있는 모든 역무와 그 밖의 행위를 말한다. 실무상 재화와 용역이 혼합된 경우가 많아 이를 개념적으로 구분하는 것은 어렵기 때문에 부가가치세법에서는 재화와 달리 용역의 범위를 구체적으로 열거하고 있는데, 다음의 사업에 해당하는 모든 역무와 그 밖의 행위는 용역에 포함된다.

① 제조업 중 산업용 기계 및 장비 수리업
② 건설업❶
③ 숙박 및 음식점업
④ 운수 및 창고업
⑤ 정보통신업(출판업과 영상·오디오 기록물 제작 및 배급업 제외)
⑥ 금융 및 보험업
⑦ 부동산업❶. 다만, 전·답·과수원·목장용지·임야 또는 염전 임대업❷과 공익사업과 관련하여 지역권·지상권(지하 또는 공중에 설정된 권리 포함)을 설정하거나 대여하는 사업은 제외한다.
⑧ 전문, 과학 및 기술 서비스업
⑨ 사업시설관리, 사업지원 및 임대서비스업
⑩ 공공행정, 국방 및 사회보장 행정
⑪ 교육 서비스업
⑫ 보건업 및 사회복지 서비스업
⑬ 예술, 스포츠 및 여가관련 서비스업
⑭ 협회 및 단체, 수리 및 기타 개인서비스업
⑮ 가구내 고용활동 및 달리 분류되지 않은 자가소비 생산활동
⑯ 국제 및 외국기관의 사업

❶ 건설업과 부동산업 중 다음에 해당하는 사업은 재화를 공급하는 사업으로 본다.
  ① 부동산의 매매 또는 그 중개를 사업목적으로 나타내어 부동산을 판매하는 사업
  ② 사업상의 목적으로 1과세기간 중에 1회 이상 부동산을 취득하고 2회 이상 판매하는 사업
❷ 전(논)·답(밭)·과수원·목장용지·임야 또는 염전은 실제 경작하거나 해당 토지의 고유용도에 사용하여야 과세되는 용역의 범위에서 제외되며, 주차장용과 같이 다른 용도로 임대하는 경우에는 과세대상이 된다.

II. 공급의 범위

 용역의 공급

용역의 공급이란 계약상 또는 법률상의 모든 원인에 따라 역무를 제공하거나 시설물, 권리 등 재화를 사용하게 하는 것을 말한다. 이를 구분하여 살펴보면 다음과 같다.

구 분	개 념	비 고
(1) 역무를 제공하는 것	인적 서비스의 제공	고용관계에 따라 근로를 제공하는 것은 독립성이 결여되어 있기 때문에 용역의 공급으로 보지 않는다.
(2) 시설물, 권리 등 재화를 사용하게 하는 것	시설물 등의 대여	-
	권리 등의 대여	권리의 대여는 용역의 공급에 해당하나 권리의 양도는 재화의 공급으로 본다.

용역의 공급에 해당하는 구체적인 사례를 살펴보면 다음과 같다.

① 건설업의 경우 건설업자가 건설자재의 전부 또는 일부를 부담하는 것
② 자기가 주요자재를 전혀 부담하지 아니하고 상대방으로부터 인도받은 재화를 단순히 가공만 해 주는 것
③ 산업상·상업상 또는 과학상의 지식·경험 또는 숙련에 관한 정보(know-how)를 제공하는 것

한편 사업자가 대가를 받지 않고 타인에게 용역을 공급하는 것은 용역의 공급으로 보지 않는다. 원래 용역의 공급은 대가의 유무와 무관하기 때문에 용역의 무상공급도 용역의 공급으로 보는 것이 이론상 타당하지만, 현실적으로 그 세원포착이 어려운 등의 이유로 과세실익이 적기 때문에 부가가치세법에서는 용역의 무상공급을 용역의 공급에서 제외하고 있다. 다만, 사업자가 특수관계인에게 사업용 부동산의 임대용역을 무상으로 공급하는 것은 저가공급과의 과세형평을 위하여 용역의 공급으로 본다.

 용역의 간주공급

용역의 간주공급이란 용역 공급의 특례로, 계약상·법률상 원인에 따라 역무를 제공하거나 재화를 사용하게 하는 것이 아님에도 일정한 요건에 해당할 경우 용역의 공급으로 보는 것을 말한다.
부가가치세법에서는 사업자가 자신의 용역을 자기의 사업을 위하여 대가를 받지 아니하고 공급함으로써 다른 사업자와의 과세형평이 침해되는 경우에는 자기에게 용역을 공급하는 것으로 본다. 다만, 그 용역의 범위를 규정하도록 위임한 현행 부가가치세법 시행령에는 규정된 사항이 없기 때문에 현실적으로 용역의 간주공급은 과세되지 않고 있다.

제4절 재화의 수입

재화의 수입이란 다음에 해당하는 물품을 국내에 반입하는 것(보세구역을 거치는 것은 보세구역에서 반입하는 것)을 말한다.

① 외국으로부터 우리나라에 들어온 물품(외국선박에 의하여 공해에서 채집되거나 잡힌 수산물 포함)으로서 수입신고가 수리되기 전의 것
② 수출신고가 수리된 물품(수출신고가 수리된 물품으로서 선적되지 않은 물품을 보세구역에서 반입하는 경우는 제외함)

여기서 보세구역이란 우리나라의 영토 중 관세의 부과를 유예한 일정구역을 말한다. 따라서 재화가 외국으로부터 보세구역으로 반입된 시점에서는 수입으로 보지 않고, 보세구역에서 반입된 시점에 수입으로 본다. 참고로 부가가치세법상 보세구역이란 관세법에 따른 보세구역과 자유무역지역의지정및운영에관한법률에 따른 자유무역지역을 말한다.

기출문제

제3장 _ 과세거래

01 다음 중 부가가치세법상 재화가 아닌 용역에 해당하는 사업은 모두 몇 개인가?

[세무회계 3급 2020]

- 운수업
- 방송통신업
- 제조업
- 음식점업
- 금융업
- 도소매업

① 2개   ② 3개   ③ 4개   ④ 5개

 운수업, 음식점업, 방송통신업, 금융업은 용역에 해당한다.

 ③

02 부가가치세법령상 과세거래에 해당하는 것은? [국가직 7급 2017]

① 사업장이 둘 있는 사업자(사업자단위 과세사업자와 주사업장 총괄납부사업자에 모두 해당하지 아니함)가 자기의 사업과 관련하여 생산한 재화로서 매입세액이 불공제된 재화를 판매할 목적으로 자기의 다른 사업장에 반출하는 경우
② 사업자가 민사집행법에 따른 경매(같은 법에 따른 강제경매, 담보권 실행을 위한 경매와 민법·상법 등 그 밖의 법률에 따른 경매 포함)에 따라 재화를 인도하거나 양도하는 경우
③ 사업자가 대가를 받지 않고 특수관계인 외의 자에게 사업용 부동산의 임대용역을 공급하는 경우
④ 사업자가 사업을 위하여 증여하는 것으로서 「부가가치세법 시행령」에 따른 자기적립마일리지등으로만 전부를 결제받고 재화를 공급하는 경우

사업장이 둘인 사업자(사업자단위 과세사업자와 주사업장 총괄납부사업자에 모두 해당하지 아니함)가 자기의 사업과 관련하여 생산한 재화로서 매입세액이 불공제된 재화를 판매할 목적으로 타사업장에 반출하는 경우(직매장 반출)에는 재화의 간주공급으로 과세거래에 해당한다. 이는 사업자의 자금부담 완화가 그 취지이므로 해당 재화의 매입세액공제 여부를 불문하고 재화의 공급으로 본다.

 ①

03 다음 중 부가가치세법상 재화의 공급에 관한 설명으로 가장 옳지 않은 것은? [세무회계 2급 2020]

① 재화의 공급은 계약상 또는 법률상의 모든 원인에 따라 재화를 인도하거나 양도하는 것으로 한다.
② 사업자가 세금계산서를 발급받지 않아 매입세액공제를 받지 못하고 취득한 재화를 면세사업을 위하여 사용 또는 소비하는 경우 재화의 공급에 해당한다.
③ 질권·저당권 또는 양도담보의 목적으로 동산·부동산 및 부동산상의 권리를 제공하는 것은 재화의 공급으로 보지 않는다.
④ 도시 및 주거환경정비법 등에 따른 수용절차에 있어서 수용대상인 재화의 소유자가 그 재화에 대한 대가를 받는 경우 재화의 공급으로 보지 않는다.

해설 세금계산서를 발급받지 않아 매입세액을 공제받지 못한 재화를 면세사업에 사용하는 경우에는 재화의 공급에 해당하지 않는다.

해답 ②

04 다음 중 부가가치세법상 용역의 공급에 해당하는 것으로 옳은 것은? [세무회계 2급 2023]

① 자기가 주요 자재의 일부를 부담하고 상대방으로부터 인도받은 재화를 가공하여 새로운 재화를 만드는 가공계약에 따라 재화를 인도하는 것
② 건설업의 경우 건설사업자가 건설자재 일부를 부담하는 것
③ 재화의 인도 대가로서 용역을 제공받는 교환계약에 따라 재화를 인도하는 것
④ 사업자가 대가를 받지 아니하고 타인에게 용역을 공급하는 것(특수관계인에게 사업용부동산의 무상임대 제외)

해설 건설업의 경우 건설사업자가 건설자재의 전부 또는 일부를 부담하는 것은 용역의 공급으로 본다.

해답 ②

05 다음 중 부가가치세법상 용역의 공급에 대한 설명으로 가장 옳지 않은 것은? [세무회계 2급 2020]

① 용역의 공급이란 계약상 또는 법률상의 모든 원인에 따른 것으로 역무를 제공하는 것과 시설물, 권리 등 재화를 사용하게 하는 것을 말한다.
② 전·답·목장용지·임야 또는 염전 임대업은 용역의 공급으로 본다.
③ 자기가 주요자재를 전혀 부담하지 않고 상대방으로부터 인도받은 재화를 단순히 가공만 해주는 것은 용역의 공급으로 본다.
④ 사업자가 대가를 받지 않고 타인에게 용역을 공급하는 것은 용역의 공급으로 보지 않는다.

해설 전·답·목장용지·임야 또는 염전 임대업은 용역의 공급으로 보지 아니한다.

해답 ②

입법취지로 배우는 세무입문

06 다음 중 부가가치세법상 과세대상인 용역의 공급으로 가장 옳지 않은 것은? [세무회계 2급 2020]

① 부동산 임대업을 영위하면서 대가를 받고 타인에게 시설물을 임대하는 것은 과세대상이다.
② 고용관계로 근로용역을 제공하는 경우는 과세대상이다.
③ 건설업자가 건설자재를 일부 부담하여 용역을 제공하고 대가를 받는 경우는 과세대상이다.
④ 부동산 임대업을 영위하면서 특수관계인에게 시설물을 무상으로 임대하는 것은 과세대상이다.

해설 고용관계에 따라 근로를 제공하는 것은 용역의 공급으로 보지 아니한다.

해답 ②

07 다음 중 부가가치세법상 재화의 수입에 해당하지 아니하는 것은? [세무회계 2급 2020]

① 외국으로부터 국내에 도착한 물품으로서 수입신고가 수리되기 전의 것을 국내에 반입하는 것
② 외국선박에 의하여 공해에서 채집되거나 잡힌 수산물로서 수입신고가 수리되기 전의 것을 국내에 반입하는 것
③ 수출신고가 수리된 물품을 국내에 반입하는 것
④ 수출신고가 수리된 물품으로서 선적되지 아니한 물품을 보세구역에서 반입하는 경우

해설 수출신고가 수리된 물품으로서 선적되지 아니한 물품을 보세구역에서 반입하는 경우는 재화의 수입에 해당하지 아니한다.

해답 ④

08 다음 중 부가가치세법상 재화의 공급으로 의제되는 것이 아닌 것은? [세무회계 3급 2023]

① 사업자가 자기생산재화를 사업과 직접 관계없이 자기의 개인적인 목적을 위하여 사용 또는 소비하는 것
② 사업자가 자기생산재화를 자기의 면세사업을 위하여 사용 또는 소비하는 것
③ 사업자가 폐업할 때 자기생산재화 중 남아 있는 재화
④ 사업자가 복리후생적인 목적으로 자기의 사용인에게 사업을 위해 착용하는 작업복을 무상으로 제공하는 경우

해설 사업자가 실비변상적이거나 복리후생적인 목적으로 그 사용인에게 대가를 받지 아니하거나 시가보다 낮은 대가를 받고 제공하는 것으로서 사업을 위해 착용하는 작업복, 작업모 및 작업화를 제공하는 경우 재화의 공급으로 보지 아니한다.

해답 ④

제4장 공급시기와 세금계산서

제1절 공급시기

부가가치세는 일정기간 동안의 거래에 대해 과세하는 기간과세세목이다. 따라서 재화 또는 용역의 공급이 어느 과세기간에 귀속되는지, 해당 거래의 증명서류인 세금계산서는 언제 발급하고 수취하는지를 결정하는 일정한 기준이 필요한데, 공급시기는 그 기준으로서 의의가 있다.

I. 재화의 공급시기

1 일반적인 기준

구 분	공 급 시 기
(1) 재화의 이동이 필요한 경우	재화가 인도되는 때
(2) 재화의 이동이 필요하지 아니한 경우	재화가 이용가능하게 되는 때
(3) 위의 규정을 적용할 수 없는 경우	재화의 공급이 확정되는 때

2 거래형태별 공급시기

(1) 일반적인 재화의 공급

거 래 형 태	공 급 시 기
1) 현금판매·외상판매 또는 할부판매	재화가 인도되거나 이용가능하게 되는 때
2) 상품권 등을 현금 또는 외상으로 판매하고 그 후 그 상품권 등이 현물과 교환되는 경우	재화가 실제로 인도되는 때
3) 장기할부판매, 완성도기준지급 또는 중간지급조건부로 재화를 공급하거나 전력 그 밖에 공급단위를 구획할 수 없는 재화의 계속적 공급	대가의 각 부분을 받기로 한 때
4) 재화의 공급으로 보는 가공	가공된 재화를 인도하는 때
5) 수출재화	수출재화의 선적일(또는 기적일)
6) 무인판매기에 의한 공급	사업자가 무인판매기에서 현금을 꺼내는 때

(2) 재화의 간주공급

거 래 형 태		공 급 시 기
1) 직매장 반출		재화를 반출하는 때
2) 자기생산·취득재화의 공급	① 면세사업 전용	재화가 사용·소비되는 때
	② 비영업용 개별소비세 과세대상 자동차와 그 유지를 위한 사용	
	③ 개인적 공급	
	④ 사업상 증여	재화를 증여하는 때
	⑤ 폐업 시 남아 있는 재화	폐업하는 때

II. 용역의 공급시기

 일반적인 기준

용역의 공급시기는 역무가 제공되거나 시설물, 권리 등 재화가 사용되는 때로 한다.

 거래형태별 용역의 공급시기

(1) 일반적인 용역의 공급

거 래 형 태	공 급 시 기
1) 통상적인 공급의 경우(할부판매 포함)	역무의 제공이 완료되는 때
2) 완성도기준지급·중간지급조건부·장기할부 또는 그 밖의 조건부 용역공급, 공급단위를 구획할 수 없는 용역의 계속적 공급의 경우	대가의 각 부분을 받기로 한 때. 다만, 완성도기준지급 조건부, 중간지급조건부로 용역을 공급하는 경우 역무의 제공이 완료되는 날 이후에 받기로 한 대가의 각 부분에 대해서는 역무의 제공이 완료되는 날을 그 용역의 공급시기로 한다.
3) 역무의 제공이 완료되는 때 또는 대가를 받기로 한 때를 공급시기로 볼 수 없는 경우	역무제공이 완료되고 그 공급가액이 확정되는 때
4) 법소정 용역❶을 둘 이상의 과세기간에 걸쳐 계속적으로 제공하고 그 대가를 선불로 받은 경우	예정신고기간 종료일 또는 과세기간 종료일

❶ 위에서 말하는 법소정 용역이란 다음의 용역을 말한다.
 ① 헬스클럽장 등 스포츠센터를 운영하는 사업자가 연회비를 미리 받고 회원들에게 시설을 이용하게 하는 것
 ② 사업자가 다른 사업자와 상표권 사용계약을 할 때 사용대가 전액을 일시불로 받고 상표권을 사용하게 하는 것
 ③ 노인복지법에 따른 노인복지시설(유료인 경우에만 해당함)을 설치·운영하는 사업자가 그 시설을 분양받은 자로부터 입주 후 수영장·헬스클럽장 등을 이용하는 대가를 입주 전에 미리 받고 시설 내 수영장·헬스클럽장 등을 이용하게 하는 것
 ④ 그 밖에 ①에서 ③까지의 규정과 유사한 용역

(2) 임대료와 간주임대료

구 분		용역의 공급시기
1) 임대료	일반적인 경우	대가의 각 부분을 받기로 한 때
	선불·후불로 받는 경우	예정신고기간 종료일 또는 과세기간 종료일
2) 부동산임대보증금에 대한 간주임대료의 경우		예정신고기간 종료일 또는 과세기간 종료일

제2절 세금계산서

Ⅰ. 세금계산서의 의의

 **세금계산서의 개념**

세금계산서란 사업자가 재화 또는 용역을 공급할 때 공급받는 자로부터 부가가치세를 거래징수하고 그 거래사실과 징수내용을 증명하기 위해 발급하는 증명서류를 말한다. 세금계산서는 공급받는 자가 전단계세액공제법에 따라 매입세액을 공제받기 위한 필수요건이며, 기타 과세자료, 청구서, 영수증, 기장의 근거자료 등으로 이용되는 세무상 중요한 서류이다.

 세금계산서 기재사항

세금계산서 기재사항으로는 필요적 기재사항과 임의적 기재사항으로 구분되는데, 필요적 기재사항은 부가가치세법에 따라 반드시 기재하여야 하는 사항으로 그 전부 또는 일부가 누락되거나 내용이 사실과 다른 경우에는 적법한 세금계산서로 인정되지 않는 것이 원칙이다.

필요적 기재사항	임의적 기재사항
① 공급하는 사업자의 등록번호와 성명 또는 명칭 ② 공급받는 자의 등록번호 ✽ ③ 공급가액과 부가가치세액 ④ 작성연월일	① 공급하는 자의 주소 ② 공급받는 자의 상호·성명·주소 ③ 공급하는 자와 공급받는 자의 업태와 종목 ④ 공급품목, ⑤ 단가와 수량, ⑥ 공급연월일 등

✽ 공급받는 자가 부가가치세법상 사업자가 아닌 경우에는 공급받는 자의 등록번호 대신 면세사업자의 고유번호 또는 공급받는 자의 주소·성명 및 주민등록번호를 기재한다.

부가가치세법 시행규칙 [별지 제14호 서식]

세금계산서(공급자보관용)																							책 번 호		권		호	
																							일련번호			-		

공급자	등록번호										공급받는자	등록번호								
	상호(법인명)			성명(대표자)								상호(법인명)			성명(대표자)					
	사업장 주소											사업장 주소								
	업 태				종 목							업 태				종 목				

작성			공 급 가 액									세 액									비 고	
연	월	일	공란수	조	천	백	십	억	천	백	십	만	천	백	십	일	십	억	천	백	십	만	천	백	십	일	

월 일	품 목	규 격	수 량	단 가	공 급 가 액	세 액	비 고

합계금액	현 금	수 표	어 음	외상미수금	이 금액을	영수 함 청구

 **전자세금계산서**

전자세금계산서란 수기가 아닌 국세청 홈페이지나 기업의 전산시스템(ERP) 등 전자적 방법으로 발급하는 세금계산서를 말한다. 전자세금계산서 도입의 취지는 사업자가 종이세금계산서를 수기로 작성·보관 및 신고하는 데에 따르는 납세협력비용을 줄여주고, 세무거래의 투명성을 확보하여 사업자의 조세포탈행위를 적시에 발견하기 위함이다.

법인사업자와 직전 연도의 사업장별 재화 및 용역의 공급가액 합계액이 8천만원 이상인 개인사업자는 전자세금계산서를 발급해야 한다. 여기서 공급가액에는 면세공급가액을 포함한다. 사업자가 전자세금계산서를 발급하였을 때에는 해당 전자세금계산서 발급일의 다음 날까지 세금계산서 발급명세를 국세청장에게 전송해야 한다.

II. 세금계산서의 발급

1 세금계산서 발급의무

일반과세자인 공급자는 재화 또는 용역을 공급하는 경우 공급받는 자에게 세금계산서를 발급해야 한다. 이 경우 공급자는 세금계산서를 2매 작성하여 공급자보관용 1매는 공급자가 보관하고, 공급받는 자 보관용 1매는 공급받는 자에게 발급한다. 참고로 면세사업자는 세금계산서를 발급할 수 없으며, 계산서를 거래의 증명서류로 발급한다. 한편, 주로 사업자가 아닌 자에게 재화 또는 용역을 공급하는 사업자로서 소매업·음식점업·숙박업 등 영수증발급대상사업을 하는 사업자와 일정한 간이과세자는 세금계산서를 발급하는 대신 영수증을 발급하는 것이 원칙이다(부법 36①). 여기서 일정한 간이과세자란 직전 연도 공급대가의 합계액이 4,800만원 미만인 사업자와 간이과세 적용신청을 한 신규사업자를 말한다.

2 세금계산서 발급시기

세금계산서는 원칙적으로 재화 또는 용역의 공급시기에 발급해야 한다. 다만, 점차 기업 간의 거래가 복잡해지고 거래규모가 증가함에 따라 부가가치세법에서는 일정한 요건을 갖춘 경우 공급시기 전·후에 발급할 수 있도록 허용하고 있다.

(1) 공급시기 전 발급

1) 원 칙

재화 또는 용역의 공급시기 전에 대가의 전부 또는 일부를 받고 해당 받은 대가에 대하여 세금계산서를 발급한 경우에는 그 발급하는 때를 재화 또는 용역의 공급시기로 본다. 다만, 다음의 경우에는 공급시기가 도래하기 전에 대가를 받지 않고 세금계산서 또는 영수증을 발급하는 경우에도 그 발급하는 때를 재화 또는 용역의 공급시기로 본다.

① 장기할부판매
② 전력 그 밖에 공급단위를 구획할 수 없는 재화 또는 용역을 계속적으로 공급하는 경우
③ 공급단위를 구획할 수 없는 용역을 계속적으로 공급하는 경우
④ 선하증권이 발행되어 거래사실이 확인되는 외국항행용역을 공급하는 경우(용역의 완료가 선하증권 발행일로부터 90일 이내인 경우로 한정)

2) 특 례

① 사업자가 재화 또는 용역의 공급시기가 되기 전에 세금계산서를 발급하고 그 세금계산서 발급일부터 7일 이내에 대가를 받으면 해당 세금계산서를 발급한 때를 재화 또는 용역의 공급시기로 본다.
② 재화 또는 용역을 공급하는 사업자가 그 재화 또는 용역의 공급시기가 되기 전에 세금계산서를 발급하고 그 세금계산서 발급일부터 7일이 지난 후 대가를 받더라도 다음 중 어느 하나에 해당하는 경우에는 해당 세금계산서를 발급한 때를 재화 또는 용역의 공급시기로 본다.
  ㉠ 거래 당사자 간의 계약서·약정서 등에 대금청구시기(세금계산서 발급일을 말함)와 지급시기를 따로 적고, 대금청구시기와 지급시기 사이의 기간이 30일 이내인 경우
  ㉡ 세금계산서 발급일이 속하는 과세기간(공급받는 자가 조기환급을 받은 경우에는 세금계산서 발급일부터 30일 이내)에 재화 또는 용역의 공급시기가 도래하고 세금계산서에 적힌 대금을 지급받은 것이 확인되는 경우

(2) 공급시기 후 발급

다음의 경우에는 재화 또는 용역의 공급일이 속하는 달의 다음달 10일(그 날이 공휴일 또는 토요일인 경우에는 바로 다음 영업일)까지 세금계산서를 발급할 수 있다.

구 분	예 시
1) 거래처별로 1역월의 공급가액을 합계하여 해당 월의 말일자를 작성연월일로 하여 세금계산서를 발급하는 경우	1월 1일 ~ 1월 31일의 경우 1월 31일을 작성연월일로 하여 2월 10일까지 발급
2) 거래처별로 1역월 이내에서 사업자가 임의로 정한 기간의 공급가액을 합계하여 그 기간의 종료일자를 작성연월일로 하여 세금계산서를 발급하는 경우	1월 1일 ~ 1월 15일, 1월 16 ~ 1월 31일의 경우 각각 1월 15일, 1월 31일을 작성연월일로 하여 2월 10일까지 발급
3) 관계 증명서류 등에 의하여 실제거래사실이 확인되는 경우로서 해당 거래일자를 작성연월일로 하여 세금계산서를 발급하는 경우	1월 7일 매출에 대한 세금계산서 발급이 누락된 경우 1월 7일을 작성연월일로 하여 2월 10일까지 발급

 1역월이란 달력에 의한 1개월을 의미한다. 따라서 2월 16일부터 3월 15일까지의 기간은 1역월이 아니므로 해당 거래분을 합하여 세금계산서를 작성할 수 없다.

참고 세금계산서 발급시기보다 늦게 발급하는 경우 제재규정

구 분		공급자	공급받는 자
공급일이 속하는 과세기간의 확정신고기한 내에 발급된 경우		지연발급가산세 (해당 공급가액×1%)	합계표불성실가산세 (해당 공급가액×0.5%)
공급일이 속하는 과세기간의 확정신고기한 내에 발급되지 않은 경우	확정신고기한 다음 날부터 1년 이내 발급	미발급가산세 (해당 공급가액×2%)	합계표불성실가산세 (해당 공급가액×0.5%)
	확정신고기한 다음 날부터 1년 이후 발급		매입세액불공제

Ⅲ. 세금계산서합계표 등의 제출

 세금계산서합계표의 제출

　세금계산서합계표는 세금계산서를 발급·수취한 사업자가 과세기간별로 세금계산서의 필요적 기재사항을 집계한 표를 말한다. 세금계산서 발급내역을 집계한 표를 매출처별 세금계산서합계표, 세금계산서 수취내역을 집계한 표를 매입처별 세금계산서합계표라고 한다.
　사업자는 매출처별 세금계산서합계표와 매입처별 세금계산서합계표를 각 과세기간의 예정신고 또는 확정신고를 할 때 함께 제출하여야 한다. 예정신고를 하는 사업자가 각 예정신고와 함께 매출·매입처별 세금계산서합계표를 제출하지 못하는 경우에는 해당 예정신고기간이 속하는 과세기간의 확정신고를 할 때 함께 제출할 수 있다.
　한편, 사업자가 전자세금계산서 발급명세를 해당 재화 또는 용역의 공급시기가 속하는 과세기간(예정신고의 경우에는 예정신고기간) 마지막 날의 다음 달 11일까지 국세청장에게 전송한 경우에는 해당 예정신고 또는 확정신고를 할 때 매출·매입처별 세금계산서합계표를 제출하지 않을 수 있다.

 현금매출명세서의 제출

　사업서비스업 중 예식장업, 부동산중개업, 보건업(병원과 의원으로 한정함), 전문서비스업(변호사·공인회계사·세무사·건축사·변리사·관세사·감정평가사·법무사 등)을 경영하는 사업자는 현금매출명세서를 예정신고 또는 확정신고와 함께 제출해야 한다. 그 취지는 현금거래비율이 높은 업종에 대해 현금매출명세서 제출을 의무화하여 세원투명성을 제고하고자 함이다.

 부동산임대공급가액명세서의 제출

　부동산임대업자는 부동산임대공급가액명세서를 예정신고 또는 확정신고와 함께 제출하여야 한다. 그 취지는 부동산임대업 관련 과세표준을 양성화하기 위함이다.

기출문제

제4장 _ 공급시기와 세금계산서

01 다음 중 부가가치세법상 재화의 공급시기로 틀린 것은? [세무회계 2급 2020]

① 재화의 이동이 필요한 경우 : 재화가 인도되는 때
② 재화의 이동이 필요하지 아니한 경우 : 재화가 이용가능하게 되는 때
③ 전력이나 그 밖에 공급단위를 구획할 수 없는 재화를 계속적으로 공급하는 경우 : 공급가액이 확정되는 때
④ 장기할부판매로 재화를 공급하는 경우 : 대가의 각 부분을 받기로 한 때

해설 전력이나 그 밖에 공급단위를 구획할 수 없는 재화를 계속적으로 공급하는 경우 대가의 각 부분을 받기로 한 때를 공급시기로 본다.

  ③

02 다음 중 부가가치세법상 재화의 공급시기 중 틀린 것은? [세무회계 3급 2020]

① 단기할부판매의 경우 : 대가의 각 부분을 받기로 한 때
② 상품권 등을 판매하고 그 후 그 상품권 등이 현물과 교환되는 경우 : 재화가 실제로 인도되는 때
③ 재화의 공급으로 보는 가공의 경우 : 가공된 재화를 인도하는 때
④ 반환조건부 판매 : 그 조건이 성취되거나 기한이 지나 판매가 확정되는 때

해설 현금판매, 외상판매 또는 단기할부판매의 경우 - 재화가 인도되거나 이용 가능하게 되는 때

  ①

03 다음 중 부가가치세법상 재화의 공급시기가 옳지 않은 것을 고르시오. [세무회계 2급 2020]

① 과세되는 사업상증여에 해당하는 경우 : 재화를 증여하는 때
② 판매목적 타사업장 반출 공급의제 : 재화를 반출하는 때
③ 내국물품을 외국으로 반출하는 경우 : 수출재화의 선(기)적일
④ 폐업 전 공급한 재화의 공급시기가 폐업일 이후에 도래하는 경우 : 그 도래일

해설 폐업 전 공급한 재화의 공급시기가 폐업일 이후에 도래하는 경우 그 폐업일을 공급시기로 본다.

 ④

04 다음 중 부가가치세법상 재화의 공급시기로 옳지 않은 것은? [세무회계 3급 2022]

① 현금판매, 외상판매 또는 할부판매 : 재화가 인도되거나 이용가능하게 되는 때
② 폐업 시 남아 있는 재화 : 폐업일
③ 재화의 공급으로 보는 가공의 경우 : 재화의 가공이 완료된 때
④ 장기할부판매 : 대가의 각 부분을 받기로 한 때

> **해설** 재화의 공급으로 보는 가공의 경우 : 가공된 재화를 인도하는 때

해답 ③

05 부가가치세법상 재화의 공급시기(폐업 전에 공급한 재화의 공급시기가 폐업일 이후에 도래하는 경우에는 제외한다)로 옳지 않은 것은? [국가직 9급 2014]

① 현금판매, 외상판매 또는 할부판매의 경우에는 재화가 인도되거나 이용가능하게 되는 때
② 전력이나 그 밖에 공급단위를 구획할 수 없는 재화를 계속적으로 공급하는 경우에는 대가의 각 부분을 받기로 한 때
③ 재화의 공급으로 보는 가공의 경우에는 재화의 가공이 완료된 때
④ 무인판매기를 이용하여 재화를 공급하는 경우에는 해당 사업자가 무인판매기에서 현금을 꺼내는 때

> **해설** 재화의 공급으로 보는 가공의 경우에는 가공된 재화를 인도하는 때가 공급시기이다.

해답 ③

06 부가가치세법상 재화 또는 용역의 공급시기에 관한 설명으로 옳지 않은 것은? [국가직 7급 2014]

① 사업자가 재화 또는 용역의 공급시기가 되기 전에 재화 또는 용역에 대한 대가의 전부 또는 일부를 받고, 이와 동시에 그 받은 대가에 대하여 세금계산서를 발급하면 그 세금계산서를 발급하는 때를 재화 또는 용역의 공급시기로 본다.
② 사업자가 재화 또는 용역의 공급시기가 되기 전에 세금계산서를 발급하고 그 세금계산서 발급일부터 7일 이내에 대가를 받으면 해당 대가를 받은 때를 재화 또는 용역의 공급시기로 본다.
③ 사업자가 보세구역 안에서 보세구역 밖의 국내에 재화를 공급하는 경우가 재화의 수입에 해당할 때에는 수입신고수리일을 재화의 공급시기로 본다.
④ 공급단위를 구획할 수 없는 용역을 계속적으로 공급하는 경우에는 대가의 각 부분을 받기로 한 때를 용역의 공급시기로 본다.

> **해설** 사업자가 재화 또는 용역의 공급시기 이전에 세금계산서를 발급하고 그 세금계산서 발급일로부터 7일 이내에 대가를 지급받는 경우에는 세금계산서를 발급한 때를 재화 또는 용역의 공급시기로 본다.

해답 ②

07 부가가치세법령상 재화 또는 용역의 공급에 대한 설명으로 옳지 않은 것은? [국가직 9급 2019]

① 자기가 주요자재의 일부를 부담하고 상대방으로부터 인도받은 재화를 가공하여 새로운 재화를 만드는 가공계약에 따라 재화를 인도하는 것은 용역의 공급에 해당한다.
② 건설업의 경우 건설업자가 건설자재의 전부를 부담하더라도 용역의 공급으로 본다.
③ 사업자가 자신의 용역을 자기의 사업을 위하여 대가를 받지 아니하고 공급함으로써 다른 사업자와의 과세형평이 침해되는 경우에는 자기에게 용역을 공급하는 것으로 본다.
④ 고용관계에 따라 근로를 제공하는 것은 용역의 공급으로 보지 아니한다.

해설 자기가 주요자재의 일부를 부담하고 상대방으로부터 인도받은 재화를 가공하여 새로운 재화를 만드는 가공계약에 따라 재화를 인도하는 것은 재화의 공급에 해당한다.

해답 ①

08 부가가치세법령상 용역의 공급시기에 대한 설명으로 옳지 않은 것은? [국가직 9급 2021]

① 장기할부조건부로 용역을 공급하는 경우에는 대가의 각 부분을 받기로 한 때로 한다.
② 사업자가 부동산 임대용역을 공급하고 전세금 또는 임대보증금을 받는 경우(부가가치세법 시행령 제65조에 따라 계산한 금액을 공급가액으로 함)에는 예정신고기간 또는 과세기간의 종료일로 한다.
③ 중간지급조건부로 용역을 공급하는 경우 역무의 제공이 완료되는 날 이후 받기로 한 대가의 부분에 대해서는 역무의 제공이 완료되는 날 이후 그 대가를 받는 때로 한다.
④ 헬스클럽장 등 스포츠센터를 운영하는 사업자가 연회비를 미리 받고 회원들에게 시설을 이용하게 하는 것을 둘 이상의 과세기간에 걸쳐 계속적으로 제공하고 그 대가를 선불로 받는 경우에는 예정신고기간 또는 과세기간의 종료일로 한다.

해설 중간지급조건부로 용역을 공급하는 경우 역무의 제공이 완료되는 날 이후 받기로 한 대가의 부분에 대해서는 역무의 제공이 완료되는 날을 용역의 공급시기로 한다.

해답 ③

09 부가가치세법상 세금계산서에 필수적으로 기재되어야 할 내용으로 옳지 않은 것은? [세무회계 2급 2020]

① 공급하는 사업자의 등록번호와 성명 또는 명칭
② 공급가액과 부가가치세액
③ 작성연월일
④ 공급하는 재화 또는 용역의 품목 및 수량

해설 공급하는 재화 또는 용역의 품목 및 수량은 필요적 기재사항이 아니다.

해답 ④

10 다음 중 부가가치세법상 세금계산서에 대한 설명으로 옳지 않은 것은? [세무회계 2급 2023]

① 세금계산서의 임의적 기재사항을 누락한 경우에도 세금계산서의 효력에는 영향이 없다.
② 간이과세자도 일정 요건을 충족할 경우 세금계산서 발행이 가능하다.
③ 영수증 발급 대상 사업자는 어떠한 경우에도 세금계산서 발행을 할 수 없다.
④ 토지를 양도하는 것은 세금계산서의 발행대상이 아니다.

> **해설** 영수증 발급 대상 사업자라 하더라도 재화 또는 용역을 공급받는 자가 사업자등록증을 제시하고 세금계산서의 발급을 요구하는 경우로서 대통령령으로 정하는 경우에는 세금계산서를 발급하여야 한다.
>
> **해답** ③

11 다음 중 부가가치세법상 세금계산서의 필요적 기재사항이 아닌 것은? [세무회계 3급 2022]

① 부가가치세액
② 공급받는 자의 상호 또는 성명
③ 공급가액
④ 작성연월일

> **해설** 세금계산서의 필요적 기재사항은 공급하는 사업자의 등록번호와 성명 또는 명칭, 공급받는 자의 등록번호, 공급가액과 부가가치세액, 작성연월일이다. 공급받는 자의 상호 또는 성명은 임의적 기재사항이다.
>
> **해답** ②

12 다음 중 부가가치세법상 세금계산서 발급시기의 특례에 대한 설명 중 ( )에 들어갈 숫자로 가장 적절한 것은? [세무회계 2급 2020]

> 사업자가 본래 재화 및 용역의 공급시기가 되기 전에 세금계산서를 발급하고 그 발급일로부터 ( )일 이내에 대가를 받으면 해당 세금계산서를 발급한 때를 재화 또는 용역의 공급시기로 본다.

① 7
② 10
③ 15
④ 25

> **해설** 공급시기가 되기 전에 세금계산서를 발급하고 그 발급일로부터 7일 이내에 대가를 받으면 해당 세금계산서를 발급한 때를 재화 또는 용역의 공급시기로 본다.
>
> **해답** ①

13 다음 중 부가가치세법상 (   )에 들어갈 가장 알맞는 숫자는? [세무회계 3급 2020]

> 관계 증명서류 등에 따라 실제거래사실이 확인되는 경우로서 해당 거래일을 작성연월일로 하여 세금계산서를 발급하는 경우 재화 또는 용역의 공급일이 속하는 달의 다음달 (   )일까지 세금계산서를 발급할 수 있다.

① 5   ② 10   ③ 15   ④ 30

해설 재화 또는 용역의 공급일이 속하는 달의 다음 달 10일까지 세금계산서를 발급할 수 있다.

해답 ②

제5장 부가가치세 계산구조

```
      매    출    세    액        과세표준 × 세율
 (-)  매    입    세    액        세금계산서 수취분 매입세액, 공제받지 못할 매입세액 등
      납 부 세 액 ( 환 급 세 액 )
 (-)  경  감 · 공  제  세  액     신용카드매출전표 등 발행세액공제, 전자신고세액공제 등
 (-)  기    납    부    세    액   개인사업자의 예정고지세액 등
 (+)  가          산          세
      차가감납부세액(환급세액)     = 부가가치세(79%) + 지방소비세(21%)
```

제1절 과세표준과 매출세액

 국가 또는 지방자치단체는 국민이 과세요건, 즉 납세의무자·과세대상·과세표준·세율을 충족하여 납세의무가 성립된 경우 부가가치세를 부과할 수 있다. 본 절에서는 부가가치세의 과세요건 중 과세표준과 세율에 대해서 살펴보고자 한다.

Ⅰ. 과세표준과 매출세액의 계산구조

 부가가치세 과세표준은 일정 과세기간에 공급한 재화·용역의 공급가액을 합산한 금액이며, 부가가치세 매출세액은 과세표준에 세율을 곱하여 계산한 금액이다. 대손세액이 발생한 경우에는 매출세액에서 공제하며, 대손세액을 회수한 경우에는 매출세액에 가산한다.

구 분		과세표준	세 율	세 액
① 과세	세 금 계 산 서 발 급 분	×××	10%	○○○
	매입자발행세금계산서	×××	10%	○○○
	기 타	×××	10%	○○○
② 영세율	세 금 계 산 서 발 급 분	×××	0%	
	기 타	×××	0%	
③ 예 정 신 고 누 락 분✪		×××		○○○
④ 대 손 세 액 가 감				○○○
매 출 세 액		① + ③ ± ④		○○○

✪ 예정신고 시 누락된 매출세액이 있는 경우 확정신고 시 해당 금액을 본 란에 기재하여 납부해야 한다.

II. 과세표준의 계산

 일반적인 과세표준의 계산

과세표준이란 과세기간이 경과함으로써 추상적으로 발생한 납세의무를 구체화하기 위하여 해당 과세기간에 대한 세액산출의 기준이 되는 과세물건의 가액을 말한다. 전단계세액공제법을 채택하고 있는 부가가치세법상 과세표준이란 매출세액을 계산하기 위한 기준금액을 말한다.

재화 또는 용역의 공급에 대한 부가가치세의 과세표준은 해당 과세기간에 공급한 재화 또는 용역의 공급가액을 합한 금액으로 한다. 여기서 공급가액이란 부가가치세를 포함하지 않은 금액을 말하며, 부가가치세가 포함되어 있는지가 분명하지 않은 경우에는 그 대가로 받은 금액에 부가가치세가 포함되어 있는 것으로 보아 110분의 100을 곱한 금액을 공급가액으로 한다.

일반적으로 공급가액은 그 대가의 종류에 따라 다음과 같이 구분된다.

구 분	공 급 가 액
(1) 금전으로 대가를 받는 경우	그 대가
(2) 금전 외의 대가를 받는 경우	자기가 공급한 재화 또는 용역의 시가

(1) 공급가액에 포함되는 항목

공급가액에는 대금, 요금, 수수료, 그 밖에 어떤 명목이든 상관없이 재화 또는 용역을 공급받는 자로부터 받는 금전적 가치 있는 모든 것을 포함하며, 여기에는 다음의 금액을 포함한다.

① 할부판매 또는 장기할부판매의 경우 이자상당액
② 대가의 일부로 받는 운송보험료·산재보험료·운송비·포장비·하역비 등
③ 개별소비세, 주세, 교육세, 농어촌특별세 및 교통·에너지·환경세 상당액

(2) 공급가액에 포함되지 않는 항목

① 통상의 대가에서 일정액을 깎아 주는 금액(매출에누리)
② 환입된 재화의 가액(매출환입)
③ 공급받는 자에게 도달하기 전에 파손·훼손 또는 멸실된 재화의 가액
④ 재화 또는 용역의 공급과 직접 관련되지 않는 국고보조금과 공공보조금
⑤ 계약 등에 의하여 확정된 대가의 지급지연으로 인하여 받는 연체이자
⑥ 외상판매에 대한 공급대가의 미수금을 결제하거나 약정기일 전에 영수하여 할인하는 금액(매출할인)
⑦ 용역 등의 대가와 구분하여 수령하고 해당 종업원에게 지급한 사실이 확인되는 종업원 봉사료
⑧ 반환조건의 용기대금과 포장비용을 공제한 금액으로 공급하는 경우 그 용기대금과 포장비용

(3) 과세표준에서 공제하지 않는 항목

사업자가 재화 또는 용역을 공급받는 자에게 지급하는 장려금 및 대손금액은 과세표준에서 공제

하지 않는다. 즉, 해당 과세기간에 장려금 지급액이나 대손금액이 발생하더라도 과세표준에서는 이를 차감하지 않는다. 다만, 공급받는 자의 파산 등으로 인하여 대손이 발생한 경우에는 매출세액에서 공제하는 대손세액공제를 받을 수 있다.

(4) 대가를 외화로 받은 경우

재화 또는 용역의 대가를 원화가 아닌 외화로 받은 경우에는 그 대가의 지급·환가시기에 따라 다음의 금액을 공급가액으로 한다.

구 분	공 급 가 액
1) 공급시기 도래 전에 원화로 환가한 경우	그 환가한 금액
2) 공급시기 이후에 외국통화나 외국환의 상태로 보유하거나 지급받은 경우	공급시기의 외국환거래법에 따른 기준환율 또는 재정환율에 의하여 계산한 금액 ❸

❸ 재화 또는 용역의 공급시기 이후에 그 대가를 외국통화 또는 외국환으로 지급받는 경우 공급시기 이후에 환율변동으로 인하여 증감되는 금액은 해당 공급가액에 영향이 없다.

2 거래유형별 과세표준의 계산

(1) 일반적인 재화 또는 용역의 공급

구 분	공 급 가 액
1) 외상판매 및 할부판매	공급한 재화의 총가액
2) 장기할부판매, 완성도기준지급조건부·중간지급조건부 재화·용역의 공급, 계속적인 재화·용역의 공급	계약에 따라 받기로 한 대가의 각 부분

(2) 재화의 간주공급

구 분		공 급 가 액
1) 직매장 반출		취득가액(매입세액을 공제받은 해당 재화의 가액). 다만, 취득가액에 일정액을 더하여 공급하여 자기의 다른 사업장에 반출하는 경우에는 그 취득가액에 일정액을 더한 금액.
2) 자기생산·취득재화의 공급	① 면세사업 전용	자기가 공급한 재화 또는 용역의 시가
	② 비영업용 개별소비세 과세대상 자동차와 그 유지를 위한 사용	
	③ 개인적 공급	
	④ 사업상 증여	
	⑤ 폐업 시 남아 있는 재화	폐업 시 남아 있는 재화의 시가

재화의 수입에 대한 과세표준

　재화의 수입에 대한 부가가치세의 과세표준은 그 재화에 대한 관세의 과세가격과 관세, 개별소비세, 주세, 교육세, 농어촌특별세 및 교통·에너지·환경세를 합한 금액으로 한다.

```
재화의 수입에 대한 과세표준 =  관세의 과세가격
                             + 관세
                             + 개별소비세와 주세
                             + 교육세와 농어촌특별세
                             + 교통·에너지·환경세
```

 부가가치세 과세표준

[유형 1] 다음 자료를 이용하여 재화의 공급에 대한 부가가치세 과세표준을 계산하시오.

(1) 제품가격	30,000,000원
(2) 개별소비세	2,500,000원
(3) 개별소비세에 대한 교육세	250,000원
(4) 개별소비세에 대한 농어촌특별세	450,000원
(5) 매출에누리	600,000원
(6) 매출환입액	1,200,000원

[유형 2] 사업자 甲은 2025년 제2기(7. 1.~12. 31.) 상품의 수출대금 중 일부를 외국바이어로부터 달러로 지급받았다. 다음 자료를 이용하여 부가가치세 과세표준을 계산하시오.

1. 상품의 수출과 대금수령 등에 관한 자료는 다음과 같다.

구 분	공 급 가 액	선 적 일	대금수령일	환 가 일	환 가 액
A 상품	$1,200	11월 15일	10월 15일	10월 20일	1,058,000원
B 상품	$4,500	10월 15일	10월 15일	10월 20일	4,445,000원
C 상품	$2,500	9월 15일	10월 15일	10월 20일	2,425,500원

2. 환율과 관련된 자료는 다음과 같다.

구 분	9월 15일	10월 15일	10월 20일	11월 15일
기 준 환 율	920/$	940/$	950/$	970/$

해답

[유형 1]

(1) 제품가격	30,000,000원
(2) 개별소비세	2,500,000원
(3) 교육세	250,000원
(4) 농어촌특별세	450,000원
(5) 매출에누리	(600,000원) ☞
(6) 매출환입액	(1,200,000원) ☞
과세표준	31,400,000원

☞ 매출에누리와 매출환입액은 과세표준(공급가액)에 포함되지 않는다.

[유형 2]
(1) A 상품
   공급시기 도래 전에 환가하였으므로 실제 환가액 1,058,000원을 과세표준으로 한다.
(2) B 상품
   $4,500 × 940원/$(10월 15일 기준환율) = 4,230,000원
(3) C 상품
   $2,500 × 920원/$(9월 15일 기준환율) = 2,300,000원
(4) 과세표준
   1,058,000원 + 4,230,000원 + 2,300,000원 = 7,588,000원

III. 대손세액공제

대손세액공제의 의의

사업자는 부가가치세가 과세되는 재화 또는 용역을 공급하고 외상매출금 등 매출채권의 전부 또는 일부가 공급받은 자의 파산·강제집행 등의 사유로 회수할 수 없는 경우에는 그 대손이 확정된 날이 속하는 과세기간의 매출세액에서 차감할 수 있는데, 이를 대손세액공제라고 한다.

이러한 대손세액공제는 거래징수하지 못한 부가가치세를 매출세액에서 차감함으로써 공급자의 세부담을 완화시키고, 공급받는 자에 대해서는 해당 부가가치세를 매입세액에서 차감함으로써 이미 공제받은 매입세액을 납부하게 하는 데에 그 취지가 있다.

대손세액공제의 요건

(1) 대손세액공제의 사유

부가가치세법상 대손세액공제를 적용받을 수 있는 사유란 파산·강제집행이나 그 밖의 사유로서 다음의 사유를 말한다.

① 소득세법 및 법인세법에 따라 대손금으로 인정되는 경우
  ㉠ 민법, 상법, 어음법, 수표법에 따른 소멸시효가 완성된 채권
  ㉡ 채무자 회생 및 파산에 관한 법률에 따른 회생계획인가의 결정 또는 법원의 면책결정에 따라 회수불능으로 확정된 채권
  ㉢ 서민의 금융생활 지원에 관한 법률에 따른 채무조정을 받아 신용회복지원협약에 따라 면책으로 확정된 채권
  ㉣ 민사집행법에 따라 채무자의 재산에 대한 경매가 취소된 압류채권
  ㉤ 채무자의 파산, 강제집행, 형의 집행, 사업의 폐지, 사망, 실종 또는 행방불명으로 회수할 수 없는 채권
  ㉥ 부도발생일❷부터 6개월 이상 지난 수표 또는 어음상의 채권 및 외상매출금(조세특례제한법에 따른 중소기업의 외상매출금으로서 부도발생일 이전의 것에 한함). 다만, 해당 법인이 채무자의 재산에 대하여 저당권을 설정하고 있는 경우는 제외한다.
  ㉦ 중소기업의 외상매출금 및 미수금으로서 회수기일이 2년 이상 지난 외상매출금 등. 다만, 특수관계인과의

거래로 인하여 발생한 외상매출금 등은 제외한다.
- ⓒ 민사소송법에 따른 화해 및 화해권고결정에 따라 회수불능으로 확정된 채권
- ⓓ 회수기일이 6개월 이상 지난 채권 중 채권가액이 30만원 이하(채무자별 채권가액의 합계액을 기준으로 함)인 채권 등
- ⓔ 물품의 수출 또는 외국에서의 용역제공으로 발생한 채권으로서 무역에 관한 법령에 따라 기획재정부령으로 정하는 사유에 해당하여 무역보험법에 따른 한국무역보험공사로부터 회수불능으로 확인된 채권
② 채무자 회생 및 파산에 관한 법률에 따른 법원의 회생계획인가의 결정에 따라 채무를 출자전환하는 경우. 이 경우 출자로 전환하는 시점의 출자전환된 매출채권 장부가액과 출자전환으로 취득한 주식 또는 출자지분의 시가와의 차액을 대손되어 회수할 수 없는 금액으로 본다.

※ 부도발생일이란 소지하고 있는 부도수표나 부도어음의 지급기일(지급기일 전에 해당 수표나 어음을 제시하여 금융회사 등으로부터 부도확인을 받은 경우에는 그 부도확인일)을 말한다.

(2) 대손세액공제의 범위

대손세액공제는 사업자가 부가가치세가 과세되는 재화 또는 용역을 공급한 후 그 공급일부터 10년이 지난 날이 속하는 과세기간에 대한 확정신고기한까지 위 대손사유로 확정되는 대손세액(결정 또는 경정으로 증가된 과세표준에 대하여 부가가치세액을 납부한 경우 해당 대손세액 포함)으로 한다(부령 87②). 예컨대, 2015년 4월 20일이 공급일인 경우 10년이 지난 날은 2025년 4월 21일이며, 동 일자가 속하는 과세기간의 확정신고기한은 2025년 7월 25일이다.

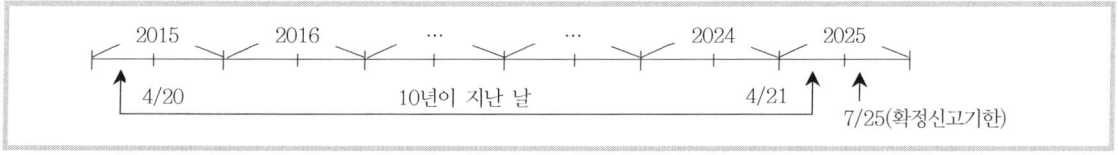

(3) 대손세액공제의 시기

부가가치세법상 대손세액공제는 각 과세기간별 예정신고 시에는 적용되지 않고, 확정신고 시에만 적용된다. 한편, 대손세액공제의 사유가 발생하였음에도 불구하고 대손세액공제를 적용받지 아니한 경우에는 경정청구를 통해서 받을 수 있을 뿐, 해당 과세기간이 지난 이후에는 대손세액공제를 적용받을 수 없다.

(4) 대손세액공제의 신청

대손세액공제를 적용받고자 하는 사업자는 확정신고와 함께 대손금액이 발생한 사실을 증명하는 서류를 제출해야 한다. 즉, 대손세액 공제를 받으려 하거나 대손세액을 매입세액에 더하려는 사업자는 부가가치세 확정신고서에 대손세액공제(변제)신고서와 대손사실 또는 변제사실을 증명하는 서류를 첨부하여 관할세무서장에게 제출해야 한다.

대손세액공제의 계산

$$대손세액 = 대손금액(부가가치세\ 포함) \times \frac{10}{110}$$

 대손세액의 처리방법

구 분	대손이 확정된 경우	대손금을 회수·변제한 경우
공 급 자	대손이 확정된 날이 속하는 과세기간의 매출세액에서 대손세액을 뺀다.❶	회수한 날이 속하는 과세기간의 매출세액에 회수한 대손세액을 더한다.
공급받는 자	매입세액공제를 받고 동 대손이 폐업 전에 확정되는 경우에는 그 확정된 날이 속하는 과세기간의 매입세액에서 대손세액을 뺀다.❷ ➡ 대손처분받은 세액	대손세액을 매입세액에서 뺀(관할세무서장이 결정 또는 경정한 경우 포함) 후 대손금을 변제한 경우에는 변제일이 속하는 과세기간의 매입세액에 변제한 대손세액을 더한다. ➡ 변제대손세액

❶ 공급자가 대손세액을 매출세액에서 뺀 경우 공급자의 관할세무서장은 해당 대손세액공제사실을 공급받는 자의 관할세무서장에게 통지하여야 한다.
❷ 다만, 해당 사업자가 이를 매입세액에서 빼지 아니한 경우에는 공급받은 자의 관할세무서장이 결정 또는 경정하여야 한다. 이 경우에는 국세기본법상 무신고가산세, 과소신고·초과환급신고가산세, 납부지연가산세를 적용하지 아니한다.

제2절 매입세액과 납부세액

Ⅰ. 매입세액과 납부세액의 계산구조

구 분	계 산 구 조			비 고
(1) 매입세액		세금계산서 수취분 매입세액		매입처별세금계산서합계표 제출
	(+)	예정신고 누락분		예정신고 시 누락하여 공제받지 못한 매입세액을 확정신고 시 공제하는 경우
	(+)	매입자발행세금계산서 매입세액		매입자발행세금계산서합계표 제출
	(+)	그 밖의 공제매입세액	신용카드매출전표 등 수령명세서 제출분 매입세액	신용카드매출전표·현금영수증 등 세금계산서 외 법정증명서류 수취분 매입세액 중 공제되는 매입세액
			의제매입세액	면세농산물 등의 매입가액 × 공제율
			과세사업전환 매입세액	면세사업 감가상각자산을 과세사업에 사용한 경우
			재고매입세액	간이과세자가 일반과세자로 변경된 경우
			변제대손세액	공급받는 자가 신용매입액을 결제한 경우
	(−)	공제받지 못할 매입세액	공제받지 못할 매입세액	세금계산서 수취분 매입세액 중 사업과 관련이 없는 지출 등에 대한 매입세액
			공통매입세액 면세사업분	공통매입세액 × 면세비율
			대손처분받은 세액	공급자가 대손세액공제를 받은 경우
	(=)	매출세액에서 공제되는 매입세액		
(2) 납부세액		납부세액 = 매출세액 − 매입세액		

Ⅱ. 세금계산서 수취분 매입세액

 공제되는 매입세액

사업자가 재화 또는 용역을 공급받을 때 거래징수를 당한 모든 매입세액이 매출세액에서 공제되는 것은 아니다. 매출세액에서 공제되는 매입세액은 다음에 해당하는 매입세액으로서 재화 또는 용역을 공급받으면서 발급받은 세금계산서나 재화를 수입하면서 발급받은 수입세금계산서에 의해서 확인되는 매입세액이어야 한다.

① 자기의 사업을 위하여 사용하였거나 사용할 목적으로 공급받은 재화 또는 용역의 공급에 대한 매입세액
② 자기의 사업을 위하여 사용하였거나 사용할 목적으로 수입하는 재화의 수입에 대한 매입세액

재화 또는 용역의 공급에 대한 매입세액은 재화 또는 용역을 공급받는 시기가 속하는 과세기간의 매출세액에서 공제하며, 재화의 수입에 대한 매입세액은 재화의 수입시기가 속하는 과세기간의 매출세액에서 공제한다. 매입세액을 매입시점이 아닌 매출시점에 공제할 경우 사업자 입장에서는 그 기간만큼 자금부담이 발생하는데, 부가가치세법에서는 부가가치세가 간접세인 점을 고려하여 사업자의 자금부담을 완화시켜주고자 매입세액을 매입시점에 공제하고 있다.

다만, 이처럼 매입세액을 매출시점(사용시점)이 아닌 매입시점에 공제할 경우 해당 재화를 면세사업에 투입하거나 개인적으로 사용하는 등 사업과 무관한 용도로 사용하게 되면 원래 매입세액공제가 불가능한 부분까지 매입세액공제를 허용하게 되는 불합리한 결과가 초래된다. 따라서 부가가치세법에서는 이를 바로잡기 위해 다음과 같은 제도를 함께 운용하고 있다.

① 면세사업 전용·개인적 공급 등에 대하여 공급으로 보아 과세하는 재화의 간주공급(자기생산·취득재화의 공급) 제도
② 공통매입세액의 안분계산 후 납부·환급세액의 재계산 제도

2 공제받지 못할 매입세액

다음의 매입세액은 세금계산서나 수입세금계산서에 의해서 확인되는 경우에도 매출세액에서 공제하지 않는다. 이중 아래에서는 (1)과 (2)에 대해서 자세히 살펴보기로 한다.

(1) 매입처별세금계산서합계표의 미제출·부실기재 매입세액
(2) 세금계산서의 미수취·불분명 매입세액
(3) 사업과 관련 없는 지출에 대한 매입세액
(4) 개별소비세 과세대상 자동차의 구입·임차 및 유지에 관한 매입세액❶
(5) 기업업무추진비 및 이와 유사한 비용의 지출에 관련된 매입세액
(6) 면세사업 등에 관련된 매입세액과 토지에 관련된 매입세액
(7) 사업자등록을 신청하기 전의 매입세액❷

❶ 다만, 운수업·자동차판매업·자동차임대업·운전학원업 등에 직접 영업으로 사용되는 것은 매입세액공제가 가능하다.
❷ 공급시기가 속하는 과세기간이 끝난 후 20일 이내에 사업자등록을 신청한 경우에는 등록신청일부터 공급시기가 속하는 과세기간 기산일(1월 1일 또는 7월 1일)까지 역산한 기간 내의 것은 매입세액공제가 가능하다.

(1) 매입처별세금계산서합계표의 미제출·부실기재 매입세액

매입처별 세금계산서합계표를 제출하지 않은 경우의 매입세액 또는 제출한 매입처별 세금계산서합계표의 기재사항 중 거래처별 등록번호 또는 공급가액의 전부 또는 일부가 적히지 아니하였거나 사실과 다르게 적힌 경우 그 기재사항이 적히지 아니한 부분 또는 사실과 다르게 적힌 부분의 매입세액(공급가액이 사실과 다르게 적힌 경우에는 실제 공급가액과 사실과 다르게 적힌 금액의 차액에 해당하는 세액을 말함)은 매출세액에서 공제하지 않는다.

다만, 수정신고·경정청구·기한후신고 시 제출하거나 착오로 부실기재 하였으나 세금계산서에 의해 거래사실이 확인되는 경우, 과세당국의 경정 시 제출하는 경우(가산세 부과)에는 매입세액공제가 가능하다.

(2) 세금계산서의 미수취·불분명 매입세액

세금계산서 또는 수입세금계산서를 발급받지 아니한 경우 또는 발급받은 세금계산서 또는 수입세금계산서에 필요적 기재사항의 전부 또는 일부가 적히지 아니하였거나 사실과 다르게 적힌 경우의 매입세액(공급가액이 사실과 다르게 적힌 경우에는 실제 공급가액과 사실과 다르게 적힌 금액의 차액에 해당하는 세액을 말함)은 매출세액에서 공제하지 않는다.

다만, 다음에 해당하는 경우에는 매입세액공제가 가능하다.

① 사업자등록을 신청한 사업자가 사업자등록증 발급일까지의 거래에 대하여 해당 사업자 또는 대표자의 주민등록번호를 적어 발급받은 경우
② 발급받은 세금계산서의 필요적 기재사항 중 일부가 착오로 사실과 다르게 적혔으나 그 세금계산서에 적힌 나머지 필요적 기재사항 또는 임의적 기재사항으로 보아 거래사실이 확인되는 경우
③ 재화 또는 용역의 공급시기 이후에 발급받은 세금계산서로서 해당 공급시기가 속하는 과세기간에 대한 확정신고기한까지 발급받은 경우
④ 발급받은 전자세금계산서로서 국세청장에게 전송되지 않았으나 발급한 사실이 확인되는 경우
⑤ 전자세금계산서 외의 세금계산서로서 재화 또는 용역의 공급시기가 속하는 과세기간에 대한 확정신고기한까지 발급받았고, 그 거래사실도 확인되는 경우
⑥ 실제로 재화 또는 용역을 공급하거나 공급받은 사업장이 아닌 사업장을 적은 세금계산서를 발급받았더라도 그 사업장이 총괄하여 납부하거나 사업자 단위 과세 사업자에 해당하는 사업장인 경우로서 그 재화 또는 용역을 실제로 공급한 사업자가 납세지 관할세무서장에게 해당 과세기간에 대한 납부세액을 신고하고 납부한 경우
⑦ 재화 또는 용역의 공급시기가 속하는 과세기간에 대한 확정신고기한 이후 세금계산서를 발급받았더라도 그 세금계산서의 발급일이 재화 또는 용역의 공급시기가 속하는 과세기간에 대한 확정신고기한 다음날부터 6개월 이내이고 다음 중 어느 하나에 해당하는 경우
　㉠ 발급받은 세금계산서와 함께 과세표준수정신고서 및 경정청구서를 제출하는 경우
　㉡ 거래사실이 확인되어 납세지 관할세무서장, 납세지 관할지방국세청장 또는 국세청장(납세지 관할세무서장 등)이 결정 또는 경정하는 경우
⑧ 재화 또는 용역의 공급시기 이전에 세금계산서를 발급받았더라도 그 세금계산서의 발급일로부터 재화 또는 용역의 공급시기가 30일 이내에 도래하고 거래사실이 확인되어 납세지 관할세무서장 등이 결정 또는 경정하는 경우
⑨ 거래의 실질이 위탁매매 또는 대리인에 의한 매매에 해당하나 거래당사자 간 계약에 따라 해당 거래를 위탁매매 또는 대리인에 의한 매매로 보지 않고 발급받은 세금계산서로서 그 계약에 따른 거래사실이 확인되고 거래당사자가 납세지 관할세무서장에게 해당 과세기간에 납부세액을 신고하고 납부한 경우
⑩ 거래의 실질이 위탁매매 또는 대리인에 의한 매매에 해당하지 않으나 거래당사자 간 계약에 따라 해당 거래를 위탁매매 또는 대리인에 의한 매매로 보고 발급받은 세금계산서로서 그 계약에 따른 거래사실이 확인되고 거래당사자가 납세지 관할세무서장에게 해당 과세기간에 납부세액을 신고하고 납부한 경우

Ⅲ. 매입자발행세금계산서 매입세액

사업자가 재화 또는 용역을 공급하고 세금계산서를 발급하지 않은 경우(사업자의 부도·폐업 등으로 수정세금계산서를 발급하지 않은 경우 포함) 그 재화 또는 용역을 공급받은 매입자는 부가가치세법에 규정된 절차에 따라 관할 세무서장의 확인을 받아 세금계산서를 발행할 수 있는데, 이를 매입자발행세금계산서라고 한다. 매입자발행세금계산서에 기재된 매입세액에 대해서는 세금계산서 수취분 매입세액과 동일하게 매입세액공제를 받을 수 있다.

이러한 매입자발행세금계산서 제도의 취지는 매입자보다 경제적으로 우위에 있는 공급자가 매출노출 등을 이유로 세금계산서의 발급을 거부하는 사례를 방지함과 동시에 세금계산서를 발급받지 못한 매입자의 과도한 세부담을 줄이기 위함이며, 허위세금계산서를 교부받는 것을 방지함으로써 세원의 투명성을 높이기 위함이다.

Ⅳ. 신용카드매출전표 등 수령명세서 제출분 매입세액

신용카드매출전표나 현금영수증은 세금계산서가 아닌 영수증에 해당하지만, 이를 발급·수취하는 경우 해당 거래를 파악하고 세원을 포착함에 있어 세금계산서와 동일한 효과가 있기 때문에 부가가치세법에서는 예외적으로 법정요건을 갖춘 영수증에 대해서는 매입세액공제가 가능하도록 규정하고 있다.

부가가치세법에서는 사업자가 일정한 사업자로부터 재화 또는 용역을 공급받고 부가가치세액이 별도로 기재된 신용카드매출전표 등(현금영수증, 직불카드영수증, 실제 명의가 확인되는 선불카드영수증, 직불전자지급수단 영수증, 실제 명의가 확인되는 선불전자지급수단 영수증 등 포함)을 발급받은 때에는 다음의 요건을 충족하는 경우에 한하여 매입세액공제를 허용하고 있다.

① 신용카드매출전표 등 수령명세서를 제출할 것
② 신용카드매출전표 등을 그 거래사실이 속하는 과세기간에 대한 확정신고를 한 날로부터 5년간 보관할 것
③ 영수증발급의무사업자에 해당하는 간이과세자가 영수증을 발급해야 하는 기간에 발급한 신용카드매출전표등이 아닐 것

여기서 일정한 사업자란 다음에 해당하지 않는 사업자를 말한다(부령 88⑤).

① 일반과세자 및 간이과세자 중 다음에 해당하는 사업을 경영하는 사업자
  ㉠ 목욕·이발·미용업
  ㉡ 여객운송업(여객자동차 운수사업법에 따른 전세버스운송사업 제외)
  ㉢ 입장권을 발행하여 경영하는 사업
  ㉣ 요양급여의 대상에서 제외되는 성형수술 진료용역 등을 공급하는 사업
  ㉤ 수의사가 제공하는 동물의 진료용역(면세되는 진료용역 제외)
  ㉥ 무도학원 및 자동차운전학원에서 제공하는 교육용역을 공급하는 사업
② 간이과세자 중 다음 중 어느 하나에 해당하는 사업자
  ㉠ 직전 연도의 공급대가의 합계액(직전 과세기간에 신규로 사업을 시작한 개인사업자의 경우 제61조 제2항에 따라 환산한 금액)이 4,800만원 미만인 자
  ㉡ 신규로 사업을 시작하는 개인사업자로서 간이과세 적용신청에 관한 규정에 따라 간이과세자로 하는 최초의 과세기간 중에 있는 자

V. 의제매입세액

 의제매입세액의 의의

사업자가 부가가치세가 면제되는 농·축·수·임산물과 같은 면세농산물 등을 공급받아 이를 원재료로 하여 제조·가공한 재화 또는 창출한 용역의 공급에 대하여 부가가치세가 과세되는 경우, 면세농산물 등을 공급받을 때 매입세액이 있는 것으로 보아 일정금액의 매입세액을 공제할 수 있는데, 이때 공제되는 매입세액을 의제매입세액이라고 한다.

사업자가 면세농산물 등을 원재료로 하여 제조·가공한 재화 또는 창출한 용역의 공급이 과세되는 경우, 최종소비자는 부가가치세의 환수효과(Catching-up Effect)와 누적효과(Cascade Effect)로 인해 창출된 부가가치의 10%보다 더 많은 부가가치세를 부담하게 되는데, 이를 완화시키기 위해 도입된 제도가 바로 의제매입세액이다.

 환수효과와 누적효과

① 환수효과(Catching-up Effect)
환수효과란 면세단계에서 과세하지 않았던 부가가치세가 다음 거래단계의 과세로 인하여 다시 국고로 환수되는 현상을 말한다. 예를 들어, 음식점업을 하는 사업자가 면세농산물인 쌀을 구입하는 경우 매입세액을 부담하지 않지만, 쌀을 사용하여 음식서비스를 공급하는 경우에는 음식가격의 10%에 해당하는 매출세액을 최종소비자로부터 받아야 한다. 이때 최종소비자가 음식가격에 대한 부가가치세에 포함된 쌀에 대한 부가가치세까지 부담함으로써 쌀 공급단계에서 면제했던 부가가치세가 다시 국고로 환수되는데, 이를 환수효과라고 한다.

② 누적효과(Cascade Effect)
누적효과란 해당 면세단계 이전단계에서 이미 과세된 부분에 대하여 재차 과세되는 현상을 말한다. 예를 들어, 쌀 공급자는 면세사업자이므로 쌀을 생산하는 과정에서 부담한 매입세액에 대해서는 매입세액공제를 받을 수 없다. 쌀 공급자는 공제받지 못한 매입세액을 쌀가격에 포함하여 음식점업 사업자에게 전가하며, 다시 음식가격에 포함하여 최종소비자에게 전가한다. 이때 최종소비자가 음식가격에 대한 부가가치세에 포함된 쌀 공급자가 공제받지 못한 매입세액 및 이에 대한 부가가치세까지 부담함으로써 쌀 공급단계 이전단계에서 이미 과세된 부분이 누적되어 재차 과세되는데, 이를 누적효과라고 한다.

 의제매입세액의 요건

(1) 일반과세자일 것

의제매입세액공제는 사업자등록을 한 부가가치세 일반과세자에 한하여 적용한다(부법 41①). 따라서 사업자등록을 하지 미등록사업자나 면세사업자 및 간이과세자(음식점업 및 제조업은 법 제65조에 의해 공제)의 경우에는 의제매입세액을 공제할 수 없다.
여기에서의 일반과세자에는 영세율을 적용받는 사업자를 포함한다. 다만, 면세포기에 의해 영세율이 적용되는 사업자는 의제매입세액공제를 받을 수 없다.

(2) 대상거래

면세농산물 등을 원재료로 하여 제조·가공한 재화 또는 창출한 용역의 공급에 대하여 과세되는 경우(면세포기를 하여 영세율이 적용되는 경우는 제외)이어야 한다. 여기서 면세농산물 등이란 부가가치세를 면제받아 공급받거나 수입한 농산물·축산물·수산물 또는 임산물을 말한다.

(3) 서류제출

의제매입세액공제를 적용받으려는 사업자는 예정신고 및 확정신고와 함께 면세농산물 등을 공급받은 사실을 증명하는 서류, 즉 매입처별계산서합계표나 신용카드매출전표등수령명세서를 납세지 관할세무서장에게 제출해야 한다. 다만, 제조업을 경영하는 사업자가 농어민으로부터 면세농산물 등을 직접 공급받는 경우에는 의제매입세액공제신고서만 제출해도 의제매입세액공제가 가능하다.

3 의제매입세액의 계산

$$\text{의제매입세액} = \text{면세농산물 등의 매입가액} \times \text{공제율}$$

(1) 면세농산물 등의 매입가액

면세농산물 등의 매입가액은 운임·보험료 등의 부대비용을 제외한 매입원가를 말하며, 수입농산물 등의 경우에는 관세의 과세가격을 말한다.

(2) 공제율

구 분		공제율
1) 음식점업	① 과세유흥장소의 경영자	$\frac{2}{102}$
	② 위 ①외의 음식점을 경영하는 개인사업자	$\frac{8}{108}$ ❋
	③ 위 ①외의 음식점을 경영하는 ② 외의 사업자(법인사업자)	$\frac{6}{106}$
2) 제조업	① 과자점업, 도정업, 제분업 및 떡류제조업 중 떡방앗간을 경영하는 개인사업자	$\frac{6}{106}$
	② ① 외의 제조업을 경영하는 사업자 중 중소기업 및 개인사업자	$\frac{4}{104}$
	③ ① 및 ② 외의 사업자	$\frac{2}{102}$
3) 위 1)·2) 외의 사업		$\frac{2}{102}$

❋(과세표준 2억원 이하인 경우에는 2026년 12월 31일까지 109분의 9)

(3) 겸영사업자의 경우

사업자는 면세농산물 등을 과세사업에 사용하는 경우에만 의제매입세액을 공제받을 수 있다. 과세사업과 면세사업을 겸영하는 사업자가 면세농산물 등을 공급받은 경우에는 해당 원재료의 실지귀속에 따라 과세사업 사용분에 한해서만 의제매입세액을 공제한다.

실지귀속이 불분명한 경우에는 다음과 같이 해당 과세기간의 공급가액비율을 기준으로 안분하여 과세사업 사용분을 구한 다음 의제매입세액을 계산한다. 다만, 해당 과세기간의 총공급가액 중 면세공급가액이 5% 미만인 경우, 즉 과세사업에 95% 이상 사용한 경우에는 안분계산을 생략하고 매입가액 전체에 대하여 공제율을 적용하여 의제매입세액을 계산한다.

$$의제매입세액 = 면세농산물\ 등의\ 매입가액 \times \frac{해당\ 과세기간의\ 과세공급가액}{해당\ 과세기간의\ 총공급가액} \times 공제율$$

(4) 의제매입세액의 한도

부가가치세법에서는 과도한 의제매입세액공제를 방지하기 위해 한도를 두고 있는데 계산식과 한도율을 살펴보면 다음과 같다.

$$의제매입세액\ 한도 = 면세농산물\ 등과\ 관련하여\ 공급한\ 과세표준 \times 한도율 \times 의제매입세액\ 공제율$$

구 분		한 도 율
1) 개인사업자	① 과세표준 1억 원 이하	50%
	② 과세표준 1억 원 초과 2억 원 이하	
	③ 과세표준 2억 원 초과	40%
2) 법인사업자		30%

의제매입세액의 공제시기

의제매입세액의 공제시기는 면세농산물 등을 공급받은 날, 즉 매입시점이 속하는 과세기간의 예정신고 또는 확정신고 시이다. 따라서 예정신고기간 종료일 또는 과세기간 종료일 현재 당초 매입한 면세농산물 중 사용하지 않고 이월되는 분이 있는 경우에도 해당 매입가액 전체에 공제율을 적용하여 의제매입세액을 계산한다.

다만, 겸영사업자의 경우에는 앞서 3-(3)에서 살펴본 실지귀속이 불분명한 경우와 동일하게 해당 과세기간의 공급가액비율을 기준으로 안분하여 과세사업 사용분을 구한 다음 공제율을 적용하여 의제매입세액을 계산한다.

5 의제매입세액의 재계산

의제매입세액을 공제한 면세농산물 등을 다음과 같이 사용·소비하는 경우에는 이미 공제한 의제매입세액을 다시 계산하여 납부세액에 가산하거나 환급세액에서 공제한다.

① 면세농산물 등을 그대로 양도·인도한 경우
② 면세농산물 등을 면세사업을 위하여 사용·소비하는 경우
③ 면세농산물 등을 개인적 공급·사업상 증여 등 그 밖의 목적을 위하여 사용·소비하는 경우

의제매입세액은 사용시점이 아닌 매입시점에 공제하기 때문에 이후에 해당 면세농산물 등을 과세사업에 사용하지 않는 경우 부가가치세의 환수효과와 누적효과가 발생하지 않음에도 의제매입세액을 공제하게 되는 불합리한 결과가 발생한다. 의제매입세액의 재계산은 이를 방지하고 조정하는 제도로서 그 의의가 있다.

5-2 의제매입세액(Ⅰ)

다음은 과세사업만 경영하는 ㈜A의 2025년 제1기 부가가치세 과세기간(1. 1.~6. 30.)에 대한 자료이다. 다음 자료를 이용하여 의제매입세액을 계산하시오.

1. ㈜A가 면세로 공급받은 농산물의 매입가액은 680,000,000원(부대비용 30,000,000원 포함)이다.
2. ㈜A는 100여년만의 전국적인 대홍수로 농산물의 가격이 급등하자 부대비용을 제외한 매입가액 기준 100,000,000원에 해당하는 농산물을 230,000,000원에 그대로 양도하였다.
3. 매입가액 기준 80,000,000원에 상당하는 농산물이 과세기간 종료일 현재 재고자산에 계상되어 있다.
4. ㈜A의 업종은 제조업으로 중소기업에 해당하지 않는다.
5. 의제매입세액의 한도는 편의상 고려하지 않는다.

의제매입세액 = 면세농산물 등의 매입가액 × 공제율
= (680,000,000원 − 30,000,000원 − 100,000,000원) × $\dfrac{2}{102}$ = 10,784,313원

면세농산물 등의 매입가액은 부대비용을 제외한 매입원가를 말하며, 면세농산물 등의 양도와 같이 과세사업에 사용하지 않은 면세농산물 등은 의제매입세액의 대상거래가 아니므로 해당 매입가액은 제외한다. 한편, 의제매입세액은 매입시점을 기준으로 공제하므로 위의 과세기간 종료일 현재 사용하지 않고 보관하고 있더라도 공제가 가능하다.

 의제매입세액(Ⅱ)

다음은 과세사업과 면세사업을 겸영하는 ㈜A의 2025년 제1기 부가가치세 과세기간(1. 1. ~ 6. 30.)에 대한 자료이다. 다음 자료를 이용하여 의제매입세액을 계산하시오.

1. 공급가액의 내역

구 분	2024년 제2기	2025년 제1기
과세사업	1,930,000,000원	1,140,000,000원
면세사업	1,245,000,000원	1,710,000,000원

2. ㈜A가 면세로 공급받은 농산물의 매입가액은 1,020,000,000원(부대비용 47,000,000원 제외)이다.
3. ㈜A는 부대비용을 제외한 매입가액기준 180,000,000원에 상당하는 농산물은 면세사업에 사용하였고, 705,000,000원에 상당하는 농산물은 과세사업에 사용하였다.
4. ㈜A에는 부대비용을 제외한 매입가액기준 135,000,000원에 상당하는 농산물이 과세기간 종료일 현재 재고자산에 계상되어 있다.
5. ㈜A의 업종은 제조업으로 중소기업에 해당하지 않는다.
6. 의제매입세액의 한도는 편의상 고려하지 않는다.

 해답

1. 실지귀속에 따라 과세사업에 사용한 부분에 대한 의제매입세액
    = 705,000,000원 × $\dfrac{2}{102}$ = 13,823,529원

2. 기말재고분에 대한 의제매입세액
    = 135,000,000원 × $\dfrac{1,140,000,000원}{2,850,000,000원}$ × $\dfrac{2}{102}$ = 1,058,823원

3. 의제매입세액 공제액
    = 13,823,529원 + 1,058,823원 = 14,882,352원

 해설

겸영사업자의 경우 과세기간 종료일 현재 사용하지 않고 보관하고 있는 기말재고분에 대해서는 면세농산물 등의 매입가액을 해당 과세기간의 공급가액비율로 안분하여 의제매입세액을 계산한다.

제3절 차가감납부세액

납부세액(환급세액)에서 부가가치세법 등에 규정된 각종 경감·공제세액과 기납부세액을 빼고 가산세를 더하면 납세의무자가 최종 납부하거나 환급받을 세액이 계산되는데, 이를 차감·가감하여 납부할 세액(환급받을 세액) 또는 차가감납부세액(환급세액)이라고 한다. 차가감납부세액의 79%는 국세인 부가가치세이며, 21%는 지방세인 지방소비세이다.

I. 경감·공제세액

 신용카드매출전표 등 발행세액공제

일반과세자 중 주로 사업자가 아닌 자에게 재화 또는 용역을 공급하는 사업을 하는 사업자가 부가가치세가 과세되는 재화 또는 용역을 공급하고 세금계산서의 발급시기에 신용카드매출전표, 현금영수증 등을 발급하거나 전자적 결제 수단에 의하여 대금을 결제받는 경우에는 다음의 금액을 납부세액에서 공제한다. 다만, 다음의 금액이 납부세액을 초과하는 경우 초과하는 부분은 없는 것으로 본다.

$$\text{신용카드매출전표 등 발행세액공제액} = \text{MIN} \left[\begin{array}{l} \text{① 발행금액 또는 결제금액(부가가치세 포함 금액)} \times 1.3\%^{\text{❶}} \\ \text{② 연간 1,000만원}^{\text{❷}} \end{array} \right]$$

❶ 위의 공제율은 2026년 12월 31일까지 적용되며, 2027년 1월 1일부터는 1% 공제율이 적용된다.
❷ 위의 한도는 2026년 12월 31일까지 적용되며, 2027년 1월 1일부터는 연간 500만원의 한도가 적용된다.

주로 사업자가 아닌 자에게 재화 또는 용역을 공급하는 사업을 하는 일반과세자란 제2절에서 살펴본 목욕·이발·미용업 등 세금계산서가 아닌 영수증을 발급해야 하는 소비성 사업을 경영하는 사업자를 말한다. 한편, 법인사업자와 직전 연도의 재화 또는 용역의 공급가액의 합계액이 10억 원을 초과하는 개인사업자는 신용카드매출전표 등 발행세액공제를 받을 수 없다.

 전자신고 등에 대한 세액공제(전자신고세액공제)

납세자가 직접 전자신고의 방법으로 부가가치세 확정신고를 하는 경우에는 해당 납부세액에서 1만원을 공제하거나 환급세액에 가산한다. 일반과세자의 경우 제1기 및 제2기 확정신고에 대하여 각각 1만원(연간 2만원)의 전자신고세액공제를 받을 수 있다. 다만, 매출가액과 매입가액이 없는 일반과세자에 대하여는 적용하지 않는다(조특법 104의8②, 조특령 104의5④). 한편, 납세자가 국세기본법에 따른 전자송달의 방법으로 납부고지서의 송달을 신청한 경우 신청한 달의 다음다음 달 이후 송달하는 분부터 예정고지 및 예정부과에 관한 규정에 따라 결정·징수하는 부가가치세의 납부세액에서 납부고지서 1건당 1천원(납부세액에서 1만원을 차감한 금액을 한도로 함)을 공제한다 (조특법 104의8⑤,⑥).

II. 가산세

가산세란 세법에서 규정하는 의무의 성실한 이행을 확보하기 위하여 세법에 따라 산출한 세액에 가산하여 징수하는 금액을 말한다. 부가가치세 관련 가산세는 국세기본법과 부가가치세법에 규정되어 있는데, 국세기본법에는 무신고 가산세, 과소신고·초과환급신고 가산세, 납부지연가산세 등 신고·납부 관련 가산세가 규정되어 있고, 부가가치세법에는 사업자등록 불성실 가산세, 세금계산서 불성실 가산세, 각종 합계표 불성실 가산세 등 부가가치세법상 이행해야 되는 의무 관련 가산세가 규정되어 있다.

구 분	가 산 세	
	내 용	예 시
국세기본법	신고·납부 관련 가산세	① 무신고 가산세 ② 과소신고·초과환급신고 가산세 ③ 납부지연가산세
부가가치세법	부가가치세법상 이행의무 관련 가산세	① 사업자등록 불성실 가산세 ② 세금계산서 불성실 가산세 ③ 각종 합계표 불성실 가산세

예제 5-4 부가가치세 차가감납부세액

다음은 음식점업(과세유흥장소 아님)을 경영하고 있는 일반과세자 甲의 2025년 제1기 부가가치세 과세기간(1.1.~6.30.)에 대한 자료이다. 다음 자료를 이용하여 2025년 제1기 부가가치세 차가감납부세액(지방소비세 차감 전 금액)을 계산하시오.

1. 신용카드매출전표 등 발행금액은 550,000,000원(부가가치세가 포함된 금액임)이다.
2. 세금계산서 등을 발급받은 매입세액은 30,000,000원(전액 매입세액공제대상임)이다.
3. 면세농산물 구입금액은 67,500,000원(계산서 등 법정증명서류를 수취함)이다.
4. 甲의 2025년 공급가액의 합계액은 10억원을 초과하지 않는다.
5. 甲은 2025년 제1기 부가가치세 확정신고를 직접 전자신고방법으로 할 예정이다.
6. 기납부세액과 가산세액은 없으며, 의제매입세액의 한도는 편의상 고려하지 않는다.

해답

1. 매출세액 : $550,000,000 \times \dfrac{10}{110} = 50,000,000$원

2. 매입세액 : (1) + (2) = 30,000,000 + 5,000,000 = 35,000,000원
   (1) 세금계산서 등 매입세액 : 30,000,000원
   (2) 의제매입세액 : $67,500,000 \times \dfrac{8}{108} = 5,000,000$원

3. 납부세액 : 매출세액 - 매입세액 = 50,000,000 - 35,000,000 = 15,000,000원

4. 경감·공제세액 : (1) + (2) = 7,150,000 + 10,000 = 7,160,000원

(1) 신용카드매출전표 등 발행세액공제 : Min(①, ②) = 7,150,000원
  ① 550,000,000 × 1.3% = 7,150,000원
  ② 연간 한도 10,000,000원
(2) 전자신고세액공제 : 10,000원

5. 차가감납부세액 : 납부세액 - 경감·공제세액 = 15,000,000 - 7,160,000 = 7,840,000원

1. 과세표준(500,000,000원)이 2억원을 초과하므로 의제매입세액공제율은 8/108을 적용한다.
2. 신용카드매출전표 등 발행세액공제를 적용할 때 공제대상금액은 부가가치세가 포함된 발행금액임에 유의해야 한다.
3. 차가감납부세액의 79%는 국세인 부가가치세(6,193,600원)이며, 21%는 지방세인 지방소비세(1,646,400원)이다.

기출문제

제5장 _ 부가가치세 계산구조

01 다음 부가가치세법상 과세표준에 포함되는 것은? [세무회계 3급 2020]

① 통상의 대가에서 일정액을 직접 깎아주는 금액
② 환입된 재화의 가액
③ 재화수입시 관세의 과세가격
④ 공급에 대한 대가의 지급이 지체되었음을 이유로 받는 연체이자

해설 재화의 수입시 부가가치세의 과세표준은 관세의 과세가격, 관세 등을 포함한다.

 ③

02 다음 중 부가가치세법상 과세표준에 포함하는 것은? [세무회계 3급 2023]

① 장기할부판매의 경우 이자상당액
② 공급받은 자에게 도달하기 전에 파손되거나 훼손되거나 멸실된 재화의 가액
③ 재화 또는 용역의 공급과 직접 관련되지 아니하는 국고보조금
④ 환입된 재화의 가액

해설 장기할부판매 또는 할부판매의 경우 이자상당액은 대가관계가 있는 것으로 보아 과세표준에 포함한다.

 ①

03 다음은 ㈜대일의 2024년 제1기 예정신고기간에 발생한 거래이다. 이를 토대로 부가가치세법상 예정신고기간의 부가가치세 과세표준은 얼마인가? [세무회계 3급 2020]

○ 총매출액(매출에누리와 매출할인 차감전) : 90,000,000원
○ 매출에누리 : 3,000,000원
○ 매출할인 : 1,000,000원

① 86,000,000원　② 87,000,000원　③ 89,000,000원　④ 90,000,000원

해설 90,000,000원-3,000,000원-1,000,000원=86,000,000원

 ①

04 다음 중 부가가치세법상 과세표준 및 공급가액으로 가장 틀린 것은? [세무회계 2급 2020]

① 금전으로 대가를 받은 경우 - 그 대가
② 금전 외의 대가를 받은 경우 - 자기가 공급한 재화 또는 용역의 시가
③ 폐업하는 경우 재고자산 - 취득가액
④ 특수관계인에게 부당하게 낮은 대가를 받는 경우 - 자기가 공급한 재화 또는 용역의 시가

해설 폐업시 남아 있는 재화의 시가

해답 ③

05 다음 중 부가가치세법상 매출세액에서 공제 가능한 매입세액은? [세무회계 3급 2020]

① 부가가치세법상 영세율이 적용되는 사업과 관련한 매입세액
② 부가가치세가 면제되는 재화를 공급하는 사업과 관련된 매입세액
③ 사업과 직접 관련이 없는 지출에 대한 매입세액
④ 토지의 조성을 위한 자본적 지출에 관련된 매입세액

해설 면세관련 매입세액, 업무무관지출, 토지관련 매입세액은 공제되지 않은 매입세액임.

해답 ①

06 다음 중 부가가치세법상 공제되는 매입세액에 해당하는 것은? [세무회계 3급 2020]

① 면세사업과 관련된 매입세액
② 매입자발행세금계산서에 따른 매입세액
③ 세금계산서등를 발급받지 아니한 경우의 매입세액
④ 기업업무추진비 및 이와 유사한 비용의 지출에 관련된 매입세액

해설 매입자발행세금계산서에 기재된 부가가치세액은 공제를 받을 수 있는 매입세액으로 본다.

해답 ②

07 다음 중 부가가치세법상 매입세액공제를 받을 수 있는 증빙이 아닌 것은? [세무회계 3급 2023]

① 세금계산서
② 현금영수증
③ 견적서
④ 사업용 신용카드매출전표

해설 견적서만으로는 매입세액공제를 받을 수 없다.

해답 ③

08 다음 중 부가가치세법상 공제받을 수 없는 매입세액에 해당하지 않는 것은? [세무회계 2급 2020]

① 기업업무추진비 관련 매입세액
② 사업과 관련된 기계장치 매입세액
③ 토지 관련 매입세액
④ 세금계산서 미수취한 건물 매입세액

해설 기계장치는 매입세액공제 가능하다.

 ②

09 다음 중 부가가치세법상 일반과세자의 경우 매입세액공제 대상에 대한 설명으로 가장 옳지 않은 것은? [세무회계 2급 2020]

① 직원들의 야유회와 관련된 매입세액을 공제하였다.
② 백화점에서 거래처의 추석선물로 구입한 홍삼 선물세트의 매입세액을 공제하였다.
③ 직원들에게 무상으로 제공하는 작업복관련 매입세액을 공제하였다.
④ 사업과 관련하여 구입한 자동차 마티즈 매입세액을 공제하였다.

해설 기업업무추진비는 공제되지 아니한다.

 ②

10 다음 자료를 이용할 경우, 부가가치세법령상 2025년 제2기 과세표준에 포함되는 금액은? [국가직 9급 2020]

구 분	금 액	인도시점	대가 수취 시점
전력을 계속적으로 공급	5,000,000원	2025년 6월 25일	2025년 7월 25일
재화의 외상판매	3,000,000원	2025년 6월 25일	2025년 7월 25일
기획재정부령으로 정하는 장기할부판매	4,000,000원	2025년 7월 25일	2026년 7월 25일
재화의 공급시기가 되기 전에 재화의 대가 전부를 받고 즉시 세금계산서를 발급	6,000,000원	2025년 7월 25일	2025년 6월 25일

○ 장기할부판매는 매년 동일한 시점(5년간)에 대가를 수취하고 있음
○ 대가(의 각 부분)를 받기로 한 때와 대가 수취 시점은 동일하며, 제시된 금액은 부가가치세가 포함되지 않은 금액임

① 5,000,000원 ② 7,000,000원
③ 9,000,000원 ④ 11,000,000원

 해설

과 목	금 액	근 거
전력을 계속적으로 공급	5,000,000원	대가의 각 부분을 받기로 한 때
재화의 외상판매	–	인도시점
기획재정부령으로 정하는 장기할부판매	–	대가의 각 부분을 받기로 한 때
재화의 공급시기가 되기 전에 재화의 대가 전부를 받고 즉시 세금계산서를 발급	–	대가 수취 시점

해답 ①

11 과세사업을 영위하는 ㈜한국이 미국에 $20,000의 제품을 수출한 경우, 부가가치세법령상 ㈜한국의 2025년 제2기 과세기간의 부가가치세 과세표준은? [국가직 7급 2021]

(1) 10월 1일 선수금으로 $10,000를 송금받아 당일에 1$당 1,000원에 환가하였다.
(2) 10월 15일 수출물품을 선적하였고, 당일의 기준환율은 1$당 1,100원이다.
(3) 10월 30일 수출대금 잔액 $10,000를 외화로 송금받아 1$당 1,200원에 환가하였다.

① 20,000,000원 ② 21,000,000원
③ 22,000,000원 ④ 24,000,000원

 해설

일 자	금 액	근 거
10월 1일	10,000,000원	= $10,000 × 1,000원 공급시기전 원화로 환가한 경우는 환가한 금액
10월 15일	11,000,000원	= $10,000 × 1,100원 공급시기(선적일)의 기준환율로 계산한 금액
합 계	21,000,000원	

해답 ②

12 다음 중 부가가치세법상 매입세액공제에 관한 설명으로 옳지 않은 것은? [세무회계 2급 2020]

① 사업자등록을 신청한 사업자가 사업자등록증 발급일까지의 거래에 대하여 대표자 주민번호로 발급받은 경우에 매입세액공제가 허용된다.
② 재화 또는 용역의 공급시기 이후에 발급받은 세금계산서로서 해당 공급시기가 속하는 과세기간에 대한 확정신고기한까지 발급받은 경우에 매입세액공제가 허용된다.
③ 토지의 취득 및 형질변경, 공장부지 및 택지의 조성 등에 관련된 매입세액은 공제가 허용된다.
④ 법인세법에 따른 공동경비 중 분담기준금액을 초과하는 금액에 대한 매입세액은 공제되지 않는다.

해설 토지의 조성 등을 위한 자본적 지출에 관련된 매입세액은 공제하지 않는다.

해답 ③

13 부가가치세법상 일반과세자의 과세표준으로 보는 공급가액에 대한 설명으로 옳지 않은 것은? [국가직 9급 2016]

① 자기가 공급한 재화에 대해 금전 외의 대가를 받는 경우에는 부가가치세를 포함한 그 대가를 공급가액으로 한다.
② 폐업하는 경우에는 폐업 시 남아 있는 재화의 시가를 공급가액으로 한다.
③ 완성도기준지급조건부로 재화를 공급하는 경우에는 계약에 따라 받기로 한 대가의 각 부분을 공급가액으로 한다.
④ 조세의 부담을 부당하게 감소시킬 것으로 인정되는 경우로서 특수관계인에게 아무런 대가를 받지 아니하고 재화를 공급하는 경우에는 공급한 재화의 시가를 공급가액으로 본다.

해설 자기가 공급한 재화에 대해 금전 외의 대가를 받는 경우에는 자기가 공급한 재화의 시가를 공급가액으로 한다.

해답 ①

14 부가가치세 과세표준의 계산에 관한 설명으로 옳지 않은 것은? (단, 모든 거래는 과세거래로 가정함) [국가직 7급 2011]

① 종업원에게 장부가액 1,200,000원, 시가 1,600,000원의 상품을 무상 제공한 경우 과세표준은 1,600,000원이다.
② 당해 과세기간 중에 매월 3,000,000원씩 24개월 동안 지급받는 조건의 장기할부매출에서 할부매출 후 4개월이 경과되었으나 대금은 8,000,000원만 수령한 경우 과세표준은 12,000,000원이다.
③ 당해 과세기간 중에 이루어진 공급가액 43,000,000원의 매출 중에서 매출환입 3,000,000원과 매출에누리 2,000,000원이 있는 경우 과세표준은 38,000,000원이다.
④ 장부가액 6,000,000원, 시가 7,200,000원의 보유 재고자산을 거래처의 장부가액 4,000,000원, 감정가액 7,000,000원인 기계설비와 교환한 경우 과세표준은 7,000,000원이다.

해설 재화 또는 용역의 공급과 관련하여 금전 외의 대가를 받는 경우에는 자기가 공급한 재화 또는 용역의 시가를 과세표준으로 한다. 그러므로 과세표준은 7,200,000원이다.

해답 ④

15 다음은 과세사업자인 ㈜B의 2025년 제1기 과세기간의 부가가치세 신고자료이다. 2025년 제1기 과세기간의 부가가치세 과세표준은? (단, 제시된 금액은 부가가치세가 포함되지 않은 금액이다)
[국가직 9급 2017]

> ○ 과세재화의 외상판매액 : 20,000,000원(매출에누리 1,000,000원이 차감되지 않은 금액임)
> ○ 거래처로부터 받은 판매장려금: 500,000원
> ○ 사업을 위하여 대가를 받지 아니하고 다른 사업자에게 인도한 견본품(원가) : 2,000,000원 (시가 2,500,000원)
> ○ 업무용 소형승용차(매입세액을 공제받지 못함) 매각액 : 1,500,000원(장부가액 1,000,000원)
> ○ 과세재화의 할부판매액: 10,000,000원(2025년 1월 31일에 제품을 인도하고, 대금은 2025년 1월 31일부터 10회로 분할하여 매월 말일에 1,000,000원씩 받기로 함)

① 26,500,000원 ② 29,000,000원
③ 30,500,000원 ④ 33,000,000원

과 목	금 액	근 거
외상판매액	19,000,000원	= 20,000,000원 – 1,000,000원(매출에누리)
판매장려금	–	수령한 판매장려금은 과세표준에 포함하지 않음
견본품	–	대가를 받지않고 제공한 견본품은 과세하지 않음
소형승용차 매각	1,500,000원	실질공급이므로 매입세액공제와 관계없이 과세
할부판매	10,000,000원	장기할부판매가 아니므로 인도일에 과세표준 인식
합 계	30,500,000원	

해답 ③

16 다음 중 부가가치세법상 대손세액공제에 대한 설명으로 옳지 않은 것은? [세무회계 3급 2020]

① 재화를 공급한 후 10년이 지난날이 속하는 과세기간의 확정신고기한까지 대손이 확정되어야한다.
② 공급받은 자가 파산한 경우에도 대손세액 공제가 가능하다.
③ 대손금액을 회수한 경우에는 회수한 대손금액에 관련된 대손세액을 매출세액에 더한다.
④ 공급자가 대손세액공제를 받은 경우에도 공급받은 자는 납부세액에 영향이 없다.

 대손확정시 공급받은 자는 대손세액을 매입세액에서 뺀다.

해답 ④

17 다음 중 ㈜대손의 대손금액이 1,430,000원(부가가치세 포함)이라 가정할 때 부가가치세법상 대손세액공제 대상 금액은? [세무회계 3급 2020]

① 130,000원 ② 143,000원
③ 1,300,000원 ④ 1,430,000원

 대손세액공제금액은 대손금액의 10/110이다.

해답 ①

18 다음 중 부가가치세법상 대손세액공제에 관한 설명으로 옳지 않은 것은? [세무회계 3급 2023]

① 대손세액공제는 대손이 확정되는 날이 속하는 예정신고기간 또는 확정신고기간의 매출세액에서 차감한다.
② 대손세액은 대손금액(부가가치세가 포함된 금액)의 110분의 10으로 한다.
③ 간이과세자는 대손세액공제를 적용할 수 없다.
④ 대손세액공제의 범위는 재화 또는 용역의 공급일부터 10년이 지난 날이 속하는 과세기간에 대한 확정신고기한까지 대손세액공제요건이 확정된 대손세액에 한한다.

> **해설** 대손세액공제는 예정신고 시에는 적용하지 아니한다.

해답 ①

19 다음 중 부가가치세법상 매출세액에서 공제할 수 있는 매입세액으로 옳은 것은? [세무회계 2급 2023]

① 사업과 직접 관련 없는 매입세액
② 거래처 선물용 물품 구입비용에 대한 매입세액
③ 영수증에 필요적 기재사항을 기재하여 수취한 물품 구입에 대한 매입세액
④ 수입재화로서 세관장으로부터 수취한 수입세금계산서의 매입세액

> **해설** 수입재화에 대하여 세관장으로부터 수취한 수입세금계산서의 매입세액은 공제가 가능하다.

해답 ④

20 부가가치세법상 일부가가치세법령상 납부세액을 계산할 때 매출세액에서 공제하지 아니하는 매입세액이 아닌 것은? [국가직 7급 2018]

① 부가가치세법 제32조에 따라 발급받은 세금계산서의 필요적 기재사항 중 일부가 착오로 사실과 다르게 적혔으나 그 세금계산서에 적힌 나머지 필요적 기재사항으로 보아 거래사실이 확인되는 경우의 매입세액
② 사업과 직접 관련이 없는 지출로서 부가가치세법 시행령으로 정하는 것에 대한 매입세액
③ 기업업무추진비 및 이와 유사한 비용으로서 부가가치세법 시행령으로 정하는 비용의 지출에 관련된 매입세액
④ 면세사업 등에 관련된 매입세액

> **해설** 세금계산서의 필요적 기재사항 중 일부가 착오로 사실과 다르게 적혔으나 그 세금계산서에 적힌 나머지 필요적 기재사항으로 보아 거래사실이 확인되는 경우의 매입세액은 이를 매출세액에서 공제받을 수 있다.

해답 ①

21 부가가치세법상 매입세액공제에 대한 설명으로 옳지 않은 것은? [국가직 9급 2018]

① 세금계산서의 필요적 기재사항 중 일부가 착오로 사실과 다르게 적혔으나 그 세금계산서에 적힌 나머지 필요적 기재사항 또는 임의적 기재사항으로 보아 거래사실이 확인되는 경우의 매입세액은 매출세액에서 공제한다.
② 재화를 공급받고 실제로 그 재화를 공급한 사업장이 아닌 사업장을 적은 세금계산서를 발급받은 경우 그 사업장이 사업자 단위 과세 사업자에 해당하는 사업장인 경우로서 그 재화를 실제로 공급한 사업자가 부가가치세 확정신고를 통하여 해당 과세기간에 대한 납부세액을 신고하고 납부하였다면 그 매입세액은 매출세액에서 공제한다.
③ 토지의 조성 등을 위한 자본적 지출에 관련된 것으로서 토지의 가치를 현실적으로 증가시켜 토지의 취득원가를 구성하는 비용에 관련된 매입세액은 매출세액에서 공제하지 아니한다.
④ 부가가치세법 제8조에 따른 사업자등록을 신청하기 전의 매입세액은 그 공급시기가 속하는 과세기간이 끝난 후 30일 이내에 등록을 신청한 경우에는 해당 세액을 매출세액에서 공제할 수 있다.

해설 세금계산서의 필요적 기재사항 중 일부가 착오로 사실과 다르게 적혔으나 그 세금계산서에 적힌 나머지 필요적 기재사항으로 보아 거래사실이 확인되는 경우의 매입세액은 이를 매출세액에서 공제받을 수 있다.

해답 ④

22 다음 중 부가가치세법상 의제매입세액의 공제요건에 대한 설명 중 가장 옳지 않은 것은? [세무회계 2급 2020]

① 사업자가 면세농산물 등을 원재료로 제조·가공한 재화 또는 창출한 용역의 공급에 대하여 부가가치세가 과세되어야 한다.
② 음식점을 영위하는 법인사업자는 6/106 공제율을 적용한다.
③ 음식점을 영위하는 개인사업자의 과세표준이 1억원 이하인 경우 과세표준의 60/100을 곱한 금액을 한도로 의제매입세액공제를 적용한다.
④ 의제매입세액공제를 받은 농산물등을 그대로 양도하는 경우에 공제한 금액을 납부세액에서 가산하여야 한다.

해설 과세표준의 65/100을 곱한 금액을 한도로 의제매입세액공제를 적용한다.

해답 ③

제5장 부가가치세 계산구조

23 부가가치세법상 의제매입세액공제에 대한 설명으로 옳지 않은 것은? [세무회계 2급 2023]

① 의제매입세액의 공제시기는 면세농산물 등을 사용한 날이 속하는 과세기간으로 한다.
② 신용카드로 농산물 등을 구입한 경우에도 의제매입세액공제가 가능하다.
③ 제조업을 경영하는 법인 중소기업의 의제매입세액 공제율은 104분의 4로 한다.
④ 의제매입세액을 공제한 면세농산물 등을 그대로 양도한 경우에는 그 공제한 금액을 납부세액에 가산하거나 환급세액에서 공제하여야 한다.

> **해설** 의제매입세액의 공제시기는 면세농산물 등을 매입한 날이 속하는 과세기간으로 한다.

 ①

24 부가가치세법상 일반과세자(면세를 포기하고 영세율을 적용받는 경우는 제외)가 면세농산물 등에 대해 의제매입세액공제를 받는 것에 대한 설명으로 옳지 않은 것은? [국가직 7급 2015]

① 의제매입세액공제는 면세원재료를 사용하여 과세재화·용역을 공급하는 경우에 발생하는 누적효과를 제거하거나 완화시키기 위한 취지에서 마련된 제도이다.
② 의제매입세액은 면세농산물 등을 공급받은 날이 속하는 과세기간이 아니라, 그 농산물을 이용하여 과세대상 물건을 생산한 후 공급하는 시점이 속하는 과세기간의 매출세액에서 공제한다.
③ 의제매입세액의 공제를 받은 면세농산물 등을 그대로 양도 또는 인도하는 때에는 그 공제한 금액을 납부세액에 가산하거나 환급세액에서 공제하여야 한다.
④ 제조업을 경영하는 사업자가 법령에서 규정하는 농어민으로부터 면세농산물 등을 직접 공급받는 경우 의제매입세액공제를 받기 위해서는 세무서장에게 의제매입세액 공제신고서만 제출하면 된다.

> **해설** 의제매입세액은 면세농산물 등을 공급받은 날이 속하는 과세기간의 매출세액에서 공제한다.

 ②

25 다음 중 음식점을 영위하는 개인인 일반과세자가 해당과세기간의 과세표준이 2억 초과라고 가정할 때 적용받는 부가가치세법상 의제매입세액계산시 공제대상금액의 한도율은?
[세무회계 3급 2020]

① 40%   ② 50%
③ 60%   ④ 65%

> **해설** 음식점을 영위하는 개인사업자의 경우 해당과세기간의 과세표준이 2억을 초과하는 경우 한도율은 60%이다.

 ③

26 다음 의제매입세액 공제율 중 부가가치세법에 열거되지 않은 공제율은? [세무회계 3급 2020]

① 101분의 1
② 102분의 2
③ 104분의 4
④ 108분의 8

해설 부가가치세법상 의제매입세액 공제율 중 101분의 1의 공제율은 없다.

해답 ①

27 다음 중 부가가치세법상 의제매입세액공제를 받을 수 없는 업종은? [세무회계 3급 2023]

① 제조업
② 음식점업
③ 유흥주점업
④ 상품판매업

해설 상품판매업은 의제매입세액공제 대상이 될 수 없다.

해답 ④

28 다음은 제조업을 영위하는 일반과세자 ㈜E의 2025년 제1기 부가가치세 과세기간 중의 거래내역이다. 2025년 제1기 부가가치세 납부세액을 계산할 때 공제 가능한 매입세액 총액은? (단, 거래대금을 지급하고 세금계산서를 적법하게 수취한 것으로 가정함) [국가직 9급 2016]

> ○ 4월 18일: 배기량이 3,000cc인 승용자동차의 구입과 관련된 매입세액 100만원
> ○ 4월 22일: 사업에 사용할 목적으로 매입한 원료 매입세액 100만원. 세금계산서의 필요적 기재사항 중 일부가 착오로 사실과 다르게 기재되었으나 그 세금계산서에 적힌 나머지 임의적 기재사항으로 보아 거래사실이 확인됨
> ○ 5월 12일: 법인세법 제25조에 따른 기업업무추진비의 지출과 관련된 매입세액 100만원
> ○ 6월 10일: 공장부지의 조성과 관련된 매입세액 100만원
> ○ 6월 20일: 사업에 사용할 목적으로 매입하였으나 과세기간 말 현재 사용하지 않은 재료의 매입세액 100만원

① 100만원
② 200만원
③ 300만원
④ 400만원

해설 100만원(4월 22일) + 100만원(6월 20일) = 200만원. 나머지 매입세액은 불공제 대상이다.

해답 ②

제6장 간이과세

제1절 간이과세의 개요

Ⅰ. 간이과세의 의의

부가가치세법에서는 전단계세액공제법을 유지하기 위하여 사업자로 하여금 부가가치세 거래징수와 세금계산서 발급·수취 등 각종 협력의무를 이행하도록 하고 있다. 그러나 영세사업자의 경우에는 세무능력의 부족 등으로 인해 부가가치세법상 협력의무의 정상적인 이행을 기대하기 어렵다. 다만, 영세사업자가 경영하는 업종은 대부분 사업자가 아닌 최종소비자를 대상으로 하기 때문에 전단계세액공제법을 유지하는 데에 심각한 장애가 되지는 않는다. 이에 부가가치세법에서는 영세사업자의 세무부담을 덜어주고 납세편의를 도모하기 위하여 과세표준 및 세액의 계산과 신고·납부에 있어 보다 간편한 방법을 인정하고 있는데, 이를 간이과세제도라 한다.

Ⅱ. 간이과세의 적용 범위

 간이과세자

간이과세자란 직전 연도의 재화와 용역의 공급대가, 즉 공급가액에 부가가치세를 포함한 금액이 8,000만원에 미달하는 개인사업자를 말한다. 직전 과세기간에 신규로 사업을 시작한 개인사업자에 대해서는 사업개시일부터 그 과세기간 종료일까지의 공급대가를 합한 금액을 12개월로 환산한 금액을 기준으로 하여 판단한다. 다만, 다음에 해당하는 업종을 경영하는 개인사업자는 직전 연도의 재화와 용역의 공급대가가 8,000만원에 미달하더라도 간이과세자가 될 수 없다.

① 간이과세가 적용되지 않는 다른 사업장을 보유하고 있는 사업자
② 다음 중 어느 하나에 해당하는 사업(간이과세적용배제사업)을 경영하는 자
　㉠ 광업
　㉡ 제조업[1]
　㉢ 도매업(소매업을 겸영하는 경우 포함, 재생용 재료수집 및 판매업 제외) 및 상품중개업
　㉣ 부동산매매업
　㉤ 개별소비세법상 과세유흥장소를 경영하는 사업[2]

  ⓗ 부동산임대업③
  ⓢ 전문서비스업: 변호사업, 심판변론인업, 변리사업, 법무사업, 공인회계사업, 세무사업, 경영지도사업, 기술지도사업, 감정평가사업, 손해사정인업, 통관업, 기술사업, 건축사업, 도선사업, 측량사업, 공인노무사업, 의사업, 한의사업, 약사업, 한약사업, 수의사업과 그 밖에 이와 유사한 사업서비스업
  ⓞ 재화의 공급으로 보지 않는 사업양도에 따라 일반과세자로부터 양수한 사업④
  ⓩ 사업장의 소재 지역과 사업의 종류·규모 등을 고려하여 국세청장이 정하는 기준에 해당하는 것
  ㉛ 소득세법에 따른 간편장부대상자⑤에 해당하지 않는 개인사업자(전전년도 기준 복식부기의무자)가 경영하는 사업
  ㉠ 전기·가스·증기 및 수도 사업
  ㉡ 건설업. 다만, 주로 최종소비자에게 직접 재화 또는 용역을 공급하는 사업으로서 기획재정부령으로 정하는 것은 제외한다.
  ㉣ 전문, 과학 및 기술서비스업과 사업시설 관리, 사업지원 및 임대 서비스업. 다만, 주로 최종소비자에게 직접 용역을 공급하는 사업으로서 기획재정부령으로 정하는 것은 제외한다.
 ③ 부동산임대업 또는 개별소비세법에 따른 과세유흥장소를 경영하는 사업자로서 해당 업종의 직전 연도의 공급대가의 합계액이 4천800만원 이상인 사업자
 ④ 둘 이상의 사업장이 있는 사업자로서 그 둘 이상의 사업장의 직전 연도의 공급대가의 합계액이 위 ①~③ 외의 부분 본문에 따른 금액 이상인 사업자. 다만, 부동산임대업 또는 과세유흥장소에 해당하는 사업장을 둘 이상 경영하고 있는 사업자의 경우 그 둘 이상의 사업장의 직전 연도의 공급대가(하나의 사업장에서 둘 이상의 사업을 겸영하는 사업자의 경우 부동산임대업 또는 과세유흥장소의 공급대가만을 말한다)의 합계액이 4천800만원 이상인 사업자로 한다.

❋ 다만, 주로 최종소비자에게 재화를 공급하는 다음의 제조업을 경영하는 개인사업자는 간이과세자가 될 수 있다.
 ① 과자점업·도정업·제분업 및 떡류 제조업 중 떡방앗간
 ② 양복점업·양장점업·양화점업
 ③ 그 밖에 자기가 공급하는 재화의 50% 이상을 최종소비자에게 공급하는 사업으로서 국세청장이 정하는 것

한편, 법인사업자나 간이과세가 적용되지 않는 다른 사업장을 보유하고 있는 개인사업자의 경우에는 간이과세자가 될 수 없다.

2 신규사업자의 경우

구 분	내 용
(1) 등록 사업자	신규로 사업을 시작하는 개인사업자가 사업을 시작한 날이 속하는 연도의 공급대가의 합계액이 8,000만원에 미달할 것으로 예상하는 경우, 사업자등록신청 시 간이과세적용신고서를 사업장 관할 세무서장에게 제출하면 최초의 과세기간부터 간이과세자가 될 수 있다.
(2) 미등록 사업자	사업자등록을 하지 않은 개인사업자로서 사업을 시작한 날이 속하는 연도의 공급대가의 합계액이 8,000만원에 미달하면 최초의 과세기간에는 간이과세자로 한다.

III. 납부의무의 면제

 간이과세자의 해당 과세기간에 대한 공급대가가 4,800만원 미만인 경우에는 부가가치세 납부의무를 면제한다. 납부의무가 면제되는 사업자가 자진 납부한 사실이 확인되면 관할 세무서장은 납부한 금액을 환급해야 한다. 신규로 사업을 개시한 간이과세자에 대하여는 사업개시일부터 그 과세기간 종료일까지의 공급대가의 합계액을 12개월로 환산한 금액을 기준으로 판단한다.

제2절 간이과세자의 부가가치세 계산구조

I. 부가가치세 계산구조

과 세 표 준	공급대가(= 공급가액 + 부가가치세)
(×) 부 가 가 치 율	해당 업종의 부가가치율
(×) 세 율	10%
납 부 세 액	
(−) 공 제 세 액 ✿	① 매입세금계산서 등 수취세액공제
	② 매입자발행세금계산서 세액공제
	③ 신용카드매출전표 등 발행세액공제
	④ 전자신고세액공제(1만원)
(−) 예 정 부 과 세 액	
(+) 가 산 세	
차 감 납 부 세 액	= 부가가치세(79%) + 지방소비세(21%)

✿ 공제세액은 납부세액을 한도로 한다. 즉, 납부세액을 초과하는 공제세액은 환급받을 수 없다.

II. 납부세액의 계산

납부세액 = 과세표준 × 부가가치율 × 세율(10%)

1 과세표준

간이과세자의 과세표준은 해당 과세기간의 공급대가의 합계액으로 한다. 간이과세자의 과세기간은 1월 1일부터 12월 31일까지 1년이 원칙이나, 예정부과기간에 대한 예정신고를 하는 경우의 과세기간은 1월 1일부터 6월 30일까지, 7월 1일부터 12월 31일까지 각 6개월이다.

2 부가가치율

부가가치율이란 다음과 같이 직전 3년간 신고된 업종별 평균 부가가치율 등을 고려하여 대통령령으로 정하는 해당 업종의 부가가치율을 말한다.

업 종	부가가치율
(1) 소매업, 재생용 재료수집및 판매업, 음식점업	15%
(2) 제조업, 농업·임업 및 어업, 소화물 전문 운송업	20%
(3) 숙박업	25%
(4) 건설업, 그 밖의 운수업, 창고업, 정보통신업, 그 밖의 서비스업	30%
(5) 금융 및 보험 관련 서비스업, 전문·과학 및 기술 서비스업 (인물사진및 행사용 영상 촬영업 제외), 사업시설관리·사업지원및 임대 서비스업, 부동산 관련서비스업, 부동산임대업	40%

III. 공제세액 및 차감납부세액의 계산

 매입세금계산서 등 수취세액공제

간이과세자가 다른 사업자로부터 세금계산서 등을 발급받아 매입처별세금계산서합계표나 신용카드매출전표등수령명세서를 관할 세무서장에게 제출하는 경우에는 다음의 금액을 납부세액에서 공제한다. 다만, 앞서 제4장 제2절에서 살펴본 부가가치세법에 따라 공제받지 못할 매입세액은 제외한다.

공제액 = 세금계산서 등^{주)}을 발급받은 재화와 용역의 공급대가 × 0.5%

주) 해당 과세기간에 발급받은 세금계산서와 신용카드매출전표 등을 말한다.

 신용카드매출전표 등 발행세액공제

영수증발급의무사업자에 해당하는 간이과세자가 부가가치세가 과세되는 재화 또는 용역을 공급하고 세금계산서의 발급시기에 신용카드매출전표 등을 발급하거나 전자적 결제 수단에 의하여 대금을 결제받는 경우에는 다음의 구분에 따른 금액을 납부세액에서 공제한다.

신용카드매출전표 등 발급세액공제액 = Min(①, ②)
① 발급금액 또는 결제금액 × 1.3%(2026년 1월 1일부터는 1%)
② 한도: 연간 1,000만원(2026년 1월 1일부터는 연간 500만원)

6-1 간이과세자의 부가가치세

다음은 음식점업(과세유흥장소 아님)을 경영하고 있는 간이과세자 甲의 2025년 부가가치세 과세기간(1.1.~ 12.31.)에 대한 자료이다. 다음 자료를 이용하여 2025년 부가가치세 차감납부세액(지방소비세 차감 전 금액)을 계산하시오.

1. 공급대가는 550,000,000원이며, 이 중 55,000,000원은 신용카드매출전표 등 발행금액이다.
2. 세금계산서 등을 발급받은 매입세액은 10,000,000원(전액 매입세액공제대상임)이다.
3. 면세농산물 구입금액은 27,000,000원(계산서 등 법정증명서류를 수취함)이다.
4. 甲은 2025년 부가가치세 신고를 직접 전자신고방법으로 할 예정이다.
5. 기납부세액과 가산세액은 없으며, 의제매입세액의 한도는 편의상 고려하지 않는다.

1. 납부세액 : 550,000,000(공급대가) × 15%(부가가치율) × 10%(세율) = 8,250,000원
2. 공제세액 : (1) + (2) + (3) + (4)
   = 500,000 + 0 + 715,000 + 10,000 = 1,225,000원^{주)}
   (1) 매입세금계산서 등 수취세액공제 : 100,000,000 × 0.5% = 500,000원
   (2) 의제매입세액 : 적용배제
   (3) 신용카드매출전표 등 발급세액공제 : Min(①, ②) = 715,000원
      ① 55,000,000 × 1.3% = 715,000원
      ② 연간 한도 10,000,000원
   (4) 전자신고세액공제 : 10,000원

   주) 공제세액은 납부세액을 한도로 한다.

3. 차감납부세액 : 납부세액 - 공제세액 = 8,250,000 - 1,225,000 = 7,025,000원

1. 매입세금계산서 등 수취세액공제는 세금계산서 등을 발급받은 공급대가의 0.5%를 적용한다.
2. 모든 간이과세자에 대하여 업종에 관계없이 의제매입세액공제를 적용하지 않는다.
3. 일정한 간이과세자에 대하여 신용카드매출전표 등 발급세액공제율은 업종에 구분없이 1.3%를 적용한다.
4. 차감납부세액의 79%는 국세인 부가가치세(5,549,750원)이며, 21%는 지방세인 지방소비세(1,475,250원)이다.

Ⅳ. 일반과세자와 간이과세자의 비교

구 분	일반과세자	간이과세자
적용대상자	법인사업자, 간이과세자 외의 개인사업자	직전연도 공급대가의 합계액이 8,000만원 미만인 개인사업자
과세기간	제1기: 1/1 ~ 6/30 제2기: 7/1 ~ 12/31	1/1 ~ 12/31
과세표준	공급가액	공급대가 (공급가액+부가가치세)
납부세액 (환급세액)	매출세액 - 매입세액 (매입세액 > 매출세액 환급가능)	공급대가×부가가치율×10% (환급불가)
매입세액	세금계산서에 의한 매입세액공제 (매입세액 전액)	매입세금계산서 등 수취세액공제 (공급대가×0.5%)
대손세액공제	적용가능	적용불가
의제매입세액공제	업종제한 없음	적용불가
신용카드매출전표 등 발급세액공제	발급금액×1.3%	발급금액×1.3%
전자신고세액공제	확정신고 시 1만원(연간 2만원)	확정신고 시 1만원(연간 1만원)
세금계산서 발급	발급의무	발급불가 (영수증 발급) 단, 직전연도 공급대가 합계액 4,800만원 이상 8,000만원 미만인 간이과세자 발급의무
포기제도	해당사항 없음	간이과세 포기제도 있음
예정신고납부	예정신고 다만, 개인사업자는 예정고지 원칙·예정신고 선택 (30만원 미만 예정고지 생략)	예정부과 원칙·예정신고 선택 (30만원 미만 예정부과 생략)
납부의무의 면제	해당사항 없음	해당 과세기간 공급대가가 4,800만원 미만인 경우
가산세	부가가치세법상 가산세 적용 (미등록가산세: 공급가액×1%)	부가가치세법상 가산세 중 미등록가산세 (공급대가×0.5%), 세금계산서 관련 가산세 적용
	국세기본법상 가산세 적용	국세기본법상 가산세 적용 (초과환급가산세 적용불가, 납부의무 면제의 경우 신고불성실가산세 적용배제)
장부의 작성·보관의무	있음	세금계산서 또는 영수증 보관 시 장부작성의무 면제

기출문제

제6장 _ 간이과세

01 다음 중 부가가치세법상 간이과세자에 적용하는 업종별 부가가치율이 아닌 것은? [세무회계 3급 2020 수정]

① 15% ② 20% ③ 30% ④ 35%

해설 부가가치세법상 간이과세자에게 적용하는 업종별부가가치율은 15%, 20%, 25%, 30%, 40%이다.

해답 ④

02 다음 중 부가가치세법상 간이과세자에 대한 설명으로 옳지 않은 것은? [세무회계 3급 2023]

① 재고납부세액의 계산 대상은 감가상각자산뿐만 아니라 제품, 상품 등 재고자산도 포함된다.
② 간이과세를 포기하는 경우 4년간 간이과세를 적용받을 수 없다.
③ 납부의무를 면제받더라도 재고납부세액은 납부해야 한다.
④ 일반과세가 적용되는 사업장을 보유하고 있는 사업자는 간이과세자로 보지 아니한다.

해설 간이과세를 포기하면 3년간 간이과세를 적용받을 수 없다.

해답 ②

03 다음은 부가가치세법상 간이과세자에 대한 설명이다. 괄호 안에 들어갈 금액으로 알맞은 것은? [세무회계 3급 2022]

| 간이과세자란 직전 연도의 공급대가의 합계액이 (　　　)에 미달하는 개인사업자를 말한다. |

① 2,400만원 ② 3,600만원
③ 4,800만원 ④ 8,000만원

해설 이월결손금, 비과세소득, 소득공제액을 순차적으로 공제하여 계산한다.

해답 ①

04 다음 중 부가가치세법상 간이과세자의 경우 해당 과세기간에 대한 공급대가가 얼마 미만인 경우에 납세의무가 면제되는가?

① 1,200만원 ② 2,400만원 ③ 3,000만원 ④ 4,800만원

해설 간이과세자란 직전 연도의 공급대가의 합계액이 8,000만원에 미달하는 개인사업자를 말한다.

해답 ④

05 다음 중 부가가치세법상 간이과세자에 해당될 수 있는 사람은? [세무회계 3급 2022]

① 부동산매매업을 운영하고 있는 A
② 변호사 사무실을 운영 중인 B
③ 의류소매업을 운영 중인 C
④ 약국을 운영 중인 D

해설 부동산매매업과 변호사업, 약사업에 해당하는 사업자는 간이과세자로 보지 아니한다.

해답 ③

06 다음 중 부가가치세법상 간이과세자에 관한 설명으로 옳지 않은 것은? [세무회계 3급 2023]

① 간이과세자 적용 대상 판정 시 직전 1역년의 공급대가는 부가가치세가 포함된 대가를 말한다.
② 간이과세자는 간이과세를 포기하고 일반과세자가 될 수 있다.
③ 간이과세자는 세금계산서불성실가산세가 적용되지 않는다.
④ 간이과세자도 일반과세자와 마찬가지로 부가가치세법상 사업자이다.

해설 간이과세자에 대해서도 세금계산서불성실가산세가 적용된다.

해답 ③

07 다음 중 부가가치세법상 간이과세를 적용받을 수 있는 업종은? [세무회계 3급 2024]

① 광업 ② 부동산매매업
③ 변호사업 ④ 제조업

해설 제조업은 간이과세를 적용받을 수 있다.

해답 ④

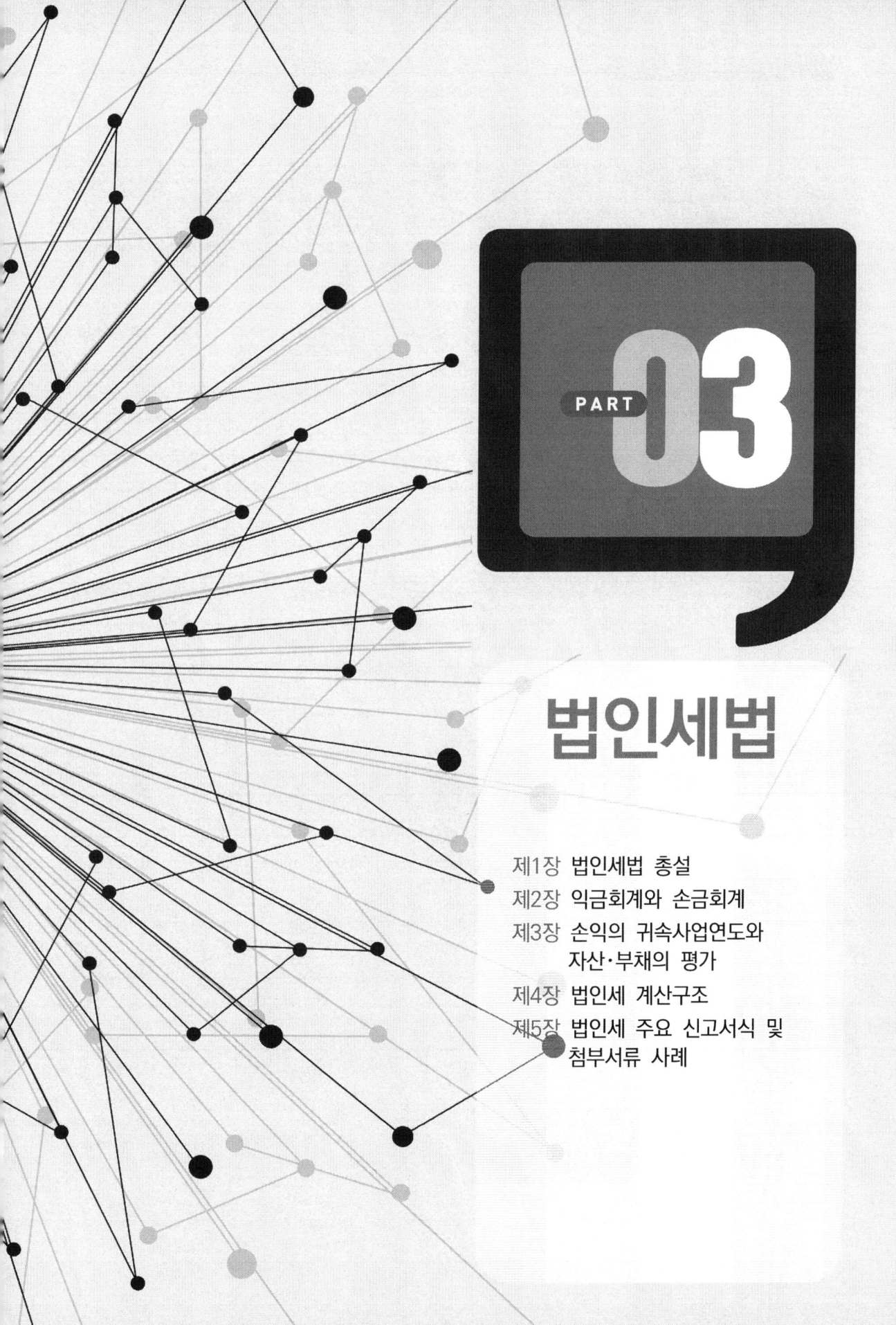

제1장 법인세법 총설

제1절 납세의무자와 과세소득

　법인세란 법인이 일정기간 얻은 소득을 과세대상으로 하여 해당 법인에게 부과되는 조세이다. 법인세와 대비되는 조세로서 일정기간 소득을 얻은 개인에게 부과되는 조세는 소득세라고 한다. 소득을 과세대상으로 한다는 점에서 법인세는 법인소득세, 소득세는 개인소득세로 표현하는 것이 정확하나 현행 세법에서는 각각 법인세와 소득세로 이름하고 있다.

　국가 또는 지방자치단체는 법인이 과세요건, 즉 납세의무자·과세대상·과세표준·세율을 충족하여 납세의무가 성립된 경우 법인세를 과세할 수 있다. 본 절에서는 법인세의 과세요건 중 납세의무자와 과세대상(과세소득)에 대해서 살펴보고자 한다.

Ⅰ. 납세의무자

 납세의무자의 범위

　법인세의 납세의무자는 법인이다. 법인이란 자연인(사람)은 아니나 법률에 의하여 인격, 즉 법인격을 부여받아 권리·의무의 주체가 될 수 있는 단체 또는 재산을 말하며, 설립등기를 함으로써 법인격을 취득한다.

　다만, 국세기본법상 법인으로 보는 단체와 같이 설립등기를 하지 않았음에도 법인세법상 납세의무자로 보는 경우가 있는데, 이는 법인격을 갖지 않았을 뿐 그 실체는 법인과 동일한 단체에 대하여 그 구성원과는 독립된 납세주체로 인정하기 위함이다.

 법인의 종류

　법인세법상 법인은 내국법인과 외국법인, 영리법인과 비영리법인, 그리고 비과세법인으로 구분된다. 법인세법에서는 이러한 법인의 종류에 따라 과세소득의 범위와 과세방법을 달리 규정하고 있다.

(1) 내국법인과 외국법인

내국법인이란 국내에 본점이나 주사무소 또는 사업의 실질적 관리장소를 둔 법인을 말하고, 외국법인이란 외국에 본점 또는 주사무소를 둔 법인으로서 국내에 사업의 실질적 관리장소를 두지 않은 법인을 말한다.

(2) 영리법인과 비영리법인

영리법인이란 영리를 목적으로 설립된 법인을 말하며, 비영리법인이란 학술·종교·자선·기예·사교 기타 영리 아닌 사업을 목적으로 설립된 법인을 말한다. 여기서 영리를 목적으로 한다는 것은 법인이 이익을 얻을 목적으로 사업을 경영한다는 것이 아니라, 그 이익을 구성원인 주주 등에게 분배하기 위해 사업을 경영한다는 뜻이다. 따라서 비영리법인도 그 이익을 구성원에게 분배할 수 없을 뿐 영리법인과 동일하게 이익이 발생하는 사업을 경영할 수 있다.

법인세법상 비영리내국법인

법인세법에서는 다음에 해당하는 법인을 비영리내국법인으로 본다.
① 민법 제32조[비영리법인의 설립과 허가]에 따라 설립된 법인
② 사립학교법이나 그 밖의 특별법에 따라 설립된 법인으로서 민법 제32조에 규정된 목적과 유사한 목적을 가진 법인(대통령령으로 정하는 조합법인 등이 아닌 법인으로서 그 주주·사원 또는 출자자에게 이익을 배당할 수 있는 법인은 제외)
③ 국세기본법 제13조 제4항에 따른 법인으로 보는 단체

(3) 비과세법인

국가 또는 지방자치단체, 지방자치단체조합은 공법인으로서 법인에 해당하지만 법인세를 부과하는 과세권자이기 때문에 과세의 실익이 없다. 따라서 국가 또는 지방자치단체, 지방자치단체조합은 법인세법상 납세의무자가 아니다. 다만, 외국정부나 지방자치단체는 우리나라 조세의 과세권자가 아니므로 비영리외국법인으로서 법인세법상 납세의무자에 해당함에 유의해야 한다.

II. 과세소득

법인세의 과세대상은 일정기간 법인이 얻은 소득으로, 과세대상 소득을 줄여 과세소득이라 한다. 여기서는 법인세법상 과세소득에 대해 자세히 살펴보기로 한다.

 소득의 개념과 범위

법인세법상 소득이란 기업회계상 이익과 유사한 개념이며, 법인세법상 과세소득은 순자산증가설에 따라 법인의 순자산을 증가시키는 거래에서 발생하는 모든 소득을 포함한다. 참고로 순자산이란 재무상태표상 자산에서 부채를 차감한 잔액을 말한다.

과세소득의 범위를 산정하는 방법은 이론적으로 순자산증가설과 소득원천설로 구분할 수 있는데, 이를 살펴보면 다음과 같다.

(1) 순자산증가설

순자산증가설이란 과세기간 동안에 발생한 순자산증가분을 그 원인과 유형을 가리지 않고 모두 과세소득에 포함해야 한다는 견해다. 이 견해에 따르면 경상적이고 반복적으로 발생하는 소득뿐만 아니라 비경상적이고 비반복적으로 발생한 소득도 과세소득에 포함된다. 따라서 세법상 순자산증가설에 따라 과세소득을 규정할 때는 구체적인 범위를 열거하는 열거주의 과세방식을 채택할 필요가 없이, 포괄적인 개념만 규정하고 몇 가지 예시를 제시하는 포괄주의 과세방식을 채택한다. 즉, 순자산증가설은 세법상 열거되지 않은 순자산증가분일지라도 개념에만 부합하면 모두 과세되도록 포괄적으로 규정하는 방법이다.

(2) 소득원천설

소득원천설이란 경상적이고 반복적으로 발생하는 소득만 과세소득에 포함하며 비경상적이고 비반복적으로 발생한 소득은 과세소득에서 제외해야 한다는 견해다. 따라서 세법상 소득원천설에 따라 과세소득을 규정할 때는 포괄적인 개념만 규정하는 것에 족하지 않고, 구체적인 범위를 열거하는 열거주의 과세방식을 채택한다. 즉, 소득원천설은 세법상 열거된 소득에 한하여 과세되도록 제한적으로 규정하는 방법이다.

(3) 법인세법과 소득세법

법인세법에서는 순자산증가설에 따른 포괄주의 과세방식을 채택하여 과세소득을 규정하고 있다. 다만, 비영리법인의 수익사업소득과 외국법인의 국내원천소득에 대해서는 소득원천설에 따른 열거주의 과세방식을 채택하여 규정하고 있다. 이는 비영리법인과 외국법인의 특성상 제한된 범위 내의 소득에 대해서만 과세하기 위함이다.

한편, 소득세법에서는 소득원천설에 따른 열거주의 과세방식을 채택하여 과세소득을 규정하고 있다. 개인은 법인과 달리 순자산의 증감을 정확하게 계산할 수 없기 때문에 소득을 원천별로 열거하여 소득금액을 계산하고 과세하도록 한 것이다. 다만, 이자·배당소득과 기타소득 등에 대해서는 포괄주의 과세방식을 일부 가미하여 규정하고 있다. 이는 새로운 금융상품의 출연 등으로 인해 발생하는 유사한 소득에 대해서도 동일하게 과세함으로써 조세공평주의를 실현하기 위함이다.

 소득의 종류

법인세법에서는 과세소득을 각 사업연도 소득, 토지 등 양도소득, 미환류소득, 그리고 청산소득 4가지로 구분하여 과세하고 있다. 이 중 각 사업연도 소득은 법인의 기본적인 경영활동의 결과로서, 법인의 순자산을 증가시키는 거래에서 발생하는 대부분의 소득을 포함한다. 따라서 법인세라고 하면 일반적으로 각 사업연도 소득을 과세소득으로 하는 각 사업연도 소득에 대한 법인세를 가리킨다.

(1) 각 사업연도 소득

각 사업연도 소득이란 법인의 기본적인 경영활동의 결과로서 각 사업연도에 속하는 익금의 총액에서 손금의 총액을 공제한 금액을 말한다. 여기서 익금·손금이란 기업회계상 수익·비용과 유사한 개념으로, 결국 각 사업연도 소득은 기업회계상 당기순이익과 대응되는 개념이다. 참고로 사업연도란 법령이나 법인의 정관 등에서 정하는 1년을 초과하지 않는 회계기간을 말하며, 법인의 소득을 각 사업연도라는 일정한 기간단위로 구분하는 이유는 과세당국이 재정수입을 매년 안정적으로 확보하기 위함이다.

$$\text{각 사업연도 소득금액} = \text{익금총액} - \text{손금총액}$$

(2) 토지 등 양도소득

토지 등 양도소득은 법인이 주택·별장이나 비사업용 토지와 같이 법인세법에서 규정한 토지 등을 양도하여 얻은 소득을 말한다. 원래 법인의 토지 등 양도소득은 각 사업연도 소득에 포함되어 각 사업연도 소득에 대한 법인세로 과세되지만, 법인세법에서는 소득세와의 과세형평 도모 및 부동산투기 억제 등 정책적 목적에서 이를 별도의 과세소득으로 보아 토지 등 양도소득에 대한 법인세로 한 번 더 과세하고 있다. 참고로 개인의 토지 등 양도소득에 대해서는 소득세(양도소득세)가 과세된다.

$$\text{토지 등 양도차익} = \text{양도금액} - \text{장부가액}$$

(3) 미환류소득

미환류소득이란 법인이 벌어들인 소득을 투자, 임금 등으로 지출하지 않고 남아있는 자금을 말한다. 원래 법인의 미환류소득은 각 사업연도 소득에 포함되어 각 사업연도 소득에 대한 법인세로 과세되지만, 법인세법에서는 기업의 소득이 투자, 임금 등으로 활용됨으로써 가계소득으로 흘러들어가는 선순환구조를 유도하고자 이를 별도의 과세소득으로 보아 미환류소득에 대한 법인세로 한 번 더 과세하고 있다.

(4) 청산소득

청산소득이란 법인의 해산으로 주주 등에게 분배하는 잔여재산가액이 해산등기일 현재의 자기자본총액을 초과하는 금액을 말한다. 법인은 해산을 통해 그 법인격을 소멸하게 되는데, 법인이 해산하면 지금까지 발생한 여러 법률관계를 최종적으로 처리하기 위해 청산이라는 절차를 밟는다. 이 청산과정에서 그동안 경영활동 중에 실현되지 않은 소득(미실현소득)이나 누락된 소득이 포착되는데, 법인세법에서는 이를 별도의 과세소득으로 보아 청산소득에 대한 법인세로 과세하고 있다.

$$\text{청산소득금액} = \text{잔여재산가액} - \text{자기자본총액}$$

III. 법인의 종류별 과세소득의 범위

과세소득의 범위는 법인의 종류에 따라 다르다. 이는 법인의 종류별로 우리나라 과세당국이 과세권을 행사할 수 있는 소득의 범위나 조세정책의 대상으로 삼을 필요성 등에 있어 차이를 보이기 때문이다. 즉, 우리나라 과세당국은 외국법인이 국외에서 얻은 소득에 대해서는 과세권을 행사할 수 없기 때문에 법인세법에서는 외국법인의 각 사업연도 소득의 범위를 국내원천소득으로 제한하고 있다. 한편, 외국법인은 내국법인과 마찬가지로 국내 부동산투기의 주체가 될 수 있기 때문에 외국법인의 토지 등 양도소득에 대해서 과세소득의 범위에 포함시키고 있다.

구	분	각 사업연도 소득	토지 등 양도소득	미환류소득	청산소득
내국법인	영리법인	국내외의 모든 소득	과 세	과 세	과 세
	비영리법인	국내외의 수익사업소득	과 세	비 과 세	비 과 세
외국법인	영리법인	국내원천 모든 소득	과 세	비 과 세	비 과 세
	비영리법인	국내원천 수익사업소득	과 세	비 과 세	비 과 세
비과세법인 (국가·지방자치단체·지방자치단체조합)		비 과 세			

청산소득에 대한 법인세의 납세의무자

청산소득에 대한 법인세는 영리내국법인만 부담한다. 비영리내국법인의 경우 해산시의 잔여재산이 민법의 규정에 따라 다른 비영리법인 또는 국가에 귀속되므로 정책적 배려 또는 과세의 실익이 없어 과세를 하지 않는다. 또한 외국법인의 경우 본점이 외국에 있어 청산절차가 외국에서 이루어지므로 우리나라 과세당국이 과세권을 행사할 수 없다.

제2절 법인세 신고와 납부

I. 사업연도

사업연도란 과세소득을 계산하여 법인세를 과세하기 위한 일정기간, 즉 과세기간을 말한다. 법인세법상 사업연도는 기업회계상 회계기간에 대응하는 개념으로서, 법인의 계속적인 영업활동이 이루어지는 중에 일정한 기간을 구분하여 과세소득을 정확하게 계산하고 재정수입을 적시에 확보하는 데에 그 의의가 있다.

법인세법상 사업연도는 법령이나 법인의 정관 등에서 정하는 1회계기간으로 한다. 다만, 그 기간은 1년을 초과하지 못한다. 법령이나 정관 등에 사업연도에 관한 규정이 없는 내국법인은 따로 사업연도를 정하여 법인 설립신고 또는 사업자등록과 함께 납세지 관할세무서장에게 사업연도를 신고해야 한다.

II. 각 사업연도 소득에 대한 법인세 신고와 납부

1 신고·납부기한

각 사업연도의 소득에 대한 법인세 납세의무가 있는 법인은 각 사업연도의 종료일이 속하는 달의 말일부터 3개월 이내에 그 사업연도의 소득에 대한 법인세 과세표준과 세액을 납세지 관할 세무서장에게 신고하고 그 세액을 납부해야 한다.

한편, 토지 등 양도소득에 대한 법인세와 미환류소득에 대한 법인세 납세의무가 있는 법인은 각 사업연도의 소득에 대한 법인세에 추가하여 신고하고 그 세액을 납부해야 한다. 각 사업연도의 소득금액이 없는 법인이나 결손금이 있는 법인, 즉 손실이 발생한 법인도 위 규정에 따라 신고해야 한다.

2 제출서류

법인이 각 사업연도의 소득에 대한 법인세를 신고할 때에는 '법인세 과세표준 및 세액신고서'와 함께 다음의 서류를 첨부해야 한다. 이 중 ① 재무제표와 ② 세무조정계산서를 첨부하지 않고 신고서만 제출한 경우 법인세 신고를 하지 않은 것으로 보아 가산세(무신고가산세)가 부과되므로 유의해야 한다.

① 개별 내국법인의 재무상태표·포괄손익계산서 및 이익잉여금처분계산서(또는 결손금처리계산서)
② 대통령령으로 정하는 바에 따라 작성한 세무조정계산서
③ 그 밖에 대통령령으로 정하는 서류

 성실신고확인제도

　부동산임대업을 주된 사업으로 하는 내국법인 등의 법인에 대해서는 성실한 신고를 유도하기 위하여 각 사업연도 소득에 대한 법인세 과세표준 및 세액을 신고할 때 성실신고확인서를 제출하도록 규정하고 있는데, 이를 성실신고확인제도라 한다. 여기서 성실신고확인서란 법인세 과세표준 금액의 적정성을 세무사 등이 확인하고 작성한 서류를 말한다.
　성실신고확인제도에 따라 성실신고확인서를 제출하는 법인은 위 신고·납부기한 규정에도 불구하고 법인세 과세표준과 세액을 각 사업연도 종료일이 속하는 달의 말일부터 4개월 이내에 납세지 관할 세무서장에게 신고하고 그 세액을 납부해야 한다.

Ⅲ. 청산소득에 대한 법인세 신고와 납부

 신고·납부기한

　청산소득에 대한 법인세의 납부의무가 있는 영리내국법인은 일반적인 해산의 경우 잔여재산가액 확정일이 속하는 달의 말일부터 3개월 이내에 청산소득에 대한 법인세 과세표준과 세액을 납세지 관할 세무서장에게 신고하고 그 세액을 납부해야 하는데, 이를 확정신고·납부라고 한다. 청산소득의 금액이 없는 법인도 위 규정에 따라 청산소득에 대한 법인세를 신고해야 한다.
　다만, 해산에 의한 잔여재산가액이 확정되기 전에 그 일부를 주주 등에게 분배한 경우나 해산등기일부터 1년이 되는 날까지 잔여재산가액이 확정되지 아니한 경우에는 각각 그 분배한 날 또는 그 1년이 되는 날이 속하는 달의 말일부터 1개월 이내에 납세지 관할 세무서장에게 신고하고 그 세액을 납부해야 하는데, 이를 중간신고·납부라고 한다.

 제출서류

　법인이 일반적인 해산으로 청산소득에 대한 법인세를 신고할 때에는 '청산소득에 대한 법인세 과세표준 및 세액신고서'와 함께 다음의 서류를 첨부해야 한다.

① 잔여재산가액 확정일 현재의 그 해산한 법인의 재무상태표
② 그 밖에 대통령령으로 정하는 서류

법인세 분납

법인이 납부할 세액이 1,000만원을 초과하는 경우에는 다음과 같이 납부할 세액의 일부를 납부기한이 지난날부터 1개월(중소기업의 경우 2개월) 이내에 분납할 수 있다.
① 납부할 세액이 2,000만원 이하인 경우 : 1,000만원을 초과하는 금액
② 납부할 세액이 2,000만원 초과하는 경우 : 납부할 세액의 50% 이하 금액

제3절 각 사업연도 소득에 대한 법인세 계산구조

각 사업연도 소득에는 법인의 순자산을 증가시키는 거래에서 발생하는 대부분의 소득이 포함되기 때문에, 본 서의 법인세법 편에서는 각 사업연도 소득에 대한 법인세를 중점적으로 다루고 있다. 본 절에서는 이에 대한 세부적인 내용을 학습하기에 앞서 전체적인 각 사업연도 소득에 대한 법인세 계산구조의 흐름을 살펴보고자 한다. 각 사업연도 소득에 대한 법인세는 각 사업연도 소득금액, 과세표준, 산출세액, 차감납부할세액 순으로 계산된다.

I. 각 사업연도 소득금액의 계산구조

```
        당  기  순  이  익
    (+) 익 금 산 입 · 손 금 불 산 입  ┐
    (-) 손 금 산 입 · 익 금 불 산 입  ┘ 세무조정(소득처분)
        차 가 감  소  득  금  액
    (+) 기 부 금 한 도 초 과 액
    (-) 기부금한도초과이월액손금산입
        각  사업연도  소 득 금 액    = 익금총액 - 손금총액
```

> **참고** **세무조정계산서**
>
> 법인세법 시행규칙에서는 법인세를 정확하게 계산하고 관리하기 위해 각종 서식을 마련해놓고 있다. 이 중 세무조정계산서는 각 사업연도 소득에 대한 법인세를 계산하기 위한 서식으로, 각 사업연도 소득금액에서부터 시작해 차감납부할세액까지 계산하는 '법인세 과세표준 및 세액조정계산서[별지 제3호 서식]'와 이를 뒷받침하는 다음의 서식 등으로 구성된다.
> ① 소득금액조정합계표[별지 제15호 서식] : 세무조정(소득처분)을 관리하는 서식
> ② 자본금과 적립금 조정명세서(갑·을)[별지 제50호 서식] : 소득처분 중 유보를 관리하는 서식
> ③ 소득자료명세서[별지 제55호 서식] : 소득처분 중 배당·상여·기타소득을 관리하는 서식

II. 과세표준의 계산구조

```
        각  사업연도  소득금액
    (-) 이  월  결  손  금       15년 이내에 개시한 사업연도에 발생한 이월결손금 ✽
    (-) 비  과  세  소  득       공익신탁의 신탁재산에서 생긴 소득 등
    (-) 소    득    공    제     유동화전문회사 등에 대한 소득공제 등
        과    세    표    준     이월결손금, 비과세소득, 소득공제 순으로 공제하여 계산
```

✽ 중소기업과 회생계획을 이행 중인 기업 등의 법인을 제외한 내국법인의 경우 공제의 범위는 각 사업연도 소득의 60%로 한다.

Ⅲ. 산출세액의 계산구조

과 세 표 준	
(×) 세 율	9%, 19%, 21%, 24%(4단계 초과누진세율)
산 출 세 액	토지 등 양도소득에 대한 법인세, 미환류소득에 대한 법인세 포함

Ⅳ. 차감납부할세액의 계산구조

산 출 세 액	
(-) 공 제 · 감 면 세 액	세액감면, 세액공제
(+) 가 산 세	
(+) 감면분추가납부세액	과거 조세감면혜택에 대한 사후 추징세액
총 부 담 세 액	
(-) 기 납 부 세 액	중간예납세액, 원천징수세액, 수시부과세액
차 감 납 부 할 세 액	

제4절 세무조정

Ⅰ. 세무조정의 의의

1 세무조정의 개념

법인세법에서는 각 사업연도 소득금액을 익금의 총액에서 손금의 총액을 공제한 금액으로 규정하고 있다. 그러나 각 사업연도 소득금액을 이에 따라 계산하기 위해서는 기업회계상 장부(결산서)와는 별도의 세무회계상 장부를 작성하여 익금총액과 손금총액을 각각 산정해야 하는데, 이는 법인으로 하여금 과도한 납세협력비용을 부담하게 한다.

따라서 법인세법에서는 기업회계상 결산서에서 도출된 당기순이익에서 출발하여 기업회계와 법인세법, 즉 기업회계와 세무회계의 차이를 가감 조정하여 각 사업연도 소득금액을 계산하도록 규정하고 있다. 기업회계상 당기순이익에서 기업회계와 세무회계의 차이를 조정하여 각 사업연도 소득금액을 계산하는 절차를 세무조정이라고 한다.

```
         당  기  순  이  익
    (+) 익 금 산 입 · 손 금 불 산 입      ⎤
    (−) 손 금 산 입 · 익 금 불 산 입      ⎦ 세무조정(소득처분)
    ─────────────────────────────
         각 사업연도 소득금액 ❋   = 익금총액 − 손금총액
```

❋ 각 사업연도 소득금액을 정확하게 도출하기 위해서는 제3절에서 살펴본 바와 같이 기부금 관련 조정(기부금한도초과액 손금불산입, 기부금한도초과이월액 손금산입)을 거쳐야 하나 이에 대한 사전지식이 필요하므로 입문단계에서는 생략하도록 한다.

2 세무조정의 분류

(1) 주체에 따른 분류

법인이 직접 스스로 하는 세무조정을 자기조정이라고 하고, 법인이 외부의 세무대리인, 즉 세무사법에 따라 등록한 공인회계사나 세무사에게 위임하여 하는 세무조정을 외부조정이라고 한다. 법인은 자기조정과 외부조정을 선택할 수 있으나, 직전 사업연도 수입금액이 70억원 이상인 법인 등 법인세법에서 규정한 외부세무조정 대상법인은 반드시 외부조정을 해야 한다.

한편 법인이 법인세를 신고하지 않거나 잘못 신고한 경우 과세당국에서는 해당 법인의 법인세를 직접 계산하는 절차를 밟는데, 이를 결정 또는 경정이라고 한다. 이러한 결정 또는 경정 과정에서 과세당국이 하는 세무조정을 정부조정이라고 한다.

(2) 방법에 따른 분류

1) 가산조정과 차감조정

각 사업연도 소득에 대한 법인세를 계산하는 첫 단계는 각 사업연도 소득금액을 계산하는 것이다. 각 사업연도 소득금액의 계산은 결산서상 당기순이익에서 출발하는데, 여기서 당기순이익은 기업회계상 수익에서 비용을 차감하여 계산한다.

법인세법상 익금·손금과 기업회계상 수익·비용은 그 개념과 범위가 유사하나 일치하지는 않는다. 법인세법에서는 법인의 과도한 세무조정비용을 줄이기 위해 기업회계기준의 내용을 상당부분 수용하였으나, 법인세법과 기업회계기준의 목적과 그에 따른 수익·비용의 측정 및 인식시점에서 근본적인 차이가 있기 때문이다.

기업회계상 당기순이익보다 법인세법상 각 사업연도 소득금액이 큰 경우 당기순이익에 해당 차이금액을 더하는데, 이를 가산하는 세무조정 또는 가산조정이라고 한다. 반대로 당기순이익보다 각 사업연도 소득금액이 적은 경우 당기순이익에 해당 차이금액을 빼는데, 이를 차감하는 세무조정 또는 차감조정이라고 한다. 가산조정은 익금산입과 손금불산입, 차감조정은 익금불산입과 손금산입으로 구분되는데 이를 살펴보면 다음과 같다.

가 산 조 정		차 감 조 정	
익금산입	손금불산입	손금산입	익금불산입
'당기순이익 < 각 사업연도 소득금액'인 경우 당기순이익에 해당 차이금액을 더하는 세무조정 ∴ 당기순이익 + 가산조정 = 각 사업연도 소득금액		'당기순이익 > 각 사업연도 소득금액'인 경우 당기순이익에 해당 차이금액을 빼는 세무조정 ∴ 당기순이익 − 차감조정 = 각 사업연도 소득금액	
'수익 < 익금'인 경우	'비용 > 손금'인 경우	'비용 < 손금'인 경우	'수익 > 익금'인 경우
① 결산서에 수익으로 계상되지 않았으나 법인세법상 익금인 경우 ② 결산서에 수익으로 계상한 금액보다 법인세법상 익금액이 더 큰 경우	① 결산서에 비용으로 계상되었으나 법인세법상 손금이 아닌 경우 ② 결산서에 비용으로 계상한 금액보다 법인세법상 손금액이 더 적은 경우	① 결산서에 비용으로 계상되지 않았으나 법인세법상 손금인 경우 ② 결산서에 비용으로 계상한 금액보다 법인세법상 손금액이 더 큰 경우	① 결산서에 수익으로 계상되었으나 법인세법상 익금이 아닌 경우 ② 결산서에 수익으로 계상한 금액보다 법인세법상 익금액이 더 적은 경우

결과적으로 익금산입과 손금불산입은 기업회계상 당기순이익을 법인세법상 각 사업연도 소득금액까지 증가시키는 효과를 가져 오고, 손금산입과 익금불산입은 기업회계상 당기순이익을 법인세법상 각 사업연도 소득금액까지 감소시키는 효과를 가져 온다. 이처럼 익금산입과 손금불산입의 효과가 동일하고, 손금산입과 익금불산입의 효과가 동일하기 때문에 실무상 구분의 실익은 없다.

2) 결산조정과 신고조정

결산조정이란 결산과정에서 결산서상 수익과 비용에 반영하는 회계처리를 통해 조정하는 방법을 말한다. 신고조정이란 법인세 신고과정에서 세무조정계산서상 익금과 손금에 가산 또는 차감함으로써 조정하는 방법을 말한다.

3. 결산조정사항과 신고조정사항

(1) 개 념

결산조정사항이란 결산서에 비용으로 계상된 경우에만 법인세법상 손금으로 인정되는 항목을 말한다. 결산조정사항은 감가상각비나 대손충당금과 같이 외부와의 거래 없이 법인 내부의 의사결정에 따라 결산서에 계상되는 손금항목으로, 금액과 귀속사업연도가 불분명하여 추정에 따라 결산서에 계상되는 항목이다.

신고조정사항이란 결산서에 계상된 수익·비용이 법인세법에 따른 익금·손금과 차이가 나는 경우 신고조정을 해야 되는 항목을 말한다. 신고조정사항은 모든 익금항목과 결산조정사항을 제외한 손금항목으로서, 외부와의 거래에서 발생되어 금액과 귀속사업연도가 명확한 항목이 대부분이다.

(2) 특징

결산조정사항은 금액과 귀속사업연도가 불분명하므로 신고조정이 강제되지 않는다. 즉, 법인이 결산조정사항을 법인세법상 손금으로 인정받기 위해서는 결산서에 비용으로 계상해야 하며, 신고조정을 통해서는 어떠한 경우에도 손금으로 인정을 받을 수 없다. 다만, 결산조정사항 중 법인세법상 한도가 규정되어 있는 항목의 경우 그 한도를 초과하는 금액에 대해서는 반드시 신고조정(가산조정·손금불산입)을 하여 해당 한도초과액을 비용에서 차감해야 한다.

신고조정사항은 금액과 귀속사업연도가 분명하므로 신고조정이 강제된다. 즉, 신고조정사항은 해당 사업연도의 각 사업연도 소득금액 계산 시 법인세법상 정확한 금액이 반영되어야 하는 항목이다. 따라서 법인이 신고조정사항을 결산서에 과소·과대 계상한 경우에는 반드시 신고조정을 하여 법인세법에 따른 정확한 금액을 반영해야 한다.

(3) 귀속사업연도

결산조정사항은 법인 내부의 의사결정에 따라 귀속사업연도가 결정된다. 즉, 법인이 원하는 특정 사업연도의 결산서에 비용으로 계상하면 법인세법상 한도 내에서는 해당 사업연도의 손금으로 인정된다. 이처럼 결산조정사항은 법인이 임의로 그 귀속사업연도를 결정할 수 있기 때문에 임의조정사항 또는 임의계상항목이라고도 한다.

신고조정사항은 법인세법에 따라 귀속사업연도가 결정된다. 즉, 신고조정사항은 법인세법에 그 귀속사업연도가 규정되어 있으므로 해당 사업연도에만 익금 또는 손금으로 인정된다. 따라서 법인이 그 이후의 사업연도 결산서에 수익 또는 비용으로 계상해도 법인세법상 익금 또는 손금으로 인정되지 않으며, 신고조정을 하여 귀속사업연도를 정확하게 반영해야 한다. 이처럼 신고조정사항은 법인세법에 따라 귀속사업연도가 강제되므로 강제조정사항 또는 강제계상항목이라고도 한다.

구 분	결산조정사항	신고조정사항
(1) 개념	결산서에 비용으로 계상한 경우에만 법인세법상 손금으로 인정되는 사항	결산서에 계상된 수익·비용이 법인세법에 따른 익금·손금과 차이가 나는 경우 신고조정을 해야 되는 항목
	감가상각비·대손충당금 등 법인 내부의 의사결정에 따라 결산서에 계상되는 손금항목으로, 금액과 귀속사업연도가 불분명하여 추정에 따라 결산서에 계상되는 항목	모든 익금항목과 결산조정사항을 제외한 손금항목으로서, 외부와의 거래에서 발생되어 금액과 귀속사업연도가 명확한 항목
(2) 특징	신고조정이 강제되지 않음(단, 법인세법상 한도가 규정되어 있는 항목의 경우 한도초과액에 대해서는 반드시 신고조정을 해야 함)	신고조정이 강제됨. 즉, 법인이 신고조정사항을 결산서에 과소·과대 계상한 경우에는 반드시 신고조정을 하여 법인세법에 따른 정확한 금액을 반영해야 함
(3) 귀속사업연도	법인 내부의 의사결정에 따라 귀속사업연도가 결정됨(임의조정사항 또는 임의계상항목)	법인세법에 따라 귀속사업연도가 결정됨(강제조정사항 또는 강제계상항목)

 세무조정

다음은 ㈜A의 제15기(2025.1.1.~12.31.) 사업연도 법인세 신고를 위한 자료이다. 다음 자료를 이용하여 세무조정을 하고, 각 사업연도 소득금액을 계산하시오.

1. ㈜A의 포괄손익계산서는 다음과 같다.

과 목	금 액(원)
매 출 액	1,770,000,000
매 출 원 가	(1,050,000,000)
매 출 총 이 익	720,000,000
판 매 비 와 관 리 비	(450,000,000)
영 업 이 익	270,000,000
영 업 외 수 익	40,000,000
영 업 외 비 용	(12,000,000)
당 기 순 이 익	298,000,000

2. 위 결산서와 관련된 세무조정을 위한 추가자료는 다음과 같다.

   (1) 당기 말에 신용판매한 상품의 판매가액 144,000,000원(원가 120,000,000원)이 누락되어 있다.
   (2) 판매비와관리비에는 기업업무추진비가 42,000,000원(세무상 손금한도액 20,000,000원)이 계상되어 있다.
   (3) 판매비와관리비에는 감가상각비(세무상 손금한도액 9,000,000원)가 계상되어 있지 않다.
   (4) 판매비와관리비에는 세무상 귀속시기가 도래하지 않은 보험료 36,000,000원이 계상되어 있다.
   (5) 영업외비용에는 세무상 당기에 귀속되는 이자비용 23,000,000원이 누락되어 있다.

1. 세무조정

익금산입 및 손금불산입			손금산입 및 익금불산입		
과 목	금 액	소득처분	과 목	금 액	소득처분
매출누락액	144,000,000		매출원가 과소계상액	120,000,000	
기업업무추진비 한도초과액	22,000,000		이자비용 과소계상액	23,000,000	
선급보험료	36,000,000				
합 계	202,000,000		합 계	143,000,000	

위의 표는 세무조정을 관리하는 법정서식인 소득금액조정합계표[별지 제15호 서식]를 답안양식화한 것이다. 이 중 소득처분에 대한 내용은 다음의 제5절에서 살펴보기로 한다.

2. 각 사업연도 소득금액의 계산

구 분	금 액(원)
당 기 순 이 익	298,000,000
(+) 익 금 산 입 · 손 금 불 산 입	202,000,000
(−) 손 금 산 입 · 익 금 불 산 입	(143,000,000)
각 사업연도 소득금액	357,000,000

1. 신용판매는 신고조정사항이므로 관련 매출액과 매출원가는 반드시 해당 사업연도의 익금 또는 손금에 산입되어야 한다.
2. 감가상각비는 결산조정사항이므로 장부에 반영한 경우에 한하여 손금으로 인정된다. 따라서 장부에 계상하지 않은 경우에는 원칙적으로 세무조정이 필요 없다.
3. 세무상 귀속시기가 도래하지 않았으나 판매관리비에 계상한 보험료(선급보험료)는 세무상 귀속시기가 도래한 사업연도에 손금으로 인정되므로 제15기 사업연도에는 손금으로 인정되지 않는다. 이는 신고조정사항에 해당하므로 손금불산입한다.

제5절 소득처분

I. 소득처분의 의의

 소득처분의 개념

법인은 해당 사업연도의 경영이 마무리 되면 그 성과인 결산서상 당기순이익을 상법에 따라 처분한다. 당기순이익을 처분한다는 것은 그 귀속을 확정하는 것을 말하는데, 이는 법인 내부에 적립하는 사내유보(법정적립금·임의적립금 등)와 법인 외부에 지급하는 사외유출(배당·상여 등)로 구분된다.

한편, 법인은 세무상 당기순이익에 해당하는 각 사업연도 소득금액도 처분해야 한다. 각 사업연도 소득금액은 결산서상 당기순이익에서 출발하여 일정한 세무조정을 거쳐 산출되므로, 결산서상 당기순이익과 세무조정금액으로 구성된다고 할 수 있다. 결산서상 당기순이익은 이미 상법에 따라 처분되었으므로, 각 사업연도 소득금액 전체를 처분할 필요 없이 그 차이에 해당하는 세무조정금액만 처분하면 된다. 세무조정금액을 처분하는 절차, 즉 세무조정금액에 대한 귀속을 확정하는 절차를 소득처분이라 한다.

예를 들어, 결산서상 당기순이익 100원에 세무조정(가산조정) 50원을 거쳐 각 사업연도 소득금액 150원이 산출된 경우, 각 사업연도 소득금액 150원은 결산서상 당기순이익 100원과 세무조정금액 50원으로 구성된다고 할 수 있다. 결산서상 당기순이익 100원은 상법에 따라 이미 처분되었으므로, 각 사업연도 소득금액 150원 전체를 처분할 필요 없이 그 차이에 해당하는 세무조정금액 50원만 처분하면 된다. 세무조정금액 50원을 처분하는 절차, 즉 그 귀속을 확정하는 절차를 소득처분이라 한다.

 소득처분의 유형과 목적

법인세법상 세무조정금액에 대한 소득처분은 유보(또는 △유보)와 사외유출, 그리고 기타로 구분된다.

유 형	개 념	목 적
1) 유 보 (△유보)	세무조정금액이 기업 내부에 남아 결산서상 자산·부채가액보다 세무상 자산·부채가액이 증가(감소)하는 경우에 행하는 소득처분	각 사업연도 소득금액 및 청산소득금액 계산의 기초가 되는 세무상 자산·부채가액의 적정화를 도모하기 위함(∵세무상 자산·부채가액 = 결산서상 자산·부채가액 ± 유보·△유보)
2) 사 외 유 출	가산조정(익금산입·손금불산입)에서만 나타나는 소득처분으로, 세무조정금액이 기업 외부로 유출되어 해당 기업 이외의 자에게 귀속되는 경우에 행하는 소득처분	해당 소득의 귀속자인 기업 이외의 자에게 소득세 또는 법인세를 과세함으로써 조세부담의 적정화를 도모하기 위함
3) 기 타	상기 1)과 2)에 해당하지 않는 경우에 행하는 소득처분임	—

II. 유보와 △유보

1 유보

(1) 개 념

유보란 가산조정(익금산입·손금불산입)한 금액이 기업 외부로 유출된 것이 아니라 기업 내부에 남아 세무상 순자산가액을 증가시키는 경우에 행하는 소득처분을 말한다. 즉, 가산조정의 결과 세무조정금액만큼 결산서상 당기순이익보다 각 사업연도 소득금액이 증가하는 동시에 결산서상 순자산가액보다 세무상 순자산가액이 증가하는 경우 해당 세무조정금액은 유보로 처분한다.

여기서 순자산가액이란 자산에서 부채를 차감한 잔액을 말하며, 자산이 증가하거나 부채가 감소하면 결과적으로 순자산가액이 증가한다. 따라서 세무조정 결과 결산서상 자산가액보다 세무상 자산가액이 증가하거나, 결산서상 부채가액보다 세무상 부채가액을 감소하는 경우 결산서상 순자산가액보다 세무상 순자산가액이 증가하므로 해당 세무조정금액은 유보로 처분한다. 유보로 처분하는 세무조정의 예로는 감가상각비 과대계상에 대한 손금불산입과 퇴직급여충당금 과대계상에 대한 손금불산입 등이 있다.

(2) 사 례

1) 감가상각비 과대계상에 대한 손금불산입

① 자 료

   ㉠ 기계장치(자산)의 취득원가 : 10,000원
   ㉡ 회사가 결산서에 계상한 감가상각비 : 2,000원
   ㉢ 법인세법상 감가상각비 손금한도액 : 1,000원

② 설 명

   ㉠ 세무조정 : 회사는 결산서에 감가상각비(2,000원)를 법인세법상 손금한도액(1,000원)보다 과대계상(1,000원=2,000원-1,000원)하였으므로 해당 금액만큼 손금불산입 한다.
   ㉡ 소득처분 : 이러한 세무조정 결과 결산서상 기계장치의 장부가액(8,000원=10,000원-2,000원)보다 세무상 기계장치의 장부가액(9,000원=10,000원-1,000원)이 세무조정금액(1,000원)만큼 증가하게 된다. 즉, 결산서상 자산가액보다 세무상 자산가액이 증가하여 결산서상 순자산가액보다 세무상 순자산가액이 증가하므로 해당 세무조정금액은 유보로 처분한다.

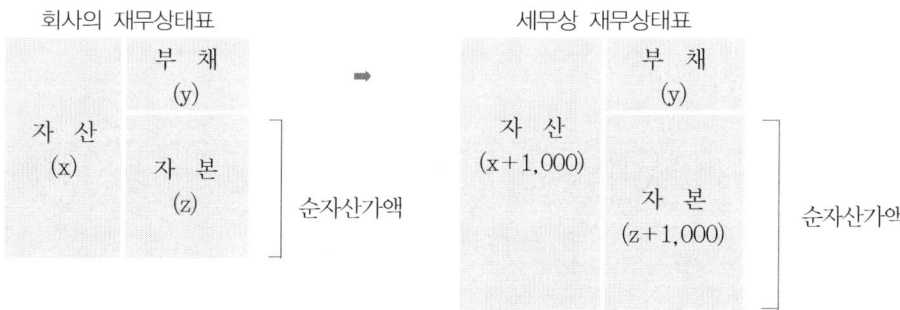

③ 결 론

감가상각비를 과대계상한 경우 다음과 같은 세무조정과 소득처분을 한다. 참고로 세무조정과 소득처분은 다음과 같이 간편법으로서 세무조정, 과목(내용), 금액, 소득처분 순으로 표시할 수 있는데, 이는 실무상 세무조정과 소득처분을 기재하는 소득금액조정합계표의 형식을 빌려 대부분의 세법 관련 교재에서 표현하고 있는 방식이다.

〈손금불산입〉　감가상각비 한도초과　　1,000 (유보)

2) 퇴직급여충당금 과대계상에 대한 손금불산입

① 자 료

㉠ 회사가 결산서상 해당 사업연도에 설정한 퇴직급여충당금(부채) : 3,000원
㉡ 법인세법상 퇴직급여충당금 손금한도액 : 2,500원

② 설 명

㉠ 세무조정 : 회사는 결산서에 퇴직급여충당금(3,000원)을 법인세법상 손금한도액(2,500원)보다 과대계상(500원=3,000원−2,500원)하였으므로 해당 금액만큼 손금불산입 한다.
㉡ 소득처분 : 이러한 세무조정 결과 결산서상 퇴직급여충당금의 장부가액(3,000원)보다 세무상 퇴직급여충당금의 장부가액(2,500원)이 세무조정금액(500원)만큼 감소하게 된다. 즉, 결산서상 부채가액보다 세무상 부채가액이 감소하여 결산서상 순자산가액보다 세무상 순자산가액이 증가하므로 해당 세무조정금액은 유보로 처분한다.

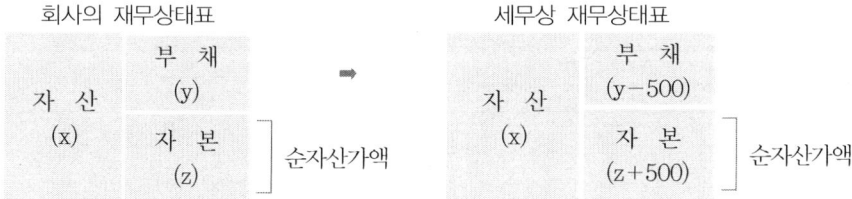

③ 결 론

퇴직급여충당금을 과대계상한 경우 다음과 같은 세무조정과 소득처분을 한다.

〈손금불산입〉　퇴직급여충당금 한도초과　　　　　500 (유보)

2 △유보

(1) 개 념

△유보란 차감조정(손금산입·익금불산입)한 금액이 기업 내부에 남아 세무상 순자산가액을 감소시키는 경우에 행하는 소득처분을 말한다. 즉, 차감조정의 결과 세무조정금액만큼 결산서상 당기순이익보다 각 사업연도 소득금액이 감소하는 동시에 결산서상 순자산가액보다 세무상 순자산가액이 감소하는 경우 해당 세무조정금액은 △유보로 처분한다.

앞서 살펴본 것처럼 순자산가액은 자산에서 부채를 차감한 잔액을 말한다. 따라서 세무조정 결과 결산서상 자산가액보다 세무상 자산가액이 감소하거나, 결산서상 부채가액보다 세무상 부채가액을 증가하는 경우 결산서상 순자산가액보다 세무상 순자산가액이 감소하므로 해당 세무조정금액은 △유보로 처분한다. △유보로 처분하는 세무조정의 예로는 선급비용 과대계상에 대한 손금산입 등이 있다.

(2) 사 례

1) 선급비용 과대계상에 대한 손금산입

① 자 료

> ㉠ 회사가 선급비용(자산)으로 계상한 금액 : 800원
> ㉡ 회사가 계상한 선급비용 중 법인세법상 해당 사업연도에 귀속되는 보험료(손금) : 800원

② 설 명

㉠ 세무조정 : 회사가 결산서에 계상한 선급비용(800원)은 법인세법상 전액 해당 사업연도에 귀속되는 보험료이므로, 법인세법상 선급비용(0원)보다 과대계상(800원=800원-0원)된 금액만큼 손금산입한다.

㉡ 소득처분 : 이러한 세무조정 결과 결산서상 선급비용의 장부가액(800원)보다 세무상 선급비용의 장부가액(0원)이 세무조정금액(800원)만큼 감소하게 된다. 즉, 결산서상 자산가액보다 세무상 자산가액이 감소하여 결산서상 순자산가액보다 세무상 순자산가액이 감소하므로 해당 세무조정금액은 △유보로 처분한다.

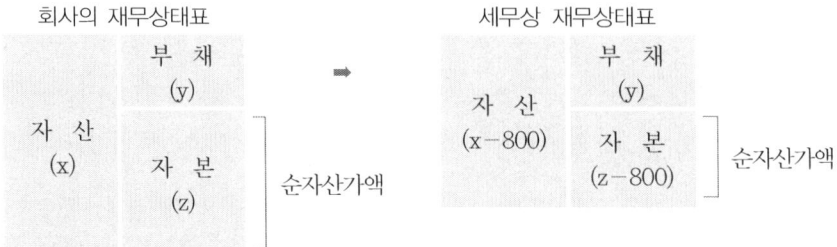

③ 결 론

선급비용을 과대계상한 경우 다음과 같은 세무조정과 소득처분을 한다.

〈손금산입〉 선급비용 과대계상 800 (△유보)

2) 손실보전준비금의 손금산입

① 자 료

회사가 잉여금처분에 의한 신고조정으로 손실보전준비금을 손금에 산입한 금액: 700원

② 설 명

㉠ 세무조정 : 조세특례제한법상 손실보전준비금은 기업회계상 부채로 인정되지 않는다. 회사는 이를 결산서에 반영하는 대신 잉여금처분에 의한 신고조정에 의하여 손실보전준비금 700원을 손금산입한다.

㉡ 소득처분 : 이러한 세무조정 결과 결산서상 손실보전준비금의 장부가액(0원)보다 세무상 손실보전준비금의 장부가액(700원)이 세무조정금액(700원)만큼 증가하게 된다. 즉, 결산서상 부채가액보다 세무상 부채가액이 증가하여 결산서상 순자산가액보다 세무상 순자산가액이 감소하므로 해당 세무조정금액은 △유보로 처분한다.

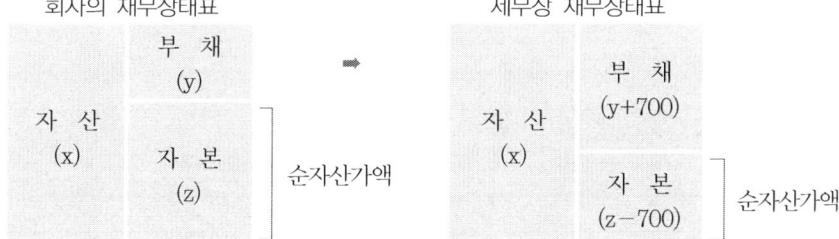

③ 결 론

손실보전준비금을 손금산입하는 경우 다음과 같은 세무조정과 소득처분을 한다.

〈손금산입〉 손실보전준비금 700 (△유보)

3 유보(또는 △유보)의 사후관리

(1) 사후관리의 필요성

세무상 자산·부채가액 = 결산서상 자산·부채가액 ± 유보(또는 △유보)

세무상 자산·부채가액은 결산서상 자산·부채가액에 유보(또는 △유보)금액을 가감하여 계산한다. 즉, 유보(또는 △유보) 처분은 세무상 자산·부채가액을 산정하기 위한 도구이지 그 결과 결산

서상 자산·부채가액 자체가 수정되는 것은 아니다. 따라서 세무상 자산·부채가액 및 관련 손익을 적정하게 산정하기 위해서는 유보(또는 △유보)의 지속적인 사후관리가 필요하다.

(2) 유보(또는 △유보)의 추인

결산서상 자산·부채가액은 해당 자산·부채의 감가상각, 처분, 상환, 폐기 등 다양한 원인으로 변동되며, 이때 감가상각비, 처분손익, 상환손익, 폐기손익 등 관련 손익이 발생하여 각 사업연도 소득금액에 영향을 미친다. 그런데 결산서상 자산·부채가액과 세무상 자산·부채가액이 다른 경우, 즉 해당 자산·부채에 대한 유보(또는 △유보)가 있는 경우에는 이를 함께 고려해야 적정한 각 사업연도 소득금액을 계산할 수 있다.

유보(또는 △유보)로 처분된 금액은 결산서상 해당 자산·부채가액이 변동될 때 반대의 소득처분, 즉 △유보(또는 유보)로 처분되어야 적정한 각 사업연도 소득금액이 계산된다. 당초 유보(또는 △유보)에 대한 반대의 소득처분을 유보(또는 △유보)의 추인이라 한다.

(3) 법인세법상 손금한도액 계산 시 고려

감가상각비 손금한도액이나 퇴직급여충당금 손금한도액과 같이 법인세법상 각종 손금한도액을 계산할 때 기준이 되는 자산·부채가액은 결산서상 가액이 아닌 세무상 가액을 말한다. 따라서 해당 자산·부채에 대한 유보(또는 △유보)가 있는 경우 반드시 결산서상 자산·부채가액에 해당 유보(또는 △유보)를 가감하여 손금한도액을 계산해야 한다.

(4) 자본금과 적립금 조정명세서

법인세법에서는 세무상 순자산가액을 관리하기 위한 서식으로 자본금과 적립금 조정명세서를 (갑)과 (을)로 구분하여 마련해놓고 있다. 먼저 자본금과 적립금 조정명세서(을) 서식에서는 유보(또는 △유보)로 처분된 금액과 그 증감을 기재하여 관리한다. (을) 서식에 기재된 유보(또는 △유보)금액은 자본금과 적립금 조정명세서(갑) 서식으로 옮겨져 세무상 순자산가액을 계산하는 데에 활용된다. 즉, (갑) 서식에서는 결산서상 순자산가액에서 유보(또는 △유보) 금액을 가감하여 도출되는 세무상 순자산가액과 그 증감을 기재하여 관리한다.

예제 1-2 유보와 △유보

㈜A가 다음과 같이 회계처리한 경우 제8기와 제9기에 각각 필요한 세무조정(소득처분)을 하시오.

구 분	내 용
제8기	토지의 취득 : 취득원가 10,000원, 취득세 400원 (차) 토 지 10,000 (대) 현 금 10,400 세금과공과 400
제9기	토지의 처분 : 양도가액 12,000원 (차) 현 금 12,000 (대) 토 지 10,000 토지처분이익 2,000

1. 제8기 세무조정
   〈손금불산입〉 토　　지　　　400 (유보)
2. 제9기 세무조정
   〈익금불산입〉 토　　지　　　400 (△유보)

1. 제8기 세무조정
   자산의 취득과 관련하여 부담하는 취득세는 취득부대비용으로서 자산의 취득원가에 가산해야 한다. 그런데 회사는 이를 자산(토지)의 증가로 처리하지 않고 비용(세금과공과)으로 처리하였으므로 당기순이익이 과소계상 되어 결과적으로 각 사업연도 소득금액이 과소계상 되었다. 따라서 가산조정(손금불산입)이 필요하다. 한편, 이러한 세무조정 결과 결산서상 자산(토지)가액(10,000원)보다 세무상 자산(토지)가액(10,400원)이 세무조정금액(400원)만큼 증가하므로 해당 세무조정금액은 유보로 처분한다.

2. 제9기 세무조정
   회사는 결산서상 가액이 10,000원인 자산(토지)을 12,000원에 처분하였으므로 이에 따른 처분이익 2,000원(=12,000원-10,000원)을 결산서에 계상하였다. 그런데 세무상 자산가액은 10,400원(=10,000원+유보 400원)이므로 세무상 처분이익은 1,600원(=12,000원-10,400원)이다. 그 결과 당기순이익은 400원(=2,000원-1,600원) 과대계상 되어 각 사업연도 소득금액이 과대계상 되었다. 따라서 차감조정(익금불산입)이 필요하다. 한편, 결산서상 가액과 세무상 가액이 다른 자산(토지), 즉 유보가 있는 자산(토지)이 처분되었으므로 해당 유보는 반대의 소득처분(△유보)으로 추인해야 적정한 각 사업연도 소득금액 및 세무상 순자산가액이 계산된다.

Ⅲ. 사외유출

 사외유출의 의의

(1) 개 념

사외유출이란 가산조정(익금산입·손금불산입)한 금액이 기업 외부로 유출된 것이 분명한 경우에 행하는 소득처분을 말한다. 즉, 가산조정의 결과 세무조정금액만큼 결산서상 당기순이익보다 각 사업연도 소득금액이 증가하지만, 기업 내부에 남아 있지 않고 기업 외부로 유출되어 결산서상 순자산가액과 세무상 순자산가액 간의 차이가 없는 경우 해당 세무조정금액은 사외유출로 처분한다.

(2) 특 징

사외유출은 가산조정(익금산입·손금불산입)에서만 나타나며 차감조정(손금산입·익금불산입)에서는 나타나지 않는 소득처분이다. 차감조정은 각 사업연도 소득금액을 감소시키는 세무조정이므로 기업 외부로 소득이 유출될 여지가 없기 때문이다.

한편, 사외유출은 유보와 달리 결산서상 순자산가액과 세무상 순자산가액 간의 차이가 없으므로 이후의 사업연도에 결산서상 자산·부채가액이 변동되더라도 각 사업연도 소득에 영향을 미치지 않는다. 따라서 향후 유보의 추인과 같은 반대의 소득처분이 필요하지 않다.

(3) 소득의 귀속자에 따른 소득처분의 종류

1) 소득의 귀속자가 분명한 경우

소득처분의 종류	소득의 귀속자	귀속자에 대한 소득세 과세	사후관리
배 당	개인인 주주 등 (임원·직원인 주주 제외)	소득세법상 배당소득(인정배당)에 해당하여 배당소득세 과세	해당 법인의 배당소득세 원천징수의무 있음
상 여	임원 또는 직원 (임원·직원인 주주 포함)	소득세법상 근로소득(인정상여)에 해당하여 근로소득세 과세	해당 법인의 근로소득세 원천징수의무 있음
기타사외유출	법인·비과세법인 (법인인 주주 등 포함) 또는 개인사업자❸	법인의 각 사업연도 소득 또는 개인사업자의 사업소득에 포함되어 과세되므로 추가적인 과세 없음	해당 법인의 원천징수의무 없음
기 타 소 득	위 열거된 자 이외의 자	소득세법상 기타소득에 해당하여 기타소득세 과세	해당 법인의 기타소득세 원천징수의무 있음

❸ 소득처분으로 귀속된 금액이 법인의 각 사업연도 소득 또는 개인사업자의 사업소득을 구성하는 경우에 한한다.

2) 소득의 귀속자가 불분명한 경우

가산조정한 금액이 기업 외부로 유출된 것은 분명하나 그 귀속자가 불분명한 경우에는 법인의 대표자에게 귀속된 것으로 보아 대표자에 대한 상여로 처분한다. 대표자에 대한 상여로 인정되면 해당 금액이 실제 대표자에게 귀속되었는지 여부에 관계없이 대표자는 상여로 처분된 근로소득에 대하여 근로소득세 납세의무를 지게 된다. 이는 소득의 귀속자가 불분명한 경우 법인의 대표자에게 귀속되었을 가능성이 높고 귀속자를 밝히지 못한 책임을 대표자에게 물음으로써 그 귀속자를 밝히도록 강제하기 위함이다.

예를 들어, 법인이 결산서에 기업업무추진비로 1,500,000원을 계상하였으나 해당 기업업무추진비에 대한 증명서류가 존재하지 않아 그 귀속자가 확인되지 않는 경우에는 다음과 같이 세무조정과 소득처분을 행한다.

〈손금불산입〉 증명서류 불비분 기업업무추진비   1,500,000 (상여❹)

❹ 해당 상여는 대표자에 대한 상여로 처분한 것을 의미한다.

(4) 무조건 기타사외유출로 처분하는 경우

가산조정한 금액이 기업 외부로 유출된 경우에는 소득의 귀속자에 따라 배당·상여·기타사외유출·기타소득 중 적절한 소득처분을 해야 한다. 그런데 법인세법상 다음과 같이 열거된 세무조정사항은 조세정책목적상 소득의 귀속자에 대한 추가적인 소득세를 과세하지 않기 위해 무조건 기타사외유출로 처분한다. 즉, 이 경우에는 가산조정한 금액이 법인 또는 개인사업자에게 귀속되지 않는 경우에도 반드시 기타사외유출로 처분하여야 한다.

① 특례기부금 및 일반기부금 한도초과액 손금불산입액
② 기업업무추진비 손금불산입액(증명서류 불비 기업업무추진비 제외)
③ 채권자불분명사채이자 및 수취인불분명 채권·증권의 이자 중 원천징수세액 상당액
④ 업무무관자산 등과 관련된 지급이자 손금불산입액
⑤ 업무용승용차의 임차료 중 감가상각비상당액 한도초과액 및 처분손실 한도초과액의 손금불산입액

※ 비지정기부금의 손금불산입액은 기부받은 자의 구분에 따라 배당·상여·기타사외유출로 소득처분한다.

Ⅳ. 기 타

 가산조정 시 기타

가산조정 시 기타란 가산조정(익금산입·손금불산입)한 금액이 기업 외부로 유출된 것이 아님에도 결산서상 순자산가액과 세무상 순자산가액 간의 차이가 없는 경우 행하는 소득처분을 말한다. 가산조정 시 기타는 사외유출과 마찬가지로 결산서상 순자산가액과 세무상 순자산가액 간의 차이가 없으므로 이후의 사업연도에 결산서상 자산·부채가액이 변동되더라도 각 사업연도 소득에 영향을 미치지 않는다. 따라서 향후 유보의 추인과 같은 반대의 소득처분이 필요하지 않다.

구 분	내 용
1) 유 형	① 자본잉여금 등으로 계상한 항목을 익금산입하는 경우
	② 전기오류의 수정사항 중 이익잉여금에 반영한 항목을 익금산입하는 경우
2) 사 례	10,000원에 취득한 자기주식을 12,000원에 처분하면서 다음과 같이 회계처리한 경우 (차) 현 금 12,000 (대) 자 기 주 식 10,000 자기주식처분이익 2,000 ➡ 세무조정 : 〈익금산입〉 자기주식처분이익 2,000 (기타)

※ 자기주식처분이익은 기업회계상 자본잉여금항목이나 법인세법상 익금항목이다.

 차감조정 시 기타

차감조정 시 기타란 차감조정(손금산입·익금불산입)한 금액이 △유보에 해당하지 않는 경우, 즉 결산서상 순자산가액과 세무상 순자산가액 간의 차이가 없는 경우 행하는 소득처분을 말한다. 차감조정 시 기타는 가산조정 시 기타와 동일한 이유로 향후 유보의 추인과 같은 반대의 소득처분이 필요하지 않다.

구 분	내 용
1) 유 형	① 자본잉여금 등의 감소로 처리한 항목을 손금산입하는 경우
	② 전기오류의 수정사항 중 이익잉여금을 차기한 항목을 손금산입하는 경우
	③ 국세·지방세 과오납금 환급금이자를 익금불산입하는 경우
	④ 법인의 수입배당금액 중 일정금액을 익금불산입하는 경우
2) 사 례	10,000원에 취득한 자기주식을 8,000원에 처분하면서 다음과 같이 회계처리한 경우(법인의 결산서에는 이전의 자기주식거래로 인한 자기주식처분이익 500원이 계상되어 있음) (차) 현　　　　금　　　　8,000　　(대) 자 기 주 식　　10,000 　　　자기주식처분이익　　　500 　　　자기주식처분손실❋　　1,500 ➡ 세무조정 : 〈손금산입〉 자기주식처분손실　2,000 (기타)

❋ 자기주식처분손실은 기업회계상 자본조정항목이나 법인세법상 손금항목이다.

기출문제

제1장 _ 법인세법 총설

01 다음 중 법인의 납세의무에 관한 설명으로 올바르지 않은 것은? [세무회계 2급 2020]

① 비영리내국법인은 각 사업연도 소득과 청산소득에 대하여 납세의무가 있다.
② 영리내국법인은 국외에서 발생한 당해 법인의 소득에 대해서도 납세의무를 진다.
③ 영리외국법인은 국내원천소득에 대해서만 납세의무를 진다.
④ 비영리법인의 경우 법인세법에서 정하는 수익사업에서 생긴 소득에 대하여만 납세의무를 진다.

해설 비영리 내국법인은 청산소득에 대한 납세의무를 지지 않는다.

해답 ①

02 법인세법상 다음 괄호 안에 들어갈 말로 알맞게 짝지어진 것은? [세무회계 3급 2020]

> 내국법인의 각 사업연도 소득에 대한 법인세 과세표준은 각 사업연도의 소득의 범위 안에서 이월결손금, (　　)과 (　　)을 순차적으로 공제하여 계산한다.

① 비과세소득, 소득공제
② 비과세소득, 세액공제
③ 소득공제, 비과세소득
④ 소득공제, 세액감면

해설 이월결손금, 비과세소득, 소득공제액을 순차적으로 공제하여 계산한다.

해답 ①

03 다음 중 법인세법상 과세소득을 모두 고르시오.

> ㄱ. 각 사업연도 소득　　ㄴ. 토지등 양도소득
> ㄷ. 청산소득　　　　　　ㄹ. 미환류소득

① ㄱ, ㄴ, ㄷ
② ㄱ, ㄷ, ㄹ
③ ㄴ, ㄷ, ㄹ
④ ㄱ, ㄴ, ㄷ, ㄹ

해설 법인세법상 과세소득은 각 사업연도소득, 토지등 양도소득, 청산소득, 미환류소득 4가지가 있다.

해답 ④

04 법인세법상 납세의무자에 대한 설명으로 옳지 않은 것은? [국가직 9급 2013]

① 영리내국법인은 각 사업연도 소득(국내외원천소득), 청산소득, 미환류소득, 토지등 양도소득에 대한 법인세 납세의무가 있다.
② 비영리내국법인은 국내원천소득 중 일정한 수익사업에서 발생한 소득과 청산소득, 미환류소득에 대한 법인세 납세의무가 있다.
③ 영리외국법인은 각 사업연도 소득(국내원천소득), 토지 등 양도소득에 대한 법인세 납세의무가 있다.
④ 국가 및 지방자치단체에 대하여는 법인세를 부과하지 않는다.

> **해설** 비영리내국법인의 경우 청산소득과 미환류소득에 대해서는 법인세 납세의무가 없다.
>
> **해답** ②

05 법인세법상 소득처분에 대한 설명으로 옳지 않은 것은? [국가직 9급 2014]

① 외국법인의 국내사업장의 각 사업연도의 소득에 대한 법인세의 과세표준을 신고하거나 결정 또는 경정함에 있어서 익금에 산입한 금액이 그 외국법인 등에 귀속되는 소득은 기타사외유출로 처분한다.
② 익금에 산입한 금액이 사외에 유출된 것이 분명한 경우에 그 귀속자가 사업을 영위하는 개인의 경우에는 상여로 처분한다.
③ 법인세를 납부할 의무가 있는 비영리내국법인과 비영리외국법인에 대하여도 소득처분에 관한 규정을 적용한다.
④ 익금에 산입한 금액의 귀속자가 임원 또는 직원인 경우에는 그 귀속자에 대한 상여로 처분한다.

> **해설** 익금에 산입한 금액이 사외에 유출된 것이 분명한 경우에 그 귀속자가 사업을 영위하는 개인의 경우에는 기타사외유출로 처분한다.
>
> **해답** ②

06 법인세법상 소득처분에 대한 설명으로 옳은 것은? [국가직 7급 2012]

① 배당, 상여 및 기타사외유출로 소득처분하는 경우 당해 소득처분하는 법인에게는 원천징수의무가 있다.
② 업무무관자산에 대한 지급이자의 손금불산입액은 기타사외유출로 소득처분한다.
③ 채권자가 불분명한 사채이자에 대한 원천징수세액 상당액은 상여로 소득처분한다.
④ 익금산입한 금액의 귀속자가 법인의 출자임원인 경우에는 그 귀속자에 대한 배당으로 소득처분한다.

> **해설** ① 배당, 상여 및 기타소득으로 소득처분하는 경우 당해 소득처분하는 법인에게는 원천징수의무가 있다.
> ③ 채권자가 불분명한 사채이자에 대한 원천징수세액 상당액은 기타사외유출로 소득처분한다.
> ④ 익금산입한 금액의 귀속자가 법인의 출자임원인 경우에는 그 귀속자에 대한 상여로 소득처분한다.
>
> **해답** ②

07 다음 중 법인세법상 결산에 반영하지 않은 경우에는 손금으로 계상할 수 없는 항목으로만 묶인 것은?
[세무회계 3급 2023]

> 가. 화재로 파손된 고정자산의 평가손실
> 나. 업무용승용차의 감가상각비
> 다. 퇴직연금충당금
> 라. 채무자의 파산으로 회수할 수 없는 채권

① 가, 나
② 가, 라
③ 나, 다
④ 나, 라

해설 나, 다는 강제 신고조정사항이며, 화재 등으로 인한 고정자산의 평가손실과 채무자의 파산으로 회수할 수 없는 채권은 그 사유가 발생한 사업연도에 손비로 계상하여야 손금으로 인정된다.

해답 ②

08 다음 중 법인세법상 소득의 귀속자에게 사후관리(소득세 부과)를 하지 않는 소득처분은 무엇인가?
[세무회계 2급 2020]

① 배당
② 상여
③ 기타사외유출
④ 기타소득

해설 기타사외유출은 이미 각 사업연도소득 또는 사업소득에 포함되어 있으므로 추가적인 과세는 없음

해답 ③

09 법인세법상 내국법인의 소득처분에 대한 설명으로 옳지 않은 것은? [국가직 7급 2018]

① 대표자가 2명 이상인 법인에서 익금에 산입한 금액이 사외에 유출되고 귀속이 불분명한 경우에는 사실상의 대표자에게 귀속된 것으로 본다.
② 익금에 산입한 금액이 사외에 유출되지 아니한 경우에는 사내유보로 처분한다.
③ 세무조사가 착수된 것을 알게 된 경우로 경정이 있을 것을 미리 알고 법인이 국세기본법 제45조의 수정신고 기한 내에 매출누락 등 부당하게 사외 유출된 금액을 익금에 산입하여 신고하는 경우의 소득처분은 사내유보로 한다.
④ 사외 유출된 금액의 귀속자가 불분명하여 대표자에게 귀속된 것으로 보아 대표자에 대한 상여로 처분한 경우 해당 법인이 그 처분에 따른 소득세를 대납하고 이를 손비로 계상함에 따라 익금에 산입한 금액은 기타사외유출로 처분한다.

해설 법인이 수정신고 기한 내에 매출누락 등 부당하게 사외 유출된 금액을 익금에 산입하여 신고하는 경우의 소득처분은 사내유보로 한다. 다만, 경정이 있을 것을 미리 알고 수정신고를 한 경우는 제외한다.

해답 ③

10 다음 법인세법상 익금산입(손금불산입)한 금액이 사외로 유출되었으나 그 귀속자가 불분명한 경우 이에 대한 소득처분은? [세무회계 3급 2020]

① 대표자상여 ② 배당
③ 유보   ④ 기타사외유출

> 해설 사외유출된 것은 분명하나 그 귀속자가 불분명한 경우 대표자에 대한 상여로 처분한다.

해답 ①

11 다음 중 법인세법상 소득처분에 대한 설명으로 잘못된 것은? [세무회계 3급 2020]

① 익금에 산입한 금액이 사외에 유출되지 아니하면 상여로 본다.
② 소득의 귀속자가 임직원이 아닌 개인주주이면 소득처분은 배당이다.
③ 기업업무추진비의 손금한도액을 초과하여 손금불산입한 금액의 소득처분은 기타사외유출이다.
④ 소득의 귀속자가 내국법인인 경우 기타사외유출로 처분한다.

> 해설 익금에 산입한 금액이 사외에 유출되지 아니한 경우에는 사내유보이다.

해답 ①

12 다음 중 법인세법상 세무조정이 손금산입인 경우 이와 관련된 소득처분은? [세무회계 3급 2020]

① 배당   ② 상여
③ 기타사외유출 ④ △유보

> 해설 배당, 상여, 기타사외유출은 익금산입에 대한 소득처분이다.

해답 ④

13 법인세법상 소득처분에 관한 설명으로 옳지 않은 것은? [국가직 7급 2014]

① 사외유출이란 손금산입·익금불산입한 금액에 대한 소득처분으로 그 금액이 법인 외부로 유출된 것이 명백한 경우 유출된 소득의 귀속자에 대하여 관련되는 소득세를 징수하기 위하여 행한다.
② 세무조정으로 증가된 소득의 귀속자가 국가·지방자치단체인 경우 기타사외유출로 소득처분하고 그 귀속자에 대하여 소득세를 과세하지 않는다.
③ 당기에 유보로 소득처분된 세무조정사항이 발생하게 되면 당기 이후 추인될 때까지 이를 자본금과적립금조정명세서(을)에 사후관리 하여야 한다.
④ 손금산입·익금불산입으로 세무조정한 금액 중 유보가 아닌 것은 기타로 소득처분하며 별도로 사후관리하지 아니한다.

해설 사외유출이란 익금산입·손금불산입한 금액에 대한 소득처분으로 그 금액이 법인 외부로 유출된 것이 명백한 경우 유출된 소득의 귀속자에 대하여 관련되는 소득세를 징수하기 위하여 행한다.

  ①

14 다음 중 법인세법상 세무조정 및 소득처분에 관한 설명으로 가장 옳지 않은 것은? [세무회계 3급 2023]

① 신고조정사항은 손금산입시기를 조정할 수 없으나, 결산조정사항은 손금산입시기를 조정할 수 있다.
② 익금에 산입한 금액이 사외에 유출되지 아니한 경우에는 유보로 처분한다.
③ 천재지변 또는 기타 불가항력으로 장부 등이 멸실되는 경우를 제외하고 추계조사에 의하여 결정된 과세표준과 법인세비용차감전당기순이익과의 차액은 대표자에 대한 상여로 처분한다.
④ 사외유출된 소득의 귀속자가 주주이며 임원인 경우에는 배당으로 처분한다.

해설 사외유출된 소득의 귀속자가 주주이며 임원인 경우에는 상여로 처분한다.

 ④

입법취지로 배우는 세무입문

제2장 익금회계와 손금회계

제1절 익금회계

Ⅰ. 익금의 개념

익금이란 해당 법인의 순자산을 증가시키는 거래로 인하여 발생하는 수익으로서, 자본 또는 출자의 납입 및 법인세법에서 규정하는 익금불산입항목을 제외한 금액을 말한다. 이와 같이 법인세법에서는 익금의 개념과 범위를 순자산증가설에 따른 포괄주의 과세방식을 채택하여 규정하고 있다. 즉, 법인세법에서 제시하고 있는 익금항목은 예시에 불과하며, 이 외의 순자산증가분 중 익금의 개념에 부합하는 금액은 모두 익금에 포함한다.

Ⅱ. 익금항목

법인세법에 규정된 대표적인 익금항목은 다음과 같다.

① 사업수입금액
② 자산의 양도가액
③ 자산의 임대료
④ 자산의 평가이익
⑤ 자산수증이익과 채무면제이익
⑥ 손금에 산입한 금액 중 환입된 금액
⑦ 유가증권의 저가양수에 따른 시가와 매입가액의 차액
⑧ 임대보증금 등에 대한 간주임대료
⑨ 의제배당
⑩ 그 밖의 수익으로서 그 법인에 귀속되었거나 귀속될 금액(순자산증가설)

1 사업수입금액

사업수입금액이란 기업회계상 매출액과 동일한 개념으로, 한국표준산업분류에 의한 각 사업에서 생기는 수입금액으로서 매출에누리금액 및 매출할인금액을 제외한 금액을 말한다. 사업수입금액이 익금항목인 것에 대응하여 판매한 상품·제품에 대한 원재료의 매입가액(매입에누리금액과 매입할인금액 제외)과 그 부대비용은 손금항목이다.

 자산의 양도가액

자산의 양도가액이란 사업수입금액에 해당하지 않는 것으로서 재고자산 외의 자산의 양도가액을 말한다. 자산의 양도가액이 익금항목인 것에 대응하여 양도한 자산의 양도 당시의 장부가액은 손금항목이다.

 자산의 임대료

자산의 임대료란 임대업을 영위하는 법인 이외의 법인이 자산을 대여하고 얻은 수입금액을 말한다. 참고로 임대업을 영위하는 법인의 임대료는 사업수입금액에 해당한다.

 자산의 평가이익

자산의 평가이익이란 법인의 자산을 시가로 평가할 때 평가액이 장부가액을 초과하는 경우 발생하는 그 초과액을 말한다. 이러한 자산의 평가이익은 법인의 순자산을 증가시키므로 익금항목에 해당한다. 그런데 모든 자산의 평가이익과 이에 대응하는 자산의 평가손실을 익금과 손금으로 인정하면, 법인이 자산을 임의로 평가하여 과세소득을 조작할 수 있는 여지가 생긴다. 따라서 법인세법에서는 법인의 자의적인 과세소득 조작을 방지하기 위해 자산의 평가이익을 다시 익금불산입항목으로 규정하여 익금항목으로 인정하지 않고 있다.

다만, 보험업법이나 그 밖의 법률에 따라 자산을 평가하는 경우에 발생하는 평가이익에 한해서는 익금항목으로 인정하고 있다. 이는 기업회계상 보험업 등의 업종별 특수성을 수용한 예외적인 규정으로, 평가이익에 대응하는 평가손실은 손금항목으로 인정되지 않는다는 점에 유의해야 한다.

 자산수증이익과 채무면제이익

타인으로부터 무상으로 증여받은 자산의 가액을 자산수증이익이라 하며, 채무의 면제 또는 소멸로 인하여 생기는 부채의 감소액을 채무면제이익이라 한다. 이러한 자산수증이익과 채무면제이익은 법인의 순자산을 증가시키므로 익금항목에 해당한다.

다만, 법인이 자산수증이익(국고보조금 제외)과 채무면제이익을 이월결손금의 보전에 충당한 경우 법인세법에서는 이를 익금의 범위에서 제외되는 자본거래의 성격으로 보아 그 충당한 금액을 익금불산입항목으로 규정하고 있다. 여기서 이월결손금의 보전에 충당한 경우란 법인이 자산수증이익이나 채무면제이익을 기업회계기준에 따라 결산서에 수익으로 계상하고 해당 금액을 자본금과 적립금조정명세서(갑) 서식의 보전 란에 기재하여 이월결손금의 보전에 충당한다는 뜻을 표시하는 것을 말한다.

 손금에 산입한 금액 중 환입한 금액

손금에 산입한 금액 중 환입한 금액이란 해당 사업연도 이전에 손금으로 인정받은 금액이 해당 사업연도에 환입된 금액을 말한다. 당초 법인의 순자산을 감소시킨 것으로 인정된 손금산입액의 환입은 법인의 순자산을 증가시킨 것으로 인정되기 때문에 익금항목에 해당한다.

반면, 세금의 환급과 같이 해당 사업연도 이전에 손금으로 인정받지 못한 금액이 해당 사업연도에 환입된 금액은 동일한 소득에 대한 이중과세를 방지하기 위해 익금불산입항목으로 규정하고 있다. 법인세법에서는 이를 이월익금이라 한다.

 유가증권의 저가양수에 따른 시가와 매입가액의 차액

법인이 자산을 시가보다 저렴한 가격에 매입하는 경우, 즉 자산의 저가양수 시에는 해당 양수가액이 곧 자산의 취득가액이 되기 때문에 세무조정 문제가 발생하지 않는다. 법인이 자산의 저가양수를 통해 얻은 이익은 해당 자산을 처분할 때 상대적으로 낮은 취득가액과 양도가액의 차이인 처분이익으로 실현되어 과세되기 때문에, 자산의 취득시점에는 세무상 문제가 발생하지 않는 것이 일반적이다.

다만, 법인세법에서는 특수관계인인 개인으로부터 유가증권을 시가보다 낮은 가액으로 매입하는 경우, 즉 유가증권의 저가양수 시에는 시가와 그 매입가액의 차액을 익금항목으로 보아 처분시점이 아닌 취득시점에 미리 과세하도록 규정하고 있다. 이는 개인이 특수관계에 있는 법인에 대한 유가증권의 저가양도를 상속세·증여세를 회피하는 수단으로 악용하는 것을 방지하기 위해 도입된 규정이다.

구 분	세 무 조 정	자산의 취득가액
(1) 특수관계인인 개인으로부터 유가증권을 저가로 매입하는 경우	매입가액과 시가와의 차액을 익금에 산입함	시가
(2) 그 밖의 경우 1) 특수관계인인 개인이 아닌 자로부터 유가증권을 저가로 매입하는 경우 2) 유가증권이 아닌 그 밖의 자산을 저가로 매입하는 경우	세무조정 없음	매입가액

제2장 익금회계와 손금회계

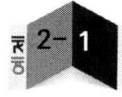 **2-1 유가증권의 저가양수에 따른 시가와 매입가액의 차액**

다음 자료를 바탕으로 ㈜A의 제10기와 제11기에 각각 필요한 세무조정(소득처분)을 하시오.

1. 주권비상장법인인 ㈜A는 제10기에 특수관계인에 해당하는 주주 甲으로부터 시가 5억원인 유가증권을 3억원에 취득하고 다음과 같이 회계처리하였다.
   (차) 단기매매증권　　　　　　　300,000,000　　(대) 현　　　금　　　　　　　300,000,000
2. ㈜A가 보유하고 있는 유가증권의 제10기말 시가는 장부가액과 일치하였다.
3. ㈜A는 제11기에 해당 유가증권을 6억원에 처분하고 다음과 같이 회계처리하였다.
   (차) 현　　　금　　　　　　　600,000,000　　(대) 단기매매증권　　　　　　　300,000,000
   　　　　　　　　　　　　　　　　　　　　　　　　단기매매증권처분이익　　　300,000,000

해답

1. 취득 시(제10기) 세무조정
   〈익금산입〉 단기매매증권　　200,000,000 (유보)

2. 처분 시(제11기) 세무조정
   〈익금불산입〉 단기매매증권　　200,000,000 (△유보)

만일 위의 예제에서 ㈜A가 취득한 자산이 특수관계 있는 개인이 아닌 자로부터 저가로 매입한 유가증권이거나 유가증권이 아닌 그 밖의 자산인 경우에는 세무조정이 발생하지 않는다. 한편, 위의 예제를 다음과 같이 분석해 보면 법인의 유가증권 저가양수에 따른 이익을 취득시점에 세무조정을 하지 않더라도 처분시점에 처분이익으로 적절히 과세가 되고 있음을 알 수 있다. 즉, 이 규정은 추가적인 과세소득의 창출이 아니라 단지 과세시점을 유가증권의 처분시점에서 취득시점으로 당긴, 조기과세효과만 가져오는 특징을 갖고 있다.

구　분	취득시점(제10기) 과세소득	처분시점(제11기) 과세소득	합　계
취득 시 세무조정 ×	－	3억원 (단기매매증권처분이익 3억원)	3억원
취득 시 세무조정 ○	2억원 (익금산입 2억원)	1억원 (단기매매증권처분이익 3억원－익금불산입 2억원)	3억원

 8 임대보증금 등에 대한 간주임대료

(1) 개　념

부동산임대의 계약유형은 임대료만 받는 경우(월세), 임대보증금과 임대료를 받는 경우, 임대보증금만 받는 경우(전세)로 구분할 수 있다. 임대료는 법인의 순자산을 증가시키므로 익금항목에 해당하지만, 임대보증금은 계약이 종료될 때 임차인에게 돌려주어야 하므로 익금이 아닌 부채에 해당한다. 이에 따라 임대료만 받는 경우가 임대보증금만 받는 경우에 비해 세부담이 커질 수 있는데, 법인세법에서는 계약유형과 무관하게 부동산임대에 따른 세부담을 공평하게 하고자 임대보증금 등에 일정한 이자율을 곱하여 계산한 금액을 임대료로 보아 과세하도록 규정하고 있다. 이를 임대보증금 등에 대한 간주임대료라 한다.

의제·간주 및 추정

① 의제·간주

의제 또는 간주는 법률용어로서 유사하거나 이질적인 사건들을 특정한 사건과 동일한 효과를 가져 오게 하는 경우 사용되며, 이를 번복하기 위한 반대의 입증을 하더라도 법률적 효력에 변화를 가져오지 않는 특징을 갖고 있다. 법인세법상 '임대보증금 등에 대한 간주임대료'가 대표적인 예이다. 법인세법에서는 임대료는 아니지만 임대보증금에 이자율을 곱한 금액을 임대료와 동일시하여 과세하는데, 이를 간주임대료라 하는 것이다. 법인이 간주임대료에 대해 임대료가 아니라는 반대의 입증을 하더라도 이를 번복할 수 없다.

② 추정

추정은 의제나 간주와 달리 이를 번복하기 위한 반대의 입증을 하게 되면, 당초 추정에 따른 법률적 효과가 상실되는 특징을 갖고 있다. 상속세 및 증여세법상 '배우자 등에게 양도한 재산의 증여 추정'이 대표적인 예이다. 상속세 및 증여세법에서는 증여는 아니지만 배우자에게 재산을 양도하는 것에 대해 증여로 추정하여 양도소득세가 아닌 증여세를 과세한다. 다만, 양도인이 배우자에게 재산을 양도한 것이 명백하며 해당 양도가 증여가 아니라는 반대의 입증을 할 경우에는 번복이 가능하다. 이 경우 추정에 따라 과세된 증여세는 취소되고 양도소득세가 과세된다.

(2) 유 형

1) 일반적인 경우

일반적인 경우 임대보증금 등에 대한 간주임대료 규정이 적용되는 대상법인은 차입금 과다법인으로서 부동산임대업을 주업으로 하는 영리내국법인이다. 여기서 차입금 과다법인이란 차입금적수가 자기자본적수보다 2배를 초과하는 법인을 말한다. 대상법인은 부동산 등을 대여하고 받은 임대보증금 등에서 발생한 이자수익이 해당 임대보증금 등에 정기예금이자율을 곱한 금액보다 적은 경우 그 차이를 익금에 산입해야 한다.

적수의 개념과 계산방법

구 분	내 용
개 념	적수는 일일 잔액의 합계를 말한다. 이는 임대보증금 등에 대한 간주임대료, 지급이자 손금불산입, 가지급금 인정이자 등 법인세법상 여러 이자를 계산하기 위해 필요한 개념이다. 이자는 예금의 연평균잔액(평잔)에 연이자율을 곱하여 계산하는데, 여기서 연평균잔액이란 적수를 365일(윤년의 경우 366일)로 나눈 금액을 말한다.
계 산 방 법	적수는 초일산입·말일불산입 원칙에 따라 계산한다. 예를 들어, 법인이 예금 1억원을 11월 25일에 예치하고 12월 15일에 인출했다면, 초일(11월 25일)은 산입하고 말일(12월 15일)은 불산입하여 일수는 총 20일(=6일(11월)+14일(12월))이 된다. 따라서 해당 예금의 적수는 1억원에 20일을 곱한 20억원이 된다.

2) 추계조사에 따른 결정·경정의 경우

법인이 법인세 신고를 하지 않거나 잘못 신고한 경우 과세당국이 직접 과세표준과 세액을 정할 수 있는데, 이를 결정 또는 경정이라 한다. 과세당국이 결정·경정을 할 때에는 법인의 장부나 그 밖의 증명서류를 바탕으로 행하는 실지조사에 따르는 것이 원칙이다.

그러나 장부나 그 밖의 증명서류가 없거나 미비하여 소득금액을 계산할 수 없는 경우에는 소득금액을 추정하여 계산한 것을 바탕으로 행할 수밖에 없는데, 이를 추계조사에 따른 결정·경정이라고 한다. 추계조사에 따른 결정·경정의 경우 임대보증금에 대한 간주임대료 규정이 적용되는 대상

법인은 모든 법인으로 확대된다. 또한 해당 임대보증금 등에서 발생한 이자수익은 장부나 그 밖의 증명서류에 의해 확인되지 않기 때문에, 추계조사에 따른 결정·경정의 경우에는 이를 고려하지 않고 임대보증금 등에 정기예금이자율을 곱한 금액 전액을 익금에 산입하여 과세한다.

 9 의제배당

(1) 개 념

의제배당이란 실질배당(현금배당)과 같은 배당절차를 거치지는 않지만 그 경제적인 효과가 실질배당과 동일한 경우, 즉 법인의 이익이 주주 등에게 귀속되는 경우 이를 배당으로 보는 것을 말한다. 의제배당은 법인의 순자산을 증가시키므로 익금항목에 해당한다. 이는 조세를 부과하고 징수하거나 납세의무를 부담함에 있어서 법적 형식과 경제적 실질이 다른 경우 경제적 실질에 따라 과세하는 실질과세 원칙을 구현하여 조세회피를 방지하려는데 그 취지가 있다.

참고로 의제배당에서 말하는 법인은 주식을 발행하여 의제배당을 주는 법인(주식발행법인)과 해당 주식을 취득하여 의제배당을 받는 법인(법인주주)으로 구분되는데, 세무조정이 필요한 법인은 후자인 법인주주이다.

(2) 유 형

1) 잉여금의 자본전입으로 인한 의제배당

　① 개 념

　　주식발행법인이 주주에게 실질적인 대가 없이 주식을 교부할 수 있는 방법으로는 무상주교부와 주식배당이 있다. 무상주교부란 주식발행법인이 자본잉여금(자본준비금)이나 이익잉여금 중 법정적립금(이익준비금)을 자본에 전입하여 주주 등에게 주식을 교부하는 것을 말하며, 이때의 주식을 무상주라 한다. 주식배당이란 주식발행법인이 이익잉여금 중 임의적립금이나 미처분이익잉여금을 자본에 전입하여 주주 등에게 주식을 교부하는 것을 말한다.

 무상주교부(상법 제461조의2)

> 회사는 적립된 자본준비금(자본잉여금) 및 이익준비금(이익잉여금 중 법정적립금)의 총액이 자본금의 1.5배를 초과하는 경우에 주주총회의 결의에 따라 그 초과한 금액 범위에서 자본준비금과 이익준비금을 감액할 수 있다.

　② 세무조정

　　주식발행법인 입장에서는 이러한 무상주교부나 주식배당이 재무상태표상 자본계정의 재분류 거래에 불과하기 때문에 과세문제가 발생하지 않는다. 그러나 법인주주의 입장에서는 무상주수령이나 주식배당의 효과가 실질배당과 동일하기 때문에, 법인세법에서는 이를 의제배당으로 보아 익금에 산입하도록 규정하고 있다. 기업회계상 무상주수령이나 주식배당은 회계처리의 대상이 되지 않으므로, 법인주주는 반드시 세무상 의제배당액 전액을 익금산입하고 유보로 소득처분해야 한다.

③ 예 외

주식발행법인 단계에서 법인세가 과세되지 않은 자본잉여금, 즉 익금불산입항목인 자본잉여금을 자본에 전입하여 주식을 지급한 경우 해당 무상주교부는 의제배당으로 보지 않는다. 왜냐하면 법인세법상 의제배당을 통해 과세하고자 하는 잉여금이란 주식발행법인 단계에서 각 사업연도 금액을 구성하여 법인세가 과세된 잉여금을 말하기 때문이다. 참고로 익금불산입항목인 자본잉여금의 자본전입 중에서도 다음의 경우에는 법인세 회피를 방지하고자 예외적으로 의제배당으로 보아 과세한다.

① 소각 당시 시가가 취득가액을 초과하거나 소각일로부터 2년 이내에 자기주식소각이익(익금불산입항목인 자본잉여금에 해당함)을 자본에 전입하는 경우
② 주식발행법인이 자기주식을 보유한 상태에서 익금불산입항목인 자본잉여금을 자본에 전입함에 따라 법인주주의 지분비율이 증가한 경우

참고 잉여금의 자본전입으로 인한 의제배당 여부의 판정기준

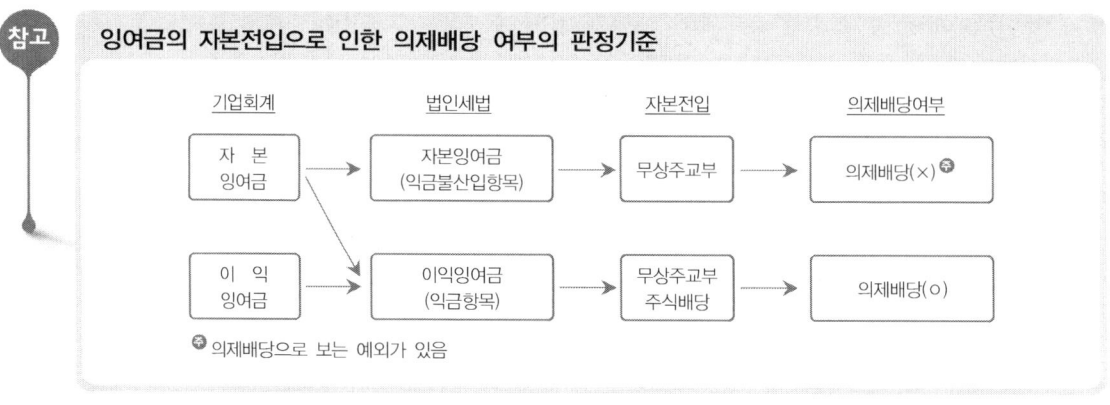

❸ 의제배당으로 보는 예외가 있음

2) 주식의 소각 등에 의한 의제배당

① 개 념

주식의 소각, 자본의 감소, 사원의 퇴사·탈퇴 또는 출자의 감소로 인하여 주주 등이 취득하는 금전과 그 밖의 재산가액의 합계액이 주주 등이 해당 주식 등을 취득하기 위하여 사용한 금액을 초과하는 금액은 의제배당에 해당한다. 법인세법에서 이를 의제배당으로 보는 이유는 주식의 소각 등의 거래로 발생하는 효과가 그동안 분배되지 않은 주식발행법인의 이익이 주식발행법인과의 관계가 마무리되는 과정에서 주주에게 귀속되는 것과 동일하기 때문이다.

② 세무조정

주식의 소각 등의 거래가 발생하면 기업회계상 해당 주식을 처분하는 회계처리에 따라 결산서에 해당 주식 등의 처분손익이 계상된다. 따라서 법인주주는 세무상 의제배당액 전액을 세무조정하는 것이 아니라 세무상 의제배당액과 결산서상 처분손익 간의 차이를 세무조정하고 유보(또는 △유보)로 소득처분해야 한다.

(3) 계 산

유 형	의제배당액
1) 잉여금의 자본전입으로 인한 의제배당	무상주식수 × 1주당 가액
2) 주식의 소각 등에 의한 의제배당	취득한 금전과 그 밖의 재산가액 − 구주식 등의 취득가액

Ⅲ. 익금불산입항목

익금불산입항목이란 법인의 순자산을 증가시키지만 법인세법상 익금으로 보지 않는 항목을 말한다. 법인세법에 규정된 대표적인 익금불산입항목은 다음과 같다.

① 자본거래에서 발생한 금액
② 수입배당금액의 대한 익금불산입
③ 이월익금
④ 국세·지방세 과오납금의 환급금에 대한 이자(국세환급가산금, 지방세환급가산금)
⑤ 부가가치세 매출세액
⑥ 상법에 따라 자본준비금을 감액하여 받는 배당(의제배당에 해당하는 자본준비금의 감액은 제외)

1 자본거래에서 발생한 금액

자본거래란 증자, 감자, 주식의 할증발행, 자기주식의 거래 등과 같이 법인의 자본금 및 자본잉여금을 증감시키는 주주 등과의 거래를 말한다. 이는 당기순이익을 통해 이익잉여금을 증감시키는 손익거래와 대응되는 개념이다.
법인세법에서는 자본·출자의 납입을 법인의 순자산을 증가시키는 거래임에도 익금에서 제외하는 것처럼 다음의 자본거래를 익금불산입항목으로 규정하고 있다.

① 주식발행액면초과액(무액면주식의 경우에는 발행가액 중 자본금으로 계상한 금액을 초과하는 금액)
② 주식의 포괄적 교환차익과 포괄적 이전차익
③ 감자차익(자기주식소각이익 포함)
④ 합병차익과 분할차익

2 수입배당금액에 대한 익금불산입

(1) 개 념

법인이 주주에게 배당을 하게 되면 동일한 소득에 대해 두 번 과세되는 이중과세의 문제가 발생한다. 즉, 배당금을 지급하는 법인단계에서는 배당의 원천인 이익에 대해 법인세가 과세되고, 배당금을 지급받는 주주단계에서는 법인의 이익이 귀속되어 얻은 배당소득에 대해 다시 법인세(법인주주의 경우) 또는 소득세(개인주주의 경우)가 과세된다.

세법에는 배당소득에 대한 이중과세의 문제를 해소하기 위하여 주주단계에서 조정하는 방안으로 법인주주에 대한 수입배당금액의 익금불산입 제도(법인세법)와 개인주주에 대한 배당가산(Gross-up)제도(소득세법)를 규정하고 있다. 여기서 수입배당금액의 익금불산입 제도란 법인주주의 각 사업연도 소득금액을 산정함에 있어 배당소득금액 중 일정금액을 익금불산입하여 배당소득금액에서 차감함으로써 이중과세를 조정하는 방식을 말한다.

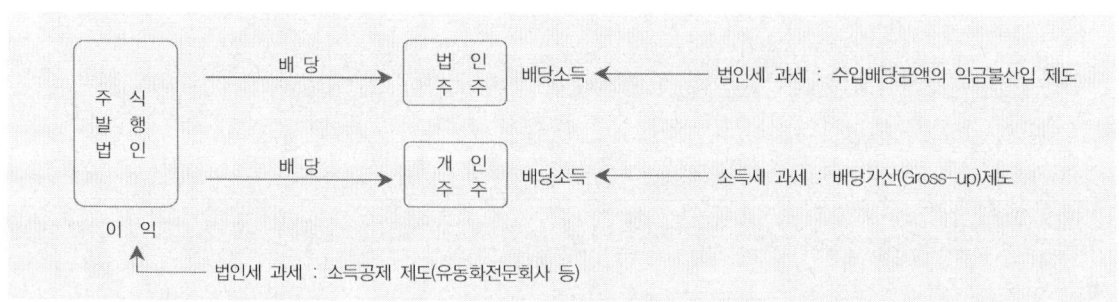

(2) 유 형

1) 지주회사 수입배당금액의 익금불산입

지주회사가 자회사로부터 배당을 받은 경우 수입배당금액 중 일정금액에 대해서는 익금불산입하고 기타로 소득처분한다. 여기서 수입배당금액은 실지배당(현금배당)뿐만 아니라 법인세법에 따른 의제배당까지 포함한 금액을 말한다. 이러한 지주회사 수입배당금액의 익금불산입액은 배당금을 지급한 자회사별로 각각 계산한다.

다만, 다음에 해당하는 수입배당금액에 대해서는 지주회사 수입배당금액의 익금불산입 규정을 적용하지 않는다.

구 분	내 용
이중과세 문제 없음	법인세법 등에 따라 주식발행법인 단계에서 지급한 배당에 대하여 소득공제되거나 법인세가 비과세·면제 또는 감면되는 다음의 법인으로부터 받은 수입배당금액 ① 법인세법상 소득공제를 적용받은 법인(유동화전문회사·투자회사 등) ② 조세특례제한법상 세액감면을 적용받은 법인(감면율이 100%인 사업연도에 한함) ③ 유상감자 시 주식 취득가액 초과금액 및 자기주식이 있는 상황에서 자본잉여금의 자본전입으로 인해 발생하는 이익 ④ 3% 재평가적립금(합병·분할차익 중 승계된 금액 포함)을 감액하여 받은 배당
기 타	배당기준일 전 3개월 이내에 취득한 주식 등을 보유함으로써 발생하는 수입배당금액

2) 일반법인 수입배당금액의 익금불산입

일반법인(비영리내국법인 제외)이 주식발행법인으로부터 배당을 받은 경우 수입배당금액 중 일정금액에 대해서는 익금불산입하고 기타로 소득처분한다. 여기서 수입배당금액은 실지배당뿐만 아니라 법인세법에 따른 의제배당까지 포함한 금액을 말한다. 이러한 일반법인 수입배당금액의 익금불산입액은 배당금을 지급한 주식발행법인별로 각각 계산한다.

다만, 다음에 해당하는 수입배당금액에 대해서는 일반법인 수입배당금액의 익금불산입 규정을 적용하지 않는다.

구 분	내 용
이중공제방목	지주회사 수입배당금액의 익금불산입 규정을 적용받는 수입배당금액 ➡ 따라서 상기의 익금불산입 규정을 적용받지 못한 지주회사의 경우 일반법인 수입배당금액의 익금불산입 규정을 적용받을 수 있다.
이중과세문제없음	법인세법 등에 따라 주식발행법인 단계에서 지급한 배당에 대하여 소득공제되거나 법인세가 비과세·면제 또는 감면되는 다음의 법인으로부터 받은 수입배당금액 ① 법인세법상 소득공제를 적용받은 법인(유동화전문회사·투자회사 등) ② 조세특례제한법상 세액감면을 적용받은 법인(감면율이 100%인 사업연도에 한함) ③ 유상감자 시 주식 취득가액 초과금액 및 자기주식이 있는 상황에서 자본잉여금의 자본전입으로 인해 발생하는 이익 ④ 3% 재평가적립금(합병·분할차익 중 승계된 금액 포함)을 감액하여 받은 배당
기 타	배당기준일 전 3개월 이내에 취득한 주식 등을 보유함으로써 발생하는 수입배당금액

(3) 계산

```
  익 금 불 산 입 대 상 금 액     수입배당금액 × 익금불산입률❶
(-) 공       제       금       액    지급이자 차감액❷
    익   금   불   산   입   액     익금불산입(기타)
```

❶ 익금불산입률은 지분율에 따라 30%·80%·100%를 적용한다.
❷ 지주회사 또는 일반법인이 각 사업연도에 차입금에 대한 이자를 지급한 경우에는 지급이자 중 다음의 금액을 익금불산입 대상금액에서 공제한다. 이는 지주회사 또는 일반법인이 차입금을 이용하여 출자하는 경우에 불이익을 주기 위함이다.

1) 익금불산입 대상금액

지분비율❸	익금불산입 대상금액
50% 이상	수입배당금액 × 100%
20% 이상 50% 미만	수입배당금액 × 80%
20% 미만	수입배당금액 × 30%

❸ 위 지분비율은 자회사의 배당기준일 현재 3개월 이상 계속하여 보유하고 있는 주식을 기준으로 계산한다.

2) 공제금액

$$공제금액 = 지급이자 \times \frac{자회사\ 또는\ 주식발행법인\ 주식(정부로부터\ 현물출자받은\ 주식\ 제외)가액\ 적수}{지주회사\ 또는\ 일반법인의\ 자산총액\ 적수} \times 익금불산입률$$

예 2-2 이월익금

㈜A는 다음에 열거된 사항을 당기 결산서상 수익으로 계상하고 있다. 전기 세무조정은 적절하게 이행되었다고 가정할 경우 당기 익금불산입액을 계산하시오.

1. 전기 대손충당금 한도초과액의 환입액	15,000,000원
2. 전기에 대손부인된 외상매출금의 당기 회수액	3,000,000원
3. 전기 건물의 화재로 인한 보험차익	10,000,000원

1. 전기 대손충당금 한도초과액의 환입액	15,000,000원
2. 전기에 대손부인된 외상매출금의 당기 회수액	3,000,000원
3. 전연도 건물의 화재로 인한 보험차익 미계상분	10,000,000원
합　　　계	28,000,000원

해설

1. 전기 대손충당금 한도초과액(전기 손금불산입항목)의 환입액을 당기 결산서상 수익으로 계상한 것은 이월익금에 해당한다. 즉, 전기에 손금으로 인정되지 않아 이미 과세가 된 금액을 다시 수익에 계상한 것이므로 이중과세를 방지하기 위해 익금불산입한다.
2. 전기에 대손부인된 외상매출금(전기 손금불산입항목)의 회수액을 당기 결산서상 수익으로 계상한 것은 이월익금에 해당하므로 익금불산입한다.
3. 전기 건물의 화재로 인한 보험차익은 전기의 익금항목에 해당한다. 이를 당기 결산서상 수익으로 계상하였다는 것은 전기 결산서상 수익으로 계상하지 않아 세무상 익금산입을 하였다는 것을 의미한다. 따라서 이는 이월익금에 해당하므로 익금불산입한다.

예 2-3 환급금에 대한 이자

㈜A는 다음에 열거된 사항을 당기 결산서상 수익으로 계상하고 있다. 전기 세무조정은 적절하게 이행되었다고 가정할 경우 당기 세무조정(소득처분)을 하시오.

1. 전기에 납부한 법인세 환급액(국세환급가산금 1,000,000원 포함)	15,000,000원
2. 전기에 납부한 재산세 환급액(지방세환급가산금 1,000,000원 포함)	11,000,000원

1. 전기에 납부한 법인세 환급액
　〈익금불산입〉 법인세 환급액 등　15,000,000 (기타)

2. 전기에 납부한 재산세 환급액
　〈익금불산입〉 지방세환급가산금　1,000,000 (기타)

1. 전기에 납부한 법인세(전기 손금불산입항목)의 환급액을 당기 결산서상 수익으로 계상한 것은 이월익금에 해당하므로 익금불산입한다. 국세환급가산금은 국세 과오납에 대해 과세당국이 지급하는 이자로, 법인세법에서는 보상의 효과를 유지하기 위해 익금불산입항목으로 규정하고 있다. 그런데 국세환급가산금을 당기 결산서상 수익으로 계상하였으므로 익금불산입한다. 한편, 법인세 환급액 등에 대한 세무조정은 사외유출이나 결산서상 순자산가액과 세무상 순자산가액 간의 차이를 유발하지 않으므로 기타로 소득처분한다.
2. 전기에 납부한 재산세(전기 손금항목)의 환급액을 당기 결산서상 수익으로 계상한 것은 이월익금에 해당하지 않으므로, 즉 재산세의 환급액은 익금항목이므로 필요한 세무조정은 없다. 다만, 지방세환급가산금은 익금불산입항목인데 이를 당기 결산서상 수익으로 계상하였으므로 익금불산입한다.

제2절 손금회계

Ⅰ. 손금의 의의

1 손금의 개념

손금은 해당 법인의 순자산을 감소시키는 거래로 인하여 발생하는 손비(손실 또는 비용)의 금액으로서 다음의 것을 제외한 것으로 한다. 손비는 그 법인의 사업과 관련하여 발생하거나 지출된 손실 또는 비용으로서 일반적으로 인정되는 통상적인 것이거나 수익과 직접 관련된 것으로 한다.

① 자본 또는 출자의 환급
② 잉여금의 처분
③ 이 법 및 다른 법률에서 손금이 아닌 것으로 정하는 것(손금불산입항목)

2 비용배분의 원칙

일반적으로 기업은 기간의 정함이 없이 계속해서 경영을 하지만, 경영을 통해 얻은 손익은 주주 등의 의사결정에 도움이 되기 위해 일정한 기간단위(회계기간)로 구분하여 계산·보고된다. 기업회계에서는 기간손익을 정확하게 파악하기 위해 수익과 그 수익을 창출하는 데에 기여한 비용을 동일한 기간에 계상하도록 규정하고 있는데, 이를 수익비용대응의 원칙이라고 한다.

비용은 수익비용대응의 원칙에 따라 발생한 기간에 모두 손익계산서상 비용으로 계상하는 것이 아니라 수익을 창출하는 데에 기여한 기간에 손익계산서상 비용으로 계상한다. 아직 수익을 창출하는 데에 기여하지 못한 비용은 일단 재무상태표상 자산으로 계상한 뒤 이후 수익 창출에 기여하는 기간에 맞춰 판매나 감가상각, 처분 등을 통해 손익계산서상 비용으로 계상한다. 즉, 법인에게 귀속되는 모든 비용은 기업회계기준에 따라 손익계산서상 비용과 재무상태표상 자산으로 구분하여 계상하는데, 이를 비용배분의 원칙이라 한다.

법인세법에서는 비용(손금)을 기업회계상 비용배분의 원칙에 따라 처리하도록 규정하고 있다. 즉, 법인에게 귀속되는 모든 비용은 기업회계기준에 따라 당기에 즉시 손금으로 인정되는 비용과 이후에 감가상각이나 처분 등을 통해 손금으로 인정되는 자산으로 구분하여 경리해야 한다. 구체적으로 비용은 판매비와관리비와 매출원가(제조원가 중 당기 판매분)로 구분할 수 있으며, 자산은 자산취득가액(자산매입부대비용 포함)과 기말재고자산(제조원가 중 당기 미판매분)으로 구분할 수 있다.

참고 **비용배분의 원칙**

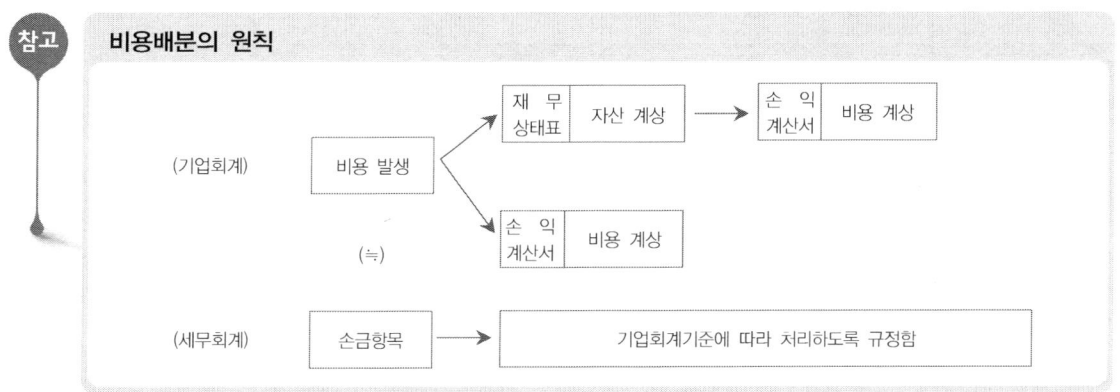

3 손금의 증명서류 수취·보관

(1) 일반적인 손금(기업업무추진비 제외)

법인이 사업자로부터 재화 또는 용역을 공급받고 해당 대가를 지급하는 경우로서 건당 거래금액(부가가치세 포함)이 3만원을 초과하는 경우에는 원칙적으로 신용카드매출전표(직불카드영수증, 기명식선불카드영수증, 직불전자지급수단영수증, 기명식선불전자지급수단영수증, 기명식전자화폐영수증 포함)·현금영수증·세금계산서 또는 계산서를 수취해야 하는데, 이러한 증명서류를 법정증명서류 또는 적격증명서류라 한다. 법정증명서류는 법정신고기한이 지난 날부터 5년간 보관해야 한다.

3만원을 초과하는 일반적인 손금에 대해 법정증명서류를 수취하지 않은 경우에는 법정증명서류미수취가산세(거래금액의 2%)를 적용한다. 다만, 일반적인 손금의 건당 거래금액(부가가치세 포함)이 3만원 이하인 경우에는 임의증명서류(영수증 등)를 수취해도 아무런 제재를 가하지 않는다.

(2) 기업업무추진비

기업업무추진비는 일반적인 손금에 비해 증명서류 수취의무가 더욱 엄격하다. 법인이 기업업무추진비를 지출하는 경우로서 건당 거래금액(부가가치세 포함)이 3만원(경조사비 20만원)을 초과하는 경우에는 법정증명서류를 수취해야 한다.

3만원(경조사비 20만원)을 초과하는 기업업무추진비에 대해 법정증명서류를 수취하지 않은 경우에는 전액을 즉각 손금불산입하고 기타사외유출로 소득처분한다. 다만, 기업업무추진비 건당 거래금액(부가가치세 포함)이 3만원(경조사비는 20만원) 이하인 경우에는 임의증명서류(영수증 등)를 수취해도 직접적인 제재는 받지 않고 기업업무추진비 지출액으로 보아 시부인계산을 한다.

참고 | 손금의 증명서류 수취의무 위반에 따른 제재

법인이 손금에 대하여 법정증명서류 이외의 임의증명서류를 수취하는 경우 적용받게 되는 법인세법상 제재는 다음과 같다. 참고로 건당 거래금액에는 부가가치세를 포함한다.

① 일반적인 손금(기업업무추진비 제외)

구 분	법인세법상 제재
건당 거래금액 3만원 초과	손금으로 인정하되, 지출증명서류미수취가산세(거래금액의 2%) 적용
건당 거래금액 3만원 이하	손금으로 인정하며, 아무런 제재를 받지 않음

② 기업업무추진비

구 분	법인세법상 제재
건당 거래금액 3만원 (경조사비 20만원) 초과	손금불산입(전액 손금으로 인정하지 않음)
건당 거래금액 3만원 (경조사비 20만원) 이하	직접적인 제재는 받지 않고 기업업무추진비 지출액으로 보아 시부인계산을 함

II. 손금항목

법인세법에 규정된 대표적인 손금항목은 다음과 같다.

구 분	내 용
(1) 판매한 상품 또는 제품에 대한 원료의 매입가액과 그 부대비용	① 매입가액에는 매입에누리금액과 매입할인금액을 제외함 ▶ 사업수입금액 : 익금항목 ② 판매한 상품 또는 제품의 보관료, 포장비, 운반비, 판매장려금 및 판매수당 등 판매와 관련된 부대비용(판매장려금 및 판매수당의 경우 사전약정 없이 지급하는 경우 포함)도 손금항목에 해당함
(2) 자산의 양도 당시의 장부가액	▶ 자산의 양도가액 : 익금항목
(3) 인건비	손금항목으로 하는 것을 원칙으로 하되, 제한적으로 열거된 특정 인건비는 손금불산입함 ▶ 내국법인(중소기업 및 중견기업에 한함)이 발행주식총수 또는 출자지분의 100%를 직접 또는 간접 출자한 해외현지법인에 파견된 임원 또는 직원의 인건비를 포함한다.
(4) 자산의 임차료	▶ 자산의 임대료 : 익금항목
(5) 회수할 수 없는 부가가치세 매출세액 미수금	부가가치세법상 대손세액공제를 받지 않은 것에 한함
(6) 자산의 평가손실	법인세법에서는 법인의 자의적인 과세소득 조작을 방지하기 위해 자산의 평가손실을 손금으로 인정하는 몇 가지 예외❸를 제외하고는 손금불산입항목으로 규정하고 있음
(7) 조합 또는 협회비	영업자가 조직한 단체로서 법인이거나 주무관청에 등록된 조합 또는 협회에 지급한 회비 중 조합 또는 협회가 법령 또는 정관이 정하는 바에 따른 정상적인 회비징수 방식에 의하여 경상경비 충당 등을 목적으로 조합원 또는 회원에게 부과하는 회비(경상회비)는 손금항목에 해당한다. 다만, ① 해당 조합 또는 단체에

구 분	내 용
	지급한 경상회비 외의 회비(특별회비)와 ② 영업자가 임의로 조직한 조합 또는 협회에 지급한 회비(경상회비 및 특별회비)는 비지정기부금으로 본다. ▶ 경상회비 외의 회비(종전 특별회비)에 대해서는 법인세법상 규정이 없으나, 해당 조합 또는 협회가 특례기부금단체 또는 일반기부금단체인 경우에는 특례기부금 또는 일반기부금으로 볼 수 있다.
(8) 광고선전목적으로 기증한 물품의 구입비용	불특정다수인에게 기증한 물품의 경우 전액 손금항목에 해당하나, 특정인에게 기증한 물품(개당 3만원 이하의 물품은 제외)의 경우에는 연간 5만원 이내의 금액에 한함
(9) 그 밖의 손금항목	① 장식·환경미화 등을 위해 사무실·복도 등 여러 사람이 볼 수 있는 공간에 상시 비치하는 미술품의 취득가액을 그 취득한 날이 속하는 사업연도의 손금으로 계상한 경우 해당 취득가액(거래단위별로 취득가액이 1,000만원 이하인 것에 한함)
	② 그 밖의 손비로서 그 법인에 귀속되었거나 귀속될 금액

✪ 법인세법에 따라 자산을 평가함에 따라 발생하는 다음의 자산평가손실은 손금항목에 해당한다.

구 분	내 용
① 유형자산 평가손실	① 천재지변·화재·법령에 의한 수용·채굴예정량의 채진으로 인한 폐광의 사유로 인하여 파손·멸실된 유형자산의 장부가액과 정상가액과의 차액. 손금귀속시기는 파손·멸실이 발생한 사업연도뿐만 아니라 확정된 사업연도에도 손금산입이 가능하다.
	② 시설의 개체 또는 기술낙후로 인하여 생산설비의 일부를 폐기한 경우 장부가액에서 1,000원을 공제한 금액
② 재고자산 평가손실	① 재고자산을 저가법으로 평가함에 따라 발생한 평가손실
	② 사업연도 종료일 현재 파손, 부패 등 사유로 인하여 정상가액으로 판매가 불가능한 재고자산의 장부가액과 처분가능가액과의 차액
③ 유가증권 평가손실	① 법소정 주식으로서 해당 주식발행법인이 부도 등이 발생한 경우 해당 주식의 장부가액과 시가(1,000원 이하인 경우에는 1,000원)와의 차액
	② 주식발행법인이 파산한 경우 해당 주식의 장부가액과 시가(1,000원 이하인 경우에는 1,000원)와의 차액

Ⅲ. 손금불산입항목

손금불산입항목이란 법인의 순자산을 감소시키지만 법인세법상 손금으로 보지 않는 항목을 말한다. 법인세법에 규정된 대표적인 손금불산입항목은 다음과 같다. 이 중 ⑤부터 ⑨까지의 손금불산입항목은 관을 달리하여 자세히 살펴보기로 한다.

① 자본거래에서 발생한 금액
② 업무와 관련 없는 비용
③ 업무용승용차 관련비용 중 손금불산입액
④ 징벌적 목적의 손해배상금 등에 대한 손금불산입액
⑤ 인건비 손금불산입액
⑥ 세금과 공과금 손금불산입액
⑦ 기업업무추진비 손금불산입액
⑧ 감가상각비 한도초과액
⑨ 기부금 손금불산입액

자본거래에서 발생한 금액

법인세법에서는 자본·출자의 환급을 법인의 순자산을 감소시키는 거래임에도 손금에서 제외하는 것처럼 다음의 자본거래를 손금불산입항목으로 규정하고 있다.

① 주식할인발행차금
② 잉여금의 처분을 손비로 계상한 금액

 업무와 관련 없는 비용

법인세법에서는 법인의 업무와 직접 관련성이 없는 비용을 억제하기 위해 다음의 비용을 손금불산입항목으로 규정하고 있다.

① 업무무관자산을 취득·관리함으로써 발생하는 비용·유지비·수선비 및 이와 관련되는 비용
② 해당 법인이 직접 사용하지 않고 다른 사람이 주로 사용하는 장소·건축물·물건 등의 유지비·관리비·사용료와 이에 관련되는 지출금
　▶ 직원과 비출자임원(소액주주임원 포함)은 다른 사람의 범위에서 제외됨
③ 법인의 주주인 임원 또는 그 친족이 사용하고 있는 사택의 유지비·사용료와 이에 관련되는 지출금
　▶ 직원과 비출자임원(소액주주임원 포함)이 사용하고 있는 사택의 유지비 등은 손금으로 인정됨
④ 업무무관부동산 등을 취득하기 위해 지출한 자금의 차입과 관련되는 비용
⑤ 해당 법인이 공여한 형법상 뇌물(외국공무원에 대한 뇌물 포함)에 해당하는 금전과 금전 이외의 자산 및 경제적 이익의 합계액
⑥ 노동조합 및 노동관계조정법을 위반하여 노동조합의 전임자에게 지급하는 급여

위 규정에 따라 손금에 산입하지 않은 금액은 기타사외유출로 한다. 다만, 업무와 관련없는 자산을 사용하는 자가 따로 있을 경우에는 다음과 같이 처분한다.

① 출자자(출자임원 제외): 배당
② 직원(임원 포함): 상여
③ 법인 또는 사업을 영위하는 개인: 기타사외유출
④ 위 외의 개인: 기타소득

 업무용승용차 관련비용 중 손금불산입액

법인이 업무에 직접 사용하지 않는 업무용승용차는 업무무관자산에 해당하여 이와 관련된 비용은 손금불산입항목에 해당한다. 그러나 법인의 업무용승용차를 임직원이 사적으로 사용하고 관련 비용을 손금에 산입하더라도 과세당국이 이를 적발하고 입증하기에는 현실적인 어려움이 있고, 일부만 업무에 사용한 경우 명확한 과세기준이 없어 사실상 업무용승용차 관련비용이 제한 없이 손금으로

인정되는 문제가 있었다. 이에 업무용승용차의 사적인 사용을 제한하고 일부 업무용사용에 대한 명확한 과세기준을 마련하기 위해 업무용승용차 관련비용의 손금불산입 등 특례 규정이 도입되었다.

법인이 업무용승용차를 취득하거나 임차하여 해당 사업연도에 손금으로 산입하거나 지출한 감가상각비, 임차료, 유류비 등 업무용승용차 관련비용 중 업무용 사용금액에 해당하지 않는 금액은 해당 사업연도의 소득금액을 계산할 때 손금에 산입하지 않는다. 여기서 업무용승용차란 사적사용의 여지가 많은 개별소비세 과세대상인 승용자동차를 말하며, 다만 운수업이나 자동차판매업 등에서 사업에 직접 사용하는 승용자동차는 제외한다. 한편, 업무용승용차 관련비용을 손금에 산입한 법인은 법인세법에 따라 '업무용승용차 관련비용 등에 관한 명세서[별지 제29호 서식]'를 납세지 관할 세무서장에게 제출해야 한다.

 징벌적 목적의 손해배상금 등에 대한 손금불산입액

법인이 지급한 손해배상금 중 실제 발생한 손해를 초과하여 지급하는 금액으로서 법인세법에 따른 일정금액은 법인의 각 사업연도의 소득금액을 계산할 때 손금에 산입하지 않는다. 이는 손해배상금과 관련된 비용의 손금인정을 합리적으로 조정하기 위하여 도입된 규정이다.

Ⅳ. 인건비

 인건비의 개념

인건비란 법인이 임원과 직원에게 근로를 제공받는 대가로 지급하는 금액을 말하며, 이러한 인건비는 급여·상여금·퇴직급여·복리후생비 등으로 구분된다. 인건비는 법인의 순자산을 감소시키는 사업과 관련된 비용이므로 손금항목에 해당하는 것이 원칙이다. 다만, 법인세법에서는 임원이 권한을 남용하여 인건비를 과다하게 지급받는 경우 등을 제한하기 위해 일부 인건비에 대해서는 손금불산입항목으로 규정하고 있다.

 임원과 직원

임원이란 등기 여부에 관계없이 법인의 회장·사장·부사장·이사장·대표이사·전무이사·상무이사·감사 등의 직무에 종사하는 자를 말한다. 임원은 출자여부에 따라 주주·출자자인 임원과 주주·출자자가 아닌 임원으로 구분하며, 근무상태에 따라 상근임원과 비상근임원으로 구분할 수 있다.

직원이란 임원이 아닌 근로자로서 법인과의 근로계약에 따라 근로를 제공하고 그 대가를 받는 종업원을 말한다. 직원은 출자여부에 따라 주주·출자자인 직원과 주주·출자자가 아닌 직원으로 구분할 수 있다. 참고로 직원과 대비되는 개념으로 사용자라는 것이 있는데, 이는 고용주인 법인을 말한다.

2 인건비의 구분

(1) 급여

임원이나 직원에게 지급하는 급여(임금·급료·보수·수당 등 포함)는 손금항목에 해당한다. 그러나 법인세법에서 규정하는 일부 급여는 손금불산입항목에 해당한다. 예를 들어, 법인이 지배주주인 임원 또는 직원에게 정당한 사유 없이 동일 직위에 있는 지배주주 외의 임원 또는 직원에게 지급하는 금액을 초과하여 보수를 지급한 경우 그 초과금액은 손금불산입한다.

(2) 상여금

임원이나 직원에게 지급하는 상여금은 손금항목에 해당한다. 다만, 임원에게 지급하는 상여금 중 급여지급기준에 정해진 금액을 초과하는 금액은 손금불산입한다. 만약 법인에 급여지급기준이 없는 경우에는 임원에게 지급된 상여금 전액을 손금불산입한다. 여기서 급여지급기준이란 정관·주주총회·사원총회 또는 이사회의 결의에 따라 결정된 급여지급기준을 말한다. 한편, 임원이나 직원에게 이익잉여금 처분에 의해 지급되는 상여금은 자본거래에서 발생한 금액이므로 손금불산입항목에 해당한다.

(3) 퇴직급여

임원이나 직원이 퇴직하는 경우에 지급하는 퇴직급여는 손금항목에 해당한다. 다만, 임원에게 지급하는 퇴직급여 중 법인의 정관이나 정관에서 위임된 퇴직급여지급규정에 정해진 금액을 초과하는 금액은 손금불산입한다. 만약 퇴직급여지급규정이 없는 경우에는 법인세법상 다음 산식에 의한 금액을 임원퇴직급여 한도액으로 한다.

$$\text{임원퇴직급여 한도액} = \text{퇴직 직전 1년간 총급여액}^{①} \times \frac{1}{10} \times \text{근속연수}^{②}$$

① 총급여액은 소득세법에 따른 근로소득을 의미하나 법인세법에 따른 손금불산입액은 제외한다.
② 역년에 의하여 계산한다. 이 경우 1년 미만의 기간은 월수로 계산하되, 1개월 미만의 기간은 이를 산입하지 않는다.

(4) 복리후생비

법인이 임원과 직원을 위하여 지출한 복리후생비는 손금항목에 해당한다. 다만, 다음에 열거된 복리후생비 외의 비용은 손금불산입한다. 여기서 직원에는 파견근로자보호 등에 관한 법률에 따른 파견근로자를 포함한다.

① 직장체육비
② 직장문화비 및 직장회식비
③ 우리사주조합의 운영비
④ 국민건강보험법 및 노인장기요양보험법에 따른 사용자로서 부담하는 보험료 및 부담금
⑤ 영유아보육법에 의하여 설치된 직장어린이집의 운영비
⑥ 고용보험법에 의한 사용자로서 부담하는 보험료
⑦ 사회통념상 타당하다고 인정되는 범위 안에서 지급하는 경조사비 등 그 밖의 위와 유사한 복리후생비

 인건비

다음은 ㈜A의 제10기 사업연도(2025.1.1.~12.31.) 인건비 관련 자료이다. 다음 자료를 이용하여 인건비에 대한 세무조정을 하시오.

1. ㈜A의 포괄손익계산서에 계상된 대표이사 甲의 급여는 72,000,000원이며, 상여금은 40,000,000원이다. 급여지급기준상 임원의 상여금은 급여의 50%이다. ㈜A는 급여와 상여금을 매월 정액으로 지급하고 있다.

2. ㈜A의 임원 중 상무이사 乙이 해당 사업연도 중에 명예퇴직을 하였는데, 회사에서는 이사회의 결의에 따라 퇴직급여로 100,000,000원을 지급하였다. 乙은 퇴직 직전 1년간 지급받은 급여총액은 79,200,000원이며 ㈜A에서 4년 8개월 근무하였다. ㈜A는 퇴직급여지급규정이 제정되어 있지 않으며 퇴직급여충당금도 설정하고 있지 않다(즉, 퇴직급여는 전액 포괄손익계산서상 비용으로 계상됨).

 해답

1. 대표이사 甲의 상여금
  〈손금불산입〉 임원상여금 한도초과액 4,000,000* (상여)
  * 40,000,000원 − 72,000,000원×50% = 4,000,000원

2. 상무이사 乙의 퇴직급여
  ① 법인세법상 임원퇴직급여 한도액* : 79,200,000원 × 10% × $4\frac{8}{12}$ = 36,960,000원
  ② 임원퇴직급여 한도초과액 : 100,000,000원 − 36,960,000원 = 63,040,000원
  ③ 세무조정 : 〈손금불산입〉 임원퇴직급여 한도초과액 63,040,000 (상여)

 해설

1. 대표이사 甲의 급여는 원칙적으로 전액 손금으로 인정되며, 상여금은 급여지급기준이 있으므로 해당 기준에 따른 한도액 내에서 손금으로 인정된다.
2. 상무이사 乙의 퇴직급여는 퇴직급여지급규정이 없으므로 법인세법상 임원퇴직급여 한도액 내에서 손금으로 인정된다.

V. 세금과 공과금

1 세금과 공과금의 의의

세금이란 국가 또는 지방자치단체가 재정수입을 조달할 목적으로 법률에 규정된 과세요건을 충족한 모든 자에게 직접적인 반대급부없이 부과하는 금전급부이며, 공과금이란 국가나 지방자치단체 등 공공단체가 법률 등에 따라 그 구성원에게 강제적으로 부과하는 세금 이외의 공적 부담금을 말한다.

세금과 공과금은 법인의 순자산을 감소시키는 사업과 관련된 비용이므로 손금항목에 해당하는 것이 원칙이다. 다만, 법인세법에서는 정책적 목적 등에 따라 일부 세금과 공과금에 대해서는 손금불산입항목으로 규정하고 있다.

2 세 금

(1) 손금으로 인정되는 세금

다음의 세금은 손금으로 인정된다.

① 취득세
② 재산세·자동차세·종합부동산세, 인지세, 등록면허세, 주민세 등

위 ①의 취득세는 자산의 취득단계에서 지출되는 세금으로, 비용배분의 원칙에 따라 즉시 손금으로 인정되지 않고 일단 자산으로 계상하여 자산의 취득원가에 포함된 후 감가상각이나 처분을 통해 손금으로 인정된다. 위 ②의 세금은 지출 즉시 손금으로 인정되는데, 특히 재산세·자동차세·종합부동산세는 자산의 보유단계에서 지출되는 세금이다.

한편, 본세에 부가되는 세금으로서 농어촌특별세, 교육세, 지방교육세 등의 부가세는 본세와 동일하게 처리한다. 예를 들어, 취득세에 부가되는 농어촌특별세와 지방교육세는 자산의 취득원가에 포함된 후 감가상각 또는 처분을 통해 손금으로 인정된다.

(2) 손금불산입되는 세금

다음의 세금은 정책적 목적 등에 따라 손금불산입한다.

① 법인세와 법인지방소득세 및 농어촌특별세(가산세 포함)
② 부가가치세 매입세액
③ 반출하였으나 판매하지 아니한 제품에 대한 개별소비세 또는 주세의 미납액

1) 법인세와 법인지방소득세 및 농어촌특별세(가산세 포함)

기업회계기준에서는 법인세를 비용으로 보아 손익계산서상 이를 공제한 후 당기순이익을 산출하지만, 법인세법에서는 이를 이익잉여금의 처분에 따라 납부하는 것, 즉 자본거래의 성격으로 보기 때문에 손금불산입항목으로 규정하고 있다. 법인지방소득세와 농어촌특별세는 법인세에 부가되는 세금으로서 본세인 법인세에 따라 손금불산입한다.

가산세란 세법상 의무를 불이행한 때에 산출세액에 가산하여 징수하는 세액을 말한다. 가산세를 손금으로 인정하게 되면 과세소득과 법인세가 줄어들어 제재의 효과가 약해지는 결과를 낳게 된다. 따라서 법인세법에서는 제재의 효과를 유지하기 위해 가산세를 손금불산입항목으로 규정하고 있다.

2) 부가가치세 매입세액

법인이 재화 또는 용역을 공급받거나 재화를 수입할 때 부담한 부가가치세 매입세액은 손금으로 인정되지 않는 것이 원칙이다. 부가가치세 매입세액은 납부할 부가가치세 매출세액에서 공제받거나 과세당국으로부터 환급을 받으므로 손금이 아닌 자산(부가가치세 대급금)에 해당하기 때문이다.

그러나 부가가치세 매입세액 중 부가가치세법에 따라 공제받지 못하거나 환급받지 못하는 매입세

액은 손금으로 인정된다. 다만, 이 경우에도 사업과 관련 없는 경우나 부가가치세법상 의무불이행 등 법인에게 귀책사유가 있는 경우에는 손금으로 인정받을 수 없다. 이를 정리하면 다음과 같다.

구 분		공제받지 못할 매입세액
① 손금으로 인정되는 경우		㉠ 개별소비세 과세대상 자동차의 구입·임차 및 유지에 관한 매입세액
		㉡ 기업업무추진비 및 이와 유사한 비용의 지출에 관련된 매입세액
		㉢ 면세사업 등에 관련된 매입세액과 토지에 관련된 매입세액
		㉣ 영수증 관련 매입세액
		㉤ 간주임대료에 대한 매입세액
② 손금불산입 되는 경우	사업과 관련 없는 경우	㉥ 사업과 관련 없는 지출에 대한 매입세액
	법인에게 귀책 사유가 있는 경우	㉦ 매입처별세금계산서합계표의 미제출·부실기재 매입세액
		㉧ 세금계산서의 미수취·불분명 매입세액
		㉨ 사업자등록을 신청하기 전의 매입세액

3 공과금

공과금은 법인의 순자산을 감소시키는 사업과 관련된 비용이므로 손금으로 인정되는 것이 원칙이다. 공과금의 예로는 개발이익환수에 관한 법률에 따른 개발부담금이나 도시교통정비촉진법에 따른 교통유발부담금 등이 있다. 다만, 다음의 공과금은 손금불산입한다.

① 법령에 의하여 의무적으로 납부하는 것이 아닌 것
② 법령에 의한 의무불이행 또는 금지·제한 등의 위반에 대한 제재로서 부과되는 것(예: 폐수배출부담금, 장애인 고용부담금 등)

강제성이 없는 위 ①의 공과금을 손금으로 인정할 경우 법인의 자의적인 과세소득 조작이 가능하며, 제재의 성격을 가진 위 ②의 공과금을 손금으로 인정할 경우 제재의 효과가 줄어들게 된다. 따라서 법인세법에서는 이를 방지하기 위해 상기의 공과금을 손금불산입항목으로 규정하고 있다.

4 벌금·과료·과태료, 가산금 및 강제징수비

(1) 벌금·과료·과태료

벌금·과료란 형법상 범죄행위에 대한 처벌을 위하여 부과하는 재산형 형벌을 말하며, 과태료란 공법상의 의무이행을 위반하는 자에게 부과하는 금전적인 행정벌을 말한다. 이러한 벌금·과료·과태료는 실정법을 위반하여 납부하는 것이므로, 법인세법에서는 징벌의 효과를 감소시키지 않기 위해 이를 손금불산입항목으로 규정하고 있다. 한편, 지체상금·연체이자·연체료 등 사계약상의 의무불이행으로 인해 지출하는 비용은 실정법 위반에 따른 징벌이 아니므로 손금으로 인정된다. 이를 구체적인 사례로 정리하면 다음과 같다.

손 금 산 입	손 금 불 산 입
① 사계약상 의무불이행으로 인한 지체상금(정부와 납품계약으로 인한 지체상금을 포함하며, 구상권 행사가 가능한 지체상금을 제외함)	① 법인의 임원·직원이 관세법을 위반하고 지급한 벌과금
② 보세구역에 보관되어 있는 수출용 원자재가 관세법상의 보관기간 경과로 국고에 귀속이 확정된 자산의 가액	② 업무와 관련하여 발생한 교통사고 벌과금
③ 철도화차 사용료의 미납액에 대하여 가산되는 연체이자	③ 고용보험 및 산업재해보상보험의 보험료 징수 등에 관한 법률에 따라 징수하는 산업재해보상보험료의 가산금
④ 고용보험 및 산업재해보상보험의 보험료 징수 등에 관한 법률에 따른 산업재해보상보험료의 연체금	④ 금융회사의 최저예금지불준비금 부족에 대하여 한국은행법에 따라 금융기관이 한국은행에 납부하는 과태금
⑤ 국유지사용료의 납부지연에 따른 연체료	⑤ 국민건강보험법에 따라 징수하는 연체금
⑥ 전기요금의 납부지연으로 인한 연체가산금	⑥ 외국의 법률규정에 따라 국외에서 납부한 벌금

(2) 가산금과 강제징수비

가산금이란 납세자가 세금을 납부고지서 등의 납부기한까지 납부하지 않은 경우에 고지세액에 가산하여 징수하는 금액을 말하며, 강제징수비란 국세징수법에 의한 강제징수시 재산의 압류·보관·운반 및 공매(공매를 대행시키는 경우 해당 수수료를 포함)에 소요된 비용을 말한다. 법인세법에서는 제재의 효과를 유지하기 위해 가산금과 강제징수비를 손금불산입항목으로 규정하고 있다.

VI. 기업업무추진비

 기업업무추진비의 개념

법인세법상 기업업무추진비란 접대, 향응, 위안, 선물, 사례, 그 밖에 어떠한 명목이든 상관없이 내국법인이 직접 또는 간접적으로 업무와 관련이 있는 자와 친목을 두텁게 함으로써 업무의 원활한 진행을 도모하기 위한 손비를 말한다(법법 33①).

여기서 기업업무추진비인지의 여부는 해당 거래의 실질적 내용에 입각하여 판정하여야 한다. 그러므로 법인은 기업업무추진비의 세무조정을 하기에 앞서 먼저 장부에서 해당 장부에 기재되어 있는 거래의 명칭이나 계정과목 등에 불구하고 그 실질내용에 따라 기업업무추진비에 해당하는 금액은 모두 구분을 하여야 한다.

참고로 실무에서는 이를 기업업무추진비 조정명세서(을)에 기입함으로써 그 목적을 달성하고 있다. 서식의 일부를 살펴보면 다음과 같다.

2. 기업업무추진비 해당금액

④ 계 정 과 목	기업업무추진비	광고선전비	세금과공과	합 계
⑤ 계 정 금 액	72,000,000	13,000,000	16,000,000	101,000,000
⑦ 기업업무추진비 해당 금액	72,000,000	4,000,000	2,000,000	78,000,000

기업업무추진비 세무조정 단계

기업업무추진비 세무조정은 다음 순서에 따라 행한다.

구 분	내 용
1단계	기업업무추진비 중 증명자료 불비분은 전액을 즉시 손금불산입(상여❶)한다.
2단계	증명자료가 비치된 기업업무추진비 중 신용카드 등을 사용하지 않은 건당 3만원(경조사비는 20만원) 초과 기업업무추진비도 전액을 즉시 손금불산입(기타사외유출)한다.
3단계	법인의 기업업무추진비 지출액에서 1단계와 2단계에서 손금불산입된 금액을 제외한 금액(이하 "기업업무추진비 해당액"이라 함)이 기업업무추진비 한도액을 초과하는 경우, 해당 금액을 손금불산입(기타사외유출)한다.

❶ 귀속을 알 수 없으므로 대표자에 대한 상여로 처분하는 것임

 기업업무추진비 한도초과액 손금불산입

(1) 계산구조

　　　기업업무추진비 해당액　　증명자료 불비분 기업업무추진비, 건당 3만원(경조사비 20만원) 초과
　(−)　기업업무추진비 한도액　　신용카드 등 미사용분 제외
　　　기업업무추진비 한도초과액　손금불산입(기타사외유출)

(2) 기업업무추진비 한도액

기업업무추진비 한도액 = ① + ②

① 기본금액한도 : 1,200만원(중소기업은 3,600만원❶) × $\dfrac{\text{사업연도월수}❷}{12}$

② 수입금액기준한도 : 일반수입금액×적용률 + 특정수입금액❸×적용률×10%

❶ 부중소기업 영업활동 지원을 위해 기존 조세특례제한법상의 규정을 법인세법으로 이관하여 적용기한을 폐지하고, 최저한세 적용에서도 제외하였다(법법 25).
❷ 월수는 역에 따라 계산하되, 1개월 미만의 일수는 1개월로 한다.
❸ 특정수입금액이란 특수관계인과의 거래에서 발생한 수입금액을 말한다.

1) 수입금액

　기업업무추진비의 한도액 계산기준이 되는 수입금액은 기업회계에 의하여 계산한 매출액(매출에누리와 환입·매출할인을 차감하고, 부산물매출액·작업폐물매출액은 포함)으로 한다. 한편, 위의 수입금액에는 사업연도 중에 중단된 사업부분의 매출액을 포함하며, 자본시장과 금융투자업에 관한 법률에 따른 파생결합증권 및 파생상품거래의 경우에는 해당 거래의 손익을 통산한 순이익(0보다 작은 경우 0으로 함)을 말한다.

2) 적용률

수입금액기준에 적용하는 수입금액 구간별 적용률은 다음과 같다. 수입금액에 특정수입금액이 있는 경우 특정수입금액에 적용률을 곱하여 산출한 금액은 전체 수입금액에 적용률을 곱하여 산출한 금액에서 일반수입금액에 적용률을 곱하여 산출한 금액을 차감하여 계산한다. 즉, 일반수입금액부터 높은 적용률을 곱한다.

수 입 금 액	적 용 률
100억원 이하	0.3%($\frac{30}{10,000}$)
100억원 초과 500억원 이하	3,000만원 + 100억원 초과액의 0.2%($\frac{20}{10,000}$)
500억원 초과	1억 1,000만원 + 500억원 초과액의 0.03%($\frac{3}{10,000}$)

3) 문화기업업무추진비 추가 손금산입

내국법인이 2025년 12월 31일 이전에 지출한 문화기업업무추진비에 대해서는 상기 기업업무추진비 한도액(부동산임대업을 주된 사업으로 하는 등의 법인의 경우 50%를 곱한 금액)의 20%에 상당하는 금액의 범위에서 추가로 손금에 산입한다. 이는 향응성 기업업무추진비 지출을 문화기업업무추진비 지출로의 유도를 통한 건전한 접대문화 정착과 문화·예술 활성화를 위하여 도입된 규정이다. 참고로 문화기업업무추진비란 국내 문화관련 지출로서 문화예술의 공연 입장권의 구입이나 체육활동의 관람을 위한 입장권의 구입 등의 용도로 지출한 비용을 말한다.

2-5 기업업무추진비

다음은 제조업을 영위하는 중소기업인 ㈜A의 제14기 사업연도(2025.1.1.~12.31.) 기업업무추진비 관련 자료이다. 다음 자료를 이용하여 기업업무추진비에 대한 세무조정을 하시오.

1. 기업업무추진비 지출금액은 126,200,000원이며, 이 금액에는 다음의 금액이 포함되어 있다.
   ① 증명서류 불비 기업업무추진비 : 9,000,000원
   ② 건당 1만원(경조사비 20만원) 초과 기업업무추진비 중 법정증명서류 미수취 기업업무추진비 : 5,000,000원
2. ㈜A의 해당 사업연도 매출액은 38,000,000,000원(특수관계인에 대한 매출액 6,000,000,000원 포함)이다.
3. ㈜A는 부동산임대업을 주된 사업으로 하는 등의 법인에 해당하지 아니한다(즉, 기업업무추진비 한도액이 50%로 축소되는 규정을 적용받지 않음).

해답

1. 기업업무추진비 해당액: 126,200,000원-9,000,000원-5,000,000원 = 112,200,000원
2. 기업업무추진비 한도액: ①+② = 36,000,000원+75,200,000원 = 111,200,000원

   ① 기본금액한도: 36,000,000원

   ② 수입금액기준한도: 100억원×0.3%+220억원×0.2%+60억원×0.2%×10% = 75,200,000원

3. 기업업무추진비 한도초과액: 112,200,000원 − 111,200,000원 = 1,000,000원

4. 세무조정
〈손금불산입〉 증명서류 불비 기업업무추진비　　9,000,000 (상여)
〈손금불산입〉 법정증명서류 미수취 기업업무추진비　5,000,000 (기타사외유출)
〈손금불산입〉 기업업무추진비 한도초과액　　　　　1,000,000 (기타사외유출)

Ⅶ. 기부금

 기부금의 개념

기부금이란 법인이 특수관계인이 아닌 자에게 법인의 사업과 직접 관계없이 무상으로 지출하는 재산적 증여의 가액을 말한다. 이러한 기부금은 법인의 순자산을 감소시키지만 사업과 관련이 없는 비용이므로 손금으로 인정되지 않는 것이 원칙이다. 다만, 법인세법에서는 기업의 사회적 책임을 촉구하기 위해 기부금 중 사회적으로 바람직하거나 공익성이 있는 기부금에 대해서는 일정 한도액의 범위 내에서 손금으로 인정하고 있다.

 기부금의 구분

법인세법에서는 기부금을 특례기부금, 일반기부금, 그리고 비지정기부금으로 구분하여 규정하고 있다. 법정기부금과 지정기부금은 공익성이 있는 기부금으로서 기부금 한도액의 범위 내에서 손금으로 인정되나, 비지정기부금은 전액 손금으로 인정되지 않는다.

구 분	범 위
(1) 특 례 기 부 금	① 국가나 지방자치단체에 무상으로 기증하는 금품의 가액 ② 국방헌금과 국군장병 위문금품의 가액 ③ 천재지변으로 생기는 이재민을 위한 구호금품의 가액 ④ 사립학교 등(병원 제외)에 시설비·교육비·장학금 또는 연구비로 지출하는 기부금 ⑤ 국립대학병원 등에 시설비·교육비 또는 연구비로 지출하는 기부금 등
(2) 일 반 기 부 금	① 사회복지법인, 평생교육시설 등 비영리법인의 고유목적사업비로 지출하는 기부금 ② 불우이웃을 돕기 위하여 지출하는 기부금 등 특정 용도에 지출하는 기부금 등
(3) 비 지 정 기 부 금	① 정치자금기부금 ② 향우회, 동창회, 종친회, 신용협동조합, 새마을금고 등에 지출한 기부금 등

기부금 세무조정

구 분	내 용
(1) 특례기부금	특례기부금은 손금산입한도액의 범위 내에서 손금에 산입하며 한도액을 초과하는 경우 그 초과액은 손금불산입하고 기타사외유출로 소득처분한다. 한도초과액은 해당 사업연도의 다음 사업연도 개시일부터 10년 이내에 끝나는 각 사업연도로 이월하여 그 이월된 사업연도의 소득금액을 계산할 때 특례기부금의 손금산입한도액의 범위에서 손금에 산입한다.❶ ▶ 특례기부금 손금산입한도=[기준소득금액❷ − 이월결손금(기준소득금액의 80% 한도)] × 50%
(2) 일반기부금	일반기부금은 손금산입한도액의 범위 내에서 손금에 산입하며 한도액을 초과하는 경우 그 초과액은 손금불산입하고 기타사외유출로 소득처분한다. 한도초과액은 해당 사업연도의 다음 사업연도 개시일부터 10년 이내에 끝나는 각 사업연도로 이월하여 그 이월된 사업연도의 소득금액을 계산할 때 일반기부금의 손금산입한도액의 범위에서 손금에 산입한다.❶ ▶ 일반기부금 손금산입한도액=[기준소득금액❷ − 이월결손금((기준소득금액의 80% 한도) − 50% 한도 기부금 손금산입액] × 10%(사회적기업 20%)
(3) 비지정기부금	비지정기부금은 전액을 손금불산입하고 기부받은 자의 구분에 따라 배당·상여·기타사외유출로 소득처분한다.

❶ 한도초과액을 이월하여 손금에 산입하는 경우에는 이월된 금액을 해당 사업연도에 지출한 기부금보다 먼저 손금에 산입한다. 이 경우 이월된 금액은 먼저 발생한 이월금액부터 손금에 산입한다.
❷ 기준소득금액이란 특례기부금과 일반기부금을 손금에 산입하기 전의 해당 사업연도의 소득금액(=차가감소득금액+특례기부금·일반기부금 지출액−이월결손금)을 말한다.

Ⅷ. 감가상각비

 감가상각의 의의

(1) 감가상각의 개념

기업회계상 법인의 자산은 단기간 내에 현금화가 가능한 유동자산과 불가능한 비유동자산으로 구분되며, 비유동자산은 다시 건물, 기계장치, 차량 및 비품 등의 유형자산과 영업권, 특허권, 상표권 등의 무형자산으로 구분된다. 이러한 유형자산 및 무형자산은 장기간 사용함에 따라 수익을 창출하는 데에 기여하기 때문에, 그 취득원가를 수익·비용대응의 원칙에 따라 사용·수익기간에 걸쳐 합리적인 방법으로 배분하는 절차가 필요하다. 이 절차를 감가상각이라고 하며, 감가상각의 결과 배분되는 비용을 감가상각비라고 한다.

(2) 감가상각자산

법인세법상 감가상각의 대상이 되는 자산은 법인의 유형자산과 무형자산을 말한다. 다만, 다음에 해당하는 유형자산 및 무형자산은 감가상각자산에서 제외한다.

① 사업에 사용하지 않는 것(취득 후 사용하지 않고 보관중인 기계 및 장치 등, 유휴설비 제외)
② 건설중인 것
③ 시간의 경과에 따라 그 가치가 감소하지 않는 것(토지, 서화, 골동품, 조경수 등)

2 감가상각비 시부인계산

(1) 시부인계산의 의의

감가상각비는 외부와의 거래 없이 회사 내부의 의사결정에 따라 추정하여 계산되는 비용이다. 감가상각비를 계산하기 위해서는 감가상각방법, 내용연수, 잔존가치 등에 대한 정보가 필요한데, 기업회계기준에서는 법인으로 하여금 이러한 정보를 합리적인 범위 내에서 자유롭게 선택하고 추정할 수 있도록 하고 있다.

다만, 법인세법에서는 이를 제한 없이 수용할 경우 법인의 자의적인 감가상각비 계상에 따라 과세소득 조작이 가능하고, 그 결과 과세형평을 저해할 수 있기 때문에 이를 방지하기 위해 감가상각비 시부인계산 제도를 규정하고 있다. 감가상각비 시부인계산이란 법인이 결산서에 계상한 감가상각비를 법인세법상 감가상각비 한도액(상각범위액)과 비교하여, 미달할 경우에는 결산서상 감가상각비를 시인(인정)하고 초과할 경우에는 그 초과액을 손금불산입하여 부인하는 세무조정 절차를 말한다.

(2) 시부인계산의 구조

	법 인 계 상 액	법인이 결산서에 계상한 감가상각비
(−)	상 각 범 위 액	법인세법상 감가상각비 한도액
or	(+) 상 각 부 인 액	손금불산입(유보)
	(−) 시 인 부 족 액	세무조정 없이 소멸되는 것이 원칙 ❶

❶ 단, 전기로부터 이월된 상각부인액이 있는 경우 시인부족액의 범위 내에서 손금산입(△유보)한다.

법인이 결산서에 계상한 감가상각비가 법인세법상 감가상각비 한도액인 상각범위액을 초과하는 경우 그 초과액을 상각부인액이라 하며, 상각부인액은 손금불산입하고 유보로 소득처분한다. 유보로 처분하는 이유는 손금불산입 세무조정의 결과 그 금액만큼 결산서상 감가상각자산가액보다 세무상 감가상각자산가액을 증가시키기 때문이다.

반면, 법인의 결산서상 감가상각비가 상각범위액에 미달하는 경우 그 미달액을 시인부족액이라 하며, 시인부족액은 세무조정 없이 소멸되는 것이 원칙이다. 즉, 시인부족액은 손금산입하지 못하며 이월하여 이후 사업연도의 상각부인액에 충당하지도 못한다. 왜냐하면 감가상각비는 결산서에 비용으로 계상된 경우에만 법인세법상 손금으로 인정되는 결산조정사항이기 때문이다. 다만, 전기로부터 이월된 상각부인액이 있는 경우에는 시인부족액의 범위 내에서 손금산입하고 △유보로 소득처분한다.

감가상각비 시부인계산, 즉 상각범위액의 계산과 세무조정은 개별자산단위로 행한다. 예를 들어, 법인에 기계장치 A, B, C가 있는 경우 기계장치를 일괄하여 감가상각비 시부인계산을 하는 것이 아니라 기계장치 A, B, C 각각 감가상각비 시부인계산을 한다.

3 상각범위액

(1) 상각범위액의 계산방법

$$상각범위액 = \underline{감가상각대상금액} \times \underline{상각률}$$
① 취득가액 ③ 내용연수
② 잔존가액

상각범위액이란 법인세법상 감가상각비 한도액을 말하는데, 이는 감가상각대상금액에 상각률을 곱하여 계산한다. 감가상각대상금액을 계산하기 위해 필요한 요소로는 취득가액과 잔존가액이 있으며, 상각률을 계산하기 위해 필요한 요소로는 내용연수가 있다. 기업회계기준에서는 법인으로 하여금 이러한 계산요소를 합리적인 범위 내에서 자율적으로 선택하고 추정할 수 있도록 허용하고 있으나, 법인세법에서는 법인의 자의적인 상각범위액 계산에 따른 과세소득 조작을 방지하기 위하여 이러한 계산요소를 구체적으로 법정화하고 있다.

한편, 상각범위액은 감가상각방법에 따라 다르게 계산된다. 해당 자산의 감가상각방법이 정액법인 경우 상각범위액은 세무상 취득가액에 상각률을 곱하여 계산하며, 정률법인 경우 상각범위액은 세무상 미상각잔액에 상각률을 곱하여 계산한다. 두 방법 모두 감가상각대상금액이 기업회계상 결산서에 계상된 금액이 아닌 세무조정사항(유보) 등을 반영한 세무상 금액임에 유의해야 한다.

1) 정액법인 경우

$$\begin{aligned}상각범위액 &= 감가상각대상금액 \times 상각률\\ &= 세무상\ 취득가액 \times 상각률\end{aligned}$$

2) 정률법인 경우

$$\begin{aligned}상각범위액 &= 감가상각대상금액 \times 상각률\\ &= 세무상\ 미상각잔액 \times 상각률\end{aligned}$$

(2) 상각범위액 계산요소

1) 취득가액

감가상각자산의 취득가액은 법인세법에서 규정하고 있는 자산의 취득가액에 대한 일반원칙에 따라 계산한다. 예를 들어, 타인으로부터 매입한 자산의 취득가액은 매입가액에 부대비용을 더하여 계산하며 자기가 제조하여 취득한 자산의 취득가액은 제작원가에 부대비용을 더하여 계산한다.

감가상각자산에 대한 자본적 지출이 있는 경우에는 이를 더하여 취득가액을 계산한다. 자본적 지출이란 감가상각자산의 내용연수를 연장시키거나 당해 자산의 가치를 현실적으로 증가시키기 위하여 지출한 수선비를 말한다. 이와 대비되는 개념으로 수익적 지출이 있는데, 이는 감가상각자산의 원상회복이나 능률유지를 위하여 지출한 수선비를 말한다. 수익적 지출은 자본적 지출과 달리 취득가액에 포함하지 않고 지출 즉시 손금으로 처리한다.

자본적 지출	수익적 지출
① 본래의 용도를 변경하기 위한 개조 ② 엘리베이터 또는 냉·난방장치의 설치 ③ 빌딩 등에 있어서 피난시설 등의 설치 ④ 재해 등으로 인하여 멸실 또는 훼손되어 본래의 용도에 이용할 가치가 없는 건축물·기계·설비 등의 복구 ⑤ 기타 개량·확장·증설 등 위와 유사한 성질의 것	① 건물 또는 벽의 도장 ② 파손된 유리나 기와의 대체 ③ 기계의 소모된 부속품 또는 벨트의 대체 ④ 자동차 타이어의 대체 ⑤ 재해를 입은 자산에 대한 외장의 복구·도장 및 유리의 삽입 ⑥ 기타 조업가능한 상태의 유지 등 위와 유사한 것

2) 잔존가액

잔존가액이란 감가상각자산의 내용연수가 종료된 시점에 남아 있는 해당 감가상각자산의 가치를 말한다. 법인세법에서는 법인의 자의적인 잔존가액 추정에 따른 상각범위액 계산을 방지하기 위해 모든 감가상각자산의 잔존가액을 '영(0)'으로 규정하고 있다. 다만, 정률법의 경우 잔존가액이 영(0)이면 상각률을 계산할 수 없기 때문에 취득가액의 5%에 상당하는 금액을 잔존가액으로 한다. 물론 정률법의 잔존가액 역시 영(0)이 되도록 하기 위하여 해당 감가상각자산에 대한 미상각잔액이 최초로 취득가액의 5% 이하가 되는 사업연도의 상각범위액에 가산한다.

감가상각자산의 비망가액 = MIN(① 1,000원, ② 취득가액 × 5%)

3) 내용연수

내용연수란 감가상각자산이 법인의 영업활동에 사용될 수 있는 예상기간을 말한다. 내용연수는 기본적으로 기간을 의미하지만 생산량이나 활동능력 등 기간 외의 합리적인 기준으로 평가될 수 있다. 법인세법에서는 법인의 자의적인 내용연수 적용에 따른 상각범위액 계산을 방지하기 위해 감가상각자산의 내용연수와 내용연수에 따른 상각률을 구조 또는 자산별·업종별로 구체적으로 규정하고 있다.

내용연수와 관련된 개념으로는 기준내용연수, 내용연수범위, 신고내용연수가 있는데, 이를 살펴보면 다음과 같다.

구 분	내 용
① 기 준 내 용 연 수	법인세법 시행규칙에 규정된 구조 또는 자산별·업종별 감가상각자산의 내용연수
② 내 용 연 수 범 위	기준내용연수에 기준내용연수의 25%를 가감하여 계산한 내용연수의 범위
③ 신 고 내 용 연 수	내용연수범위 내에서 법인이 선택하여 과세당국에 신고한 내용연수

상각범위액 계산 시 적용하는 내용연수와 상각률은 신고내용연수와 그에 따른 상각률로 한다. 이를 위해 법인은 내용연수신고서를 법인세 과세표준의 신고기한까지 납세지 관할세무서장에게 제출해야 한다. 다만, 신고기한 내에 신고하지 않은 경우에는 기준내용연수와 그에 따른 상각률에 따른다.

> **참고** **감가상각자산의 상각률표(법인세법 시행규칙 별표 4)**
>
> 원래 정액법에 의한 상각률은 '$\frac{1}{내용연수}$', 정률법에 의한 상각률은 '$1 - \sqrt[내용연수]{\frac{잔존가액}{취득가액}}$'로 계산되나, 상각범위액을 계산할 때에는 반드시 다음의 상각률표(법인세법 시행규칙 별표 4)에 소수점 셋째자리까지 규정된 상각률을 적용해야 한다.
>
> | 내 용 연 수 | 정액법에 의한 상각률 | 정률법에 의한 상각률 |
> |:---:|:---:|:---:|
> | 년 | 할푼리 | 할푼리 |
> | 2 | 500 | 777 |
> | 3 | 333 | 632 |
> | 4 | 250 | 528 |
> | 5 | 200 | 451 |
> | ⋮ | ⋮ | ⋮ |
> | 59 | 017 | 050 |
> | 60 | 017 | 049 |

2-6 감가상각비

다음은 ㈜A의 기계장치와 관련된 자료이다. ㈜A가 각 사업연도의 포괄손익계산서에 [유형 1] 또는 [유형 2]와 같이 감가상각비를 계상하는 경우 각 유형에 따른 사업연도별 세무조정을 하시오.

(1) 취득가액 : 60,000원
(2) 감가상각방법 : 정액법
(3) 내용연수 : 2년(정액법 상각률 : 0.500)
(4) 취득일 : 제10기 1월 1일
(5) 사업연도 : 매년 1월 1일부터 12월 31일까지

사업연도	[유형 1]	[유형 2]
제10기	60,000원	20,000원
제11기	—	20,000원
제12기	—	20,000원

[유형 1]

사업연도	회사계상액	상각범위액	세 무 조 정		
제10기	60,000원	30,000원※	〈손금불산입〉 상각부인액	30,000	(유보)
제11기	—	30,000원	〈손금산입〉 전기 상각부인액	30,000	(△유보)

※ 60,000원 × 0.5 = 30,000원

[유형 2]

사업연도	회사계상액	상각범위액	세 무 조 정
제10기	20,000원	30,000원	세무조정 없음
제11기	20,000원	30,000원	세무조정 없음
제12기	20,000원	20,000원	세무조정 없음

[유형 1]
제10기에는 결산서상 계상한 감가상각비(60,000원)가 상각범위액(30,000원)을 초과하므로 상각부인액(30,000원)이 발생한다. 제11기에는 장부상 계상한 감가상각비가 없으므로 상각범위액(30,000원) 전액이 시인부족액이 되는데, 이 때 제10기로부터 이월된 상각부인액(30,000원)이 있으므로 동 시인부족액(30,000원) 범위 내에서 손금에 산입한다. 결국 [유형 1]은 ㈜A가 결산서상으로는 내용연수(2년)보다 단기에 감가상각을 완료하였으나, 세법상으로는 내용연수동안 감가상각이 완료되는 효과를 보여주고 있다.

[유형 2]
제10기 및 제11기 모두 결산서상 계상한 감가상각비(20,000원)가 상각범위액(30,000원)에 미달하므로 시인부족액(10,000원)이 발생하며, 이월된 상각부인액이 없으므로 아무런 세무조정이 발생하지 않는다. 제12에는 세법상으로는 내용연수(2년)가 지났으나 결산서상으로는 아직 미상각잔액(20,000원)이 남아있으므로, 해당 미상각잔액만큼 상각범위액으로 인정된다. 참고로 ㈜A가 기계장치에 대한 감가상각을 3년이 아닌 4년 또는 그 이상의 연수동안 감가상각을 하더라도 동일한 결과를 가져온다. 결국 [유형 2]는 ㈜A가 내용연수(2년)보다 장기에 걸쳐 감가상각을 하는 것은 아무런 세무조정을 발생시키지 않고 허용된다는 사실을 보여주고 있다.

이를 정리하면, 세법에서는 회사가 내용연수보다 짧게 감가상각함으로써 결산서상 상각범위액을 초과하는 감가상각비를 계상하는 것은 인정하지 않지만, 내용연수보다 길게 감가상각을 함으로써 결산서상 상각범위액에 미달하는 감가상각비를 계상하는 것은 인정하고 있다. 즉, 세법상 내용연수는 상각연수의 최저한도로서 그 의의가 있다고 할 수 있다.

기 출 문 제

제2장 _ 익금회계와 손금회계

01 다음 중 법인세법상 익금불산입항목으로 틀린 것은 무엇인가? [세무회계 3급 2019]

① 자산의 평가이익은 원칙적으로 익금산입한다.
② 이월익금은 익금산입하지 않는다.
③ 손금에 산입하지 않은 법인세를 환급받은 금액은 익금에 산입하지 않는다.
④ 부가가치세의 매출세액은 익금에 산입하지 않는다.

해설 자산의 평가이익은 원칙적으로 익금산입하지 않는다.

해답 ①

02 다음 중 법인세법상 익금으로 보지 않는 것은? [세무회계 2급 2023]

① 자산의 양도금액
② 임대보증금 등에 대한 간주익금
③ 무상으로 받은 자산의 가액
④ 부가가치세 매출세액

해설 부가가치세 매출세액은 부채(VAT예수금)에 해당하므로 익금불산입 항목이다.

해답 ④

03 법인세법상 익금에 대한 설명으로 옳지 않은 것은? [국가직 9급 2012]

① 채무의 출자전환으로 주식을 발행한 경우 그 주식의 시가를 초과하여 발행된 금액은 익금에 산입한다.
② 자본 또는 출자의 납입 금액은 익금에 산입하지 아니한다.
③ 법인이 특수관계인인 개인으로부터 유가증권을 시가보다 낮은 가액으로 매입하는 경우 시가와 그 매입가액의 차액에 상당하는 금액은 익금에 산입하지 아니한다.
④ 무상으로 받은 자산의 가액과 채무의 면제 또는 소멸로 인한 부채의 감소액 중 법령이 정하는 이월결손금의 보전에 충당한 금액은 익금에 산입하지 아니한다.

해설 법인이 특수관계인인 개인으로부터 유가증권을 시가보다 낮은 가액으로 매입하는 경우 시가와 그 매입가액의 차액에 상당하는 금액은 익금에 산입한다.

해답 ③

04 다음 중 법인세법상 손금불산입하는 벌과금 등에 해당하는 것은? [세무회계 2급 2023]

① 업무와 관련하여 발생한 교통사고 벌과금
② 산업재해보상보험료의 연체금
③ 전기요금의 납부지연으로 인한 연체가산금
④ 국유지 사용료의 납부지연으로 인한 연체료

해설 업무와의 관련성 여부와 관계없이 벌금, 과료, 과태료 등은 손금에 산입하지 아니한다.

해답 ①

05 법인세법상 인건비의 손금산입에 대한 설명으로 옳지 않은 것은? [국가직 9급 2012]

① 합명회사 또는 합자회사의 노무출자사원에게 지급하는 보수는 손금에 산입하지 아니한다.
② 비상근임원에게 건전한 사회통념 및 상거래 관행에 따라 지급하는 보수는 손금에 산입하지 아니한다.
③ 임원에 대한 상여금의 지급이 정관·주주총회 또는 이사회에서 결정된 급여지급규정을 초과하여 지급하는 경우에는 그 초과금액은 손금에 산입하지 아니한다.
④ 법인의 해산에 의하여 퇴직하는 임원 또는 직원에게 지급하는 해산수당은 최종사업연도의 손금으로 한다.

해설 상근이 아닌 법인의 임원에게 지급하는 보수는 부당행위계산의 부인에 해당하는 경우를 제외하고 이를 손금에 산입한다.

해답 ②

06 법인세법상 손금에 대한 설명으로 옳지 않은 것은? (다툼이 있는 경우 판례에 의함) [국가직 7급 2015]

① 법인이 사업과 관련하여 지출한 비용이 법인세법상 손금으로 인정되기 위해서는, 법인세법과 다른 법률에서 달리 정하고 있지 않는 한, 그 지출이 사업과 관련된 것만으로는 부족하고 그 외에 비용지출이 일반적으로 인정되는 통상적인 것이거나 수익과 직접 관련된 것이어야 한다.
② 위법소득을 얻기 위하여 지출한 비용이나 지출 자체에 위법성이 있는 비용도 그 지출의 손금산입이 사회질서에 심히 반하는 등 특별한 사정이 존재하지 않는 한 손금으로 산입할 수 있다.
③ 손금의 요건으로서 '일반적으로 인정되는 통상적인 비용'이라 함은 납세의무자와 같은 종류의 사업을 영위하는 다른 법인도 동일한 상황 아래에서는 지출하였을 것으로 인정되는 비용을 의미한다.
④ 법령에서 달리 정하지 않는 한, 제품판매와 관련한 판매장려금 및 판매수당 등 판매와 관련된 부대비용이 손금으로 인정되기 위해서는 사전약정하에 비용지출이 이루어져야 한다.

해설 판매장려금 및 판매수당의 경우 사전약정 없이 지급하는 경우도 손금으로 본다.

해답 ④

07 법인세법상 손금에 대한 설명으로 옳지 않은 것은? [국가직 9급 2011 수정]

① 손금은 자본 또는 출자의 환급, 잉여금의 처분 및 법인세법에서 규정하는 것을 제외하고 당해 법인의 순자산을 감소시키는 거래로 인하여 발생하는 손비의 금액으로 한다.
② 손비는 법인세법과 다른 법률에 달리 정하고 있는 것을 제외하고는 그 법인의 사업과 관련하여 발생하거나 지출된 손실 또는 비용으로서 일반적으로 용인되는 통상적인 것이거나 수익과 직접 관련되는 것으로 한다.
③ 장식·환경미화 등의 목적으로 사무실·복도 등 여러 사람이 볼 수 있는 공간에 상시 비치하는 미술품의 취득가액을 그 취득한 날이 속하는 사업연도의 손금으로 계상한 경우에는 그 취득가액(취득가액이 거래단위별로 1천만원 이하인 것에 한한다)을 손금으로 한다.
④ 건물의 양도가액에서 공제할 취득가액에 포함되는 자본적 지출은 법인이 소유하는 유형자산의 원상을 회복하거나 능률 유지를 위하여 지출한 비용이다.

> **해설** 건물의 양도가액에서 공제할 취득가액에 포함되는 수익적 지출은 법인이 소유하는 유형자산의 원상을 회복하거나 능률 유지를 위하여 지출한 비용이다.

해답 ④

08 다음 중 법인세법상 기부금에 관한 설명으로 옳지 않은 것은? [세무회계 2급 2023]

① 기부금이란 내국법인이 사업과 직접적으로 관련하여 무상으로 지출하는 금액을 말한다
② 기부금을 미지급금으로 계상한 경우 실제로 이를 지출할 때까지는 당해 사업연도의 소득금액 계산에 있어서 이를 기부금으로 보지 아니한다.
③ 특례기부금을 금전 외의 자산으로 제공한 경우 해당 자산의 가액은 기부했을 때의 장부가액으로 한다.
④ 특수관계인 외의 자에게 정당한 사유 없이 자산을 정상가액보다 낮은 가액으로 양도함으로써 실질적으로 증여한 것으로 인정되는 금액은 기부금으로 본다.

> **해설** 기부금이란 내국법인이 사업과 직접적인 관계없이 무상으로 지출하는 금액을 말한다.

해답 ①

09 법인세법상 일반기부금에 해당하는 것만을 고른 것은? [국가직 9급 2013 수정]

> ㄱ. 사립학교에 시설비로 지출하는 기부금
> ㄴ. 국립대학의 고유목적사업비로 지출하는 기부금
> ㄷ. 사회복지법인 및 어린이집의 고유목적사업비로 지출하는 기부금
> ㄹ. 천재지변으로 생기는 이재민을 위한 구호금품의 가액
> ㅁ. 지역새마을사업을 위하여 지출하는 기부금
> ㅂ. 불우이웃을 돕기 위하여 지출하는 기부금

① ㄱ, ㄴ, ㄹ
② ㄱ, ㄴ, ㅁ
③ ㄷ, ㅁ, ㅂ
④ ㄹ, ㅁ, ㅂ

> **해설** ㄱ, ㄴ(국가에 무상으로 기증하는 금품의 가액), ㄹ 은 특례기부금이다.

해답 ③

10 다음의 자료는 특정자산에 대한 감가상각과 관련된 것이다. 자료를 이용하여 세무조정을 할 경우 옳은 것은? [국가직 9급 2014]

> ○ 전기말까지 감가상각비 부인누계액 1,000,000원
> ○ 당기 중 감가상각비 범위액 1,500,000원
> ○ 당기 중 회사계상 감가상각비 1,200,000원

① 감가상각비 부인누계액 중 300,000원은 손금산입하고, 나머지 700,000원은 다음 사업연도로 이월한다.
② 당기 감가상각비 시인부족액 300,000원은 소멸하고, 감가상각비 부인누계액 1,000,000원은 다음 사업연도로 이월한다.
③ 감가상각비 부인누계액 1,000,000원은 소멸하고, 당기 감가상각비 시인부족액 300,000원은 다음 사업연도로 이월한다.
④ 감가상각비 부인누계액 1,000,000원과 감가상각비 시인부족액 300,000원은 각각 다음 사업연도로 이월한다.

> **해설** 시인부족액이 300,000원이므로 감가상각비 부인누계액 중 300,000원은 손금산입하고, 나머지 700,000원은 다음 사업연도로 이월한다.

해답 ①

11 다음 중 법인세법상 감가상각방법에 관한 내용으로 가장 옳지 않은 것은? [세무회계 3급 2023]

① 건축물의 경우 정액법으로 신고해야 한다.
② 건축물 외의 유형자산(광업용 유형자산 제외)은 정액법 또는 정률법을 선택할 수 있다.
③ 건축물 외의 유형자산(광업용 유형자산 제외)에 대한 상각방법의 신고를 하지 아니한 경우 정액법을 적용한다.
④ 법인이 신고한 상각방법은 그 후의 사업연도에도 계속하여 그 상각방법을 적용하여야 한다.

> **해설** 건축물 외의 유형자산에 대한 상각방법의 신고를 하지 아니한 경우 상각범위액은 정률법에 의하여 계산한다.

해답 ③

12 다음 중 법인세법상 감가상각대상자산에 해당하는 것은? [세무회계 3급 2022]

① 건설중인 자산
② 서화·골동품
③ 장기할부로 취득한 기계장치
④ 사업에 사용하지 아니하는 것(유휴설비 제외)

> **해설** 장기할부로 취득한 기계장치는 감가상각대상자산에 해당한다.

해답 ③

13 다음 중 법인세법상 기부금에 대한 설명으로 옳지 않은 것은? [세무회계 2급 2020]

① "기부금"이란 내국법인이 사업과 직접적인 관계없이 무상으로 지출하는 금액을 말한다.
② 특례기부금과 일반기부금은 법인세법상 산출한 손금산입한도액 내에서 손금산입하고, 손금산입한도액을 초과하는 금액은 손금불산입한다.
③ 특례기부금 및 일반기부금의 손금산입 한도초과액은 해당 사업연도의 다음 사업연도 개시일부터 10년 간 이월하여 손금산입한도액의 범위 내에서 손금산입한다.
④ 이월기부금을 손금산입 할 때에는 해당 사업연도에 지출한 기부금을 먼저 손금에 산입한 후 이월기부금을 손금에 산입한다.

> **해설** 이월기부금을 해당 사업연도에 지출한 기부금보다 먼저 손금에 산입한다.

해답 ④

14 법인세법상 기업업무추진비 중 적격증빙을 수취하지 않아도 손금으로 인정되는 건당 경조금의 한도액은 얼마인가? [세무회계 3급 2020]

① 100,000원
② 200,000원
③ 300,000원
④ 400,000원

> **해설** 적격증빙 수취없이 손금으로 인정되는 건당 경조금의 한도액은 200,000원이다.

해답 ②

15 다음은 법인세법상 기업업무추진비에 대한 설명이다. 잘못된 것은? [세무회계 3급 2020]

① 기업업무추진비 한도액에 대한 세무조정은 접대행위가 일어난 사업연도에 행한다.
② 건당 금액과 상관없이 현금영수증등 적격증빙서류를 수취하지 않은 경우 전액 손금불산입한다.
③ 농어민에게 직접 재화를 공급받은 지출로 송금명세서를 첨부한 경우 적격증빙서류 수취로 본다.
④ 각 사업연도에 지출한 기업업무추진비로서 한도액을 초과하는 금액은 손금에 산입하지 않는다.

해설 건당 3만원을 초과하는 기업업무추진비는 적격증빙서류를 수취하지 않은 경우 손금에 산입하지 않는다.

해답 ②

제3장 손익의 귀속사업연도와 자산·부채의 평가

제1절 손익의 귀속사업연도

Ⅰ. 손익의 귀속사업연도 개요

1 기업회계기준에 따른 수익과 비용의 인식기준 : 발생주의

법인의 일정 회계기간의 경영성과를 나타내주는 당기순이익은 손익계산서상 수익에서 비용을 차감하여 산출한다. 기업회계기준에서는 수익과 비용을 발생주의에 따라 손익계산서에 인식하도록 하고 있다. 발생주의란 현금주의와 대비되는 개념으로, 현금의 수수와 관계없이 수익은 실현되었을 때 인식하고 비용은 수익·비용대응의 원칙에 따라 인식하는 것을 말한다.

2 법인세법에 따른 익금과 손금의 인식기준 : 권리의무확정주의

법인세는 일정 과세기간의 소득을 측정하여 세액을 계산하는 기간과세세목이다. 법인의 일정 과세기간(사업연도)의 소득은 익금에서 손금을 차감하여 산출한다. 그런데 익금과 손금을 기업회계기준상 발생주의에 따라 인식하게 될 경우 법인의 주관적인 판단이 개입될 여지가 많아 세수의 안정적인 확보가 어렵게 된다.

이에 법인세법에서는 익금과 손금이 확정된 날이 속하는 사업연도를 그 귀속사업연도로 하여, 각 사업연도의 익금과 손금을 권리의무확정주의에 따라 인식하도록 규정하고 있다. 권리의무확정주의란 익금은 받을 권리가 확정된 시점에 인식하고 손금은 지급할 의무가 확정된 시점에 인식하는 것을 말한다.

그런데 위 법인세법의 규정은 실제로 법인에서 발생하는 다양한 거래의 귀속사업연도를 판단하는 기준이 되기에는 추상적이므로, 법인세법에서는 다음의 거래유형별로 구분하여 각 손익의 귀속사업연도를 구체적으로 규정하고 있다.

① 자산의 판매손익 등
② 용역제공 등에 의한 손익
③ 이자소득 등
④ 임대료 등 기타손익

II. 거래유형별 손익의 귀속사업연도

1 자산의 판매손익 등

유 형	기업회계기준	법 인 세 법
재고자산❶의 판매❷	인도기준	재고자산을 인도한 날(=인도기준)
재고자산❶의 시용판매	매입자가 매입의사를 표시한 날 또는 반품기간이 종료되는 시점	상대방이 구입의사를 표시한 날. 다만, 일정기간 내에 반송하거나 거절의 의사를 표시하지 아니하면 특약 등에 의하여 해당 판매가 확정되는 경우에는 그 기간의 만료일
재고자산❶ 이외의 자산양도	법적 소유권이 구매자에게 이전되는 시점(소유권이전등기일)과 소유에 따른 위험과 효익이 구매자에게 실질적으로 이전되는 시점(잔금청산일 또는 사용가능일) 중 빠른 날	① 대금청산일 ② 소유권이전등기·등록일 ③ 인도일·사용수익일 중 빠른날
자산의 위탁매매	수탁자가 위탁자산을 판매한 날	수탁자가 위탁자산을 매매한 날

❶ 재고자산이란 상품(부동산 제외)·제품 또는 기타의 생산품을 말한다.
❷ 여기서 말하는 판매에는 시용판매와 위탁매매를 제외한 현금판매·외상판매·할부판매 등을 포함한다.

2 용역제공 등에 의한 손익

건설·제조 기타 용역의 제공으로 인한 손익은 원칙적으로 진행기준에 따라 인식한다. 즉, 그 목적물(건물 등)의 건설 등을 완료한 정도(작업진행률)를 기준으로 계산한 다음의 수익과 비용을 각각 해당 사업연도의 익금과 손금에 산입한다.

① 공사수익(익금) = 도급금액 × 작업진행률 − 직전 사업연도 말까지의 수입계상액
② 공사비용(손금) = 해당 사업연도에 발생한 총비용

다만, 다음에 해당하는 경우에는 진행기준이 아닌 완성기준에 따라 그 목적물의 인도일이 속하는 사업연도의 익금과 손금에 산입할 수 있다.

① 중소기업인 법인이 수행하는 계약기간이 1년 미만인 건설 등의 경우
② 기업회계기준에 따라 그 목적물의 인도일이 속하는 사업연도의 수익과 비용으로 계상한 경우

3 이자소득 등

(1) 수입이자(이자수익)

법인이 수입하는 이자(수입이자)의 귀속사업연도는 소득세법에 따른 이자소득의 수입시기가 속하는 사업연도로 한다. 예를 들어, 보통예금의 수입이자는 실제로 이자를 지급받는 날이 속하는 사업연도의 익금에 산입한다.

다만, 법인이 결산을 확정함에 있어서 이미 경과한 기간에 대응하는 수입이자(원천징수되는 수입이자 제외)를 해당 사업연도의 수익으로 계상한 경우, 즉 다음과 같이 결산서상 미수수익을 계상한 경우에는 그 계상한 사업연도의 익금으로 한다.

(차) 미수수익　　　　　　　　×××　　(대) 이자수익　　　　　　　　×××

한편, 원천징수되는 수입이자는 위와 같은 특례가 허용되지 않고 원칙대로 소득세법에 따른 이자소득의 수입시기가 속하는 사업연도의 익금에 산입한다. 따라서 법인이 원천징수되는 수입이자에 대해 결산서상 미수수익을 계상한 경우에는 익금불산입하고 △유보로 소득처분해야 한다.

원천징수되는 수입이자에 대해 특례를 허용하지 않는 이유

원천징수란 소득금액을 지급하는 자(원천징수의무자)가 세법이 정하는 바에 의해 지급받는 자(원천납세의무자)가 부담할 세액을 과세당국을 대신하여 징수하는 것을 말한다. 이자를 지급하는 자(원천징수의무자)는 세법에 따라 지급받는 법인(원천납세의무자)이 부담할 법인세를 원천징수해야 한다.

원천징수되는 수입이자에 대해 특례를 허용하지 않는 이유는 실무에서 운용되고 있는 원천징수시스템을 원활하게 유지하기 위함이다. 만약 원천징수되는 수입이자에 대해 특례가 허용된다면, 즉 미수수익으로 계상한 수입이자를 익금으로 보아 법인세를 과세한다면 원천징수의무자는 이자를 지급할 때마다 특례에 따라 이미 법인세가 과세된 부분을 제외하고 원천징수해야 한다. 그러나 실무상 원천징수의무자가 이를 확인하는 것은 거의 불가능하기 때문에 법인세법상 원천징수되는 수입이자에 대하여는 특례를 허용하지 않고 있는 것이다.

(2) 지급이자(이자비용)

법인이 지급하는 이자(지급이자)의 귀속사업연도는 소득세법에 따른 이자소득의 수입시기가 속하는 사업연도로 하되, 법인이 결산을 확정함에 있어서 이미 경과한 기간에 대응하는 지급이자를 해당 사업연도의 비용으로 계상한 경우, 즉 다음과 같이 결산서상 미지급비용을 계상한 경우에는 그 계상한 사업연도의 손금으로 한다. 지급이자는 원천징수되는 수입이자에 대해 특례를 허용할 경우에 나타나는 실무상 문제가 발생하지 않기 때문에 원천징수 여부와 무관하게 특례가 허용된다.

(차) 이자비용　　　　　　　　×××　　(대) 미지급비용　　　　　　　×××

(3) 수입배당금(배당금수익)

법인이 수입하는 배당금(수입배당금)의 귀속사업연도는 소득세법에 따른 배당소득의 수입시기가 속하는 사업연도로 한다. 예를 들어, 잉여금의 처분에 따른 수입배당금은 당해 법인의 잉여금처분 결의일이 속하는 사업연도의 익금에 산입한다.

4 임대료 등 기타손익

자산의 임대로 인한 익금과 손금의 귀속사업연도는 계약서에 임대료의 지급일이 정해진 경우에는 그 지급일이 속하는 사업연도로 하며, 임대료의 지급일이 정해지지 않은 경우에는 실제 그 지급을 받은 날이 속하는 사업연도로 한다. 다만, 법인이 결산을 확정함에 있어서 이미 경과한 기간에 대응하는 임대료 상당액과 이에 대응하는 비용을 당해 사업연도의 수익과 비용으로 계상한 경우에는 이를 각각 당해 사업연도의 익금과 손금으로 한다(발생주의 허용).

한편, 임대료 지급기간이 1년을 초과하는 경우에는 법인의 회계처리와 상관없이 이미 경과한 기간에 대응하는 임대료 상당액과 비용을 각각 당해 사업연도의 익금과 손금으로 한다(발생주의 강제).

예제 3-1 손익의 귀속사업연도

다음 자료는 각각 독립된 사항이다. 각 사항별로 제14기 사업연도(2025.1.1.~12.31.)에 대한 세무조정을 하시오.

1. ㈜A는 재고조사를 실시한 결과 제품(개당 원가 40,000원, 판매가 46,000원)이 결산서상 수량보다 200개가 부족한 것을 발견하였다. 이유를 살펴보니 3개월 후에 대금을 결제하는 외상판매조건으로 2025년 12월 31일 고객인 ㈜B에 인도하였으나, 회계담당자가 제14기 결산서에 회계처리를 하지 않고 대금이 결제된 제15기 결산서에 회계처리를 한 사실이 밝혀졌다.
2. ㈜A는 2025년 1월 1일에 ㈜C와 위탁매매계약을 체결하고 제품(원가 60,000,000원, 판매가 75,000,000원)을 적송하였으며, ㈜C는 2025년 12월 31일에 해당 제품(적송품)을 100% 판매하였다. 다만, ㈜A는 제14기 결산서에 회계처리하지 않고 ㈜C로부터 이러한 사실을 통보받은 제15기 결산서에 회계처리하였다(이를 제외한 위탁수수료, 운임 등의 기타손익은 적절히 회계처리되었다고 가정함).
3. ㈜A는 2025년 10월 1일 정기적금(만기 3년)에 가입하고 2025년 12월 31일까지 매월 300,000,000원씩 총 900,000,000원을 불입하였다. 이미 경과한 기간(2025.10.1.~12.31.)에 대응하는 2024년 3개월치 미수이자(기간경과분 미수이자)는 12,000,000원이며, ㈜A는 이를 기업회계기준에 따라 제14기 결산서상 미수수익으로 계상하였다.
4. ㈜A는 2025년 7월 1일 은행으로부터 1,000,000,000원을 연 12% 이자율로 차입하였으며, 이에 대한 이자는 2026년 6월 30일에 일시에 지급하기로 하였다. ㈜A는 이미 경과한 기간(2025.7.1.~12.31.)에 대응하는 2025년 6개월치 미지급이자(기간경과분 미지급이자) 600,000,000원에 대해 기업회계기준에 따라 결산서상 미지급비용으로 계상하였다.
5. ㈜A는 2025년 7월 1일에 ㈜D와 임대차계약을 체결하고 본사건물 중 일부를 보증금 200,000,000원, 월임대료 4,000,000원에 임대하였다(임대기간 1년). 임대료는 다음달 7일에 받기로 약정하였으며, ㈜A는 이미 경과한 기간 (2025.12.1.~12.31.)에 대응하는 2025년 12월분 미수임대료 4,000,000원을 기업회계기준에 따라 결산서상 미수수익으로 계상하였다.

해답

1. 외상판매
   〈익금산입〉 매출 과소계상　　9,200,000❶ (유보)
   〈손금산입〉 매출원가 과소계상　8,000,000❷ (△유보)
   ❶ 200개 × 46,000원 = 9,200,000원
   ❷ 200개 × 40,000원 = 8,000,000원

2. 위탁매매
   〈익금산입〉 매출 과소계상   75,000,000 (유보)
   〈손금산입〉 매출원가 과소계상   60,000,000 (△유보)

3. 수입이자(정기적금 이자수익) : 〈익금불산입〉 미수수익   12,000,000 (△유보)
4. 지급이자(차입금 이자비용) : 세무조정 없음
5. 임대료 : 세무조정 없음

1. 외상판매 관련 손익의 귀속사업연도는 재화를 인도한 날(2025년 12월 31일)이다. 따라서 제14기 결산서에 누락된 매출은 익금산입함과 동시에 세무상 순자산가액이 증가하므로 유보로 처분하며, 매출원가는 손금산입함과 동시에 세무상 순자산가액이 감소하므로 △유보로 처분한다.
2. 위탁매매 관련 손익의 귀속사업연도는 수탁자(㈜C)가 위탁자산(적송품)을 매매한 날(2025년 12월 31일)이다. 따라서 제14기 결산서에 누락된 매출은 익금산입함과 동시에 세무상 순자산가액이 증가하므로 유보로 처분하며, 매출원가는 손금산입함과 동시에 세무상 순자산가액이 감소하므로 △유보로 처분한다.
3. 정기적금 이자와 같이 원천징수되는 수입이자에 대해 이미 경과한 기간에 대한 수입이자를 다음과 같이 수익(미수수익)으로 계상한 경우 법인세법에서는 이를 인정하지 않는다. 따라서 미수수익 계상액을 익금불산입함과 동시에 세무상 순자산가액이 감소하므로 △유보로 처분한다.

   (차) 미수수익   12,000,000   (대) 이자수익   12,000,000

4. 이미 경과한 기간에 대한 지급이자를 다음과 같이 비용(미지급비용)으로 계상한 경우 법인세법에서는 이를 인정하므로 세무조정은 불필요하다.

   (차) 이자비용   600,000,000   (대) 미지급비용   600,000,000

5. 이미 경과한 기간에 대한 임대료를 수익(미수수익)으로 계상한 경우 법인세법에서는 이를 인정하므로 세무조정은 불필요하다.

   (차) 미수수익   4,000,000   (대) 임대료수익   4,000,000

제2절 자산의 취득가액과 자산·부채의 평가

Ⅰ. 자산의 취득가액

1 자산 취득가액의 의의

기업회계상 재무상태표에 계상되는 자산의 취득가액은 판매나 감가상각, 처분 등을 통해 손익계산서로 흘러들어가 비용으로 처리되면서 소멸된다. 이는 세무회계에서도 동일하게 적용되는데, 자산의 취득가액을 얼마로 인정하느냐 하는 것은 추후 해당 금액만큼의 손금을 인정하는 것과 동일하기 때문에 과세당국의 입장에서는 중요하다. 이러한 이유로 법인세법에서는 기업회계기준과는 별도로 자산의 취득가액에 대한 독립된 규정을 두고 있다.

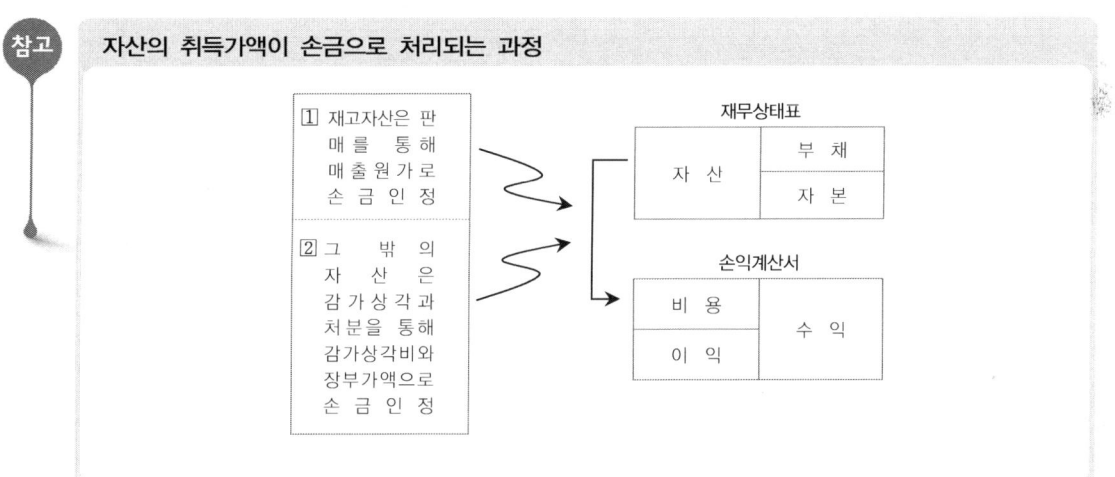

참고 | 자산의 취득가액이 손금으로 처리되는 과정

① 재고자산은 판매를 통해 매출원가로 손금인정

② 그 밖의 자산은 감가상각과 처분을 통해 감가상각비와 장부가액으로 손금인정

2 자산 취득가액 산정의 일반원칙

구 분	취 득 가 액
(1) 타인으로부터 매입한 자산❶	매입가액에 취득세(농어촌특별세·지방교육세 포함), 등록면허세, 그 밖의 취득 부대비용을 더한 금액
(2) 자기가 제조·생산·건설 등에 의하여 취득한 자산	제작원가·공사원가(원재료비, 노무비 등)에 부대비용을 더한 금액
(3) 단기금융자산	매입가액(부대비용을 더하지 않음)
(4) (1) ~ (3) 이외의 자산❷	해당 자산의 취득당시의 시가

❶ 자산의 범위에는 기업회계기준에 따라 결산서상 단기매매항목으로 분류된 금융자산·파생상품(단기금융자산)을 제외한다.
❷ 교환·수증 등에 의하여 취득한 경우를 말한다.

II. 자산·부채의 평가

 재고자산의 평가

(1) 재고자산의 평가방법

재고자산의 평가란 기말재고자산의 가액을 결정하는 것을 말하며, 재고자산의 가액은 수량에서 단가를 곱하여 계산된다. 법인세법에서는 수량의 확정방법에 대해서는 규정을 두고 있지 않고, 단가의 산정방법에 대해서만 구체적인 규정을 두고 있다. 따라서 법인세법상 재고자산의 평가란 기업회계기준에 따라 확정된 수량에 법인세법에 따라 산정된 단가를 곱하여 기말재고자산의 가액을 산출하는 것을 말한다.

법인세법에서는 법인이 다음의 단가산정방법 중 하나를 선택하여 납세지 관할세무서장에게 신고를 하면 이를 재고자산의 평가방법으로 인정하고 있다.

구 분	내 용
원가법	① 개별법, ② 선입선출법, ③ 후입선출법, ④ 총평균법, ⑤ 이동평균법, ⑥ 매출가격환원법 중 하나의 방법에 의하여 산출한 가액으로 평가하는 방법
저가법	원가법에 의하여 평가한 가액과 기업회계기준이 정하는 바에 따라 시가로 평가한 가액 중 낮은 가액으로 평가하는 방법

(2) 평가대상 재고자산의 범위

법인세법에서는 평가대상 재고자산을 다음과 같이 네 가지의 유형으로 구분하고 있다. 법인은 재고자산을 평가할 때 다음의 자산별로 구분하여 종류별·영업장별로 각각 다른 방법에 의하여 평가할 수 있다.

① 제품과 상품(부동산매매업자의 매매목적 부동산 포함, 유가증권 제외)
② 반제품 및 재공품
③ 원재료
④ 저장품

(3) 재고자산 평가방법의 신고

1) 재고자산 평가방법의 신고

구 분	내 용
대 상 법 인	신설법인과 수익사업을 개시한 비영리내국법인
신 고 기 한	해당 법인의 설립일 또는 수익사업 개시일이 속하는 사업연도의 과세표준 신고기한 내에 납세지 관할세무서장에게 신고하여야 한다.

2) 재고자산 평가방법의 변경신고

구 분	내 용
대 상 법 인	재고자산의 평가방법을 신고한 법인으로서 그 평가방법을 변경하고자 하는 법인
변 경 신 고 기 한	변경할 평가방법을 적용하고자 하는 사업연도의 종료일 이전 3개월이 되는 날까지 납세지 관할세무서장에게 신고하여야 한다.

3) 무신고와 임의변경 시 재고자산의 평가방법

구 분	무신고시 평가방법	임의변경시 평가방법
재 고 자 산	선입선출법	MAX [① 무신고시 평가방법 ② 당초 신고한 평가방법]
매 매 목 적 부 동 산	개 별 법	

재고자산의 평가에 착오가 있는 경우

재고자산 평가방법을 신고하고 신고한 방법에 의하여 평가하였으나 기장 또는 계산상의 착오가 있는 경우에는 재고자산 평가방법을 달리하여 평가한 것(임의변경)으로 보지 않는다. 따라서 해당 차액에 대해서만 세무조정한다.

(4) 세무조정

1) 결산서상 평가액과 법인세법상 평가액이 다른 경우

구 분	내 용	
해당 연도	① 결산서상 평가액 < 세법상 평가액 ➡ 〈익금산입〉 재고자산평가감❶	×××(유보)
	② 결산서상 평가액 > 세법상 평가액 ➡ 〈손금산입〉 재고자산평가증❶	×××(△유보)
다음 연도	다음 연도 이후 해당 재고자산의 처분시 반대의 세무조정으로 추인해야 한다.	

❶ 재고자산평가감(재고자산평가증)이란 결산서상 재고자산의 가액이 법인세법상 재고자산 가액보다 낮게(높게) 평가되어 있는 상태를 지칭하는 표현이다.

2) 결산서상 재고자산 평가손익을 계상한 경우

구 분	내 용
평가이익	법인세법상 재고자산의 평가는 원가법 또는 저가법에 의하고 있으므로, 즉 평가 전 가액 이하로만 평가하도록 허용하고 있으므로 재고자산 평가이익은 익금불산입하고 △유보로 소득처분한다.
평가손실	기업회계기준에서는 재고자산의 평가에 대하여 저가법 적용을 강제하고 있으나, 법인세법에서는 다음의 경우에 한하여 재고자산 평가손실을 결산조정에 의하여 손금산입할 수 있다. ① 재고자산의 평가방법을 저가법으로 신고한 경우 ② 파손·부패 등의 사유로 정상가격으로 판매할 수 없는 경우

예 3-2 재고자산의 평가

다음 자료에 의하여 ㈜A의 제3기(2025.1.1~12.31) 사업연도 기말재고자산에 대한 세무조정과 소득처분을 행하시오.

1. 재고자산의 평가자료

구 분	제 품	원 재 료	저 장 품
결 산 서 상 평 가 액	4,500,000원	650,000원	1,600,000원
선 입 선 출 법	4,650,000원	450,000원	1,750,000원
후 입 선 출 법	4,000,000원	750,000원	1,400,000원
총 평 균 법	4,500,000원	650,000원	1,550,000원
신 고 한 평 가 방 법	무 신 고	총평균법	총평균법

2. 원재료는 직전 사업연도까지는 선입선출법으로 평가하였으나, 2025년 10월 1일에 총평균법으로 변경신고하였다.
3. 저장품은 신고한 평가방법에 의하여 평가하였으나, 계산의 착오로 50,000원을 과다계상하였다.

1. 제품 : 재고자산 평가방법을 신고하지 않았으므로 선입선출법에 의하여 평가한 가액을 재고자산가액으로 한다.

  ① 결산서상 평가액   4,500,000원
  ② 세법상 평가액   4,650,000원
  ③ 제품평가감   150,000원

 〈익금산입〉 제품평가감   150,000 (유보)

2. 원재료 : 재고자산 평가방법의 변경신고는 변경할 평가방법을 적용하고자 하는 사업연도 종료일 이전 3개월이 되는 날(위 사례의 경우 2025년 9월 30일)까지 신고하여야 한다. 그런데 ㈜A는 변경신고기한을 넘겨서 신고했음에도 해당 변경신고한 평가방법(총평균법)으로 원재료를 평가하였으므로 임의변경에 해당한다. 따라서 당초 신고한 평가방법(선입선출법)에 의한 평가액과 무신고시 평가방법(선입선출법)에 의한 평가액 중 큰 금액으로 한다.

  ① 결산서상 평가액   650,000원
  ② 세법상 평가액   450,000원 MAX(450,000원, 450,000원)
  ③ 원재료평가증   △200,000원

 〈손금산입〉 원재료평가증   100,000 (△유보)

3. 저장품 : 신고한 평가방법에 의하여 평가하였으나 계산착오로 인하여 해당 평가방법상의 금액보다 과다 또는 과소하게 계상한 경우에는 임의변경으로 보지 아니하므로 해당 차액만 조정한다.

  ① 결산서상 평가액   1,600,000원
  ② 세법상 평가액   1,550,000원
  ③ 저장품평가증   △50,000원

 〈손금산입〉 저장품평가증   50,000 (△유보)

유가증권의 평가

구 분	내 용
원 칙	유가증권의 평가는 원가법이 원칙이며, 다음의 평가방법 중 법인이 납세지 관할세무서장에게 신고한 방법에 의한다. ① 개별법(채권에 한함) ② 총평균법 ③ 이동평균법
예 외	다음에 해당하는 주식은 결산서상 장부가액과 해당 사업연도 종료일 현재의 시가(시가평가액이 1,000원 이하인 경우에는 1,000원)와의 차액을 손금에 산입할 수 있다. ① 주권상장법인이 발행한 주식 등으로서 주식발행법인이 부도가 발생한 경우 ② 주식발행법인이 파산한 경우

Ⅲ. 대손충당금

 대손금

(1) 대손금의 개념

대손금이란 회수가능성이 없게 된 부실채권의 가액을 말한다. 대손충당금을 설정하고 있는 법인에 이러한 대손금이 발생하게 되면, 설정된 대손충당금과 먼저 상계하고 부족액은 대손상각비를 계상하여 손금에 산입한다.

① 설정된 대손충당금이 충분한 경우
   (차) 대손충당금   ×××   (대) 채   권   ×××
② 설정된 대손충당금이 부족한 경우
   (차) 대손충당금   ×××   (대) 채   권   ×××
      대손상각비   ×××

(2) 대손대상 채권의 범위

구 분	내 용
대손처리 가능채권	원칙적으로 대손처리할 수 있는 채권의 범위에는 제한이 없다.
대손처리 불능채권	다만, 다음의 채권은 대손금으로 손금산입할 수 없다. ① 부가가치세법상 대손세액공제를 받은 부가가치세 매출세액 미수금 ② 채무보증으로 인하여 발생한 구상채권 ③ 대여시점의 특수관계인에 대한 업무무관가지급금 ▣ 부가가치세법상 대손세액공제를 적용받게 되면 해당 금액만큼 부가가치세 매출세액 미수금이 제각되어 결산서상 존재하지 않으므로 대손처리가 불가능한 것이며, 채무보증으로 인한 구상채권과 특수관계인에 대한 업무무관가지급금은 조세징책적 목적에 의하여 대손금으로 손금산입할 수 없다.

(3) 대손금의 귀속사업연도

법인이 대손처리가능채권 가액의 손금산입 시기를 자의적으로 결정함으로써 과세소득 조작을 통한 조세회피의 여지가 존재하므로, 법인세법에서는 대손금의 귀속사업연도를 대손사유에 따라 엄격하게 구분하여 규정하고 있다.

1) 신고조정사항

신고조정사항에 해당하는 다음의 채권은 반드시 해당 사유가 발생한 날이 속하는 사업연도의 손금으로 처리하여야 한다. 즉, 법인이 결산서상 대손금으로 처리하지 않은 경우 반드시 신고조정을 통해 손금에 산입해야 한다.

① 민법·상법·어음법·수표법에 따라 소멸시효가 완성된 채권
② 채무자 회생 및 파산에 관한 법률에 따른 회생계획인가의 결정 또는 법원의 면책결정에 따라 회수불능으로 확정된 채권
③ 서민의 금융생활 지원에 관한 법률에 따른 채무조정을 받아 신용회복지원협약에 따라 면책으로 확정된 채권
④ 민사집행법에 따라 채무자의 재산에 대한 경매가 취소된 압류채권

2) 결산조정사항

결산조정사항에 해당하는 다음의 채권은 법인이 결산서상 대손금으로 처리한 날이 속하는 사업연도의 손금으로 인정한다. 즉, 법인이 결산서상 대손금으로 처리하지 않은 경우 신고조정을 통해 손금에 산입할 수 없다.

① 채무자의 파산·강제집행·형의집행·사업의폐지·사망·실종 또는 행방불명으로 인하여 회수할 수 없는 채권
② 부도발생일로부터 6개월 이상 지난 어음·수표 및 외상매출금(중소기업의 외상매출금으로서 부도발생일 이전의 것에 한함)
  ▶ 부도발생일이란 소지하고 있는 부도어음이나 수표의 지급기일을 말하되, 지급기일 전에 해당 어음이나 수표를 제시하여 금융회사로부터 부도확인을 받은 경우에는 그 부도확인일을 말한다.
③ 중소기업의 외상매출금 및 미수금으로서 회수기일이 2년 이상 지난 외상매출금등. 다만, 특수관계인과의 거래로 인하여 발생한 외상매출금등은 제외한다.
④ 재판상 화해 등 확정판결과 같은 효력을 가지는 것으로서 기획재정부령으로 정하는 것에 따라 회수불능으로 확정된 채권
⑤ 회수기일이 6개월 이상 지난 채권 중 채권가액이 30만원 이하(채무자별 채권가액의 합계액을 기준으로 함)의 채권
⑥ 물품의 수출 또는 외국에서의 용역제공으로 발생한 채권으로서 무역에 관한 법령에 따라 기획재정부령으로 정하는 사유에 해당하여 무역보험법에 따른 한국무역보험공사로부터 회수불능으로 확인된 채권

(4) 대손금의 인식과 회수

1) 대손금으로 인식하는 금액

대손요건을 충족한 대상채권의 가액 전액을 대손금으로 한다. 다만, 부도발생일로부터 6개월 이상 지난 어음·수표 및 외상매출금의 경우에는 비망금액으로 1,000원(어음·수표는 1매당 1,000원, 외상매출금은 채무자별로 1,000원)을 제외한 금액을 대손금으로 한다.

2) 대손금 회수액

손금에 산입한 대손금 중 회수한 금액은 그 회수한 날이 속하는 사업연도의 익금에 산입한다. 여기서 '익금에 산입한다'는 의미는 대손금 회수액이 익금항목에 해당한다는 뜻일 뿐, 익금산입하는 세무조정을 하라는 의미가 아님에 유의해야 한다. 기업회계상 대손처리로 제각된 채권을 회수하게 되면 다음과 같이 회계처리하게 되는데, 법인세법상 대손충당금은 후술할 총액법에 따라 그 자체를 익금으로 보기 때문에 별도의 세무조정은 필요 없다.

(차) 현　　　금	×××	(대) 대손충당금	×××

부도발생일로부터 6개월 이상 지난 어음 등의 대손사례

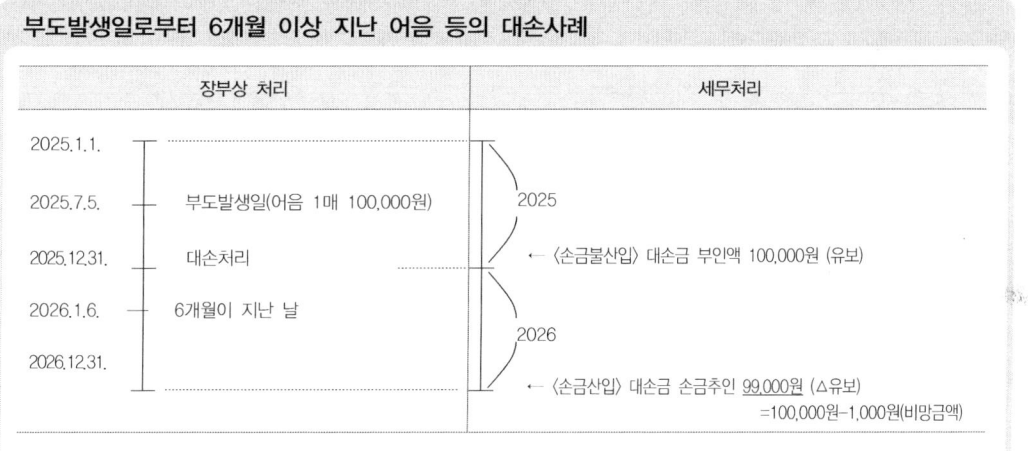

2 대손충당금

(1) 대손충당금의 개념

대손충당금은 외상매출금이나 대여금 등 채권에 대한 차감적 평가계정으로 미래에 발생할 대손에 대비하여 설정하는 충당금이다. 기업회계기준에서는 회수가 불확실한 채권에 대하여 합리적이고 객관적인 기준에 따라 대손예상액을 추정하여 다음과 같이 대손충당금을 설정하도록 규정하고 있다.

(차) 대손상각비	×××	(대) 대손충당금	×××

그러나 법인세법에서는 법인의 자의적인 추정에 따른 대손충당금 계상을 제한하기 위해 대손충당금을 결산조정사항으로 규정함과 동시에 그 한도액을 규정하고 있다. 즉, 법인이 결산서에 대손충당금을 계상한 경우에 한하여 그 한도액 범위 내에서 손금으로 인정하며, 결산서에 대손충당금을 계상하지 않거나 미달하게 계상한 경우에는 신고조정에 의하여 손금에 산입할 수 없다.

(2) 대손충당금 설정 회계처리방법

대손충당금을 설정하는 회계처리방법으로는 보충법과 총액법이 있다. 보충법이란 대손충당금 이월잔액(전기이월액에서 당기상계액을 차감한 잔액을 말함)을 환입하지 않고 당기말 대손충당금으로 설정해야하는 금액과의 차액만큼을 보충적으로 설정하는 회계처리방법을 말한다. 반면 총액법이란 대손충당금 이월잔액을 전액 환입하고 당기말 대손충당금으로 설정해야하는 금액의 총액을 다시 설정하는 회계처리방법을 말한다.

기업회계기준에서는 대손충당금을 설정하는 회계처리방법으로 보충법을 채택하고 있으며, 법인세법에서는 총액법을 채택하고 있다. 다만, 법인세법에서는 법인이 결산서상 보충법에 따라 대손충당금을 회계처리한 경우 이를 단순한 기표상의 생략으로 보아 별도의 세무조정 없이 총액법으로 처리한 것으로 본다. 법인세법에서 이와 같이 규정하고 있는 이유는 회계처리방법의 차이에 따라 과세소득이 달라지는 것을 방지하기 위함이다.

(3) 대손충당금의 상계와 환입

대손충당금을 손금으로 계상한 법인은 대손금이 발생한 경우 그 대손금을 대손충당금과 먼저 상계하여야 하고, 대손금과 상계하고 남은 대손충당금의 금액은 다음 사업연도의 소득금액을 계산할 때 익금에 산입한다.

여기서 '익금에 산입한다'는 의미는 대손충당금 기말잔액이 다음 사업연도의 익금항목에 해당한다는 뜻일 뿐, 익금산입하는 세무조정을 하라는 의미가 아님에 유의해야 한다. 결산서상 대손충당금 기말잔액은 보충법에 따라 다음 사업연도에 환입하지 않지만, 법인세법에서는 이를 별도의 세무조정 없이 총액법에 따라 처리한 것으로, 즉 대손충당금 기말잔액을 다음 사업연도에 환입한 것으로(익금에 산입한 것으로) 보기 때문이다.

(4) 대손충당금 한도초과액 손금불산입

	각 사업연도 소득금액	
(-)	이 월 결 손 금	15년 이내에 개시한 사업연도에 발생한 이월결손금❋
(-)	비 과 세 소 득	공익신탁의 신탁재산에서 생긴 소득 등
(-)	소 득 공 제	유동화전문회사 등에 대한 소득공제 등
	과 세 표 준	

❋ 중소기업과 회생계획을 이행 중인 기업 등의 법인을 제외한 내국법인의 경우 공제의 범위는 각 사업연도 소득의 60%로 한다.

1) 대손충당금 한도액

> 한도액 = 대손충당금 설정대상채권 잔액 × MAX(1%, 대손실적률)

2) 대손충당금 설정대상채권의 범위

구 분	내 용
대 상 채 권	① 외상매출금 : 상품·제품 판매가액의 미수액과 가공료·용역 등의 제공에 의한 사업수입금액의 미수액
	② 대여금 : 금전소비대차계약 등에 의하여 타인에게 대여한 금액
	③ 그 밖에 이에 준하는 채권 : 어음상의 채권·미수금·기업회계기준에 의한 대손충당금 설정대상채권 (진행기준에 의하여 계상된 공사미수금 등)
제 외 채 권	① 채무보증으로 인하여 발생한 구상채권
	② 대여시점의 특수관계인에 대한 업무무관가지급금 ✽
	③ 부당행위계산부인규정을 적용받는 시가초과액에 상당하는 채권 ▨ 예를 들어, 특수관계인에게 시가 3억원인 재화를 5억원에 신용판매를 한 경우 결산서상 계상된 채권가액 5억원 중 대손충당금 설정대상 채권가액은 3억원만 인정된다.
	④ 매각거래에 해당하는 할인어음

✽ 특수관계인에 대한 채권이라 할지라도 업무무관가지급금 이외의 채권의 경우 대손충당금 설정대상채권이 된다.

2) 대손실적률의 계산

$$\text{대손실적률} = \frac{\text{해당 사업연도의 세무상 대손금}}{\text{직전 사업연도 종료일 현재의 세무상 채권잔액}}$$

3-3 대손충당금

다음은 주권비상장법인인 ㈜A의 제14기 사업연도(2025.1.1.~12.31.) 대손충당금과 관련된 자료이다. 다음 자료를 이용하여 대손충당금에 대한 세무조정을 하시오.

1. 대손충당금 계정의 내역

대손충당금

당기상계액	3,000,000✽	전기이월액	17,000,000✽
차기이월액	19,000,000	당기설정액	5,000,000
계	22,000,000	계	22,000,000

✽ 전기이월액 중 손금부인된 금액은 없으며, 당기상계액은 전액 법인세법상 대손요건을 충족하였다.

2. 제14기 사업연도말 현재 재무상태표상 대손충당금 설정대상 채권은 600,000,000원이다.
3. 제13기 사업연도말 현재 재무상태표상 대손충당금 설정대상 채권은 100,000,000원이다.

해답

1. 대손충당금 설정액 : 19,000,000원(차기이월액)

2. 대손충당금 한도액 : 600,000,000원 × 3%✽ = 18,000,000원

   ✽ MAX $\left[1\%, \dfrac{\text{해당 사업연도의 세무상 대손금}}{\text{직전 사업연도 종료일 현재 세무상 채권잔액}} = \dfrac{3,000,000원}{100,000,000원} = 3\%\right] = 3\%$

3. 한도초과액 : 19,000,000원 - 18,000,000원 = 1,000,000원

4. 세무조정 : 〈손금불산입〉 대손충당금 한도초과액 1,000,000 (유보)

㈜A는 보충법에 따라 대손충당금 전기이월액에서 당기상계액을 공제하고 남은 이월잔액(14,000,000원=17,000,000원-3,000,000원)을 환입하지 않고 차기이월액(19,000,000원)과의 차이인 5,000,000원만큼 보충하여 당기설정액으로 계상하였다. 그러나 법인세법은 총액법에 따라 대손충당금 이월잔액을 전액 환입하고 차기이월액 전액을 다시 설정하므로, 세무상 대손충당금 설정액은 당기설정액이 아닌 차기이월액(재무상태표상 대손충당금 기말잔액)으로 보아 세무조정 해야 한다.

기출문제

제3장 _ 손익의 귀속사업연도와 자산·부채의 평가

01 다음 중 법인세법상 손익귀속시기에 대한 연결이 옳지 않은 것은? [세무회계 3급 2019]

① 부동산을 제외한 상품의 판매 : 상품의 인도일
② 부동산을 제외한 상품의 시용판매 : 상대방의 구입의사 표시일
③ 부동산의 양도 : 대가를 받기로 한 날
④ 위탁판매 : 수탁자가 위탁자산을 판매한 날

> **해설** 부동산의 양도(재고자산 이외의 자산양도)는 대금청산일, 소유권이전등기·등록일, 인도일·사용수익일 중 빠른 날에 손익을 인식한다.

해답 ③

02 다음 중 법인세법상 손익의 귀속시기로 옳지 않은 것은? [세무회계 3급 2023]

① 상품(부동산 제외)의 판매 : 상품의 인도일
② 시용판매 : 상대방(고객)에게 상품을 인도한 날
③ 단기할부판매 : 인도기준
④ 위탁판매 : 수탁자가 그 위탁자산을 판매한 날

> **해설** 시용판매의 경우 상대방의 구입의사 표시일이다.

해답 ②

03 다음 중 법인세법상 상품(부동산 제외) 등의 판매에 대한 손익의 귀속시기로 적절한 것은? [세무회계 3급 2019]

① 상품 등의 인도일
② 위탁판매시 수탁자에게 발송한 날
③ 매매계약 체결일
④ 외상대금 회수일

> **해설** 부동산을 제외한 상품 등(재고자산)의 판매에 대한 손익의 귀속시기는 인도기준이다.

해답 ①

04 법인세법상 손익의 귀속사업연도에 관한 설명으로 옳은 것은? [국가직 9급 2013]

① 부동산 양도시 대금을 청산하기 전에 소유권의 이전등기를 하는 경우 대금을 청산한 날이 속하는 사업연도로 한다.
② 상품(부동산 제외)·제품 또는 기타의 생산품을 판매하는 경우 그 상품 등의 대금을 청산한 날이 속하는 사업연도로 한다.
③ 자산의 위탁매매의 경우 위탁자가 그 위탁자산을 인도한 날이 속하는 사업연도로 한다.
④ 자산의 임대료 지급기간이 1년을 초과하는 경우 이미 경과한 기간에 대응하는 임대료 상당액은 이를 당해 사업연도의 익금으로 한다.

> 해설
> ① 부동산 양도시 대금을 청산하기 전에 소유권의 이전등기를 하는 경우 소유권 이전등기일, 사용수익일 중 빠른날이 속하는 사업연도로 한다.
> ② 상품(부동산 제외)·제품 또는 기타의 생산품을 판매하는 경우 그 상품 등의 인도일이 속하는 사업연도로 한다.
> ③ 자산의 위탁매매의 경우 수탁자가 그 위탁자산을 매매한 날이 속하는 사업연도로 한다.

해답 ④

05 법인세법령상 손익의 귀속시기에 대한 설명으로 옳지 않은 것은? [국가직 9급 2021]

① 상품등 외의 자산의 양도로 인한 익금의 귀속사업연도는 그 대금을 청산한 날이 속하는 사업연도로 하되, 대금을 청산하기 전에 소유권 등의 이전등기(등록을 포함)를 하거나 당해 자산을 인도하거나 상대방이 당해 자산을 사용수익하는 경우에는 그 이전등기일(등록일을 포함)·인도일 또는 사용수익일 중 빠른 날이 속하는 사업연도로 한다.
② 임대료 지급기간이 1년을 초과하는 경우 이미 경과한 기간에 대응하는 임대료 상당액과 비용은 실제 지급일이 속하는 사업연도의 익금과 손금으로 한다.
③ 중소기업인 법인이 수행하는 계약기간이 1년 미만인 건설·제조 기타 용역(도급공사 및 예약매출을 포함)의 제공으로 인한 익금과 손금은 그 목적물의 인도일이 속하는 사업연도의 익금과 손금에 산입할 수 있다.
④ 법인이 수입하는 배당금은 소득세법 시행령에 따른 수입시기에 해당하는 날이 속하는 사업연도의 익금에 산입하되, 법인세법 시행령상 금융회사 등이 금융채무등 불이행자의 신용회복 지원과 채권의 공동추심을 위하여 공동으로 출자하여 설립한 자산유동화에 관한 법률에 따른 유동화전문회사로부터 수입하는 배당금은 실제로 지급받은 날이 속하는 사업연도의 익금에 산입한다.

> 해설
> 임대료 지급기간이 1년을 초과하는 경우에는 법인의 회계처리와 상관없이 이미 경과한 기간에 대응하는 임대료 상당액과 비용을 각각 당해 사업연도의 익금과 손금으로 한다.

해답 ②

06 법인세법령상 내국법인의 손익귀속시기에 대한 설명으로 옳은 것만을 모두 고르면? [국가직 7급 2021]

> ㄱ. 중소기업인 ㈜A가 장기할부조건으로 자산을 판매한 경우에는 그 장기할부조건에 따라 각 사업연도에 회수하였거나 회수할 금액을 해당 사업연도의 익금에 산입할 수 있다.
> ㄴ. 중소기업인 ㈜B가 장기할부조건 등에 의하여 자산을 양도함으로써 발생한 채권에 대하여 기업회계기준이 정하는 바에 따라 현재가치로 평가하여 현재가치할인차금을 계상한 경우 해당 현재가치할인차금상당액은 해당 채권의 회수기간 동안 기업회계기준이 정하는 바에 따라 환입하였거나 환입할 금액을 각 사업연도의 익금에 산입한다.
> ㄷ. 중소기업인 ㈜C가 수행하는 계약기간이 1년 미만인 건설등의 제공으로 인한 익금은 그 목적물의 인도일이 속하는 사업연도의 익금에 산입할 수 있다.
> ㄹ. 제조업을 경영하는 ㈜D가 결산을 확정할 때 이미 경과한 기간에 대응하는 이자(법인세법에 따라 원천징수되는 이자를 포함)를 해당 사업연도의 수익으로 계상한 경우에는 그 계상한 사업연도의 익금으로 한다.

① ㄱ, ㄹ
② ㄴ, ㄷ
③ ㄱ, ㄴ, ㄷ
④ ㄱ, ㄴ, ㄷ, ㄹ

> **해설** 법인세법에 따라 원천징수되는 이자는 기간경과분 미수이자를 해당 사업연도의 수익으로 계상하더라도 해당 사업연도의 익금으로 보지 않는다.

해답 ③

07 법인세법령상 손익의 귀속시기에 대한 설명으로 옳지 않은 것은? [국가직 7급 2023]

① 건설·제조 기타 용역(도급공사 및 예약매출을 포함한다)의 제공에 대하여 기업회계기준에 따라 그 목적물의 인도 일이 속하는 사업연도의 수익과 비용으로 계상한 경우 그 목적물의 인도일이 속하는 사업연도의 익금과 손금에 산입할 수 있다.
② 장기할부조건 등에 의하여 자산을 판매하거나 양도함으로써 발생한 채권에 대하여 기업회계기준이 정하는 바에 따라 현재가치로 평가하여 현재가치할인차금을 계상한 경우 해당 현재가치할인차금 상당액은 해당 채권의 회수기간 동안 기업회계기준이 정하는 바에 따라 환입하였거나 환입할 금액을 각 사업연도의 익금에 산입한다.
③ 부동산 양도로 인한 손익의 귀속시기는 대금청산일, 소유권이전 등기(등록)일, 인도일 또는 사용수익일 중 빠른 날로 한다.
④ 법인이 매출할인을 하는 경우 그 매출할인금액은 상대방과의 약정에 의한 지급기일이 속하는 사업연도의 매출액에서 차감하고, 그 지급기일이 정하여 있지 아니한 경우에는 매출한 날이 속하는 사업연도의 매출액에서 차감한다.

> **해설** 법인이 매출할인을 하는 경우 그 매출할인금액은 상대방과의 약정에 의한 지급기일이 속하는 사업연도의 매출액에서 차감하고, 그 지급기일이 정하여 있지 아니한 경우에는 지급한 날이 속하는 사업연도의 매출액에서 차감한다.

해답 ④

08 법인세법상 재고자산평가에 관한 다음의 설명 중 옳지 않은 것은? [세무회계 3급 2020]

① 재고자산평가방법을 신고하지 아니한 경우 원칙적으로 선입선출법을 적용한다.
② 재고자산평가방법을 임의변경한 경우 무신고시 평가방법과 당초 신고방법 중 큰 가액으로 한다.
③ 재고자산평가방법은 변경신고를 할 수 있다.
④ 재고자산 평가방법으로 원가법만 인정한다.

해설 법인세법에서는 원가법과 저가법을 선택하여 재고자산을 평가할 수 있다.

 ④

09 법인세법상 재고자산의 평가에 관한 설명으로 옳지 않은 것은? [국가직 9급 2013]

① 법정 기한내에 재고자산 평가방법을 신고하지 아니한 경우 매매를 목적으로 소유하는 부동산은 납세지 관할세무서장이 선입선출법에 의하여 평가한다.
② 재고자산은 영업장별로 다른 방법에 의하여 평가할 수 있다.
③ 신설법인이 재고자산 평가방법을 신고하고자 하는 때에는 설립일이 속하는 사업연도의 법인세과세표준 신고기한내에 신고하여야 한다.
④ 법인이 신고한 재고자산 평가방법을 변경하고자 하는 경우 변경할 평가방법을 적용하고자 하는 사업연도의 종료일 이전 3월이 되는 날까지 신고하여야 한다.

해설 법정 기한 내에 재고자산 평가방법을 신고하지 아니한 경우 매매를 목적으로 소유하는 부동산은 납세지 관할세무서장이 개별법에 의하여 평가한다.

 ①

10 법인세법상 내국법인의 자산의 취득가액과 평가에 관한 설명으로 옳은 것은? [국가직 9급 2018]

① 재고자산의 평가방법을 신고한 법인이 그 평가방법을 변경하기 위하여 재고자산 등 평가방법변경신고서를 납세지 관할세무서장에게 제출하려고 하는 경우에는 변경할 평가방법을 적용하고자 하는 사업연도의 종료일 이전 2월이 되는 날까지 제출하여야 한다.

② 재고자산이 부패로 인해 정상가격으로 판매할 수 없게 된 경우 그 사유가 발생한 사업연도 종료일 현재의 처분가능한 시가로 자산의 장부가액을 감액할 수 있고 그 감액분을 신고조정을 통해 손금산입할 수 있다.

③ 유형자산의 취득과 함께 국·공채를 매입하는 경우 기업회계기준에 따라 그 국·공채의 매입가액과 현재가치의 차액을 당해 유형자산의 취득가액으로 계상했더라도 그 금액은 자산의 취득가액에 포함하지 아니한다.

④ 재고자산의 평가방법을 신고한 법인이 그 평가방법을 변경하기 위하여 재고자산 등 평가방법변경신고서를 납세지 관할세무서장에게 제출하려고 하는 경우에는 변경할 평가방법을 적용하고자하는 사업연도의 종료일 이전 2월이 되는 날까지 제출하여야 한다.

> **해설** ② 재고자산이 부패로 인해 정상가격으로 판매할 수 없게 된 경우 그 사유가 발생한 사업연도 종료일 현재의 처분가능한 시가로 자산의 장부가액을 감액할 수 있다. 그러나 그 감액분을 결산조정을 통해 손금산입할 수 있다.
> ③ 유형자산의 취득과 함께 국·공채를 매입하는 경우 기업회계기준에 따라 그 국·공채의 매입가액과 현재가치의 차액을 당해 유형자산의 취득가액으로 계상한 금액은 취득가액에 포함한다(법인세법 시행령 제72조 제3항).
> ④ 법인이 재고자산의 평가방법을 신고하고자 하는 때에는 평가방법을 변경하고자 하는 법인은 변경할 평가방법을 적용하고자 하는 사업연도의 종료일 이전 3월이 되는 날까지 재고자산 등 평가방법신고(변경신고)서를 납세지 관할 세무서장에게 제출(국세정보통신망에 의한 제출을 포함한다)하여야 한다(법인세법 시행령 제74조 제3항).
>
> **해답** ①

11 법인세법상 대손금과 대손충당금에 대한 설명으로 옳지 않은 것은? [국가직 9급 2011]

① 대손충당금을 손금으로 계상한 내국법인은 대손금이 발생한 경우 그 대손금을 대손충당금과 먼저 상계하여야 하고, 상계 후 남은 대손충당금의 금액은 다음 사업연도의 소득금액계산에 있어서 이를 익금에 산입한다.

② 내국법인이 기업회계기준에 따른 채권의 재조정에 따라 채권의 장부가액과 현재가치의 차액을 대손금으로 계상한 경우에는 이를 손금에 산입하며, 손금에 산입한 금액은 기업회계기준의 환입방법에 따라 익금에 산입한다.

③ 법인이 다른 법인과 합병하는 경우로서 결산조정사항에 해당하는 대손금을 합병등기일이 속하는 사업연도까지 손금으로 계상하지 아니한 경우 그 대손금은 해당 법인의 합병등기일이 속하는 사업연도의 손금으로 한다.

④ 채무보증(법령으로 정하는 일정한 채무보증은 제외)으로 인하여 발생한 구상채권에 대하여는 주채무자에 대해 구상권을 행사한 결과 무재산 등으로 회수할 수 없는 경우에 대손처리할 수 있다.

> **해설** 채무보증으로 인한 구상채권은 대손처리 불능채권이므로 대손처리할 수 없다.
>
> **해답** ④

12 법인세법상 내국법인의 자산·부채의 평가에 대한 설명으로 옳지 않은 것은? [국가직 9급 2019]

① 자산을 법령에 따른 장기할부조건 등으로 취득하는 경우 발생한 채무를 기업회계기준이 정하는 바에 따라 현재가치로 평가하여 현재가치할인차금으로 계상한 경우의 당해 현재가치할인차금은 취득가액에 포함하지 아니한다.
② 유형자산의 취득과 함께 국·공채를 매입하는 경우 기업회계기준에 따라 그 국·공채의 매입가액과 현재가치의 차액을 해당 유형자산의 취득가액으로 계상한 금액은 유형자산의 취득가액에 포함한다.
③ 기업회계기준에 따라 단기매매항목으로 분류된 금융자산 및 파생상품의 취득가액은 매입가액으로 한다.
④ 내국법인이 보유하는 「보험업법」이나 그 밖의 법률에 따른 유형자산 및 무형자산 등의 장부가액을 증액 또는 감액 평가한 경우에는 그 평가일이 속하는 사업연도 및 그 후의 사업연도의 소득금액을 계산할 때 그 장부가액은 평가한 후의 금액으로 한다.

> **해설** 내국법인이 보유하는 보험업법이나 그 밖의 법률에 따른 유형자산 및 무형자산 등의 증액 평가(평가이익)는 인정하지만, 감액 평가(평가손실)는 인정하지 않는다.

 ④

13 다음 중 법인세법상 대손사유 신고조정사항이 아닌 것은? [세무회계 2급 2020]

① 채무자의 행방불명으로 회수할 수 없는 채권
② 상법에 의한 소멸시효가 완성된 외상매출금
③ 채무자 파산에 관한 법률에 따른 회생계획인가결정에 따라 회수불능으로 확정된 채권
④ 민사집행법에 의하여 채무자의 재산에 대한 경매가 취소된 압류채권

> **해설** 채무자의 행방불명으로 회수할 수 없는 채권은 임의대손사유로 결산조정사항이다.

 ①

제4장 법인세 계산구조

제1절 과세표준과 산출세액

Ⅰ. 과세표준

 과세표준의 계산구조

   법인의 각 사업연도 소득에 대한 법인세의 과세표준은 각 사업연도 소득금액 범위에서 이월결손금, 비과세소득, 소득공제를 차례로 차감하여 계산한다. 여기서 차례로 차감한다는 것은 이월결손금이 있음에도 불구하고 비과세소득이나 소득공제를 먼저 적용할 수 없다는 것을 말한다.

	각 사업연도 소득금액	
(−)	이 월 결 손 금	15년 이내에 개시한 사업연도에 발생한 이월결손금*
(−)	비 과 세 소 득	공익신탁의 신탁재산에서 생긴 소득 등
(−)	소 득 공 제	유동화전문회사 등에 대한 소득공제 등
	과 세 표 준	

* 중소기업과 회생계획을 이행 중인 기업 등의 법인을 제외한 내국법인의 경우 공제의 범위는 각 사업연도 소득의 60%로 한다.

 이월결손금

(1) 이월결손금의 의의

   결손금이란 각 사업연도의 손금총액이 익금총액을 초과하는 경우 그 초과액을 말하며, 이월결손금이란 이러한 결손금이 다음 사업연도 이후로 이월된 경우의 해당 금액을 말한다. 법인세법상 결손금은 다음 사업연도로 이월하여 이월공제하는 것을 원칙으로 하되, 중소기업에 대해서는 소급공제를 허용하고 있다.

   법인세는 기간과세 세목이기 때문에 당해 사업연도의 소득과 다음 사업연도의 소득은 구분하여 과세된다. 법인이 영업을 통해 매년 소득을 얻는 경우에는 문제가 없겠으나, 당해 사업연도에 결손이 발생하고 다음 사업연도에 약간의 소득이 발생한 경우 전체 기간을 통산한 경영성과는 결손이나 기간과세로 인해 약간의 소득이 발생한 사업연도에 법인세가 과세되는 불합리한 문제가 발생하게 된다. 법인세법에서는 이러한 문제를 해결하기 위해 일정기간 내에 발생한 결손금을 이월하여 이후 사업연도의 소득에서 공제하도록 함으로써, 전체 사업연도에 발생한 소득과 결손금을 통산하도록 하는 이월결손금 제도를 마련해 놓고 있다.

(2) 이월결손금 공제

과세표준을 계산할 때 공제되는 이월결손금의 범위는 각 사업연도 개시일 전 10년 이내에 개시한 사업연도에 발생한 세무상 결손금으로서, 소급공제 또는 그 후의 과세표준을 계산할 때 공제되지 아니한 금액에 한한다. 이 경우 여러 사업연도에 걸쳐 이월결손금이 있는 경우에는 먼저 발생한 사업연도부터 차례로 공제한다. 조세특례제한법에 따른 중소기업과 회생계획을 이행 중인 기업 등의 법인은 한도가 없으나, 그 이외의 법인은 각 사업연도의 소득금액의 60% 범위 내에서 이월결손금 공제가 가능하다.

장부나 그 밖의 증명서류에 의하여 소득금액을 계산할 수 없어 법인세 과세표준을 추계결정 또는 추계경정하는 경우에는 이월결손금 공제를 적용하지 않는다. 다만, 천재지변 등으로 장부 그 밖의 증명서류가 멸실되어 과세표준을 추계하는 경우에는 이월결손금 공제가 가능하다.

(3) 결손금 소급공제

조세특례제한법에 따른 중소기업은 결손금이 발생한 경우 이월결손금 공제를 적용하는 대신 해당 결손금을 소급공제함으로써 직전 사업연도의 법인세를 환급받을 수 있다. 소급공제한 결손금에 대해서는 이월결손금 공제를 적용할 때 이를 공제받은 금액으로 본다.

중소기업이 결손금 소급공제를 적용받기 위해서는 직전 사업연도에 납부한 법인세가 있어야 하며, 결손금이 발생한 해당 사업연도와 그 직전 사업연도의 법인세 과세표준과 세액을 법정신고기한내에 각각 신고해야 한다.

3 비과세소득

비과세소득이란 과세당국이 조세정책적 목적으로 과세를 하지 않는 소득을 말한다. 이러한 비과세소득은 법인세법과 조세특례제한법에 규정되어 있는데, 각 세법에 규정된 대표적인 비과세소득을 살펴보면 다음과 같다.

구 분	내 용
(1) 법인세법	공익신탁의 신탁재산에서 생기는 소득
(2) 조세특례제한법	중소기업창업투자회사 등의 주식양도차익 등에 대한 비과세

소득공제

소득공제란 이중과세의 조정 및 조세정책적 목적으로 비과세소득과 함께 과세표준 계산상 공제되는 것을 말한다. 이러한 소득공제는 법인세법과 조세특례제한법에 규정되어 있는데, 이를 살펴보면 다음과 같다.

구 분	내 용
(1) 법인세법	유동화전문회사 등에 대한 소득공제 : 자산유동화에 관한 법률에 따른 유동화전문회사 등의 내국법인이 배당가능이익의 90% 이상을 배당한 경우 그 금액은 해당 사업연도의 소득금액에서 공제한다(이중과세조정제도).
(2) 조세특례제한법	자기관리 부동산투자회사 등에 대한 과세특례(주택임대소득공제)

Ⅱ. 산출세액

 각 사업연도 소득에 대한 법인세 산출세액

(1) 계산구조

과 세 표 준	
(×) 세 율	9%, 19%, 21%, 24%(4단계 초과누진세율)
산 출 세 액	토지 등 양도소득에 대한 법인세, 미환류소득에 대한 법인세 포함

(2) 세 율

각 사업연도 소득에 대한 법인세 산출세액을 계산할 때 적용되는 세율은 4단계 초과누진세율이며, 이를 정리하면 다음과 같다.

과세표준	세 율
2억원 이하	과세표준의 9%
2억원 초과 200억원 이하	1천800만원 + 2억원을 초과하는 금액의 19%
200억원 초과 3천억원 이하	37억 8천만원 + 200억원을 초과하는 금액의 21%
3,000억원 초과	625억 8천만원 + 3,000천억원을 초과하는 금액의 24%

(3) 사업연도가 1년 미만인 경우

위의 법인세율은 사업연도가 1년인 법인의 법인세 과세표준에 적용하는 세율이므로, 사업연도가

1년 미만인 법인의 경우에는 다음의 산식에 따라 과세표준을 1년으로 환산하여 세율을 적용해야 한다. 이는 초과누진세율인 법인세율로 인해 사업연도의 장단에 따라 산출세액이 달라지는 문제를 차단하기 위함이다.

구 분	세 율
산 식	$산출세액 = \left[\left(과세표준 \times \dfrac{12}{사업연도\ 월수^{⊙}}\right) \times 세율\right] \times \dfrac{사업연도\ 월수^{⊙}}{12}$ ⊙ 월수는 역에 따라 계산하되, 1개월 미만의 일수는 1개월로 한다.
사 례	① 사업연도 : 7월 1일부터 12월 31일까지 ② 과세표준 : 180,000,000원 ③ 산출세액 : $[(180,000,000원 \times \dfrac{12}{6}) \times 세율] \times \dfrac{6}{12} = 24,200,000원$

2 토지 등 양도소득에 대한 법인세

토지 등 양도소득에 대한 법인세 제도란 법인의 부동산 투기를 억제함으로써 부동산 가격을 안정시키기 위해, 법인이 일정한 토지 및 건물을 양도하는 경우 각 사업연도 소득에 대한 법인세 외에 추가하여 과세하는 제도를 말한다.

(1) 과세대상

법인이 다음 중 어느 하나에 해당하는 토지 및 건물을 양도한 경우에는 토지 등 양도소득에 대한 법인세를 납부해야 한다.

① 국내에 소재하는 주택(부수토지 포함) 및 주거용 건축물로서 상시 주거용으로 사용하지 않고 휴양·피서·위락 등의 용도로 사용하는 건축물(별장). 다만, 읍·면에 있는 법소정 농어촌주택(부수토지 포함)은 제외한다.
② 비사업용 토지

(2) 토지 등 양도소득의 계산

```
    양 도 가 액
(-) 장 부 가 액    양도당시의 세무상 장부가액을 말함
    양 도 소 득    = 과세표준
```

(3) 토지 등 양도소득에 대한 법인세의 계산

토지 등 양도소득에 대한 법인세는 토지 등 양도소득에 세율(10%, 미등기 양도 시 40%)을 적용하여 계산한다.

3 미환류소득에 대한 법인세

(1) 의 의

미환류소득에 대한 법인세(투자·상생협력 촉진을 위한 과세특례 또는 투자·상생협력촉진세제)란 기업의 소득 중 일정액 이상을 투자, 임금 등으로 사용하지 않는 경우 각 사업연도 소득에 대한 법인세 외에 추가하여 과세하는 제도를 말한다. 이는 종전 기업소득환류세제가 2017년 12월 31일부로 일몰 종료됨에 따라 신설된 제도로, 기업의 소득이 투자나 임금 등을 통해 가계의 소득으로 흘러들어가는 선순환 구조의 정착을 위해 도입된 제도이다.

(2) 적용대상법인

각 사업연도 종료일 현재「독점규제 및 공정거래에 관한 법률」제31조 제1항에 따른 상호출자제한기업집단에 속하는 내국법인이 투자, 임금 등으로 환류하지 아니한 소득이 있는 경우에는 소득(미환류소득)이 있는 경우에는 해당 미환류소득에 20%을 곱하여 산출한 세액을 미환류소득에 대한 법인세로 하여 법인세 산출세액에 추가하여 납부해야 한다.

(3) 미환류소득 산정방법 및 신고절차

투자·상생협력촉진세제의 적용을 받는 내국법인은 다음 ①, ② 중 어느 하나에 해당하는 방식을 선택하여 계산한 금액을 각 사업연도의 종료일이 속하는 달의 말일부터 3개월(「법인세법」제76조의 17에 따라 법인세의 과세표준과 세액을 신고하는 경우에는 각 연결사업연도의 종료일이 속하는 달의 말일부터 4개월)이내에 납세지 관할 세무서장에게 신고해야 한다. 이때 산정한 금액이 양수인 경우에는 '미환류소득'이라 하고, 산정한 금액이 음수인 경우에는 음의 부호를 뗀 금액을 '초과환류액'이라 한다.

① 기업소득❋ × 60%에서 80% 이내의 범위에서 대통령령으로 정하는 비율(70%) − (㉠+㉡+㉢)
② 기업소득❋ × 10%에서 20% 이내의 범위에서 대통령령으로 정하는 비율(15%) − (㉡+㉢)
   ㉠ 기계장치 등 자산에 대한 투자금액
   ㉡ 임원, 근로소득 8천만원 이상자 등을 제외한 상시근로자의 해당 사업연도 임금증가금액
   ㉢ 대·중소기업 상생협력 촉진에 관한 법률에 따른 상생협력을 위하여 출연하는 금액 등 × 300%

❋ 기업소득이란 각 사업연도 소득에 가산항목(국세·지방세 과오납금 환급금 이자, 자회사 수입배당금 익금불산입액 등)을 더한 금액에서 차감항목(법인세·법인지방소득세, 이월결손금 등)을 뺀 금액을 말하며, 그 수가 음수인 경우 0(영)으로 보고, 3,000억원을 초과하는 경우 3,000억원으로 본다.

예 4-1 과세표준과 산출세액

다음은 ㈜A의 제9기 사업연도(2025.1.1.~6.30.) 세무조정 자료이다. 다음 자료를 이용하여 법인세 산출세액을 계산하시오.

1. 제9기 각 사업연도 소득금액은 400,000,000원이다.
2. 각 사업연도 소득금액에는 공익신탁의 신탁재산에서 생긴 소득 20,000,000원이 포함되어 있다.
2. 제8기에 결손금 200,000,000원이 발생하였으며 전액 이월되었다(제7기 사업연도까지 발생한 결손금은 없음).
3. 법인세율 자료는 다음과 같다.

과 세 표 준	세 율
2억원 이하	9%
2억원 초과 200억원 이하	19%
200억원 초과 3,000억원 이하	21%
3,000억원 초과	24%

해답

1. 과세표준의 계산

구 분	금 액(원)
각 사업연도 소득금액	400,000,000
(−) 이 월 결 손 금	(200,000,000)
(−) 비 과 세 소 득	(20,000,000)*
(−) 소 득 공 제	−
과 세 표 준	180,000,000

*공익신탁의 신탁재산에서 생기는 소득은 비과세소득에 해당한다.

2. 산출세액의 계산

산출세액 = $[(180,000,000원 \times \frac{12}{6}) \times 세율(9\% \cdot 19\%)] \times \frac{6}{12}$ = 24,200,000원

제2절 차감납부할세액

I. 차감납부할세액의 계산구조

```
    산    출    세    액
(−) 공  제 · 감  면  세  액      세액감면, 세액공제
(+) 가           산           세
(+) 감 면 분 추 가 납 부 세 액    과거 조세감면혜택에 대한 사후 추징세액
    총    부    담    세    액
(−) 기    납    부    세    액    중간예납세액, 원천징수세액, 수시부과세액
    차  감  납  부  할  세  액
```

II. 세액감면

세액감면이란 조세정책상 일정요건을 만족하는 경우 특정 소득에 대한 산출세액의 전부 또는 일부를 감면해주는 제도를 말한다. 법인세와 관련된 세액감면은 법인세법에 규정되어 있지 않고 조세특례제한법에만 규정되어 있다. 세액감면은 일정기간만 적용되는 세액감면과 기간제한 없이 적용되는 세액감면으로 구분된다.

 일정기간만 적용되는 세액감면

구 분	대 상	감면내용
창업중소기업 등에 대한 세액감면	2027년 12월 31일까지 ① 수도권과밀억제권역 외의 지역에서 일정한 업종으로 창업한 창업중소기업(수도권과밀억제권역에서 창업한 청년창업중소기업 포함), ② 창업보육센터사업자로 지정받은 법인, ③ 창업 후 3년 이내에 벤처기업으로 확인받은 창업벤처중소기업 ④ 창업일이 속하는 과세연도와 그 다음 3개 과세연도가 지나지 않은 에너지신기술중소기업	최초로 소득이 발생한 과세연도와 그 다음 4년간 50%(수도권과밀억제권역 외의 지역에서 창업한 청년창업중소기업의 경우 100%) 감면 + 상시근로자수 증가에 따른 추가감면 ☞
그 밖의 세액감면	① 연구개발특구에 입주하는 첨단기술기업 등에 대한 세액감면 ② 수도권과밀억제권역 밖으로 이전하는 중소기업에 대한 세액감면 ③ 법인의 공장 및 본사를 수도권 밖으로 이전하는 경우 세액감면 ④ 농공단지 입주기업 등에 대한 세액감면 ⑤ 농업회사법인에 대한 세액감면 ⑥ 사회적기업 및 장애인 표준사업장에 대한 세액감면 ⑦ 위기지역 창업기업에 대한 세액감면 ⑧ 외국인투자에 대한 세액감면 ⑨ 제주첨단과학기술단지 입주기업에 대한 세액감면 등	

☞ 상시근로자수 증가에 따른 추가감면이란 창업중소기업 등이 법인세법에서 규정한 업종별 최소고용인원(광업·제조업·건설업 및 물류산업은 10인, 그 밖의 업종은 5인)을 충족하는 경우 추가로 감면하는 것을 말한다.

기간제한 없이 적용되는 세액감면

구 분	대 상	감 면 내 용
중소기업에 대한 특별세액감면	제조업·건설업·도매 및 소매업 등을 영위하는 중소기업으로서 2022년 12월 31일 이전에 종료하는 사업연도까지 해당 사업에서 발생한 소득	지역·업종·규모에 따라 5%, 10%, 15%, 20%, 30% 감면(한도 1억원*)
그 밖의 세액감면	① 공공차관도입에 따른 세액감면 ② 국제금융거래에 따른 이자소득 등에 대한 세액감면 ③ 해외자원개발투자 배당소득에 대한 세액감면 ④ 영농조합법인에 대한 세액감면 ⑤ 영어조합법인에 대한 세액감면 ⑥ 소형주택 임대사업자에 대한 세액감면 ⑦ 상가건물 장기 임대사업자에 대한 세액감면 ⑧ 산림개발소득에 대한 세액감면 등	

✪ 해당 과세연도의 상시근로자 수가 직전 과세연도의 상시근로자 수보다 감소한 경우에는 1억원에서 감소한 상시근로자 1명당 500만원씩을 뺀 금액(해당 금액이 음수인 경우에는 0)으로 한다.

III. 세액공제

 세액공제의 개요

(1) 세액공제의 의의

세액공제란 조세정책적 목적에 따라 일정금액을 산출세액에서 공제하는 제도를 말한다. 법인세와 관련된 세액공제는 법인세법과 조세특례제한법에 규정되어 있는데, 각 세법에 규정된 대표적인 세액공제를 살펴보면 다음과 같다.

구 분	법인세법상 세액공제	조세특례제한법상 세액공제
종 류	① 외국납부세액공제 ② 재해손실세액공제 ③ 사실과 다른 회계처리로 인한 경정에 따른 세액공제	① 연구 및 인력개발비세액공제 ② 통합투자세액공제 ③ 특허권 등의 취득에 대한 세액공제 ④ 전자신고에 대한 세액공제 등
이 월 공 제	① 외국납부세액공제 : 10년 ② 재해손실세액공제 : 없음 ③ 사실과 다른 회계처리로 인한 경정에 따른 세액공제 : 공제허용기간의 제한 없음	대부분 10년

(2) 세액공제와 세액감면의 적용순서

세액공제와 세액감면은 산출세액(토지 등 양도소득에 대한 법인세, 미환류소득에 대한 법인세 및 가산세 제외)을 한도로 적용하며, 세액공제와 세액감면이 동시에 적용되는 경우에는 다음 순서에 따라 적용한다.

① 세액감면
② 이월공제가 인정되지 않는 세액공제
③ 이월공제가 인정되는 세액공제
④ 사실과 다른 회계처리로 인한 경정에 따른 세액공제

2 외국납부세액공제

(1) 외국납부세액공제의 개요

법인세법에서는 영리내국법인의 경우 국외원천소득에 대해서도 법인세를 과세하므로 해당 법인에 국외원천소득에 대한 외국납부세액이 있는 경우에는 국가간의 이중과세문제가 발생한다. 이를 해결하기 위해 법인세법에서는 내국법인의 각 사업연도의 소득에 대한 과세표준에 국외원천소득이 포함되어 있는 경우로서 그 국외원천소득에 대하여 외국법인세액을 납부하였거나 납부할 것이 있는 경우에는 공제한도금액 내에서 외국법인세액을 해당 사업연도의 산출세액에서 공제할 수 있도록 규정하고 있다(법법 57①).

(2) 외국납부세액의 범위

구 분	내 용
1) 직접외국납부세액	직접외국납부세액이란 법인의 국외원천소득에 대하여 외국정부에 의하여 과세된 세액(가산세 및 가산금은 제외)을 말한다. 이러한 직접외국납부세액은 해당 내국법인이 국외에서 실제로 납부한 세액이므로 조세조약의 체결여부와 관계없이 무조건 적용대상이 된다.
2) 의제외국납부세액	국외원천소득이 있는 법인이 조세조약의 상대국에서 해당 국외원천소득에 대하여 감면받은 법인세 상당액은 해당 조세조약이 정하는 범위 안에서 외국납부세액으로 보는데, 이를 의제외국납부세액 또는 간주외국납부세액이라 한다.
3) 간접외국납부세액	법인이 법인설립을 통한 자회사의 형태로 해외에 진출하는 경우 해당 외국자회사가 납부한 법인세 중 내국법인이 수령한 배당금에 대한 법인세 상당액을 외국납부세액으로 보아 국가 간 이중과세를 조정할 필요가 있는데, 이를 간접외국납부세액이라 한다.

(3) 외국납부세액공제액의 계산

외국납부세액공제액은 다음 산식에 의하여 계산한 금액으로 한다. 만약 국외사업장이 2 이상의 국가에 있는 경우에는 국가별로 구분하여 공제한도를 계산한다(국별한도제).

외국납부세액공제액 = Min(①, ②)
① 외국납부세액 = 직접외국납부세액 + 의제외국납부세액 + 간접외국납부세액
② 한도 : 법인세 산출세액 × $\dfrac{\text{국외원천소득}}{\text{과세표준}}$

참고: 국외원천소득에 대응하는 비용의 차감

국외원천소득은 국외에서 발생한 소득으로서 내국법인의 각 사업연도 소득의 과세표준 계산에 관한 규정을 준용하여 산출한 금액으로 한다. 이 경우 외국납부세액의 세액공제방법이 적용되는 경우의 국외원천소득은 해당 사업연도의 과세표준을 계산할 때 손금에 산입된 금액(국외원천소득이 발생한 국가에서 과세할 때 손금에 산입된 금액 제외)으로서 국외원천소득에 대응하는 다음의 국외원천소득 대응 비용을 뺀 금액으로 한다.

① 직접비용: 해당 국외원천소득에 직접적으로 관련되어 대응되는 비용. 이 경우 해당 국외원천소득과 그 밖의 소득에 공통적으로 관련된 비용은 제외한다.
② 배분비용: 해당 국외원천소득과 그 밖의 소득에 공통적으로 관련된 비용 중 기획재정부령으로 정하는 방법에 따라 계산한 국외원천소득 관련 비용

다만, 내국법인이 연구개발 관련 비용 등 기획재정부령이 정하는 비용에 대하여 기획재정부령으로 정하는 계산방법을 선택하여 적용하는 경우에는 그에 따라 계산한 금액을 국외원천소득 대응 비용으로 한다.

(4) 이월공제 등 그 밖의 규정

구 분	내 용
이 월 공 제	외국납부세액이 공제한도액을 초과하는 경우 해당 초과액은 해당 사업연도의 다음 사업연도의 개시일부터 10년 이내에 종료하는 각 사업연도에 이월하여 이월된 사업연도의 공제한도 내에서 공제할 수 있다.
공 제 배 제	법인세의 과세표준을 추계결정·경정하는 경우에는 외국납부세액공제를 적용하지 않는다. 다만, 천재지변 등으로 장부 등이 멸실되어 추계하는 경우에는 외국납부세액공제가 가능하다.

예제 4-2 외국납부세액공제

다음은 ㈜A의 제14기 사업연도(2025.1.1.~12.31.) 외국납부세액 자료이다. 다음 자료에 따라 외국납부세액공제액을 계산하시오.

1. ㈜A 본사 및 지사의 소득금액 및 외국납부세액의 내역은 다음과 같다.

구 분	국 내 본 사	미 국 지 사	합 계
소 득 금 액	270,000,000원	30,000,000원	300,000,000원
외국납부세액	–	5,000,000원	5,000,000원

2. 외국납부세액은 소득금액 계산 시 손금불산입되었다.
3. ㈜A의 이월결손금·비과세소득·소득공제액은 없다.

해답

1. 법인세 산출세액의 계산
   과세표준 = 300,000,000원
   산출세액 = 200,000,000원×10% + (300,000,000 - 200,000,000)×20% = 40,000,000원

2. 외국납부세액공제액의 계산
   외국납부세액공제액 = Min(①, ②) = 4,000,000원
   ① 외국납부세액 = 5,000,000원

② 한도 : 법인세 산출세액 × $\dfrac{\text{국외원천소득}}{\text{과세표준}}$ = 40,000,000 × $\dfrac{30,000,000}{300,000,000}$ = 4,000,000원

3 재해손실세액공제

(1) 재해손실세액공제의 개요

재해손실세액공제란 법인이 사업연도 중에 화재나 홍수, 그 밖의 재해로 인해 사업용 자산총액(토지 제외)의 20% 이상을 상실하여 납세가 곤란하다고 인정되는 경우 재해상실비율에 해당하는 세액을 산출세액에서 공제하는 제도를 말한다. 이는 납세력을 상실한 법인의 세부담을 완화하고 원활한 복구를 지원하고자 하는데 그 취지가 있다.

(2) 재해손실세액공제액의 계산

재해손실세액공제액 = Min(①, ②)

① 공제대상 법인세 × 재해상실비율
② 한도 : 상실된 재산가액

구 분	내 용
공제대상 법인세	① 재해발생일 현재 부과되지 않은 법인세와 부과된 법인세로서 미납된 법인세(가산세·가산금 포함)
	② 재해발생일이 속하는 사업연도의 소득에 대한 법인세(가산세 포함)
재해상실비율	재해상실비율 = $\dfrac{\text{상실된 사업용 자산가액}}{\text{상실전 사업용 총자산가액(토지가액 제외)}}$
	여기서 자산가액은 재해발생일 현재 해당 법인의 장부가액으로 하되, 재해로 인하여 장부가 소실·분실되어 장부가액을 알 수 없는 경우에는 납세지 관할세무서장이 조사하여 확인한 재해발생일 현재의 가액에 의하여 계산한다.

4 조세특례제한법상 세액공제

① 연구 및 인력개발비세액공제(조특법 10)
② 통합투자세액공제(조특법 24)
③ 고용창출 투자세액공제(조특법 26) 등

❋ 연구시험용시설 및 직업훈련용시설, 에너지절약시설, 생산성향상시설, 환경보전시설, 근로자복지증진시설, 안전시설, 영유아보육법에 따른 직장어린이집 등을 말한다.

Ⅳ. 가산세

 가산세의 개요

가산세란 세법에서 규정하는 의무의 성실한 이행을 확보하기 위하여 세법에 따라 산출한 세액에 가산하여 징수하는 금액을 말한다. 이는 과세당국이 과세권을 원활하게 행사하기 위하여 법인세법상 법인에게 부여된 자진신고·납부의무 등의 각종 의무를 성실하게 이행하지 않은 경우에 부과하는 행정상 제재로서 그 의의가 있다.

 가산세의 종류

법인세와 관련된 가산세는 법인세법과 국세기본법에 규정되어 있는데, 각 세법에 규정된 대표적인 가산세를 살펴보면 다음과 같다.

구 분	법인세법상 가산세	국세기본법상 가산세
종 류	① 장부의 기록·보관 불성실 가산세 ② 주주등의명세서 등 제출 불성실가산세 ③ 증명서류 수취 불성실 가산세 ④ 지급명세서 제출 불성실 가산세 ⑤ 계산서 등 제출 불성실 가산세 ⑥ 기부금영수증 발급 등 불성실 가산세 ⑦ 신용카드·현금영수증 발급 불성실 가산세 ⑧ 성실신고확인서 제출 불성실 가산세 등	① 무신고 가산세 ② 과소신고·초과환급신고 가산세 ③ 납부지연가산세 등

Ⅴ. 감면분 추가납부세액

법인이 해당 사업연도 이전에 조세특례제한법에 따라 세액공제를 받았으나 사후관리규정을 위배한 경우에는 해당 세액공제액에 이자상당액을 가산하여 납부해야 하는데, 이를 감면분 추가납부세액이라 한다. 사후관리규정 위배의 예로는 조세특례제한법상 투자세액공제를 적용받은 자산을 투자완료일부터 2년(건물·구축물의 경우 5년)이 지나기 전에 해당 자산을 처분한 경우(임대하는 경우 포함) 등이 있다.

Ⅵ. 기납부세액

법인은 각 사업연도 종료일이 속하는 달의 말일부터 3개월 이내에 법인세를 신고·납부하는 것이 원칙이나, 중간예납세액·원천징수세액·수시부과세액과 같이 사업연도 중에 법인세의 일부를 미리 납부하는 경우도 있다. 이렇게 미리 납부한 법인세를 기납부세액이라 하며, 기납부세액은 차감납부할세액을 계산할 때 차감된다.

> **참고 중간예납세액**
>
> 중간예납이란 법인세의 일부를 미리 납부하는 제도로서, 법인의 세부담 분산과 과세당국의 조세수입 조기확보 등을 위한 제도이다. 각 사업연도의 기간이 6개월을 초과하는 법인은 해당 사업연도 개시일부터 6개월간을 중간예납기간으로 하여 ① 직전 사업연도의 법인세 산출세액 기준에 의한 방법과 ② 해당 중간예납기간의 가결산에 의한 방법 중 선택하여 계산한 중간예납세액을 그 중간예납기간이 지난 날부터 2개월 이내에 납부해야 한다.

기출문제

제4장 _ 법인세 계산구조

01 다음 자료를 토대로 법인세법상 적용되는 세율은 얼마인가? [세무회계 3급 2023]

- 당 회사의 사업연도는 1월 1일부터 12월 31일이지만 7월 1일에 법인 설립신고를 했다.
- 과세표준은 90,000,000원이다.

① 9%   ② 10%   ③ 19%   ④ 20%

해설 법인세 산출세액 계산 시 과세표준 2억원 이하인 경우에는 9%의 세율을 적용한다.

해답 ①

02 다음 중 법인세법상 과세표준을 계산할 때 각 사업연도의 소득에서 공제할 수 있는 것은?
[세무회계 3급 2019]

① 소득공제   ② 세액공제   ③ 감면소득   ④ 중간예납세액

해설 법인세 과세표준 = 각 사업연도 소득금액 - 이월결손금 - 비과세소득 - 소득공제

해답 ①

03 다음 중 법인세법상 과세표준을 계산할 때 (ㄱ), (ㄴ), (ㄷ)에 들어갈 수 있는 것을 순서대로 고른 것으로 옳은 것은? [세무회계 3급 2019]

(ㄱ) - (ㄴ) = 각 사업연도 소득금액 - (ㄷ) = 과세표준

	(ㄱ)	(ㄴ)	(ㄷ)
①	익금	손금불산입	이월결손금
②	익금	손금	비과세소득
③	과세소득	비과세소득	소득공제액
④	익금	익금불산입	감면소득금액

해설 각 사업연도 소득금액 = 익금 - 손금
과세표준 = 각 사업연도 소득금액 - 이월결손금 - 비과세소득 - 소득공제

해답 ②

04 ㈜A의 제22기(2025.1.1.~12.31.) 각 사업연도 소득금액이 100,000,000원이고 공제 가능한 이월결손금이 80,000,000원일 경우 법인세 과세표준을 계산한 금액으로 옳은 것은? (단, ㈜A는 중소기업 또는 회생계획 이행 중 기업 등에 해당하지 않으며 비과세소득이나 소득공제는 없다.)

① 20,000,000원
② 30,000,000원
③ 40,000,000원
④ 50,000,000원

해설 법인세 과세표준 = 100,000,000원 - Min(80,000,000원, 한도 100,000,000원×60%)
= 40,000,000원

해답 ③

05 중소기업인 ㈜세무의 제10기(2025.1.1.~12.31.) 결산서상 당기순이익이 200,000,000원이다. 세무조정 결과 익금산입·손금불산입 금액은 40,000,000원이며, 손금산입·익금불산입 금액은 10,000,000원이었다. ㈜세무의 제10기 법인세 각 사업연도소득 금액은 얼마인가?

① 190,000,000원
② 200,000,000원
③ 230,000,000원
④ 240,000,000원

해설 230,000,000원=당기순이익 200,000,000원+익금산입 40,000,000원-손금산입 10,000,000원
내국법인의 각 사업연도의 소득은 그 사업연도에 속하는 익금의 총액에서 그 사업연도에 속하는 손금의 총액을 뺀 금액으로 한다.

해답 ③

06 다음 자료에 의해 법인세법상 각 사업연도(2025.1.1.~12.31)의 소득금액을 계산한 것으로 옳은 것은?(단, 이월결손금은 10년 이내 발생분이고, 전액 공제가능하다.) [세무회계 3급 2019 수정]

- 결산서상 당기순이익 : 20,000,000원
- 이월결손금 : 2,000,000원
- 일반기부금 한도초과액 : 3,000,000원
- 가산세 : 6,000,000원

① 20,000,000원
② 21,000,000원
③ 23,000,000원
④ 27,000,000원

해설 각 사업연도 소득금액 = 당기순이익 + 익금산입·손금불산입 - 손금산입·익금불산입 + 기부금한도초과액 - 기부금한도초과액이월액손금산입
= 20,000,000원 + 0원 - 0원 + 3,000,000원 - 0원
= 23,000,000원

해답 ③

07 다음 중 법인세법상 세액공제에 해당하는 것은? [세무회계 3급 2019]

① 외국납부세액공제
② 연구 및 인력개발비 세액공제
③ 전자신고에 대한 세액공제
④ 중소기업투자세액공제

해설 ②, ③, ④는 조세특례제한법상 세액공제에 해당한다.

해답 ①

08 제조기업인 ㈜대한의 제22기(2025.1.1.~12.31.) 과세표준이 250,000,000원일 경우 법인세법상 산출세액을 계산한 금액으로 옳은 것은? [세무회계 3급 2019]

① 21,800,000원
② 27,500,000원
③ 43,500,000원
④ 51,500,000원

해설 법인세 산출세액 = 200,000,000원×9% + (250,000,000원−200,000,000원)×19%
= 27,500,000원

해답 ②

09 다음은 ㈜중부의 제9기 사업연도(2025.1.1.~12.31.) 자료이다. 각사업연도소득금액은 얼마인가? [세무회계 3급 2023]

1. 손익계산서상 당기순손실 : △5,000,000원
2. 세무조정사항은 다음과 같다.
   ① 익금산입·손금불산입 : 10,000,000원
   ② 손금산입·익금불산입 : 3,000,000원
   ③ 당해연도 기부금한도초과액 : 50,000원

① 2,000,000원
② 2,050,000원
③ 8,000,000원
④ 12,050,000원

해설 2,050,000원
= 당기순손실 △5,000,000원 + 익금산입 10,000,000원 − 손금산입 3,000,000원 + 기부금한도초과 50,000원

해답 ②

10 다음 중 법인세법상 과세표준이 2억초과 200억이하일 경우 2억초과분에 대해 적용될 법인세법상 세율은? [세무회계 3급 2020]

① 9% ② 14%
③ 19% ④ 24%

해설 법인세법상 과세표준이 2억초과 200억이하일 경우 2억초과분에 대해 적용될 세율은 19%이다.

해답 ③

11 법인세법상 결손금에 대한 설명으로 옳지 않은 것은? [세무회계 2급 2020 수정]

① 중소기업의 경우 당해연도 소득의 100%를 이월결손금(15년이내 발생분)으로 공제할 수 있다.
② 중소기업의 경우 결손금 소급공제가 가능하다.
③ 자산수증이익으로 충당된 이월결손금은 각사업연도 과세표준을 계산할 때 공제된 것으로 본다.
④ 이월결손금은 최근에 발생한 사업연도의 결손금부터 공제한다.

해설 이월결손금은 먼저 발생한 사업연도의 결손금부터 순차로 공제한다.

해답 ④

12 다음 중 법인세 중간예납에 대한 설명으로 가장 옳지 않은 것은? [세무회계 3급 2022]

① 신설법인은 법인세 중간예납의무가 없다.
② 법인세 중간예납세액이 1천만원을 초과하는 경우 분납이 가능하다.
③ 사업연도 기간이 6개월 이하인 법인도 중간예납의무가 있다.
④ 법인세 중간예납은 세수의 조기 확보, 세원 관리, 납세자의 조세부담 분산 등이 목적이다.

해설 중간예납의무자는 각 사업연도의 기간이 6개월을 초과하는 법인이다.

해답 ③

제5장 법인세 주요 신고서식 및 첨부서류 사례

다음 자료는 ㈜A의 제6기(2025. 1. 1 ~ 12. 31) 기초 유보잔액과 제6기 세무조정사항이다. 이 사례를 바탕으로 다음의 법인세 주요 신고서식과 첨부서류의 구체적인 작성방법에 대해 살펴보기로 한다.

① 법인세 과세표준 및 세액조정계산서[별지 제3호 서식]
② 소득금액조정합계표[별지 제15호 서식]
③ 자본금과 적립금조정명세서(을)[별지 제50호 서식(을)]
④ 자본금과 적립금조정명세서(갑)[별지 제50호 서식(갑)]

[기본자료]

(1) 기초 유보잔액
    1) 감가상각비 한도초과액   40,000,000원
    2) 대손금 부인액   20,000,000원
    3) 대손충당금 한도초과액   30,000,000원
    4) 합　　　계   90,000,000원

(2) 제6기 세무조정사항
    1) 손익계산서상의 당기순이익   100,000,000원
    2) 익금산입 및 손금불산입
        ① 법인세비용   20,000,000원
        ② 감가상각비 한도초과액   30,000,000원
        ③ 대손충당금 한도초과액   40,000,000원
        ④ 업무무관자산관련이자   80,000,000원
        ⑤ 벌금과 과료   10,000,000원   180,000,000원
    3) 손금산입 및 익금불산입
        ① 전기 대손금 부인액   10,000,000원
        ② 전기 대손충당금 한도초과액   30,000,000원
        ③ 전기 감가상각비 한도초과액   20,000,000원   60,000,000원
    4) 각 사업연도 소득금액   220,000,000원

■ [별지 제3호 서식]   (앞쪽)

사 업 연 도	2025. 1. 1. ~ 2025. 12. 31.	법인세 과세표준 및 세액조정계산서	법 인 명	㈜A
			사업자등록번호	

① 각 사업 연도 소득 계산	⑩ 결산서상 당기순손익	01	100,000,000
	소득조정 금액 ⑩ 익 금 산 입	02	180,000,000
	⑩ 손 금 산 입	03	60,000,000
	⑭ 차 가 감 소 득 금 액 (⑩ + ⑩ - ⑩)	04	220,000,000
	⑮ 기 부 금 한 도 초 과 액	05	
	⑯ 기부금한도초과이월액 손금산입	54	
	⑰ 각 사업연도소득금액 (⑭+⑮-⑯)	06	220,000,000

② 과세표준 계산	⑱ 각 사업연도소득금액 (⑱=⑰)		220,000,000
	⑲ 이 월 결 손 금	07	
	⑩ 비 과 세 소 득	08	
	⑪ 소 득 공 제	09	
	⑫ 과 세 표 준 (⑱ - ⑲ - ⑩ - ⑪)	10	
	⑲ 선 박 표 준 이 익	55	

③ 산출세액 계산	⑬ 과 세 표 준(⑫+⑲)	56	
	⑭ 세 율	11	
	⑮ 산 출 세 액	12	
	⑯ 지 점 유 보 소 득 「법인세법」제96조	13	
	⑰ 세 율	14	
	⑱ 산 출 세 액	15	
	⑲ 합 계(⑮+⑱)	16	

④ 납부할세액 계산	⑳ 산 출 세 액(⑳ = ⑲)		
	㉑ 최저한세 적용대상 공제감면세액	17	
	㉒ 차 감 세 액	18	
	㉓ 최저한세 적용제외 공제감면세액	19	
	㉔ 가 산 세 액	20	
	㉕ 가 감 계(㉒-㉓+㉔)	21	
	기한내 납부 세액 ㉖ 중 간 예 납 세 액	22	
	㉗ 수 시 부 과 세 액	23	
	㉘ 원 천 납 부 세 액	24	
	㉙ 간접투자회사등의 외국납부세액	25	
	㉚ 소 계(㉖+㉗+㉘+㉙)	26	
	㉛ 신고납부전가산세액	27	
	㉜ 합 계(㉚+㉛)	28	

	㉝ 감면분추가 납부세액	29	
	㉞ 차 감 납 부 할 세 액 (㉕-㉜+㉝)	30	

⑤ 토지등양도소득에 대한 법인세 계산	양도 차익 ㉟ 등 기 자 산	31	
	㊱ 미 등 기 자 산	32	
	㊲ 비 과 세 소 득	33	
	㊳ 과 세 표 준 (㉟+㊱-㊲)	34	
	㊴ 세 율	35	
	㊵ 산 출 세 액	36	
	㊶ 감 면 세 액	37	
	㊷ 차 감 세 액 (㊵-㊶)	38	
	㊸ 공 제 세 액	39	
	㊹ 동업기업 법인세 배분액 (가산세 제외)	58	
	㊺ 가 산 세 액 (동업기업 배분액 포함)	40	
	㊻ 가 감 계(㊷-㊸+㊹+㊺)	41	
	기납부세액 ㊼ 수 시 부 과 세 액	42	
	㊽ ( ) 세 액	43	
	㊾ 계 (㊼+㊽)	44	
	㊿ 차감납부할세액(㊻-㊾)	45	

⑥ 미환류소득법인세	⑯ 과 세 대 상 미 환 류 소 득	59	
	⑯ 세 율	60	
	⑯ 산 출 세 액	61	
	⑯ 가 산 세 액	62	
	⑯ 이 자 상 당 액	63	
	⑯ 납부할세액 (⑯+ ⑯+ ⑯)	64	

⑦ 세액계	⑮ 차 감 납 부 할 세 액 계 (㉞ + ⑮+⑯)	46	
	⑮ 사실과 다른 회계처리 경정세액공제	57	
	⑮ 분 납 세 액 계 산 범 위 액 (⑮-㉔-㉝-㊺-⑮+⑮)	47	
	분납할 세액 ⑮ 현 금 납 부	48	
	⑮ 물 납	49	
	⑮ 계 (⑮ + ⑮)	50	
	차감납부세액 ⑮ 현 금 납 부	51	
	⑮ 물 납	52	
	⑯ 계 (⑮ +⑮) (⑯ = ⑮-⑮-⑮)	53	

■ 법인세법 시행규칙 [별지 제15호 서식] (2013. 2. 23. 개정) (앞쪽)

사 업 연 도	소 득 금 액 조 정 합 계 표	법 인 명
2025. 1. 1. ~ 2025. 12. 31.		㈜A

사업자등록번호		법 인 등 록 번 호	

익금산입 및 손금불산입				손금산입 및 익금불산입			
① 과 목	② 금 액	③ 소득처분		④ 과 목	⑤ 금 액	⑥ 소득처분	
		처분	코드			처분	코드
법인세비용	20,000,000	기타사외유출		전기 대손금 부인액	10,000,000	유 보	
감가상각비 한도초과액	30,000,000	유 보		전기 대손충당금 한도초과액	30,000,000	유 보	
대손충당금 한도초과액	40,000,000	유 보		전기 감가상각비 한도초과액	20,000,000	유 보	
업무무관자산관련이자	80,000,000	기타사외유출					
벌금과 과료	10,000,000	기타사외유출					
합 계	180,000,000			합 계	60,000,000		

⊙ 상기 '③소득처분' 란의 코드에는 '익금산입 및 손금불산입'의 경우 상여 100, 배당 200, 기타소득 300, 유보 400, 기타사외유출 500, 기타 600으로 기재하며, '손금산입 및 익금불산입'의 경우 △유보 100, 기타 200으로 기재한다.

■ 법인세법 시행규칙 [별지 제50호 서식(을)] (1999. 5. 24. 개정) (앞 쪽)

사 업 연 도	2025. 1. 1. ~ 2025. 12. 31.	자본금과 적립금조정명세서(을)	법인명	㈜A

※ 관리번호	□□ - □□	사업자등록번호	□□□ - □□ - □□□□□

※표시란은 기입하지 마십시오.

세무조정유보소득 계산

① 과목 또는 사항	② 기초잔액	당 기 중 증 감		⑤ 기말잔액 (익기초현재)	비 고
		③ 감 소❶	④ 증 가❷		
감가상각비 한도초과액	40,000,000	20,000,000	30,000,000	50,000,000	
대 손 금 부 인 액	20,000,000	10,000,000	-	10,000,000	
대손충당금 한도초과액	30,000,000	30,000,000	40,000,000	40,000,000	
합 계	90,000,000	60,000,000	70,000,000	100,000,000	

❶ '당기 중 증감'의 '③ 감소' 란에는 '② 기초잔액' 중 당기에 반대의 세무조정, 즉 '② 기초잔액'의 유보 또는 △유보의 감소되는 거래분을 기재한다. 이 경우 유의하여야 할 사항은 '② 기초잔액'과 '③ 감소'란의 부호는 반드시 일치해야 한다는 점이다. 이를 예시하면 다음과 같다.

① 과 목	② 기초잔액	당기 중 증감		⑤ 기말잔액
		③ 감 소	④ 증 가	
	50,000,000	30,000,000		20,000,000
	△40,000,000	△10,000,000		△30,000,000

❷ '당기 중 증감'의 '④ 증가'란에는 당기의 유보 또는 △유보의 신규발생분을 기재한다.

■ 법인세법 시행규칙 [별지 제50호 서식(갑)] (2012. 2. 28. 개정) (앞 쪽)

사업연도	2025. 1. 1. ~ 2025. 12. 31.	자본금과 적립금 조정명세서(갑)	법인명	㈜A
			사업자등록번호	

Ⅰ. 자본금과 적립금 계산서

① 과목 또는 사항		코드	② 기초잔액	당 기 중 증 감		⑤ 기말잔액	비 고
				③ 감 소	④ 증 가		
자본금및잉여금등의계산	1. 자 본 금	01					
	2. 자 본 잉 여 금	02					
	3. 자 본 조 정	15					
	4. 기타포괄손익누계액	16					
	5. 이 익 잉 여 금	14					
		17					
	6. 계	20					
7. 자본금과 적립금명세서(을) 계		21	90,000,000	60,000,000	70,000,000	100,000,000	
손익미계상법인세등	8. 법 인 세	22					
	9. 지 방 소 득 세	23					
	10. 계 (8+9)	30					
11. 차 가 감 계(6+7-10)		31					

Ⅱ. 이월결손금 계산서

1. 이월결손금 발생 및 증감내역

⑥ 사업연도	이월결손금					감 소 내 역				잔 액		
	발 생 액			⑩ 소급공제	⑪ 차감계	⑫ 기공제액	⑬ 당기공제액	⑭ 보전	⑮ 계	⑯ 기한 내	⑰ 기한 경과	⑱ 계
	⑦계	⑧일반 결손금	⑨배분한도 초과 결손금 (⑨=㉕)									
계												

2. 법인세 신고 사업연도의 결손금에 동업기업으로부터 배분한도를 초과하여 배분받은 결손금(배분한도 초과결손금)이 포함되어 있는 경우 사업연도별 이월결손금 구분내역

⑲ 법인세 신고 사업연도	⑳ 동업기업 과세연도 종료일	㉑ 손금산입한 배분한도 초과결손금	㉒ 법인세 신고 사업연도 결손금	㉓ 합 계 (㉓=㉓= ㉕+㉖)	배분한도 초과결손금이 포함된 이월결손금 사업연도별 구분		㉖법인세 신고 사업연도 발생 이월결손금 해당액 (⑧일반결손금으로 계상) (㉑≥㉒의 경우는 "0", ㉑<㉒의 경우는 ㉒-㉑)
					배분한도 초과결손금 해당액		
					㉔ 이월결손금 발생 사업연도	㉕이월결손금 (㉕=⑨) ㉑과㉒ 중 작은 것에 상당하는 금액	

210mm×297mm[일반용지 70g/㎡(재활용품)]

PART 04 소득세법

제1장 소득세법 총설
제2장 종합소득금액
제3장 종합소득세 계산구조
제4장 퇴직소득세
제5장 양도소득세

제1장 소득세법 총설

제1절 소득세 개요

I. 소득세의 의의

소득세란 개인이 일정기간 얻은 소득을 과세대상으로 하여 해당 개인에게 부과되는 조세이다. 법인세와 소득세 모두 소득을 과세대상으로 하는 소득세로, 개인소득세를 줄여 소득세라고 하고 법인소득세를 줄여 법인세라고 한다.

우리나라 소득세는 개인의 세금을 낼 수 있는 능력(담세능력)을 고려하여 소득의 크기에 따라 초과누진세율을 적용함으로써, 소득이 많을수록 소득세를 많이 부담하는 수직적 공평을 실현하고 있다. 한편 지출의 규모 등을 고려한 소득·세액공제제도를 두어, 소득이 동일하더라도 지출이 많을 경우 소득세를 적게 부담하는 수평적 공평을 실현하고 있다.

> **참고 소득·세액공제**
>
> 소득세는 납세의무자의 인적 측면, 즉 납세의무자의 실질적인 담세능력을 고려하는 대표적인 인세다. 개인의 실질적인 담세능력은 소득이 동일하더라도 부양가족의 수나 지출의 규모 등에 따라 다를 수 있다. 따라서 소득세법에서는 이러한 실질적인 담세능력의 차이를 세부담에 반영하기 위해 일정금액을 소득금액 또는 산출세액에서 공제하도록 규정하고 있는데, 이를 소득·세액공제제도라 한다. 대표적인 소득·세액공제로는 부양가족 등을 고려한 인적공제와 자녀세액공제, 지출의 규모 등을 고려한 신용카드 등 사용금액에 대한 소득공제와 의료비세액공제 등이 있다.

II. 과세소득과 납세의무자

 과세소득

소득세의 과세대상은 일정기간 개인이 얻은 소득으로, 과세대상 소득을 줄여 과세소득이라 한다. 여기서 일정기간은 소득세법상 과세기간으로, 1월 1일부터 12월 31일까지 1년으로 하는 것이 원칙이다.

소득세법에서는 소득원천설에 따른 열거주의 과세방식을 채택하여 경상적이고 반복적으로 발생하는 소득을 과세소득으로 규정하고 있다. 개인은 법인과 달리 순자산의 증감을 정확하게 계산할 수 없기 때문에 소득을 원천별로 구체적으로 열거하여 소득금액을 계산하고 과세하도록 한 것이다. 다만, 금융소득(이자소득·배당소득)과 기타소득 등에 대해서는 포괄주의 과세방식을 일부 가미하여 열거된 소득과 유사한 소득, 비경상적이고 비반복적인 소득도 과세소득으로 규정하고 있다(유형별 포괄주의 또는 제한적 포괄주의). 이는 새로운 금융상품의 출연 등으로 인해 발생하는 유사한 소득에 대해서도 동일하게 과세함으로써 조세공평주의를 실현하기 위함이다.

소득세법에서는 과세소득을 그 원천에 따라 8개의 소득(이자소득·배당소득·사업소득·근로소득·연금소득·기타소득·퇴직소득·양도소득)으로 구분하고 있으며, 그 중 6개의 소득(이자소득·배당소득·사업소득·근로소득·연금소득·기타소득)은 합산하여 종합소득이라 한다.

구 분	내 용
종합소득	이자소득·배당소득·사업소득·근로소득·연금소득·기타소득
퇴직소득	퇴직으로 발생하는 소득을 말함
양도소득	부동산 등 자산의 양도로 발생하는 소득을 말함

2 납세의무자

소득세법에서는 소득세의 납세의무자인 개인을 거주자와 비거주자로 구분하여 과세소득의 범위를 달리 규정하고 있다. 거주자란 국내에 주소를 두거나 1과세기간 중 183일 이상의 거소(주소지 외의 장소 중 상당기간에 걸쳐 거주하는 장소)를 둔 개인을 말한다. 거주자는 국내외원천의 구분 없이 모든 소득에 대한 소득세 납세의무가 있다(무제한 납세의무자). 반면, 비거주자란 거주자가 아닌 개인을 말하는데, 비거주자는 국내원천소득에 대해서만 소득세 납세의무가 있다(제한 납세의무자).

Ⅲ. 과세방법

1 종합과세

　이자소득·배당소득·사업소득·근로소득·연금소득·기타소득은 이를 합산하여 과세하고 있는데, 이를 종합과세라 한다. 여기서 합산된 소득을 종합소득이라 하고 종합소득에 과세되는 소득세를 종합소득세라 한다.
　소득세법에서는 초과누진세율을 적용하고 있기 때문에, 만약 종합과세하지 않을 경우에는 전체 소득이 동일함에도 소득의 종류에 따라 세부담이 달라지는 문제가 발생한다. 이러한 문제를 방지하고자 소득세법에서는 대부분의 소득을 종합과세하도록 규정하고 있다.

2 분리과세

　이자소득·배당소득·근로소득·연금소득·기타소득은 종합과세가 원칙이지만 이 중 일부 소득에 대해서는 종합과세에서 분리하여 소득이 발생할 때마다 개별적으로 과세하는데, 이를 분리과세라 한다. 분리과세대상소득은 원천징수로써 납세의무가 종결된다(완납적 원천징수).
　모든 소득을 종합과세하여 일시에 납부하게 할 경우 과세당국 입장에서는 탈세 등으로 인해 세수의 확보가 어려울 수 있고, 납세자 입장에서는 납부부담이 지나치게 커질 수 있다. 이러한 문제를 예방하기 위해 소득세법에서는 종합소득 중 일부의 소득을 분리과세하도록 규정하고 있다.

3 분류과세

　퇴직소득·양도소득은 종합소득에 합산하지 않고 각각 별도로 과세하고 있는데, 이를 분류과세라 한다. 퇴직소득·양도소득은 종합소득과 달리 수년간의 누적된 미실현소득이 퇴직 시 또는 자산의 양도 시 일시에 실현된다. 만약 퇴직소득·양도소득을 종합과세한다면 미실현소득이 매년 실현되었다고 보아 과세하는 경우보다 더 높은 소득세를 한번에 부담하게 되는 세액의 결집효과(bunching effect)가 발생한다. 이를 완화시키기 위해 소득세법에서는 퇴직소득·양도소득에 대해서는 분류과세하도록 규정하고 있다.

Ⅳ. 원천징수

1 원천징수의 의의

원천징수란 소득을 지급하는 자(원천징수의무자)가 일정한 소득(원천징수대상소득)을 지급할 때 소득을 지급받는 자(원천납세의무자)가 부담해야 될 조세를 과세당국을 대신하여 징수·납부하는 제도를 말한다.

과세당국 입장에서는 원천징수제도를 통해 세수를 조기에 확보함으로써 재정수입이 연중 고르게 평준화되며, 소득의 발생시점에서 조세를 징수함으로써 탈세를 예방할 수 있다. 또한 원천징수의무자로 하여금 대신 징수하게 함으로써 징세비용이 절감된다. 한편, 납세의무자 입장에서는 원천징수제도를 통해 조세를 분납함으로써 일시에 납부할 경우 생기는 납부부담을 분산시킬 수 있다.

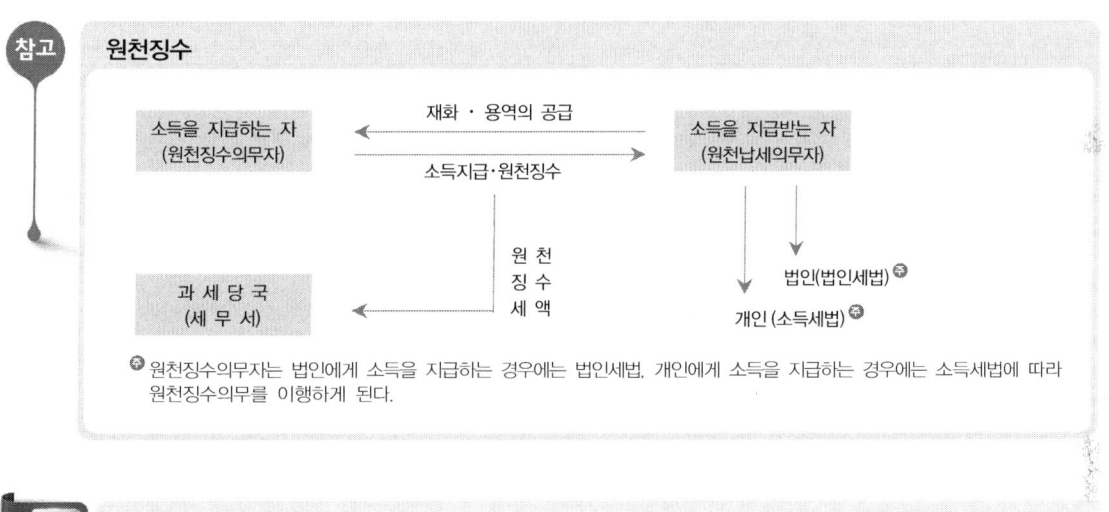

참고 원천징수

❋ 원천징수의무자는 법인에게 소득을 지급하는 경우에는 법인세법, 개인에게 소득을 지급하는 경우에는 소득세법에 따라 원천징수의무를 이행하게 된다.

2 원천징수의무자

국내에서 거주자나 비거주자에게 원천징수대상소득을 지급하는 자는 개인이나 법인, 사업자나 비사업자에 관계없이 해당 거주자나 비거주자에 대한 소득세를 원천징수해야 한다. 소득세법에 규정된 원천징수대상소득이란 종합소득 중 이자소득·배당소득·사업소득(일부)·근로소득·연금소득·기타소득과 퇴직소득을 말한다.

참고로 법인세법에 규정된 원천징수대상소득은 이자소득과 배당소득(일부)으로, 소득세법상 원천징수대상소득이 법인세법상 원천징수대상소득보다 그 범위가 넓다. 왜냐하면 원천납세의무자인 소득을 지급받는 자가 개인인 경우 법인에 비해 비사업자의 비중이 많아 적절한 과세포착과 납세의무의 성실한 이행을 기대하기 어렵고, 그에 따라 징세비용이 많이 발생하기 때문이다. 이러한 문제를 해결하기 위해 소득세법에서는 법인세법보다 원천징수대상소득의 범위를 넓게 규정하여 원천징수제도를 적극적으로 활용하고 있다.

원천징수의무자는 원천징수한 소득세를 그 징수일이 속하는 달의 다음 달 10일까지 법인세법에 따라 원천징수 관할 세무서, 한국은행 또는 체신관서에 납부해야 한다. 다만, 상시고용인원이 20인 이하인 원천징수의무자(금융 및 보험업을 영위하는 자 제외)는 원천징수한 소득세를 그 징수일이 속하는 반기의 마지막 달의 다음달 10일까지 납부할 수 있다.

3 원천징수의 유형

구 분	개 념	사 례
예납적 원천징수	소득을 지급할 때마다 1차적으로 원천징수를 하고, 소득세를 신고하는 시기에 소득에 합산하여 정산하는 방법(종합과세)	완납적 원천징수 외의 원천징수대상소득
완납적 원천징수	소득을 지급할 때마다 원천징수를 함으로써 납세의무가 종결되고, 소득에 합산하여 정산하지 않는 방법(분리과세)	① 금융소득 중 비실명 금융소득 ② 근로소득 중 일용근로자의 소득 ③ 기타소득 중 복권당첨소득 등

V. 과세기간

현행 세법상 과세기간을 운용하고 있는 기간과세세목으로는 법인세, 소득세, 부가가치세 등이 있는데, 소득세법은 책력에서 정한 1년을 과세기간의 원칙으로 규정하면서 납세의무자의 사망 또는 출국 시에 적용하는 예외규정을 두고 있다. 이를 소득세법상 확정신고기한과 함께 정리하면 다음과 같다.

구 분	과 세 기 간	확정신고기한
원 칙	1월 1일부터 12월 31일	다음연도 5월 1일부터 5월 31일
사 망 시	1월 1일부터 사망한 날	상속개시일이 속하는 달의 말일부터 6개월이 되는 날
출 국 시	1월 1일부터 출국한 날	출국일 전날

제2절 소득세 계산구조

Ⅰ. 소득금액의 계산구조

소득세법상 과세소득인 소득금액은 8개의 소득별로 과세기간의 총수입금액에서 필요경비를 차감하여 계산한다. 이는 법인세법상 과세소득인 각 사업연도 소득이 익금총액에서 손금총액을 차감하여 계산되는 것과 유사하다. 다만, 소득세법에서는 법인세법과 달리 총수입금액을 계산하는 단계에서 비과세소득과 분리과세소득을 차감하여 소득금액에서 원천적으로 제외하고 있으며, 필요경비의 차감여부나 방식에 있어 소득의 성격과 조세정책적 목적 등에 따라 소득 간 차이가 있다.

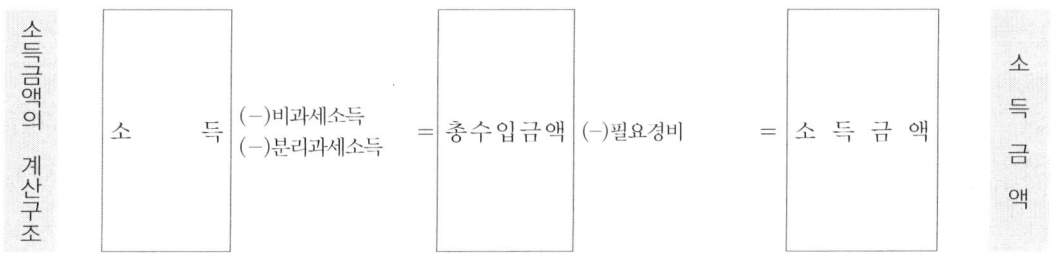

1 종합소득금액의 계산구조

2 퇴직소득금액·양도소득금액의 계산구조

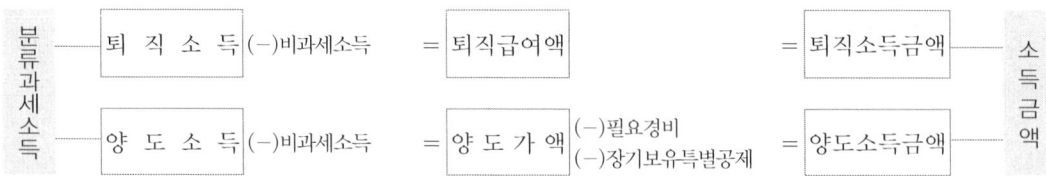

Ⅱ. 소득세의 세액계산구조

```
        소     득     금     액        종합소득금액(이월결손금 공제), 퇴직소득금액, 양도소득금액
(+)     소     득     공     제        종합소득공제, 퇴직소득공제, 양도소득기본공제
        과           세           표           준        종합소득과세표준, 퇴직소득과세표준, 양도소득과세표준
(×)     세                                 율
        산     출     세     액
(−)     세     액     감     면        소득세법과 조세특례제한법에 규정된 세액감면
(−)     세     액     공     제        소득세법과 조세특례제한법에 규정된 세액공제
        결     정     세     액
(+)     가           산           세
        총     결     정     세     액
(+)     감 면 분 추 가 납 부 세 액        과거 조세감면혜택에 대한 사후 추징세액
        총     부     담     세     액
(−)     기     납     부     세     액        중간예납세액, 원천징수세액, 수시부과세액, 예정신고납부세액
        차  감  납  부  할  세  액
```

 법인세법과 소득세법 간 세액계산구조 비교

구 분	법 인 세 법	소 득 세 법
분 리 과 세 소 득	없음	있음 (총수입금액 계산단계에서 차감)
비 과 세 소 득	과세표준 계산단계에서 차감	총수입금액 계산단계에서 차감
필 요 경 비	소득의 원천과 무관함	소득별 차감여부·방식이 다름
이 월 결 손 금	과세표준 계산단계에서 공제	소득금액 계산단계에서 공제
세 율	4단계 초과누진세율 (9%, 19%, 21%, 24%)	8단계 초과누진세율 (6%, 15%, 24%, 35%, 38%, 40%, 42% 45%)
세 액 감 면	법인세법상 세액감면규정 없음	소득세법상 세액감면규정 있음
예정신고납부세액	없음	있음

제3절 소득세 신고와 납부

 중간예납

납세지 관할세무서장은 사업소득이 있는 거주자에 대하여 1월 1일부터 6월 30일까지의 기간을 중간예납기간으로 하여 직전 과세기간의 종합소득에 대한 소득세액의 50%에 해당하는 금액(중간예납세액)을 납부해야 할 세액으로 결정하여 11월 30일까지 그 세액을 징수해야 하는데, 이에 따라 소득세를 납부하는 것을 중간예납이라 한다. 이에 따라 납부한 중간예납세액은 다음의 확정신고 시 기납부세액으로 공제된다.

거주자의 종합소득에 대한 과세는 과세기간이 경과한 후에 1년간의 소득실적에 따라 과세하는 것이 원칙이다. 그러나 소득세를 일시에 납부하게 되면 정부 입장에서는 세수를 연중 고르게 확보하기 어렵고 납세자에게 조세포탈의 가능성을 열어 두게 되며, 납세자 입장에서는 자금 부담으로 인하여 납세가 곤란하게 된다. 이에 따라 과세기간 중에 그 일부를 미리 납부하게 하여 납세자의 자금 부담을 분산시켜 주고 정부의 세수를 평준화하기 위해 둔 제도가 중간예납이다.

 확정신고·납부

종합소득금액·퇴직소득금액·양도소득금액이 있는 거주자는 종합소득·퇴직소득·양도소득 과세표준을 그 과세기간의 다음연도 5월 1일부터 5월 31일까지 납세지 관할세무서장에게 신고해야 하는데, 이를 과세표준 확정신고라 한다. 또한 거주자는 해당 과세기간의 과세표준에 대한 소득세를 과세표준 확정신고기한까지 납세지 관할세무서, 한국은행 또는 체신관서에 납부해야 한다. 과세표준이 없거나 결손금이 있는 거주자도 위 규정에 따라 신고해야 한다.

한편, 해당 과세기간에 분리과세 주택임대소득과 계약의 위약 또는 해약으로 인하여 받는 소득으로서 계약금이 위약금·배상금으로 대체되는 경우의 위약금·배상금이 있는 경우에도 종합소득과세표준 확정신고를 해야 한다.

다만, 다음 중 어느 하나에 해당하는 거주자는 위 규정에도 불구하고 해당 소득에 대하여 과세표준 확정신고를 하지 않을 수 있다. 이는 완납적 원천징수나 연말정산 등에 의하여 납세의무가 확정되었거나 이미 과세표준 확정신고와 유사한 신고가 있은 경우 과세표준 확정신고 의무를 배제시킴으로써 납세의무자의 편의를 제고하기 위함이다.

① 근로소득만 있는 자
② 퇴직소득만 있는 자
③ 공적연금소득만 있는 자
④ 원천징수되는 사업소득으로서 간편장부대상자인 보험모집인·방문판매원·음료품배달원
⑤ 원천징수되는 기타소득으로서 종교인소득만 있는 자
⑥ 분리과세 되는 이자소득, 배당소득, 연금소득, 기타소득(원천징수되지 않는 소득 제외)만 있는 자 등

성실신고확인제도

소득세법에서는 고소득 사업자의 성실한 신고를 유도하기 위해 종합소득과세표준 확정신고를 할 때 사업소득금액의 적정성을 세무사 등이 확인하고 작성한 서류(성실신고확인서)를 제출하도록 규정하고 있는데, 이를 성실신고확인제도라 한다. 여기서 고소득 사업자(성실신고확인대상사업자)란 해당 과세기간의 수입금액의 합계액(사업용 유형자산 양도로 발생한 수입금액 제외)이 업종별로 농업·도매및소매업 등 15억원, 제조업·숙박및음식점업 등 7억 5,000만원, 부동산임대업·보건업 등 서비스업은 5억원 이상인 사업자를 말한다. 성실신고확인대상사업자가 성실신고확인서를 제출하는 경우에는 위 확정신고·납부기한 규정에도 불구하고 종합소득과세표준 확정신고를 그 과세기간의 다음 연도 5월 1일부터 6월 30일까지 해야 한다.

기출문제

제1장 _ 소득세법 총설

01 다음 중 소득세의 특징에 대한 설명으로 옳은 것은? [세무회계 3급 2023]

① 세대별, 부부합산 과세 방식을 취하고 있다.
② 부과납세고지제도를 취하고 있다.
③ 개인의 인적 사정을 고려한 인적공제를 적용한다.
④ 단일비례세율을 적용하고 있다.

해설 소득세법은 개인의 인적 사정에 따른 세부담능력을 고려하여 인적공제를 적용하고 있다.

해답 ③

02 다음 중 소득세법상 사용하는 용어의 정의로 맞는 것은? [세무회계 3급 2019]

① 거주자란 국내에 주소를 두거나 183일 이상의 거소를 둔 개인을 말한다.
② 비거주자란 거주자가 아닌 개인이나 단체를 말한다.
③ 내국법인이란 소득세법에 따른 내국법인을 말한다.
④ 사업자란 사업소득이 있는 거주자 및 비거주자를 말한다.

해설
② 비거주자란 거주자가 아닌 개인을 말한다.
③ 내국법인이란 법인세법에 따른 내국법인을 말한다.
④ 사업자란 사업소득이 있는 거주자를 말한다.

해답 ①

03 다음 중 소득세법의 특징으로 적절하지 않은 것은? [세무회계 3급 2019]

① 누진과세
② 원천징수
③ 소득원천설
④ 포괄주의

해설 소득세법은 과세소득을 규정함에 있어 소득원천설에 따른 열거주의 과세방식을 채택하고 있으며, 법인세법은 순자산증가설에 따른 포괄주의 과세방식을 취하고 있다.

해답 ④

04 다음 중 소득세법상 과세기간 및 납세지의 설명으로 옳지 않은 것은? [세무회계 3급 2019]

① 원칙적으로 거주자의 소득세 납세지는 그 주소지이다.
② 원칙적으로 비거주자의 소득세 납세지는 국내사업장의 소재지이다.
③ 신규로 사업을 개시한 경우 과세기간은 개업일부터 12월 31일까지로 한다.
④ 거주자가 출국으로 인하여 비거주자가 되는 경우에 소득세 과세기간은 1월 1일부터 출국한 날까지로 한다.

> **해설** 소득세의 과세기간은 1월 1일부터 12월 31일까지 1년이다.
>
> **해답** ③

05 다음 중 소득세법상 납세의무자에 대한 설명으로 알맞은 것은? [세무회계 3급 2019]

① 거주자란 대한민국 국적을 가진 자를 말한다.
② 거주자 또는 비거주자의 판정에 따라 납세의무의 범위가 달라진다.
③ 거주자는 국내원천소득에 대하여만 납세의무가 있다.
④ 비거주자는 국외원천소득에 대하여만 납세의무가 있다.

> **해설** ① 거주자란 국내에 주소를 두거나 1과세기간 중 183일 이상의 거소를 둔 개인을 말한다.
> ③ 거주자는 국내외원천소득 모두에 대하여 납세의무가 있다.
> ④ 비거주자는 국내원천소득에 대하여만 납세의무가 있다.
>
> **해답** ②

06 소득세법상 국내에서 거주자에게 소득을 지급하는 경우 원천징수대상이 되는 소득을 모두 고른 것은? (단, 원천징수의 면제 또는 배제 등 원천징수의 특례는 고려하지 아니함) [국가직 9급 2016]

> ㄱ. 이자소득　　　　　　　　　　ㄴ. 배당소득
> ㄷ. 뇌물　　　　　　　　　　　　ㄹ. 연금소득
> ㅁ. 알선수재 및 배임수재에 의하여 받는 금품

① ㄱ, ㄴ, ㄷ　　　　　　　　　② ㄱ, ㄴ, ㄹ
③ ㄴ, ㄹ, ㅁ　　　　　　　　　④ ㄷ, ㄹ, ㅁ

> **해설** 뇌물과 알선수재 및 배임수재에 의하여 받는 금품은 기타소득에 해당한다. 기타소득도 원천징수대상소득이나, 뇌물과 알선수재 및 배임수재에 의하여 받는 금품에 대해서는 그 소득의 특성상 원천징수가 어렵기 때문에 원천징수대상소득에서 제외시키고 있다.
>
> **해답** ②

07 다음 중 소득세법상 종합과세 대상이 아닌 것으로 짝지어진 것을 고르면? [세무회계 3급 2023]

① 금융소득과 양도소득
② 퇴직소득과 양도소득
③ 기타소득과 퇴직소득
④ 근로소득과 양도소득

해설 퇴직소득과 양도소득은 종합소득에 합산하지 않고 분류과세한다.

 ②

08 소득세법상 거주자가 5월 1일 사망한 경우의 과세기간으로 가장 옳은 것은? [세무회계 3급 2020]

① 1월 1일 ~ 6월 30일
② 1월 1일 ~ 5월 1일
③ 1월 1일 ~ 5월 31일
④ 1월 1일 ~ 12월 31일

해설 거주자가 사망한 경우의 과세기간은 1월 1일부터 사망한 날까지로 한다.

 ②

09 다음은 소득세법상 비거주자와 거주자에 대한 설명이다. 이 중 가장 옳지 않은 것은?
[세무회계 2급 2020]

① 비거주자가 국내에 주소를 둔 날 거주자가 된다.
② 국외에서 근무하는 공무원은 무조건 거주자로 본다.
③ 계속하여 183일 이상 국외에 거주할 것을 통상 필요로 하는 직업을 가질 때 비거주자로 의제한다.
④ 계속하여 183일 이상 국내에 거주하는 주한외교관은 거주자이다.

해설 비거주자이다.(단 대한민국 국민은 예외)

 ④

제2장 종합소득금액

제1절 금융소득

I. 금융소득의 범위

금융소득이란 이자소득과 배당소득을 말한다. 소득세법에서는 과세소득에 대해 소득원천설에 따른 열거주의 과세방식을 채택하고 있으나, 금융소득에 대해서는 유형별 포괄주의 과세방식을 채택하고 있다. 즉, 소득세법에 열거된 금융소득에 해당하지 않더라도 경제적 실질이 금융소득과 유사한 경우의 소득에 대해서는 금융소득으로 보아 과세하고 있다.

1 이자소득의 범위

이자소득이란 일반적으로 자본(자금)을 사용한 대가로 해당 자본의 크기와 사용기간에 따라 지급되는 금전 또는 그 밖의 대체물을 말한다. 소득세법에서 규정하고 있는 이자소득의 범위는 다음과 같다.

구 분	내 용
(1) 채권 또는 증권의 이자와 할인액	채권 등의 보유기간 이자상당액 포함
(2) 예금의 이자	국내·국외이자 무관, 상호신용계 또는 신용부금으로 인한 이익 포함
(3) 채권 또는 증권의 환매조건부매매차익	금융기관이 환매기간에 따른 사전약정이율을 적용하여 환매수 또는 환매도하는 조건으로 매매하는 채권 또는 증권의 매매차익을 말함(사전약정이율 적용 필수)
(4) 저축성 보험의 보험차익	계약기간이 10년 미만인 저축성보험의 보험차익 등
(5) 직장공제회 초과반환금	1999년 1월 1일 이후 가입자에 한함
(6) 비영업대금의 이익	금전의 대여를 사업목적으로 하지 않는 자가 일시적·우발적으로 금전을 대여함에 따라 지급받는 이자 또는 수수료에 한함(사업성이 있는 경우 사업소득에 해당함)
(7) 위 (1)부터 (6)까지의 소득과 유사한 소득으로서 금전 사용에 따른 대가로서의 성격이 있는 것	상업어음할인료·신종펀드의 이자 등 위에 열거된 이자소득에 해당하지 않더라도 경제적 실질이 이자소득과 유사한 경우의 소득에 대해서 이자소득으로 보아 과세하는 유형별 포괄주의 규정임
(8) 위 (1)부터 (7)까지의 소득을 발생시키는 거래 또는 행위와 자본시장과 금융투자업에 관한 법률에 따른 파생상품이 소득세법에 따라 결합된 경우 해당 파생상품의 거래 또는 행위로부터의 이익	—

법인세법과 소득세법상 보험차익 과세방법

구 분	내 용
① 법인세법	순자산증가설에 따라 모든 보험차익을 익금에 산입하여 법인세를 과세한다.
② 소득세법	소득세법에서는 저축성 보험과 보장성 보험으로 구분하여 보험차익에 대한 과세방법을 달리하고 있다. 참고로 저축성 보험이란 보험계약에 따라 만기에 받는 보험금이 납입보험료를 초과하는 보험을 말하며, 보장성 보험이란 만기에 받는 보험금이 납입보험료를 초과하지 않는 보험을 말한다. ① 저축성 보험의 보험차익 : 소득세를 과세하는 것이 원칙이나, 소득세법에 따른 요건을 갖춘 저축성 보험의 보험차익에 대해서는 소득세를 과세하지 않는다. ② 보장성 보험의 보험차익 : 소득세를 과세하지 않는 것이 원칙이나, 사업과 관련하여 해당 사업용 자산의 손실로 인하여 지급받은 보험차익은 사업소득 총수입금액에 산입하여 소득세를 과세한다.

2 배당소득의 범위

배당소득이란 일반적으로 회사에 이익이 발생한 경우 상법에 따른 절차를 거쳐 보유한 주식이나 출자금에 따라 분여 받게 되는 이익을 말한다. 소득세법에서 규정하고 있는 배당소득의 범위는 다음과 같다.

구 분	내 용
(1) 이익배당	내국법인으로부터 받는 이익이나 잉여금의 배당 또는 분배금, 법인으로 보는 단체로부터 받는 배당금 또는 분배금, 법인세법에 따라 내국법인으로 보는 신탁재산(법인과세 신탁재산)으로부터 받는 배당금 또는 분배금, 외국법인으로부터 받는 이익이나 잉여금의 배당 또는 분배금 등 실지배당을 의미함
(2) 국내·국외에서 받은 집합투자기구로부터의 이익	─
(3) 의제배당	의제배당이란 잉여금의 자본전입이나 주식의 소각 등과 같이 실질배당(현금배당)과 같은 배당절차를 거치지는 않지만 그 경제적인 효과가 실질배당과 동일한 경우, 즉 법인의 이익이 주주 등에게 귀속되는 경우 이를 배당으로 보는 것을 말한다(법인세법과 동일함).
(4) 인정배당	법인세법에 따라 배당으로 소득처분된 금액
(5) 국내 또는 국외에서 받는 대통령령으로 정하는 파생결합증권 또는 파생결합사채로부터의 이익	종전에 아래 (7)의 유형별 포괄주의 규정에 따라 과세한 파생결합증권의 이익을 배당소득 과세대상으로 명확히 규정함
(6) 공동사업에서 발생한 소득금액 중 출자공동사업자의 손익분배비율에 해당하는 금액	공동사업이란 사업소득이 발생하는 사업을 2인 이상이 공동으로 경영하는 것을 말하며, 출자공동사업자란 경영에 참여하지 않고 출자만을 한 사업자를 말함
(7) 위 (1)부터 (5)까지의 소득과 유사한 소득으로서 수익분배의 성격이 있는 것	문화펀드와 같은 신종펀드의 배당 등 위에 열거된 배당소득에 해당하지 않더라도 경제적 실질이 배당소득과 유사한 경우의 소득에 대해서 배당소득으로 보아 과세하는 유형별 포괄주의 규정임
(8) 위 (1)부터 (7)까지의 소득을 발생시키는 거래 또는 행위와 파생상품이 소득세법에 따라 결합된 경우 해당 파생상품의 거래 또는 행위로부터의 이익	─

II. 비과세 금융소득

비과세 금융소득이란 과세당국이 조세정책적 목적으로 과세를 하지 않는 금융소득을 말한다. 이러한 비과세 금융소득은 소득세법과 조세특례제한법에 규정되어 있는데, 각 세법에 규정된 대표적인 비과세 금융소득을 살펴보면 다음과 같다.

 비과세 이자소득

구 분	내 용	가 입 기 한
소득세법	공익신탁법에 따른 공익신탁의 이익	-
조세특례제한법	① 청년우대형주택청약종합저축에서 발생하는 이자소득의 합계액 기준 500만원까지	2025년 12월 31일까지
	② 비과세종합저축에서 발생하는 이자소득	2025년 12월 31일까지
	③ 개인종합자산관리계좌에서 발생하는 이자소득과 배당소득의 합계액 기준 200만원(서민형과 농어민은 400만원)까지 등	-
	④ 청년도약계좌에서 발생하는 손익을 통산하고 계좌 만기 해지시 이자소득	2025년 12월 31일까지

 비과세 배당소득

구 분	내 용	가 입 기 한
소득세법	공익신탁법에 따른 공익신탁의 이익	-
조세특례제한법	① 우리사주조합원이 우리사주조합을 통하여 취득한 후 증권금융회사에 예탁한 우리사주의 배당소득	-
	② 비과세종합저축에서 발생하는 배당소득	2025년 12월 31일까지
	③ 개인종합자산관리계좌에서 발생하는 이자소득과 배당소득의 합계액 기준 200만원(서민형과 농어민은 400만원)까지 등	-
	③ 청년도약계좌에서 발생하는 손익을 통산하고 계좌 만기 해지시 배당소득	2025년 12월 31일까지

III. 금융소득의 수입시기

소득세는 일정 과세기간의 소득을 측정하여 세액을 계산하는 기간과세 세목이다. 즉, 소득이 어느 과세기간에 귀속되는지에 따라 세액이 달라지므로 소득세법에서는 금융소득별 수입시기를 구체적으로 규정하고 있다.

 이자소득의 수입시기

구 분		수 입 시 기
(1) 채권 또는 증권의 이자와 할인액	기명인 것	약정에 의한 지급일
	무기명인 것	그 지급을 받은 날
(2) 보통예금·정기예금·적금 또는 부금의 이자		실제로 이자를 지급받는 날
(3) 채권 또는 증권의 환매조건부매매차익		약정에 의한 환매수일·환매도일. 다만, 기일 전에 환매수 또는 환매도하는 경우에는 그 환매수일·환매도일
(4) 저축성 보험의 보험차익		보험금 또는 환급금의 지급일. 다만, 기일 전에 해지하는 경우에는 그 해지일
(5) 비영업대금의 이익		약정에 의한 이자지급일. 다만, 약정이 없거나 약정에 의한 이자지급일 전에 이자를 지급받는 경우 또는 총수입금액 계산에서 제외하였던 이자를 지급받는 경우에는 그 이자지급일
(6) 유형별 포괄주의에 따른 이자소득		약정에 따른 상환일. 다만, 기일 전에 상환하는 때에는 그 상환일

 배당소득의 수입시기

유 형	수 입 시 기
(1) 잉여금 처분에 의한 배당	해당 법인의 잉여금처분결의일
(2) 집합투자기구로부터의 이익	집합투자기구로부터의 이익을 지급받은 날
(3) 의제배당	주식의 소각·자본의 감소·자본에의 전입을 결정한 날이나 퇴사·탈퇴한 날 등
(4) 인정배당	해당 법인의 결산확정일

IV. 금융소득의 과세방법

소득세법에서는 금융소득을 원천징수대상소득으로 규정하고 있다. 즉, 금융소득을 지급하는 자(원천징수의무자)는 이자소득 또는 배당소득을 지급할 때 그 지급금액에 원천징수세율을 적용하여 계산한 소득세를 원천징수하여 그 징수일이 속하는 달의 다음달 10일까지 납부해야 한다.

금융소득은 종합소득에 포함되는 소득으로서 다른 종합소득과 합산하여 종합과세되는 것이 원칙이다. 다만, 소득세법에서는 조세정책상 특정 금융소득과 일정 기준금액 이하의 금융소득에 대해서는 원천징수로써 납세의무를 종결시키는 분리과세를 채택하고 있다. 이는 대부분의 금융소득이 원천징수로써 그 소득세가 징수되고 있는 현실에서 다수의 금융소득자에 대한 종합과세에 따른 과도한 징세비용을 줄이기 위함이다.

1 분리과세·종합과세 대상 금융소득

구 분	개 념	대상 금융소득(원천징수세율)
(1) 무조건 분리과세	조세정책상 특정 금융소득에 대해 원천징수로써 납세의무를 종결시키는 방법	비실명 금융소득❶(45%, 금융실명법 적용 대상의 경우 90%❷) 등
(2) 무조건 종합과세	원천징수가 되지 않은 금융소득으로서 무조건 종합과세하는 방법	① 원천징수 대상이 아닌 국외에서 받은 금융소득 ② 국내 금융소득 중 원천징수되지 않은 소득
(3) 조건부 종합과세	종합과세가 원칙이나 종합과세기준금액(2천만원) 이하일 경우 원천징수로써 납세의무를 종결시키는 방법	비과세 금융소득, 무조건 분리과세 금융소득, 무조건 종합과세 금융소득을 제외한 나머지 금융소득(14%, 비영업대금의 이익은 25%❸)

❶ 비실명 금융소득은 금융소득의 실지 귀속자가 확인되지 않기 때문에 무조건 분리과세한다.
❷ 원천징수의무자가 금융실명거래 및 비밀보장에 관한 법률에 따른 차등과세가 적용되는 이자 및 배당소득에 대하여 고의 또는 중대한 과실 없이 90%가 아닌 14%의 세율로 원천징수한 경우에는 해당 계좌의 실질 소유자가 소득세 원천징수 부족액(국세기본법에 따른 가산세 포함)을 납부해야 한다. 이에 따른 소득세 원천징수 부족액에 관하여는 해당 계좌의 실질 소유자를 원천징수의무자로 본다. 이 규정의 취지는 원천징수의무자의 납세협력의무 이행에 따른 부담을 줄여주기 위함이다.
❸ 온라인투자연계금융업 및 이용자 보호에 관한 법률에 따라 금융위원회에 등록한 온라인투자연계금융업자를 통하여 지급받는 이자소득(P2P 투자 이자소득)에 대해서는 14%의 세율을 적용한다.

2 금융소득 종합과세

금융소득의 종합과세 여부는 무조건 종합과세 대상 금융소득과 조건부 종합과세 대상 금융소득의 합계액을 기준으로 종합과세기준금액(2천만원)과 비교하여 다음과 같이 판단한다. 편의상 무조건 종합과세 대상 금융소득과 조건부 종합과세 대상 금융소득의 합계액을 판단대상금액이라 한다.

구 분	대상 금융소득	과세방법	세 율
(1) 판단대상금액❹ > 종합과세기준금액 (2천만원)	무조건 종합과세 대상 금융소득	종합과세	2천만원 이하분은 원천징수세율(14%)을 적용하고 초과분은 기본세율(소득세율) 적용
	조건부 종합과세 대상 금융소득	종합과세	
(2) 판단대상금액❹ ≤ 종합과세기준금액 (2천만원)	무조건 종합과세 대상 금융소득	종합과세	2천만원 이하이므로 전액 원천징수세율(14%) 적용
	조건부 종합과세 대상 금융소득	분리과세	

❹ 무조건 종합과세 대상 금융소득과 조건부 종합과세대상 금융소득의 합계액을 말하며, 후술할 귀속법인세(Gross-up금액)를 가산하기 전의 금액(총수입금액)을 말한다.

V. 금융소득금액의 계산

 이자소득금액의 계산

이자소득금액은 해당 과세기간의 이자소득 총수입금액으로 한다. 즉, 소득세법에서는 이자소득에 대한 필요경비를 인정하지 않는다. 이는 금융소득의 성격상 객관적인 필요경비 산정이 어렵고 발생하는 필요경비의 규모도 크지 않기 때문이다.

이자소득금액 = 이자소득 총수입금액*

* 이자소득 총수입금액 = 이자소득 − 비과세소득 − 분리과세소득

 배당소득금액의 계산

배당소득금액도 이자소득금액과 마찬가지로 해당 과세기간의 총수입금액으로 한다. 한편, 이중과세의 문제가 발생하는 배당소득의 경우 배당가산(Gross-up)제도에 따라 해당 배당소득의 10%에 해당하는 귀속법인세(Gross-up금액)를 배당소득 총수입금액에 가산한다.

배당소득금액 = 배당소득 총수입금액❶ + 귀속법인세(Gross-up금액)❷

❶ 배당소득 총수입금액 = 배당소득 − 비과세소득 − 분리과세소득
❷ 귀속법인세(Goss-up금액) = 배당소득 총수입금액 × 10%

 배당가산(Gross-up)제도

배당소득은 이자소득과 달리 동일한 소득에 대해 두 번 과세되는 이중과세의 문제가 발생한다. 즉, 배당금을 지급하는 주식발행법인단계에서는 배당의 원천인 이익에 대해 법인세가 과세되고, 배당금을 지급받는 개인주주단계에서는 법인의 이익이 귀속되어 얻은 배당소득 대해 다시 소득세가 과세된다. 소득세법에서는 이러한 배당소득에 대한 이중과세 문제를 해소하기 위해 개인주주단계에서 배당가산(Gross-up)제도를 운용하고 있다.

배당가산(Gross-up)제도란 개인주주의 배당소득 총수입금액에 귀속법인세(Gross-up금액)를 가산하여 소득세를 산출한 후, 해당 귀속법인세(Gross-up금액)를 세액공제로 차감하는 이중과세의 조정방식을 말한다. 예를 들어, 소득세 한계세율을 40%로 가정할 경우 귀속법인세(Gross-up금액) 100원을 배당소득 총수입금액에 가산하게 되면 소득세는 40원 증가하지만, 배당세액공제로 100원을 적용하면 결과적으로 60원만큼의 소득세가 절감되어 이중과세의 조정효과를 얻을 수 있다.

 법인세법상 배당소득에 대한 이중과세 조정제도

법인세법에서는 배당소득에 대한 이중과세의 문제를 해소하기 위해 주식발행법인단계와 법인주주단계로 구분하여 다음과 같은 제도를 운용하고 있다.

① 수입배당금액 익금불산입 : 법인주주단계에서 얻은 수입배당금의 일정액을 익금불산입하여 이중과세를 조정하는 방식
② 소득공제 : 주식발행법인단계에서 배당가능이익의 일정액을 소득금액에서 공제하여 이중과세를 조정하는 방식

2-1 금융소득

다음은 거주자 甲의 2025년 귀속 금융소득에 대한 사료이다. 다음 자료를 이용하여 거주자 甲의 금융소득에 대한 종합과세 여부를 판단하시오.

(1) 개인종합자산관리계좌에서 발생한 이자소득 : 1,500,000원
(2) 비실명 이자소득 : 10,000,000원
(3) 은행예금이자 : 16,000,000원
(4) 비영업대금의 이익 : 14,000,000원
(5) 주권상장법인의 주주로서 지급받은 현금배당 : 9,000,000원
(6) 국내에서 받은 집합투자기구로부터의 이익 : 10,000,000원
(7) 국외배당소득(국내에서 원천징수되지 않음) : 7,000,000원

해답

1. 소득의 구분

구 분	소득구분	조건부 종합과세	무조건 종합과세	비 고
(1) 개인종합자산관리계좌 이자소득	이자소득	-	-	비과세 금융소득
(2) 비실명 이자소득	이자소득	-	-	무조건 분리과세(45%)
(3) 은행예금이자	이자소득	16,000,000원	-	-
(4) 비영업대금의 이익	이자소득	14,000,000원	-	-
(5) 주권상장법인 현금배당	배당소득	9,000,000원	-	-
(6) 국내 집합투자기구로부터의 이익	배당소득	10,000,000원	-	-
(7) 국외배당소득	배당소득	-	7,000,000원	-
합 계		49,000,000원	7,000,000원	

2. 금융소득 종합과세 여부의 판단
   ① 종합과세 판단대상금액 : 49,000,000 + 7,000,000 = 56,000,000원 > 종합과세기준금액(20,000,000원)
   ② 종합과세 판단대상금액이 종합과세기준금액을 초과하므로 조건부 종합과세 대상 금융소득과 무조건 종합과세 대상 금융소득 모두 종합과세한다.

금융소득 종합과세 여부를 판단할 때 종합과세기준금액(2,000만원)과 비교하는 판단대상금액은 소득금액이 아닌 총수입금액이다. 즉, 배당소득의 경우 금융소득 종합과세 여부를 판단할 때에는 귀속법인세(Gross-up금액)를 고려하지 않는다.

제2절 사업소득

Ⅰ. 사업소득의 범위

사업소득은 해당 연도에 다음의 사업에서 발생한 소득으로 한다. 다만, 통신판매중개를 하는 자를 통하여 물품 또는 장소를 대여하고 연간 수입금액이 500만원 이하의 사용료로서 받은 금품에 해당하여 기타소득으로 원천징수하거나 과세표준확정신고를 한 경우에는 그렇지 않다. 여기서 사업이란 영리를 목적으로 자기의 계산과 책임 하에 계속적·반복적으로 행하는 활동을 말한다.

① 농업(작물재배업 중 곡물 및 기타 식량작물 재배업 제외)·임업 및 어업
② 광업
③ 제조업
④ 전기, 가스, 증기 및 공기조절공급업
⑤ 수도, 하수 및 폐기물 처리, 원료 재생업
⑥ 건설업
⑦ 도매 및 소매업
⑧ 운수 및 창고업
⑨ 숙박 및 음식점업
⑩ 정보통신업
⑪ 금융 및 보험업
⑫ 부동산업. 다만, 공익사업과 관련하여 지역권·지상권(지하 또는 공중에 설정된 권리 포함)을 설정하거나 대여함으로써 발생하는 소득은 제외한다.
⑬ 전문, 과학 및 기술서비스업(계약 등에 따라 그 대가를 받고 연구 또는 개발용역을 제공하는 것 외의 연구개발업 제외)
⑭ 사업시설관리, 사업 지원 및 임대 서비스업
⑮ 교육서비스업(유치원·학교 등 교육기관 제외)
⑯ 보건업 및 사회복지서비스업(사회복지사업·장기요양사업 등 제외)
⑰ 예술, 스포츠 및 여가 관련 서비스업
⑱ 협회 및 단체, 수리 및 기타 개인서비스업
⑲ 가구내 고용활동
⑳ 복식부기의무자가 차량 및 운반구 등 사업용 유형자산[※]을 양도함으로써 발생하는 소득. 다만, 토지·건물의 양도로 발생하는 소득으로서 양도소득에 해당하는 경우는 제외한다.
㉑ 위의 소득과 유사한 소득으로서 영리를 목적으로 자기의 계산과 책임 하에 계속적·반복적으로 행하는 활동을 통하여 얻는 소득

※ 사업용 유형자산이란 건물(부속설비 포함) 및 구축물, 차량 및 운반구, 공구, 기구 및 비품, 선박 및 항공기, 기계 및 장치(건설기계는 2018년 1월 1일 이후 취득한 경우에 한함), 동물과 식물, 그 밖에 이와 유사한 유형자산을 말한다.

사업소득을 얻는 개인은 사업자등록여부와 무관하게 사업소득세의 납세의무가 있다. 실무상 사업소득을 얻는 개인은 대부분 부가가치세법 또는 소득세법에 따라 사업자등록을 한 사업자이지만, 프리랜서와 같이 사업자등록을 하지 않은 개인도 소득세법에 규정된 위의 사업에서 발생하는 소득을 얻는다면 사업소득세의 납세의무가 있다.

II. 비과세 사업소득

비과세 사업소득이란 과세당국이 조세정책적 목적으로 과세를 하지 않는 사업소득을 말한다. 소득세법에 규정된 대표적인 비과세 사업소득을 살펴보면 다음과 같다.

① 논·밭을 작물 생산에 이용하게 함으로써 발생하는 소득
② 1주택 소유자의 주택임대소득(국외소재주택 및 기준시가 12억원 초과 고가주택 제외)
③ 농가부업규모의 축산에서 얻은 소득 전액과 농가부업규모를 초과하는 축산·고공품제조·민박·음식물판매·특산물제조·전통차제조·양어 등에서 발생한 소득금액 합계액이 연 3,000만원 이하인 소득
④ 전통주의 제조에서 발생하는 소득으로서 소득금액의 합계액이 연 1,200만원 이하인 소득
⑤ 조림기간이 5년 이상인 임지의 임목의 벌채·양도로 발생하는 소득으로서 연 600만원 이하인 소득
⑥ 곡물 기타 식량작물재배업(과세제외) 외의 작물재배업에서 발생하는 소득으로서 수입금액의 합계액이 10억원 이하인 것과 어로어업에서 발생하는 소득으로서 소득금액의 합계액이 5,000만원 이하인 소득

주택임대소득에 대한 과세

구 분		주거용 건물 임대업에서 발생한 수입금액의 합계액			
		2천만원 초과		2천만원 이하	
1주택 소유자	일반주택	비과세		비과세	
	고가주택	임대료	종합과세	임대료	분리과세 종합과세 선택
2주택 소유자		임대료		임대료	
3주택 이상 소유자		임대료+간주임대료		임대료+간주임대료	

III. 사업소득의 과세방법

사업소득은 종합소득에 포함되는 소득으로서 다른 종합소득과 합산하여 종합과세된다. 대부분의 사업소득은 원천징수를 하지 않는데, 그 이유는 사업소득의 세원이 대부분 부가가치세법상 세금계산서 제도 등에 따라 관리되고 있고 사업자가 어느 정도의 세무능력을 갖추고 있다고 보기 때문이다. 다만, 부가가치세 면제 등으로 세원포착이 어려운 일부 사업소득에 대해서는 예외적으로 원천징수 또는 납세조합징수를 하도록 규정하고 있다.

한편, 일정한 주택임대소득에 대해서는 사업자등록을 활성화하고 세부담을 적정화하기 위하여 분리과세와 종합과세 중 선택할 수 있도록 규정하고 있다. 이에 대해서는 Ⅴ. 분리과세 주택임대소득에 대한 과세특례에서 자세히 살펴보기로 한다.

사업소득 원천징수

(1) 원천징수대상 사업소득과 원천징수세율

원천징수대상 사업소득은 부가가치세 면세대상인 다음의 용역에서 발생하는 소득을 말한다. 원천징수대상 사업소득을 지급하는 자(원천징수의무자)는 사업소득을 지급할 때 그 지급금액에 원천징수세율을 적용하여 계산한 소득세를 원천징수하여 그 징수일이 속하는 달의 다음달 10일까지 납부해야 한다.

원천징수대상 사업소득	원천징수세율
① 의료보건용역(수의사의 용역 포함)의 공급에서 발생하는 소득 ② 저술가·작곡가 등이 제공하는 인적용역의 공급에서 발생하는 소득	3%✽
③ 접대부·댄서 또는 이와 유사한 용역의 공급에서 발생하는 봉사료	5%

✽ 외국인 직업운동가가 한국표준산업분류에 따른 스포츠 클럽 운영업 중 프로스포츠구단과의 계약(계약기간이 3년 이하인 경우에 한함)에 따라 용역을 제공하고 받는 소득에 대해서는 20%의 세율을 적용한다. 이는 외국인 직업운동가가 단기계약 종료 후 종합소득세 신고를 하지 않고 출국하는 탈세사례가 발생함에 따라 외국인 직업운동가에 대한 과세관리를 강화하기 위함이다.

(2) 사업소득 연말정산

간편장부대상자인 보험모집인·방문판매원·음료품배달원에게 사업소득(연말정산 사업소득)을 지급하는 자(원천징수의무자)는 해당 과세기간의 다음 연도 2월분의 사업소득을 지급할 때 또는 해당 사업자와의 거래계약을 해지하는 달의 사업소득을 지급할 때 연말정산을 해야 한다. 연말정산이란 해당 과세기간의 사업소득에 대한 소득세를 계산하여, 이미 원천징수하여 납부한 소득세와의 차액을 추가로 원천징수하거나 환급하는 절차를 말한다.

 납세조합징수

농·축·수산물 판매업자(복식부기의무자 제외)와 노점상인 등의 사업자는 납세조합을 조직할 수 있다. 이 경우 납세조합은 그 조합원에 대한 매월분의 사업소득에 대한 소득세에서 그 소득세의 5%를 공제(납세조합공제)한 금액을 매월 징수하여 그 징수일이 속하는 달의 다음달 10일까지 납부해야 한다.

Ⅳ. 사업소득금액의 계산

사업소득금액은 해당 과세기간의 총수입금액에서 이에 사용된 필요경비를 공제한 금액으로 하며, 필요경비가 총수입금액을 초과하는 경우 그 초과하는 금액을 결손금이라 한다.

사업소득금액 = 사업소득 총수입금액✽ − 필요경비

✽ 사업소득 총수입금액 = 사업소득 − 비과세소득 (사업소득의 경우 분리과세소득이 없음)

그러나 소득세법에서는 법인세법과 마찬가지로 개인의 과도한 납세협력비용 부담을 줄이기 위해 다음과 같이 기업회계상 결산서에서 도출된 당기순이익에서 출발하여 일정한 세무조정절차를 거쳐 사업소득금액을 계산하도록 규정하고 있다. 참고로 세무조정의 개념은 익금을 총수입금액으로 손금을 필요경비로 용어가 바뀌었을 뿐, 제3편 법인세법의 제1장 제4절에서 살펴본 내용과 동일하다.

```
        당  기  순  이  익
    ( + ) 총수입금액산입·필요경비불산입      ┐ 세무조정❶
    ( − ) 필요경비산입·총수입금액불산입      ┘
        사  업  소  득  금  액  ❷ = 사업소득 총수입금액 − 필요경비
```

❶ 개인은 법인과 달리 당기순이익을 처분하는 절차가 없기 때문에 세무조정금액을 처분하는 절차인 소득처분이 불필요하다. 다만, 실무상 세무조정금액이 기업 내부에 남아 세무상 순자산가액을 증감시키는 경우에는 유보로 처분한 뒤 유보소득조정명세서[별지 제49호 서식]에 기재하여 관리한다.

❷ 사업소득금액을 정확하게 도출하기 위해서는 기부금 관련 조정(기부금한도초과액 손금불산입, 기부금한도초과이월액 손금산입)을 거쳐야 하나 이에 대한 사전지식이 필요하므로 입문단계에서는 생략하도록 한다.

총수입금액

총수입금액이란 기업회계상 수익 또는 법인세법상 익금과 유사한 개념으로, 사업과 관련된 수입금액으로서 해당 사업자에게 귀속되었거나 귀속될 금액을 말한다. 소득세법상 열거된 총수입금액항목과 총수입금액불산입항목은 다음과 같다.

총수입금액항목	총수입금액불산입항목
(1) 사업수입금액(매출에누리와 환입, 매출할인금액 제외)	(1) 소득세 등의 환급액
(2) 거래상대방으로부터 받은 장려금 기타 이와 유사한 성질의 금액(판매장려금 수령액)	(2) 총수입금액으로 수입하였거나 수입할 금액에 따라 납부하였거나 납부할 개별소비세 및 주세(원재료, 연료, 그 밖의 물품을 매입·수입 또는 사용함에 따라 부담하는 세액 제외)
(3) 필요경비로서 지출된 세액이 환입되었거나 환입될 금액(관세환급금 등)	(3) 국세 등의 과오납금 환급이자(환급가산금)
(4) 사업과 관련된 자산수증이익·채무면제이익	(4) 자산수증이익(복식부기의무자가 지급받은 국고보조금 등 제외)과 채무면제이익 중 이월결손금의 보전에 충당한 금액
(5) 사업과 관련하여 생긴 보험차익	(5) 이전 과세기간으로부터 이월된 소득금액
(6) 간주임대료(주택의 경우 3주택 이상 소유 및 보증금 등의 합계액이 3억원 초과하는 경우에 한함)	(6) 부가가치세 매출세액
(7) 재고자산·임목을 가사용으로 소비하거나 종업원·타인에게 지급한 경우 이를 소비·지급하였을 때의 가액	(7) 자기가 생산한 제품 등을 자기가 생산하는 다른 제품의 원재료 또는 제조용 연료, 자기가 도급받은 건설공사의 자재, 자기가 경영하는 다른 사업의 동력·연료 또는 용수 등으로 사용한 경우 그 사용된 부분에 상당하는 금액
(8) 복식부기의무자가 사업용 유형자산을 양도하는 경우 양도가액(양도일이 속하는 과세기간의 총수입금액에 산입함)	(8) 재고자산 이외의 자산의 처분이익(복식부기의무자의 사업용 유형자산 처분이익 제외)
(9) 그 밖에 사업과 관련된 수입금액으로서 해당 사업자에게 귀속되었거나 귀속될 금액	

필요경비

필요경비란 해당 과세기간의 총수입금액에 대응하는 비용으로서 일반적으로 용인되는 통상적인 경비를 말한다. 소득세법상 열거된 필요경비항목과 필요경비불산입항목은 다음과 같다.

필요경비항목	필요경비불산입항목
(1) 판매한 상품·제품에 대한 원료의 매입가액(매입에누리·환출 및 매입할인금액 제외)과 그 부대비용	(1) 소득세(외국납부세액공제를 적용하는 경우의 외국소득세액 포함)와 개인지방소득세
(2) 판매한 상품 또는 제품의 보관료, 포장비, 운반비, 판매장려금 및 판매수당 등 판매와 관련된 부대비용(판매장려금 및 판매수당의 경우 사전약정 없이 지급하는 경우 포함)	(2) 벌금·과료와 과태료
(3) 종업원의 급여(해당 거주자의 배우자 또는 부양가족이라도 해당 거주자의 사업에 직접 종사하고 있는 경우 포함)	(3) 사업자 본인에 대한 급여
(4) 근로자퇴직급여보장법에 따라 사용자가 부담하는 부담금	(4) 국세징수법 그 밖의 조세에 관한 법률에 따른 가산금과 강제징수비
(5) 국민건강보험법·고용보험법·노인장기요양보험법에 의하여 사용자로서 부담하는 보험료 또는 부담금	(5) 조세에 관한 법률에 따른 징수의무의 불이행으로 인하여 납부하였거나 납부할 세액(가산세 포함)
(6) 국민건강보험법·노인장기요양보험법에 의한 직장가입자로서 부담하는 사용자 본인의 보험료	(6) 가사의 경비와 이에 관련되는 경비
(7) 대손금(부가가치세 매출세액의 미수금으로서 회수할 수 없는 것 중 부가가치세법에 따라 대손세액공제를 받지 않은 것 포함)	(7) 부가가치세 매입세액(매입세액공제를 받지 못한 경우의 취급은 법인세법과 동일)
(8) 복식부기의무자가 사업용 유형자산의 양도가액을 총수입금액에 산입한 경우 해당 사업용 유형자산의 양도 당시 장부가액	(8) 재고자산 이외의 자산의 처분손실(다만, 복식부기의무자의 업무용승용차 처분손실 중 업무용승용차별로 800만원*을 초과하는 금액은 이월하여 필요경비산입) *해당 과세기간이 1년 미만이거나 과세기간 중 일부 기간 동안 보유하거나 임차한 경우 : 800만원 × 보유·임차기간월수/12
(9) 거래수량 또는 거래금액에 따라 상대편에게 지급하는 장려금 그 밖에 이와 유사한 성질의 금액(판매장려금 지급액)	(9) 복식부기의무자의 업무용승용차와 관련된 비용(감가상각비, 임차료, 유류비 등) 중 업무사용금액에 해당하지 않는 금액
(10) 그 밖의 유사한 성질의 것으로서 해당 총수입금액에 대응하는 경비	—

V. 분리과세 주택임대소득에 대한 과세특례

(1) 분리과세 주택임대소득에 대한 결정세액의 계산

분리과세 주택임대소득이란 해당 과세기간에 주거용 건물 임대업에서 발생한 수입금액의 합계액이 2천만원 이하인 자의 주택임대소득을 말하며, 사업자가 공동사업자인 경우에는 공동사업장에서 발생한 주택임대수입금액의 합계액을 손익분배비율에 의해 공동사업자에게 분배한 금액을 각 사업자의 주택임대수입금액에 합산하여 판단한다(소법 14, 소령 8의2⑥).

분리과세 주택임대소득이 있는 거주자의 종합소득 결정세액은 다음의 세액 중 하나를 선택하여 적용한다(소법 64의2①).

> 종합소득 결정세액 = ①, ② 중 선택[세부담최소화 가정 시 Min(①, ②)]
> ① 분리과세: ㉠ + ㉡
>   ㉠ 분리과세 주택임대소득에 대한 사업소득금액 × 14% − 소형주택 임대사업자에 대한 감면세액
>   ㉡ ㉠ 외의 종합소득 결정세액(즉, 주택임대소득 외의 종합소득 합산과세)
> ② 종합과세: 위의 ① 분리과세 적용 전 종합소득 결정세액(즉, 주택임대소득과 다른 종합소득 합산과세)

(2) 분리과세 주택임대소득에 대한 사업소득금액의 계산

위 ①의 ㉠에 따른 분리과세 주택임대소득에 대한 사업소득금액은 총수입금액에서 필요경비(총수입금액의 50%)를 차감한 금액으로 하되, 분리과세 주택임대소득을 제외한 해당 과세기간의 종합소득금액이 2천만원 이하인 경우에는 추가로 200만원을 차감한 금액으로 한다.

다만, 다음의 요건을 모두 충족하는 등록임대주택을 임대하는 경우에는 해당 임대사업에서 발생한 사업소득금액은 총수입금액에서 필요경비(총수입금액의 60%)를 차감한 금액으로 하되, 분리과세 주택임대소득을 제외한 해당 과세기간의 종합소득금액이 2천만원 이하인 경우에는 추가로 400만원을 차감한 금액으로 한다.

> ① 민간임대주택에 관한 특별법에 따른 임대사업자등록을 한 자가 임대 중인 단기민간임대주택 또는 장기일반민간임대주택
> ② 소득세법에 따른 사업자등록을 한 사업자의 임대주택
> ③ 임대차계약 또는 약정한 임대료(임대보증금 포함)의 증액이 있은 후 1년 이내에 주택임대사업자가 임대료의 증액을 청구하지 않는 경우로서 임대료의 증가율이 5%를 초과하지 않은 주택
>   ▶ 이 경우 주택임대사업자가 임대료의 증액을 청구하여 임대료 증가율을 산정하기 위하여 임대보증금과 월임대료를 상호 간에 가액을 전환하여 산정할 때 그 적용기준은 민간임대주택에 관한 특별법의 규정을 준용한다.

이를 정리하면 다음과 같다.

구 분		분리과세 주택임대소득에 대한 사업소득금액
임대주택	종합소득금액	
미등록 임대 주택	2천만원 초과	총수입금액 − 필요경비(총수입금액×50%)
	2천만원 이하	총수입금액 − 필요경비(총수입금액×50%) − 200만원
등록 임대 주택	2천만원 초과	총수입금액 − 필요경비(총수입금액×60%)
	2천만원 이하	총수입금액 − 필요경비(총수입금액×60%) − 400만원

(3) 소형주택 임대사업자에 대한 세액감면

다음의 요건을 모두 충족하는 임대사업자가 일정한 임대주택을 1호를 임대하는 경우에는 2025년 12월 31일 이전에 끝나는 과세연도까지 해당 임대사업에서 발생한 소득에 대한 소득세의 30%

(임대주택 중 민간임대주택에 관한 특별법에 따른 공공지원민간임대주택 또는 장기일반민간임대주택의 경우에는 75%)에 상당하는 세액을 감면한다.

임대주택을 2호 이상 임대하는 경우에는 소득세의 20%(장기일반민간임대주택등의 경우에는 50%)에 상당하는 세액을 감면한다.

① 소득세법에 따른 사업자등록을 하였을 것
② 민간임대주택에 관한 특별법에 따른 임대사업자등록을 하였거나 공공주택 특별법에 따른 공공주택사업자로 지정되었을 것

여기서 일정한 임대주택이란 위 임대사업자가 임대주택으로 등록한 민간임대주택에 관한 특별법 및 공공주택 특별법에 따른 건설임대주택, 매입임대주택, 공공지원민간임대주택 또는 장기일반민간임대주택으로서 다음의 요건을 모두 충족하는 임대주택을 말한다.

① 주택법에 따른 국민주택규모(해당 주택이 다가구주택일 경우에는 가구당 전용면적을 기준으로 함)의 주택(주거에 사용하는 오피스텔과 주택 및 오피스텔에 딸린 토지를 포함, 그 딸린 토지가 건물이 정착된 면적에 도시지역의 토지는 5배, 그 밖의 토지는 10배를 곱하여 산정한 면적을 초과하는 경우 해당 주택 및 오피스텔은 제외)일 것
② 주택 및 주택부수토지의 기준시가의 합계액이 해당 주택의 임대개시일❶ 당시 6억원을 초과하지 않을 것
③ 임대보증금 또는 임대료의 증가율이 5%를 초과하지 않을 것❷

❶ 임대개시 후 세액감면요건(소득세법상 사업자등록 및 민간임대주택법상 임대사업자등록)을 충족하는 경우 그 요건을 모두 충족한 날을 말한다.
❷ 이 경우 임대보증금 또는 임대료 증액 청구는 임대차계약 또는 약정한 임대보증금 또는 임대료의 증액이 있은 후 1년 이내에는 하지 못하고, 임대사업자가 임대보증금 또는 임대료의 증액을 청구하면서 임대보증금과 월임대료를 상호 간에 전환하는 경우에는 민간임대주택에 관한 특별법 및 공공주택 특별법 시행령에 따라 정한 기준을 준용한다.

분리과세 주택임대소득에 대한 확정신고와 사업자등록

① 해당 과세기간에 분리과세 주택임대소득이 있는 경우에도 종합소득 과세표준확정신고를 해야 하며, 분리과세 주택임대소득만 있는 사업자도 소득세법에 따른 사업자등록을 해야 한다.
② 주택임대사업을 시작하는 사업자는 사업자등록신청시 사업자등록신청서에 임대주택명세(변경)신고서(민간임대주택에 관한 특별법에 따른 임대사업자등록증의 사본으로 갈음할 수 있음)를 첨부해야 한다.
③ 민간임대주택 특별법에 따라 시장 등에게 임대사업자등록을 신청하면서 소득세법에 따른 사업자등록 신청서를 함께 제출한 경우 소득세법에 따른 사업자등록신청을 한 것으로 본다.

 **분리과세 주택임대소득에 대한 과세특례**

다음은 거주자 甲의 2025년 귀속 주택임대소득 자료이다. 다음 자료를 이용하여 각 요구사항에 답하시오.

(1) 주택보유현황은 다음과 같다.
  ① A주택: 본인거주주택
  ② B주택: 등록임대주택(임대료 월 100만원, 보증금 없음, 임대기간 2025. 1. 1.~12. 31.)
(2) 해당 과세기간의 주택임대소득 외 종합소득금액은 없다.
(3) 소형주택 임대사업자에 대한 세액감면 대상에 해당하지 않는다.
(4) 주택임대소득에 대한 과세방법 선택이 가능한 경우 분리과세를 선택한다고 가정한다.

1. B주택이 미등록임대주택인 경우 주택임대소득에 대한 종합소득 결정세액을 계산하시오.
2. B주택이 등록임대주택인 경우 주택임대소득에 대한 종합소득 결정세액을 계산하시오.

해답

I. 과세여부 판단: 2주택 소유자로 임대료에 대해서만 과세한다.

II. 과세방법 판단
  1. 수입금액의 계산: 임대료 월 100만원 × 12개월 = 연 1,200만원
  2. 판단: 수입금액이 연 2천만원 이하이므로 분리과세와 종합과세 중 선택이 가능하다(분리과세 선택).

III. 종합소득 결정세액의 계산
  1. 미등록임대주택인 경우
    (1) 분리과세 주택임대소득에 대한 소득금액: ①-②-③ = 400만원
      ① 수입금액: 1,200만원
      ② 필요경비: 수입금액 × 50%(미등록) = 1,200만원 × 50% = 600만원
      ③ 추가공제: 200만원(주택임대소득 외 종합소득금액이 2천만원 이하임)
    (2) 분리과세 시 종합소득 결정세액: ①+② = 56만원
      ① 분리과세 주택임대소득에 대한 사업소득금액 × 14% - 소형주택 임대사업자에 대한 감면세액
        = 400만원 ×14% - 0원(소형주택 임대사업자에 대한 세액감면 대상 아님)
        = 56만원
      ② ① 외의 종합소득 결정세액: 0원(주택임대소득 외 종합소득금액은 없음)

  2. 등록임대주택인 경우
    (1) 분리과세 주택임대소득에 대한 소득금액: ①-②-③ = 80만원
      ① 수입금액: 1,200만원
      ② 필요경비: 수입금액 × 60%(등록이므로) = 1,200만원 × 60% = 720만원
      ③ 추가공제: 400만원(등록이므로)
    (2) 분리과세 시 종합소득 결정세액: ①+② = 11만2천원
      ① 분리과세 주택임대소득에 대한 사업소득금액 × 14% - 소형주택 임대사업자에 대한 감면세액
        = 80만원 ×14% - 0원
        = 11만2천원
      ② ① 외의 종합소득 결정세액: 0원

소득세법은 주택임대사업자등록을 활성화하기 위하여 등록여부에 따라 필요경비와 추가공제에 차이를 두어, 미등록임대주택사업자가 등록임대주택사업자보다 높은 세부담을 지도록 규정하고 있다.

구 분	미등록임대주택인 경우	등록임대주택인 경우
수입금액 - 필요경비 - 추가공제	1,200만원 600만원(50%) 200만원	1,200만원 720만원(60%) 400만원
= 소득금액(과세표준) × 세율 - 감면세액	400만원 14% -	80만원 14% -
= 결정세액	56만원	11만2천원

VI. 법인세법과 소득세법의 차이점

 1 과세소득의 범위

법인세법상 주된 납세의무자는 법인으로서 법률에 따라 인격(법인격)을 갖고 있는 사업자이다. 따라서 법인은 사업성(수익성)이 있는 소득을 과세소득으로 한다. 반면 소득세법상 납세의무자는 모든 개인으로서 사업자에 국한되지 않는다. 따라서 개인은 사업소득 뿐만 아니라 개인에게 귀속되는 이자소득, 배당소득 등 여러 소득을 과세소득으로 한다.

한편, 법인에게 귀속되는 모든 소득은 사업과 관련하여 발생되므로 법인의 재무제표에 반영되지만, 개인에게 귀속되는 소득 중 사업소득을 제외한 모든 소득은 사업과 관련하여 발생되는 것이 아니므로 사업소득에 한정하여 작성되는 개인의 재무제표에 반영되지 않는다. 이로 인해 법인세법과 소득세법상 과세소득의 범위를 규정하는 학설에 있어 차이가 발생한다. 즉, 법인세법에서는 순자산증가설에 따른 포괄주의 과세방식을 채택하여 과세소득을 규정하고 있으나, 소득세법에서는 소득원천설에 따른 열거주의 과세방식을 채택하여 과세소득을 규정하고 있다.

 2 과세표준의 계산

법인세법과 소득세법은 과세표준을 계산하는 방식을 다르게 규정하고 있다. 법인세법에서는 비과세소득을 각 사업연도 소득금액에 포함한 뒤, 이월결손금과 함께 과세표준을 계산하는 단계에서 공제하도록 규정하고 있다. 반면, 소득세법에서는 비과세소득을 원천별 총수입금액을 계산하는 단계에서 공제하여 소득금액에서 원천적으로 제거하고, 이월결손금은 소득금액을 계산하는 단계에서 공제하도록 규정하고 있다.

참고로 법인세와 소득세 모두 납세의무자의 담세능력을 고려하는 인세이지만, 법인은 주주 등 개인(자연인)과는 다른 별도의 법인격을 갖고 있기 때문에 법인세가 소득세에 비해 인적사정을 고려하는 정도가 약하다. 예를 들어, 소득세법에서는 인적공제나 의료비세액공제 등 각종 소득·세액 공제를 마련하여 법인세법보다 더 적극적으로 납세의무자의 담세능력을 세부담에 반영하고 있다.

구 분		내 용
(1) 과세소득의 범위	법인세법	순자산증가설에 따른 포괄주의 과세방식을 채택하여, 법인의 순자산을 증가시키는 거래에서 발생하는 모든 소득을 과세소득으로 규정함
	소득세법	소득원천설에 따른 열거주의 과세방식을 채택하여, 개인에게 경상적이고 반복적으로 발생하는 소득을 원천별 8가지로 구분하여 과세소득으로 규정함
(2) 과세표준의 계산	법인세법	① 비과세소득은 각 사업연도 소득금액에 포함된 후 과세표준 계산단계에서 공제 ② 이월결손금은 과세표준 계산단계에서 공제(한도: 각 사업연도 소득금액의 60%)
	소득세법	① 비과세소득은 총수입금액 계산단계에서 공제하여 소득금액에서 원천 제거 ② 이월결손금은 소득금액 계산단계에서 공제(한도: 없음)

3 소득금액의 계산

구 분		내 용
(1) 대표자 인건비	법인세법	원칙적으로 손금항목
	소득세법	필요경비불산입항목
(2) 퇴직급여충당금	법인세법	대표자는 퇴직급여충당금 설정대상자에 해당함
	소득세법	대표자는 퇴직급여충당금 설정대상자가 될 수 없음
(3) 인정이자	법인세법	대표자에 대한 업무무관가지급금 발생시 인정이자를 계산함
	소득세법	대표자의 자금인출은 출자금의 반환에 불과한 것이므로 인정이자를 계산하지 않음
(4) 가사와 관련된 경비	법인세법	규정 없음
	소득세법	필요경비불산입항목
(5) 수입이자·수입배당금	법인세법	익금항목
	소득세법	총수입금액불산입항목(이자소득과 배당소득으로 과세함)
(6) 재고자산 이외의 자산의 처분손익(복식부기의무자의 사업용 유형자산 처분손익 제외)	법인세법	익금항목 또는 손금항목
	소득세법	총수입금액불산입항목 또는 필요경비불산입항목
(7) 양도자산 상각부인액	법인세법	손금산입(△유보)로 추인
	소득세법	세무조정 없이 소멸시킴
(8) 신규취득자산·양도자산의 상각범위액	법인세법	① 신규취득자산(월할상각), ② 양도자산(규정이 없음)
	소득세법	① 신규취득자산(월할상각), ② 양도자산(월할상각)
(9) 정치자금기부금	법인세법	비지정기부금
	소득세법	10만원까지는 그 기부금액의 110분의 100을 정치자금세액공제로 종합소득산출세액에서 공제, 10만원을 초과하는 금액은 이월결손금을 뺀 후의 소득금액의 범위에서 필요경비산입
(10) 대손충당금	법인세법	설정대상채권 : 금전소비대차계약에 의한 대여금 및 유형자산·무형자산처분미수금도 설정 가능
	소득세법	설정대상채권 : 대여금(금융업 제외)과 유형자산·무형자산처분미수금은 설정 불가능

제3절 근로소득

I. 근로소득의 범위

근로소득이란 개인(근로자 또는 종업원)이 근로계약에 따라 근로를 제공하고 받는 급여를 말한다. 여기서 근로계약에는 고용계약·도급계약·일용근로계약 등 계약의 형식과 무관하게 그 실질이 급여를 목적으로 종속적인 관계에서 근로를 제공하는 모든 계약이 포함되며, 급여에는 보수·임금·수당 등 명칭과 무관하게 근로의 반대급부로서 받는 모든 대가가 포함된다. 소득세법에서 규정하고 있는 근로소득의 범위는 다음과 같다.

① 근로를 제공함으로써 받는 봉급·급료·보수·세비·임금·상여·수당 등과 이와 유사한 성질의 급여
② 법인의 주주총회·사원총회 등 의결기관의 결의에 따라 상여로 받는 소득
③ 법인세법에 따라 상여로 처분된 금액(인정상여)
④ 퇴직함으로써 받는 소득으로서 퇴직소득에 속하지 않는 소득
⑤ 종업원등 또는 대학의 교직원이 지급받는 직무발명보상금(종업원등 또는 대학의 교직원이 퇴직한 후에 지급받는 직무발명보상금은 기타소득에 해당하므로 제외) 등

근로소득에는 위에서 열거하고 있는 소득 외에도 종업원이 받는 공로금·위로금·학자금·장학금 등의 급여, 근로수당·가족수당·직무수당 등의 각종 수당, 그리고 주택자금을 저리·무상으로 대여받음으로써 얻는 이익 등이 포함된다. 다만, 사업자가 종업원에게 지급한 경조금 중 사회통념상 타당하다고 인정되는 범위 내의 금액은 근로소득으로 보지 않는다.

한편, 법인의 임원 또는 종업원이 해당 법인으로부터 부여받은 주식매수선택권을 해당 법인에서 근무하는 기간 중 행사함으로써 얻은 이익(주식매수선택권 행사 당시의 시가와 실제 매수가액과의 차액)은 근로소득으로 본다. 퇴직 전에 부여받은 주식매수선택권을 퇴직 후에 행사하거나 고용관계 없이 주식매수선택권을 부여받아 이를 행사함으로써 얻는 이익은 기타소득으로 본다. 다만, 벤처기업의 임원 또는 종업원이 해당 벤처기업으로부터 2021년 12월 31일 이전에 부여받은 주식매수선택권을 행사함으로써 얻은 이익 중 연간 3,000만원 이내의 금액에 대해서는 소득세를 과세하지 않는다.

II. 비과세 근로소득

비과세 근로소득이란 과세당국이 조세정책적 목적으로 과세를 하지 않는 근로소득을 말한다. 소득세법에 규정된 대표적인 비과세 근로소득을 살펴보면 다음과 같다.

구 분		한 도	
(1) 실비변상적 성질의 급여	1) 일직료·숙직료 또는 여비로서 실비변상정도의 금액	–	
	2) 자가운전보조금 : 종업원의 소유차량을 종업원이 직접 운전하여 업무수행에 이용하고 실제여비를 받는 대신 당해 사업체의 규칙 등에 정해진 지급기준에 따라 받는 금액	월 20만원	
	3) 유아교육법 등에 따른 교육기관의 교원, 정부출연연구기관이나 중소기업의 부설연구소 등에서 연구활동에 직접 종사하는 자가 받는 연구보조비 또는 연구활동비	월 20만원	
	4) 방송·뉴스통신·신문사 등의 기자가 받는 취재수당	월 20만원	
	5) 근로자가 벽지에 근무함으로 인하여 받는 벽지수당	월 20만원	
(2) 식사 또는 식 사 대	1) 근로자가 사내급식 등을 통해 제공받는 식사 기타 음식물	–	
	2) 식사 기타 음식물을 제공받지 아니하는 근로자가 받는 식사대 (식사 기타 음식물을 제공받는 경우 비과세에서 제외되어 전액 과세됨)	월 20만원	
(3) 근로자 또는 그 배우자의 출산이나 6세 이하(해당 과세기간 개시일을 기준으로 판단) 자녀의 보육과 관련하여 사용자로부터 받는 급여		월 10만원	
(4) 국민건강보험법, 고용보험법 또는 노인장기요양보험법에 따라 국가, 지방자치단체 또는 사용자가 부담하는 보험료		–	
(5) 국외근로자의 급 여	1) 국외 또는 북한지역에서 근로를 제공하고 받는 보수	월 100만원 [원양어업 선박, 건설현장 등에서 근로(설계·감리업무 포함)를 제공하고 받는 보수의 경우 월 300만원]	
	2) 공무원(재외공관 행정직원 포함) 등이 국외 등에서 근무하고 받는 수당 중 해당 근로자가 국내에서 근무할 경우에 지급받을 금액 상당액을 초과하여 받는 금액 중 실비변상적 성격의 급여	–	
(6) 생산직근로자가 받는 야간근로수당 등 : 월정액급여 210만원 이하로서 직전 과세기간의 총급여액이 3,000만원 이하인 공장·광산 등에서 근로를 제공하는 생산직 근로자가 연장근로·야간근로 또는 휴일근로를 하여 받는 급여		광산근로자 일용근로자	전액
		위 외의 근로자	연 240만원
(7) 종업원등 또는 대학의 교직원이 지급받거나 대학의 학생이 소속 대학에 설치된 산학협력단으로부터 받는 직무발명보상금		연 500만원	

Ⅲ. 근로소득의 과세방법

1 일반근로자

(1) 근로소득 원천징수

소득세법에서는 근로소득을 원천징수대상소득으로 규정하고 있다. 즉, 근로소득을 지급하는 자(원천징수의무자)는 매월분의 근로소득을 지급할 때 근로소득 간이세액표에 따라 소득세를 원천징수하여 그 징수일이 속하는 달의 다음달 10일까지 납부해야 한다.

(2) 근로소득 연말정산

근로소득을 지급하는 자(원천징수의무자)는 해당 과세기간의 다음 연도 2월분 근로소득을 지급할 때 또는 퇴직자가 퇴직하는 달의 근로소득을 지급할 때 연말정산을 해야 한다. 연말정산이란 해당 과세기간의 근로소득에 대한 소득세를 계산하여, 이미 원천징수하여 납부한 소득세와의 차액을 추가로 원천징수하거나 환급하는 절차를 말한다.

한편, 근로소득은 종합소득에 포함되는 소득으로서 다른 종합소득과 합산하여 종합과세되는 것이 원칙이다. 다만, 근로소득만 있는 경우에는 사실상 연말정산으로써 과세가 종결되는 것과 다름이 없기 때문에 과세표준 확정신고를 하지 않을 수 있다.

2 일용근로자

일용근로자의 근로소득은 종합소득에 합산하지 않고 다음 산식에 따라 계산한 세액을 원천징수함으로써 납세의무가 종결된다. 즉, 일용근로자의 근로소득은 완납적 원천징수로써 분리과세한다.

원천징수세액 = [일급여액 − 150,000원] × 6% − 근로소득세액공제(산출세액 × 55%)

여기서 일용근로자란 근로를 제공한 날 또는 시간에 따라 근로대가를 계산하거나 근로를 제공한 날 또는 시간의 근로성과에 따라 급여를 계산하여 받는 사람으로서, 근로계약에 따라 동일한 고용주에게 3개월(건설공사에 종사하는 경우 1년) 이상 계속하여 고용되어 있지 않은 자를 말한다. 다만, 기간과 무관하게 직접 지휘·감독하는 업무 등에 종사하기 위해 통상 동일한 고용주에게 계속하여 고용되는 자는 일용근로자로 보지 않는다.

3 납세조합징수

다음의 국외 근로소득은 원천징수되는 소득이 아니므로 종합과세한다. 다만, 해당 근로소득이 있는 자는 납세조합을 조직할 수 있는데, 이 경우 납세조합은 그 조합원에 대한 매월분의 근로소득에 대한 소득세에서 그 소득세의 5%를 공제(납세조합공제)한 금액을 매월 징수하여 그 징수일이 속하는 달의 다음달 10일까지 납부해야 한다.

> ① 외국기관 또는 우리나라에 주둔하는 국제연합군(미국군 제외)으로부터 받는 근로소득
> ② 국외에 있는 비거주자 또는 외국법인(국내지점·국내영업소 제외)으로부터 받는 근로소득

Ⅳ. 근로소득금액의 계산

근로소득금액은 다음과 같이 근로소득 총수입금액에 해당하는 총급여액에서 필요경비에 해당하는 근로소득공제를 적용한 금액으로 한다.

> 근로소득금액 = 총급여액(근로소득 총수입금액) – 근로소득공제(필요경비)

● 총급여액 = 근로소득 – 비과세소득 – 분리과세소득

근로소득공제는 총급여액에 따라 다음의 금액으로 하되, 공제액이 2,000만원을 초과하는 경우에는 2,000만원을 공제한다(총급여액이 3억 6,250만원 이상인 경우에 적용됨). 다만, 일용근로자의 근로소득공제액은 다음과 무관하게 1일 15만원으로 한다.

총급여액	근로소득공제액(한도: 2,000만원)
500만원 이하	총 급여액의 70%
500만원 초과 1,500만원 이하	350만원 + (500만원을 초과하는 금액의 40%)
1,500만원 초과 4,500만원 이하	750만원 + (1,500만원을 초과하는 금액의 15%)
4,500만원 초과 1억원 이하	1,200만원 + (4,500만원을 초과하는 금액의 5%)
1억원 초과	1,475만원 + (1억원을 초과하는 금액의 2%)

근로소득

다음은 영업직 근로자인 거주자 甲의 2025년 귀속 근로소득 자료이다. 다음 자료를 이용하여 거주자 甲의 근로소득금액을 계산하시오.

(1) 연봉 :	24,000,000원
(2) 상여금 :	12,000,000원
(3) 직책수당 :	1,200,000원
(4) 시간외근무수당 :	1,000,000원
(5) 자가운전보조금(월 200,000원)	2,400,000원
(6) 식사대(월 120,000원, 별도의 식사를 제공받지 않음) :	1,440,000원
(7) 6세 이하 자녀보육수당(월 150,000원) :	1,800,000원
(8) 사용자부담 건강보험료·고용보험료 :	2,000,000원

해답

1. 근로소득의 구분 및 총급여액의 계산
   총급여액 = 근로소득 - 비과세소득 - 분리과세소득 = 39,040,000원

구 분	소득구분	비과세 근로소득	과세 근로소득(총급여액)	비 고
(1) 연봉	과세소득	–	24,000,000원	–
(2) 상여금	과세소득	–	12,000,000원	–
(3) 직책수당	과세소득	–	1,200,000원	–
(4) 시간외근무수당	과세소득	–	1,000,000원	–
(5) 자가운전보조금	비과세소득	2,400,000원	–	월 20만원 한도
(6) 식사대	비과세소득	1,200,000원	240,000원	월 10만원 한도
(7) 6세 이하 자녀보육수당	비과세소득	1,200,000원	600,000원	월 10만원 한도
(8) 사용자부담 건강·고용보험료	비과세소득	2,000,000원	–	전액 비과세
합 계		6,800,000원	39,040,000원	–

2. 근로소득공제액의 계산
   근로소득공제액 = 7,500,000 + (39,040,000 - 15,000,000) × 15% = 11,106,000원

3. 근로소득금액의 계산
   근로소득금액 = 총급여액 - 근로소득공제액 = 39,040,000 - 11,106,000 = 27,934,000원

제4절 연금소득

I. 연금소득의 범위

연금소득이란 공적연금소득과 사적연금소득을 말한다. 소득세법에 규정된 연금소득의 범위를 살펴보면 다음과 같다.

구 분	내 용
(1) 공적연금소득	국민연금법, 공무원연금법, 군인연금법, 사립학교교직원연금법, 별정우체국법 또는 국민연금과 직역연금의 연계에 관한 법률 등 공적연금 관련법에 따라 받는 각종 연금
(2) 사적연금소득	다음에 해당하는 금액을 그 소득의 성격에도 불구하고 연금저축계좌 또는 퇴직연금계좌에서 연금형태 등으로 인출(연금수령)하는 경우의 그 연금 1) 소득세법에 따라 원천징수되지 않은 퇴직소득 2) 소득세법에 따라 연금계좌세액공제를 받은 연금계좌 납입액 3) 연금계좌의 운용실적에 따라 증가된 금액 4) 그 밖에 연금계좌에 이체 또는 입금되어 해당 금액에 대한 소득세가 이연된 소득
(3) (2)에 따른 소득과 유사하고 연금 형태로 받는 것으로서 대통령령으로 정하는 소득	

II. 비과세 연금소득

비과세 연금소득이란 과세당국이 조세정책적 목적으로 과세를 하지 않는 연금소득을 말한다. 소득세법에 규정된 대표적인 비과세 연금소득을 살펴보면 다음과 같다.

① 공적연금 관련법에 따라 받는 유족연금, 장애연금, 장해연금, 상이연금, 연계노령유족연금 또는 연계퇴직유족연금
② 산업재해보상보험법에 따라 받는 각종 연금
③ 국군포로의 송환 및 대우 등에 관한 법률에 따른 국군포로가 받는 연금

III. 연금소득의 수입시기

① 공적연금소득 : 공적연금 관련법에 따라 연금을 지급받기로 한 날
② 사적연금소득 : 연금수령한 날
③ 그 밖의 연금소득 : 해당 연금을 지급받은 날

Ⅳ. 연금소득의 과세방법

 연금소득 원천징수

(1) 원천징수세율

소득세법에서는 연금소득을 원천징수대상소득으로 규정하고 있다. 즉, 연금소득을 지급하는 자(원천징수의무자)는 연금소득을 지급할 때 연금소득의 구분별로 다음의 원천징수세율을 적용하여 계산한 소득세를 원천징수하여 그 징수일이 속하는 달의 다음달 10일까지 납부해야 한다.

구 분			원천징수세율
(1) 공적연금소득			연금소득 간이세액표에 따라 원천징수
(2) 사적연금소득	1) 연금소득자 나이 (연금수령일 현재)에 따른 구분	70세 미만	5%
		70세 이상 80세 미만	4%
		80세 이상	3%
	2) 사망할 때까지 연금수령하는 종신계약에 따라 받는 연금소득		4%
	3) 퇴직소득을 연금수령하는 연금소득❋	연금 실제 수령연차가 10년 이하인 경우	연금외수령 원천징수세율의 70%
		연금 실제 수령연차가 10년을 초과하	연금외수령 원천징수세율의 60%

❋ 이연퇴직소득의 장기연금수령 시 원천징수세율을 인하하는 것은 퇴직금의 장기연금형태 수령을 유도하기 위함이다.

(2) 공적연금소득 연말정산

공적연금소득을 지급하는 자(원천징수의무자)는 해당 과세기간의 다음 연도 1월분 공적연금소득을 지급할 때 연말정산을 해야 한다. 연말정산이란 해당 과세기간의 공적연금소득에 대한 소득세를 계산하여, 이미 원천징수하여 납부한 소득세와의 차액을 추가로 원천징수하거나 환급하는 절차를 말한다.

 종합과세와 선택적 분리과세

무조건 분리과세대상 연금소득 외의 사적연금소득의 합계액이 연 1,200만원 이하인 경우의 연금소득은 종합과세 또는 분리과세 선택이 가능하며, 연 1,200만원 초과인 경우의 연금소득은 종합과세 또는 확정신고시 분리과세(15%) 선택이 가능하다(소법 64의4).

V. 연금소득금액의 계산

연금소득금액은 다음과 같이 연금소득 총수입금액에 해당하는 총연금액에서 필요경비에 해당하는 연금소득공제를 적용한 금액으로 한다.

연금소득금액 = 총연금액(연금소득 총수입금액)[5] – 연금소득공제(필요경비)

[5] 총연금액 = 연금소득 – 비과세소득 – 분리과세소득

연금소득공제는 총연금액에 따라 다음의 금액으로 하며, 공제액의 한도는 900만원으로 한다(총연금액이 4,100만원 이상인 경우에 적용됨).

총연금액	공 제 액(한도: 900만원)
350만원 이하	총연금액의 100%
350만원 초과 700만원 이하	350만원 + (350만원을 초과하는 금액의 40%)
700만원 초과 1,400만원 이하	490만원 + (700만원을 초과하는 금액의 20%)
1,400만원 초과	630만원 + (1,400만원을 초과하는 금액의 10%)

제5절 기타소득

Ⅰ. 기타소득의 범위

기타소득이란 이자소득·배당소득·사업소득·근로소득·연금소득·퇴직소득 및 양도소득 외의 소득으로서 소득세법에 열거된 소득을 말한다. 기타소득으로 열거된 소득은 대부분 비경상적이고 비반복적으로 발생한다는 점에서 다른 소득과 구분된다. 예를 들어, 장소를 사업적으로 대여하고 받는 사용료는 경상적이고 반복적인 소득으로서 사업소득에 해당하나, 장소를 일시적으로 대여하고 받는 사용료는 비경상적이고 비반복적인 소득으로서 기타소득에 해당한다.

소득세법에서는 소득원천설에 따라 경상적이고 반복적인 소득을 과세소득으로 규정하고 있으나, 비록 비경상적이고 비반복적인 소득이라도 조세정책상 과세가 필요한 소득에 대해서는 기타소득으로 열거하여 소득세를 과세하고 있다. 소득세법에서 규정하고 있는 기타소득의 범위는 다음과 같다.

① 상금, 현상금, 포상금, 보로금 또는 이에 준하는 금품
② 복권, 경품권, 그 밖의 추첨권에 당첨되어 받는 금품
③ 사행행위 등 규제 및 처벌특례법에서 규정하는 행위(적법 또는 불법 여부는 고려하지 않음)에 참가하여 얻은 재산상의 이익
④ 한국마사회법에 따른 승마투표권, 경륜·경정법에 따른 승자투표권, 전통소싸움경기에 관한 법률에 따른 소싸움경기투표권 및 국민체육진흥법에 따른 체육진흥투표권의 구매자가 받는 환급금(발생 원인이 되는 행위의 적법 또는 불법 여부는 고려하지 않음)
⑤ 저작자 또는 실연자·음반제작자·방송사업자 외의 자가 저작권 또는 저작인접권의 양도 또는 사용의 대가로 받는 금품❶
⑥ 영화필름, 라디오·텔레비전방송용 테이프 또는 필름 등 자산 또는 권리의 양도·대여 또는 사용의 대가로 받는 금품
⑦ 광업권·어업권·산업재산권·산업정보, 산업상 비밀, 상표권·영업권(점포임차권 포함, 사업에 사용하는 토지·건물·부동산에 관한 권리와 함께 양도하는 영업권은 양도소득에 해당함), 토사석의 채취허가에 따른 권리, 지하수의 개발·이용권, 그 밖에 이와 유사한 자산이나 권리를 양도하거나 대여하고 그 대가로 받는 금품
⑧ 다음 중 어느 하나에 해당하는 물품 또는 장소를 대여하고 사용료로서 받는 금품
　㉠ 물품(유가증권 포함) 또는 장소를 일시적으로 대여하고 사용료로서 받는 금품
　㉡ 통신판매중개를 하는 자를 통하여 물품 또는 장소를 대여하고 연간 수입금액이 500만원 이하의 사용료로서 받은 금품
⑨ 공익사업을 위한 토지 등의 취득 및 보상에 관한 법률에 따른 공익사업과 관련하여 지역권·지상권(지하 또는 공중에 설정된 권리 포함)을 설정하거나 대여함으로써 발생하는 소득(이외의 지역권·지상권의 설정·대여 소득은 사업소득으로 과세함)
⑩ 계약의 위약 또는 해약으로 인하여 받는 소득으로서 위약금과 배상금 및 부당이득 반환 시 지급받는 이자❷
⑪ 유실물의 습득 또는 매장물의 발견으로 인하여 보상금을 받거나 새로 소유권을 취득하는 경우 그 보상금 또는 자산
⑫ 소유자가 없는 물건의 점유로 소유권을 취득하는 자산
⑬ 거주자·비거주자 또는 법인의 특수관계인이 그 특수관계로 인하여 그 거주자·비거주자 또는 법인으로부터 받는 경제적 이익으로서 급여·배당 또는 증여로 보지 아니하는 금품❸
⑭ 슬롯머신(비디오게임 포함) 및 투전기, 그 밖에 이와 유사한 기구를 이용하는 행위에 참가하여 받는 당첨금품·배당금품 또는 이에 준하는 금품
⑮ 문예·학술·미술·음악 또는 사진에 속하는 창작품(정기간행물에 게재하는 삽화 및 만화와 우리나라의 창작품 또는 고전을 외국어로 번역하거나 국역하는 것 포함)에 대한 원작자로서 받는 소득으로서 원고료, 저작권사용료인 인세, 미술·음악 또는 사진에 속하는 창작품에 대하여 받는 대가❹
⑯ 재산권에 관한 알선 수수료
⑰ 사례금
⑱ 소기업·소상공인 공제부금의 해지일시금

⑲ 다음에 해당하는 인적용역을 일시적으로 제공하고 받는 대가
  ㉠ 고용관계 없이 다수인에게 강연을 하고 강연료 등 대가를 받는 용역
  ㉡ 라디오·텔레비전방송 등을 통하여 해설·계몽 또는 연기의 심사 등을 하고 보수 또는 이와 유사한 성질의 대가를 받는 용역
  ㉢ 변호사, 공인회계사, 세무사, 건축사, 측량사, 변리사, 그 밖에 전문적 지식 또는 특별한 기능을 가진 자가 그 지식 또는 기능을 활용하여 보수 또는 그 밖의 대가를 받고 제공하는 용역
  ㉣ 그 밖에 고용관계 없이 수당 또는 이와 유사한 성질의 대가를 받고 제공하는 용역
⑳ 법인세법에 따라 기타소득으로 처분된 소득
㉑ 소득세법에 따라 세액공제를 받은 연금계좌납입액과 연금계좌의 운용실적에 따라 증가된 금액을 그 소득의 성격에도 불구하고 연금외수령한 소득
㉒ 퇴직 전에 부여받은 주식매수선택권을 퇴직 후에 행사하거나 고용관계 없이 주식매수선택권을 부여받아 이를 행사함으로써 얻는 이익. 다만, 벤처기업의 임원 또는 종업원이 해당 벤처기업으로부터 2021년 12월 31일 이전에 부여받은 주식매수선택권을 행사(퇴직 후 행사 포함)함으로써 얻은 이익 중 연간 3,000만원 이내의 금액에 대해서는 소득세를 과세하지 않는다.
㉓ 종업원등 또는 대학의 교직원이 퇴직한 후에 지급받는 직무발명보상금
㉔ 뇌물
㉕ 알선수재 및 배임수재에 의하여 받는 금품
㉖ 서화·골동품의 양도로 발생하는 소득(개당·점당 또는 조당 양도가액이 6천만원 이상인 것에 한하며, 양도일 현재 생존해 있는 국내 원작자의 작품은 제외)
㉗ 종교관련종사자가 종교의식을 집행하는 등 종교관련종사자로서의 활동과 관련하여 종교단체로부터 받은 소득(종교인소득)❹

❶ 해당 대가가 저작자 등에게 귀속되면 사업소득(문예·학술·미술·음악 또는 사진에 속하는 창작품에 대한 저작자인 경우에는 기타소득)에 해당한다.
❷ 정신적인 보상, 위자료 등은 소득세 과세대상에서 제외된다.
❸ 경제적 이익의 대표적인 사례는 노동조합 및 노동관계 조정법을 위반하여 노동조합 전임자가 지급받는 급여(근로시간면제 한도 초과 급여)가 있다.
❹ 종교인소득에 대하여 소득세법에 따른 근로소득으로 원천징수하거나 과세표준 확정신고를 한 경우에는 해당 소득을 근로소득으로 본다.

II. 비과세 기타소득

비과세 기타소득이란 과세당국이 조세정책적 목적으로 과세를 하지 않는 기타소득을 말한다. 소득세법에 규정된 대표적인 비과세 기타소득을 살펴보면 다음과 같다.

① 국가유공자 등 예우 및 지원에 관한 법률 또는 보훈보상대상자 지원에 관한 법률에 따라 받는 보훈급여금·학습보조비 및 북한이탈주민의 보호 및 정착지원에 관한 법률에 따라 받는 정착금·보로금과 그 밖의 금품
② 국가보안법에 따라 받는 상금과 보로금
③ 상훈법에 따른 훈장과 관련하여 받는 부상이나 그 밖에 대통령령으로 정하는 상금과 부상
④ 종업원등 또는 대학의 교직원이 퇴직한 후에 지급받거나 대학의 학생이 소속 대학에 설치된 산학협력단으로부터 받는 직무발명보상금으로서 연 500만원 이하의 금액(비과세 근로소득 제외)
⑤ 국군포로의 송환 및 대우 등에 관한 법률에 따라 국군포로가 받는 위로지원금과 그 밖의 금품
⑥ 문화재보호법에 따라 국가지정문화재로 지정된 서화·골동품의 양도로 발생하는 소득
⑦ 서화·골동품을 박물관 또는 미술관에 양도함으로써 발생하는 소득
⑧ 종교인소득 중 종교관련종사자가 받는 학자금·식사 또는 월 10만원 이하의 식사대·실비변상적 성질의 지급액, 본인 또는 배우자의 출산이나 6세 이하 자녀의 보육과 관련하여 받는 월 10만원 이내의 금액, 사택을 제공받아 얻는 이익 등

Ⅲ. 기타소득의 수입시기

① 원칙 : 그 지급을 받은 날
② 법인세법에 따라 처분된 기타소득 : 그 법인의 해당 사업연도의 결산확정일
③ 계약의 위약·해약으로 인하여 받는 위약금·배상금으로서 계약금이 위약금·배상금으로 대체되는 경우의 기타소득 : 계약의 위약 또는 해약이 확정된 날
④ 연금계좌에서 연금외수령한 기타소득 : 연금외수령한 날
⑤ 광업권·어업권·산업재산권 등의 자산이나 권리를 양도하고 그 대가로 받은 기타소득(자산이나 권리를 대여한 경우 제외) : 그 대금을 청산한 날, 자산을 인도한 날 또는 사용·수익일 중 빠른 날(다만, 대금을 청산하기 전에 자산을 인도 또는 사용·수익하였으나 대금이 확정되지 않은 경우 그 대금 지급일)

Ⅳ. 기타소득의 과세방법

　소득세법에서는 기타소득을 원천징수대상소득으로 규정하고 있다. 즉, 기타소득을 지급하는 자(원천징수의무자)는 기타소득을 지급할 때 그 기타소득금액에 원천징수세율을 적용하여 계산한 소득세를 원천징수하여 그 징수일이 속하는 달의 다음달 10일까지 납부해야 한다.

　한편, 기타소득은 종합소득에 포함되는 소득으로서 다른 종합소득과 합산하여 종합과세되는 것이 원칙이다. 다만, 소득세법에서는 조세정책상 특정 기타소득과 일정 기준금액 이하의 기타소득에 대해서는 원천징수로써 납세의무를 종결시키는 분리과세를 채택하고 있다. 이는 대부분의 기타소득이 원천징수로써 그 소득세가 징수되고 있는 현실에서 다수의 기타소득자에 대한 종합과세에 따른 과도한 징세비용을 줄이기 위함이다.

 분리과세·종합과세 대상 기타소득

구 분	개 념	대상 기타소득(원천징수세율)
(1) 무조건 분리과세	조세정책상 특정 기타소득에 대해 원천징수로써 납세의무를 종결시키는 방법	① 각종 복권당첨금, 승마투표권·승자투표권·소싸움경기투표권·체육진흥투표권의 환급금, 슬롯머신 등의 당첨금품 등(20%, 3억원 초과분은 30%) ② 서화·골동품의 양도로 발생하는 소득(20%) ③ 연금계좌에서 연금외수령한 기타소득(15%)
(2) 무조건 종합과세	원천징수가 되지 않은 기타소득으로서 무조건 종합과세하는 방법	뇌물, 알선수재 및 배임수재에 의하여 받는 금품
(3) 선택적 분리과세	종합과세가 원칙이나 기타소득금액❶이 연 300만원 이하이면서 원천징수된 소득(계약금이 위약금·배상금으로 대체되는 경우의 해당 위약금·배상금으로서 원	비과세 기타소득, 무조건 분리과세 기타소득, 무조건 종합과세 기타소득을 제외한 나머지 기타소득(20%, 소기업·소상공인 공제부금의 해지일시금은 15%)

구　　분	개　　념	대상 기타소득(원천징수세율)
	천징수되지 않는 경우 포함)의 경우 거주자의 선택에 따라 분리과세하거나 종합과세하는 방법❷	

❶ 기타소득 아닌 기타소득금액(비과세소득, 분리과세소득, 필요경비 차감 후 금액)을 기준으로 판단함에 유의해야 한다.
❷ 다만, 해당 소득이 있는 거주자가 종합소득과세표준을 계산할 때 그 소득을 합산하려는 경우 그 소득은 분리과세기타소득에서 제외한다.

2 과세최저한

과세최저한이란 소득세를 부과할 수 있는 소득금액의 최저한도를 말한다. 즉, 소득금액이 과세최저한 이하인 경우 소득세를 부과하지 않는다. 이는 영세한 소득에 대한 소득세 부담을 제거함으로써 국민의 최저생계비를 보장하고, 과세당국의 징세비용 집행기준을 마련함으로써 조세행정부담을 완화시키기 위한 제도이다. 다음에 해당하는 기타소득의 경우 해당 소득에 대한 소득세를 과세하지 않는다.

① 원칙 : 기타소득금액❸이 건별로 5만원 이하인 경우(연금계좌에서 연금외수령한 기타소득 제외)
② 승마투표권·승자투표권·소싸움경기투표권·체육진흥투표권의 환급금으로서 건별로 해당 권면에 표시된 금액의 합계액이 10만원 이하이고 다음 중 어느 하나에 해당하는 경우
　㉠ 적중한 개별투표당 환급금이 10만원 이하인 경우
　㉡ 단위투표금액당 환급금이 단위투표금액의 100배 이하이면서 적중한 개별투표당 환급금이 200만원 이하인 경우
③ 슬롯머신 등의 당첨금품 등이 건별로 200만원 이하인 경우
④ 복권 당첨금액 등이 건별로 200만원 이하인 경우

❸ 기타소득이 아닌 기타소득금액(비과세소득, 분리과세소득, 필요경비 차감 후 금액)을 기준으로 판단함에 유의해야 한다.

3 종교인소득의 과세방법

종교인소득은 기타소득으로 보는 것이 원칙이나, 근로소득으로 원천징수하거나 과세표준 확정신고를 한 경우에는 해당 소득을 근로소득으로 본다. 종교인소득을 근로소득으로 보는 경우의 과세방법은 제3절에서 살펴본 근로소득의 과세방법과 크게 다르지 않으므로, 여기서는 종교인소득을 기타소득으로 보는 경우의 과세방법에 대해 살펴보기로 한다.

(1) 원천징수

종교인소득을 지급하는 자(원천징수의무자)는 종교인소득을 지급할 때 종교인소득 간이세액표 해당란의 소득세를 기준으로 원천징수한다. 다만 소득세법에서는 종교인소득(근로소득으로 보는 경우 포함)을 지급하는 자가 소득세의 원천징수를 하지 않을 수 있는 예외를 허용하고 있는데, 이 경우 종교인소득을 지급받은 자는 종합소득과세표준을 신고해야 한다.

(2) 연말정산

종교인소득을 지급하고 그 소득세를 원천징수하는 자는 해당 과세기간의 다음 연도 2월분의 종교인소득을 지급할 때 또는 해당 종교 관련 종사자와의 소속관계가 종료되는 달의 종교인소득을

지급할 때 해당 과세기간의 종교인소득에 대하여 대통령령으로 정하는 연말정산방법에 따라 계산한 금액을 원천징수한다.

V. 기타소득금액의 계산

기타소득금액은 해당 과세기간의 총수입금액에서 이에 사용된 필요경비를 공제한 금액으로 한다.

> 기타소득금액 = 기타소득 총수입금액[※] − 필요경비

※ 기타소득 총수입금액 = 기타소득 − 비과세소득 − 분리과세소득

기타소득의 필요경비는 해당 과세기간의 총수입금액에 대응하는 실제 소요된 비용으로서, 일반적으로 용인되는 통상적인 것의 합계액으로 하는 것을 원칙으로 한다. 다만, 승마투표권·승자투표권·소싸움경기투표권·체육진흥투표권의 구매자가 받는 환급금에 대해서는 그 구매자가 구입한 적중된 투표권의 단위투표금액을 필요경비로 하며, 슬롯머신 등의 당첨금품 등에 대해서는 그 당첨금품 등의 당첨 당시에 슬롯머신 등에 투입한 금액을 필요경비로 한다.

한편, 필요경비의 계산이나 증명이 어려운 다음의 기타소득에 대해서는 실제 소요된 필요경비가 확인되지 않거나 적더라도 받은 금액의 일정비율에 해당하는 금액을 필요경비로 추정하도록 규정하고 있다. 이는 반대의 입증을 할 경우 번복이 가능한 추정규정이므로, 실제 소요된 필요경비가 추정된 필요경비를 초과할 경우 그 초과액도 필요경비에 산입한다. 즉, 실제 소요된 필요경비와 추정된 필요경비 중 큰 금액을 필요경비로 한다.

대상 기타소득	필요경비
(1) 상금과 부상 중 공익법인의 설립·운영에 관한 법률의 적용을 받는 공익법인이 주무관청의 승인을 받아 시상하는 상금 및 부상과 다수가 순위 경쟁하는 대회에서 입상자가 받는 상금 및 부상 (2) 계약의 위약 또는 해약으로 인하여 받는 위약금과 배상금 중 주택입주 지체상금	받은 금액의 80%
(3) 공익사업을 위한 토지 등의 취득 및 보상에 관한 법률에 따른 공익사업과 관련하여 지역권·지상권(지하 또는 공중에 설정된 권리 포함)을 설정하거나 대여함으로써 발생하는 소득 (4) 인적용역을 일시적으로 제공하고 받는 대가 (5) 문예·학술·미술·음악 또는 사진에 속하는 창작품에 대한 원작자로서 받는 소득 (6) 광업권·어업권·산업재산권 등의 자산이나 권리를 양도하거나 대여하고 그 대가로 받는 금품 (7) 통신판매중개를 하는 자를 통하여 물품 또는 장소를 대여하고 연간 수입금액이 500만원 이하의 사용료로서 받은 금품	받은 금액의 60%

(8) 서화·골동품의 양도로 발생하는 소득	① 보유기간 10년 미만
	  ㉠ 받은 금액이 1억원 이하: 받은 금액의 90%
	  ㉡ 받은 금액이 1억원 초과: 9,000만원+(받은 금액−1억원)의 80%

대상 기타소득	필요경비
(9) 종교인소득	② 보유기간 10년 이상: 받은 금액의 90%
	받은 금액의 80%(받은 금액이 2천만 원을 초과하는 경우에는 아래의 표❸에 따른 금액을 필요경비로 함)

❸ 종교인소득에 대해서는 종교관련종사자가 받은 금액이 2천만원을 초과하는 경우 다음의 금액을 필요경비로 한다.

종교관련종사자가 받은 금액	필요경비
2천만원 초과 4천만원 이하	1,600만원 + (2천만원을 초과하는 금액의 50%)
4천만원 초과 6천만원 이하	2,600만원 + (4천만원을 초과하는 금액의 30%)
6천만원 초과	3,200만원 + (6천만원을 초과하는 금액의 20%)

2-4 기타소득

다음은 거주자 甲의 2025년 귀속 기타소득 자료이다. 다음 자료를 이용하여 종합소득에 합산되어 종합과세의 대상이 되는 기타소득금액을 계산하시오.

1. 기타소득의 내역은 다음과 같다.

   (1) 문예 창작품에 대한 저작권사용료인 인세   8,000,000원
   (2) 상표권의 양도대가   9,000,000원   (실제 필요경비 7,000,000원)
   (3) 슬롯머신의 당첨금   6,300,000원
   (4) 계약의 해지로 인한 위약금(계약금이 대체된 것임) 2,000,000원
   (5) 고용관계 없이 받은 강연료   125,000원
   (6) 매장물의 발견으로 인한 보상금   7,500,000원

2. 상표권의 양도대가를 제외한 기타소득의 필요경비는 확인되지 않는다.
3. 모든 기타소득의 수입시기는 2025년 3월 31일까지 도래하였다고 가정한다.

해답

1. 기타소득의 구분 및 기타소득금액의 계산
   기타소득금액 = 기타소득 총수입금액 - 필요경비 = 14,700,000원

구 분	과세방법	기타소득 총수입금액	필요경비	기타소득금액
(1) 인세	선택적 분리과세	8,000,000원	4,800,000원(60%)	3,200,000원
(2) 상표권 양도대가	선택적 분리과세	9,000,000원	7,000,000원❶	2,000,000원
(3) 슬롯머신 당첨금	무조건 분리과세	-	-	-
(4) 위약금	선택적 분리과세	2,000,000원	-(실제)	2,000,000원
(5) 강연료	선택적 분리과세	125,000원	75,000원(60%)	-(과세최저한)❷
(6) 보상금	선택적 분리과세	7,500,000원	-(실제)	7,500,000원
합 계				14,700,000원

❶ 필요경비 = Max(7,000,000, 9,000,000×60%) = 7,000,000원
❷ 기타소득금액(50,000원)이 5만원 이하이므로 과세최저한 규정을 적용함

2. 기타소득 종합과세 여부의 판단
   기타소득금액(14,700,000원)이 300만원을 초과하므로 선택적 분리과세 대상 기타소득과 무조건 종합과세 대상 기타소득 모두 종합과세한다.

기출문제

제2장 _ 종합소득금액

01 다음 중 소득세법상 이자소득에 해당하지 않는 것은? [세무회계 3급 2023]

① 내국법인이 발행한 채권 또는 증권의 이자와 할인액
② 일시적인 비영업대금의 이익
③ 국가나 지방자치단체가 발행한 채권 또는 증권의 이자와 할인액
④ 허가받은 대금업을 영위하는 자가 금전을 대여하고 받은 이자

해설 허가받은 대금업을 영위하는 자가 금전을 대여하고 받은 이자는 사업소득이다.

해답 ④

02 다음 중 소득세법상 이자소득이 아닌 것은? [세무회계 3급 2019]

① 비영업대금의 이익
② 외상매출금 회수지연에 따른 연체이자
③ 국외에서 받는 예금의 이자
④ 외국법인이 발행한 채권 또는 증권의 이자와 할인액

해설 외상매출금 회수지연에 따른 연체이자는 사업소득에 해당한다.

해답 ②

03 다음 중 소득세법상 이자소득에 해당하지 않는 것은? [세무회계 3급 2019]

① 국가가 발행한 채권의 이자
② 내국법인으로부터 받는 잉여금의 분배금
③ 내국법인이 발행한 증권의 할인액
④ 국외에서 받는 예금의 이자

해설 내국법인으로부터 받는 잉여금의 분배금은 배당소득에 해당한다.

해답 ②

04 소득세법상 이자소득에 관한 설명으로 옳지 않은 것은? [국가직 7급 2014]

① 근로자가 퇴직하거나 탈퇴하여 그 규약에 따라 직장공제회로부터 받는 반환금에서 납입공제료를 뺀 직장공제회 초과반환금은 이자소득으로 과세된다.
② 공동사업에서 발생한 소득금액 중 출자공동사업자의 손익분배비율에 해당하는 금액은 이자소득으로 과세된다.
③ 이자소득을 발생시키는 거래 또는 행위와 이를 기초로 한 파생상품이 결합된 경우 해당 파생상품의 거래 또는 행위로부터의 이익은 이자소득으로 과세된다.
④ 거주자가 일정기간 후에 같은 종류로서 같은 양의 채권을 반환받는 조건으로 채권을 대여하고 해당 채권의 차입자로부터 지급받는 해당 채권에서 발생하는 이자에 상당하는 금액은 이자소득에 포함된다.

해설 공동사업에서 발생한 소득금액 중 출자공동사업자의 손익분배비율에 해당하는 금액은 배당소득으로 과세된다.

해답 ②

05 다음 중 소득세법상 이자소득의 수입시기로 옳지 않은 것은?

① 보통예금의 이자: 약정에 의한 지급일
② 저축성 보험의 보험차익: 보험금 또는 환급금의 지급일
③ 비영업대금의 이익: 약정에 의한 이자지급일
④ 채권 또는 증권의 이자와 할인액(기명): 약정에 의한 지급일

해설 보통예금·정기예금·적금 또는 부금의 이자는 실제로 이자를 지급받는 날을 그 수입시기로 한다.

해답 ①

06 다음 중 소득세법상 배당소득의 수입시기에 대한 설명으로 옳지 않은 것은? [세무회계 3급 2023]

① 법인세법에 의하여 처분된 배당 : 해당 법인의 해당 사업연도 결산확정일
② 출자공동사업자의 배당 : 과세기간 종료일
③ 법인이 합병으로 인한 의제배당 : 합병등기를 한 날
④ 잉여금의 처분에 의한 배당 : 그 지급을 받은 날

해설 잉여금의 처분에 의한 배당소득의 수입시기는 당해 법인의 잉여금처분결의일이다.

해답 ④

07 다음 중 소득세법상 배당소득에 해당되지 않는 것은? [세무회계 3급 2019]

① 내국법인으로부터 받는 이익이나 잉여금의 배당 또는 분배금
② 법인으로 보는 단체로부터 받는 배당금 또는 분배금
③ 채권 또는 증권의 환매조건부 매매차익
④ 의제배당

> 해설 채권 또는 증권의 환매조건부 매매차익은 이자소득이다.

해답 ③

08 다음 중 소득세법상 비과세 사업소득에 대한 설명으로 옳지 않은 것은? [세무회계 3급 2023]

① 논·밭을 작물 생산에 이용하게 함으로써 발생하는 소득은 비과세 사업소득이다.
② 1개의 주택(고가주택과 국외 소재 주택을 제외)을 소유하는 자의 주택임대소득은 비과세 사업소득이다.
③ 조림기간 3년 이상인 임지(林地)의 임목(林木)의 벌채 또는 양도로 발생한 소득으로서 연 600만원 이하의 금액은 비과세 사업소득이다.
④ 대통령령으로 정하는 전통주를 수도권 밖의 읍·면 지역에서 제조함으로써 발생하는 연 1천 200만원 이하인 소득은 비과세 사업소득이다.

> 해설 조림기간 5년 이상인 임지(林地)의 임목(林木)의 벌채 또는 양도로 발생하는 소득으로서 연 600만원 이하의 금액은 비과세한다.

해답 ③

09 다음 중 소득세법상 사업소득의 총수입금액에 해당하는 것은? [세무회계 3급 2019]

① 사업과 관련된 자산수증이익
② 소득세 등의 환급액
③ 부가가치세 매출세액
④ 채무면제이익 중 이월결손금의 보전에 충당한 금액

> 해설 자산수증이익은 사업소득 총수입금액에 해당한다. 다만, 자산수증이익(복식부기의무자가 지급받은 국고보조금 등 제외) 중 이월결손금의 보전에 충당한 금액은 총수입금액불산입항목에 해당한다.

해답 ①

10 다음 중 소득세법상 사업소득의 필요경비에 해당하지 않는 것은? [세무회계 3급 2023]

① 사업장의 임차료
② 업무와 관련된 차량의 주·정차위반과태료
③ 종업원에게 지급한 성과급
④ 사업장의 화재에 대비한 보험금

해설 벌금 및 과태료 등 법을 위반함에 따라 발생한 것은 필요경비에 산입할 수 없다.

해답 ②

11 다음 중 소득세법상 비과세 근로소득에 포함되지 않는 것은? [세무회계 3급 2023]

① 일직료·숙직료 또는 실비변상적인 정도의 금액
② 근로자가 벽지에 근무함으로 인하여 받는 월 20만원 이내의 벽지 수당
③ 근로자가 천재지변 그 밖의 재해로 인하여 받은 급여
④ 종업원이 받은 본인 및 자녀의 학자금, 장학금

해설 종업원이 받은 본인 및 자녀의 학자금, 장학금은 근로소득에 포함하는 소득이다.

해답 ④

12 다음 중 소득세법상 근로소득이 아닌 것은? [세무회계 3급 2020]

① 법인의 주주총회에서 의결된 결의에 따라 상여로 받는 소득
② 법인세법에 의하여 상여로 처분된 금액
③ 퇴직함으로써 받는 소득으로서 퇴직소득에 속하지 아니하는 소득
④ 종업원 퇴직 후 받는 직무발명보상금

해설 퇴직 후 받는 직무발명보상금은 근로소득이 아니다.

해답 ④

13 소득세법상 근로소득에 대한 설명으로 옳지 않은 것은? [국가직 9급 2015]

① 판공비 명목으로 받는 것으로서 업무를 위하여 사용된 것이 분명하지 아니한 급여는 근로소득으로 과세한다.
② 주주인 임원이 법령으로 정하는 사택을 제공받음으로써 얻는 이익이지만 근로소득으로 과세하지 않는 경우도 있다.
③ 근로자가 사내급식의 방법으로 제공받는 식사는 월 20만원 한도로 근로소득에서 비과세한다.
④ 법령으로 정하는 일용근로자의 근로소득은 원천징수는 하지만 종합소득과세표준을 계산할 때 합산하지는 않는다.

해설 현물로 제공받는 사내급식 또는 이와 유사한 방법으로 제공받는 식사 기타 음식물은 한도 없이 전액 비과세된다.

해답 ③

14 다음 중 소득세법상 실비 변상적 급여의 범위에 해당하지 않는 것은? [세무회계 3급 2019 수정]

① 학교의 교원이 받는 월 20만원 이내의 연구보조비
② 일직료·숙직료 또는 여비로서 실비변상정도의 금액
③ 기자가 받는 월 20만원 이내의 취재수당
④ 근로자가 벽지에 근무함으로 인하여 받는 월 40만원 이내의 벽지수당

해설 근로자가 벽지에 근무함으로 인하여 받는 벽지수당은 월 20만원 이내에서 비과세된다.

해답 ④

15 다음 설명의 (가), (나)에 들어갈 금액으로 옳은 것은? [세무회계 3급 2019]

> 생산직근로자의 연장근로수당 등에 대한 비과세요건은 직전년도 총급여액이 (가)만원 이하로서 월정액급여가 (나)만원 이하인 자이다.

① 가 : 2,000, 나 : 170
② 가 : 2,500, 나 : 200
③ 가 : 2,700, 나 : 180
④ 가 : 3,000, 나 : 210

해설 생산직근로자의 연장근로수당 등에 대한 비과세요건은 직전년도 총급여액이 3,000만원 이하로서 월정액급여가 210만원 이하인 자이다.

해답 ④

16 다음 중 소득세법상 일용근로자인 거주자 A씨에게 일당으로 150,000원을 지급하는 경우 원천징수 하여야할 소득세는 얼마인가? [세무회계 3급 2019]

① 0원
② 1,350원
③ 3,000원
④ 9,000원

> **해설** 일용근로자의 원천징수세액 = {(일급여액−150,000원)×6%}×(1−55%)
> = {(150,000원 − 150,000원)× 6%}×(1−0.55)
> = 0원

해답 ①

17 다음 중 소득세법상 일용직 근로자의 근로소득에 대한 설명으로 틀린 것은? [세무회계 3급 2019]

① 일용근로자란 근로를 제공한 날 또는 시간에 따라 근로대가를 계산하거나 근로를 제공한 날 또는 시간의 근로성과에 따라 급여를 계산하여 받는 사람이다.
② 일용근로자의 근로소득공제 금액은 12만원이다.
③ 일용근로자의 근로소득세율은 6%이다.
④ 산출세액에 대하여 55%의 세액공제를 한 금액을 원천징수하고 납세의무를 종결한다.

> **해설** 일용근로자의 근로소득공제 금액은 15만원이다.

해답 ②

18 다음 중 소득세법상 연금소득에 관한 설명 중 적절하지 않는 것은? [세무회계 3급 2020]

① 연금소득금액 계산 시 연금소득공제의 한도는 900만원으로 한다.
② 연금소득은 원칙적으로 종합소득에 합산하여 과세한다.
③ 사적연금도 연금으로 수령 시 연금소득으로 과세한다.
④ 사적연금이 연 1,200만원이하인 경우에는 무조건 분리과세한다.

> **해설** 사적연금이 연 1,200만원이하인 경우에는 납세의무자의 선택에 따라 분리과세 또는 종합과세를 선택할 수 있다.

해답 ④

제2장 종합소득금액

19 다음 중 소득세법상 근로소득공제(㉠)와 연금소득공제(㉡)의 한도금액은 각각 얼마인가?
[세무회계 3급 2019 수정]

① ㉠ 한도 없음, ㉡ 600만원
② ㉠ 한도 없음, ㉡ 900만원
③ ㉠ 2,000만원, ㉡ 한도 없음
④ ㉠ 2,000만원, ㉡ 900만원

해설 근로소득공제액이 2,000만원을 초과하는 경우에는 2,000만원, 연금소득공제액이 900만원을 초과하는 경우 900만을 공제한다.

해답 ④

20 다음 중 소득세법상 필요경비가 인정되는 소득은? [세무회계 3급 2019]

① 이자소득
② 배당소득
③ 기타소득
④ 연금소득

해설 이자소득과 배당소득은 필요경비가 인정되지 않으며, 연금소득은 실제 필요경비 대신 연금소득공제가 적용된다.

해답 ③

21 다음 중 소득세법상 총수입금액의 80%를 최소 필요경비로 인정하는 기타소득이 아닌 것은?
[세무회계 3급 2019 수정]

① 계약의 위약으로 받는 주택입주 지체상금
② 다수가 순위 경쟁하는 대회에서 입상자가 받는 상금
③ 10년 미만 보유한 서화·골동품의 양도로 발생하는 소득으로서 1억원 초과분
④ 산업재산권을 대여하고 그 대가로 받는 금품

해설 광업권·어업권·산업재산권 등의 자산이나 권리를 양도하거나 대여하고 그 대가로 받는 금품은 받은 금액의 60%를 최소 필요경비로 인정한다.

해답 ④

22 다음 중 소득세법상 최소 60%의 필요경비가 인정되는 기타소득이 아닌 것은? [세무회계 3급 2019 수정]

① 10년 이상 보유한 서화·골동품 양도로 발생하는 소득
② 인적용역을 일시적으로 제공하고 받는 대가
③ 통신판매중개를 하는 자를 통하여 장소를 대여하고 받은 연 500만원 이하의 사용료
④ 일시적인 문예창작소득

해설 10년 이상 보유한 서화·골동품 양도로 발생하는 소득은 받은 금액의 90%를 최소 필요경비로 인정한다.

해답 ①

23 다음 중 소득세법에 열거된 기타소득에 해당하지 않는 것은? [세무회계 3급 2020]

① 복권, 경품권, 그 밖의 추첨권에 당첨되어 받는 금품
② 물품을 일시적으로 대여하고 사용료로서 받는 금품
③ 재산권에 관한 일시적 알선수수료
④ 인적용역을 계속·반복적으로 제공하고 받는 대가

> 인적용역을 계속·반복적으로 제공하고 받는 대가는 사업소득이다.

해답 ④

24 소득세법상 종합소득금액에 합산되는 기타소득금액은? [국가직 9급 2014]

○ 복권 당첨금: 8,000,000원
○ 분실물 습득 보상금: 4,000,000원
○ 교통사고 손해보상금: 2,500,000원
○ 위약금 중 주택입주지체상금: 2,000,000원(필요경비는 1,500,000원)

① 1,200,000원 ② 1,300,000원
③ 4,400,000원 ④ 4,500,000원

구 분	기타소득금액	비 고
복권당첨금	-	무조건 분리과세
분실물 습득 보상금	4,000,000원	실제 필요경비 없음
교통사고 손해보상금	-	미열거소득
주택입주지체상금	400,000원	2,000,000원-Max(1,500,000원, 2,000,000원×80%)
합 계	4,400,000원	300만원 이상이므로 종합과세함

해답 ③

25 소득세법상 기타소득에 대한 설명으로 옳지 않은 것은? [국가직 9급 2015]

① 사업에 사용하는 토지·건물·부동산에 관한 권리와 함께 영업권을 양도하여 받는 영업권 양도이익은 기타소득으로 과세한다.
② 저작자 외의 자가 저작권 사용의 대가로 받는 금품은 기타소득으로 과세한다.
③ 사행행위 등 규제 및 처벌특례법에서 규정하는 사행행위에 참가하여 얻은 재산상 이익은 사행행위가 불법적인 경우에도 기타소득으로 과세한다.
④ 공무원이 직무와 관련하여 받는 뇌물은 기타소득으로 과세한다.

> 사업에 사용하는 토지·건물·부동산에 관한 권리와 함께 영업권을 양도하여 받는 영업권 양도이익은 양도소득으로 과세한다.

해답 ①

26 다음 중 소득세법상 소득 구분이 다른 것은? [세무회계 3급 2020]

① 산업재산권의 양도로 발생하는 소득
② 알선수재에 따라 받은 금품
③ 일시적인 문예창작소득
④ 근로계약에 따른 시간외근무수당

> **해설** ①,②,③은 기타소득, ④는 근로소득에 해당한다.

 ④

27 소득세법상 소득의 구분에 대한 설명으로 옳은 것은? [국가직 7급 2016 수정]

① 전세권의 대여로 발생하는 소득은 사업소득이 되고, 공익사업 목적의 지역권 또는 지상권의 대여로 받는 금품은 기타소득이 된다.
② 알선수재에 의하여 받는 금품은 기타소득이 되고, 재산권에 관한 알선 수수료는 사업소득이 된다.
③ 퇴직 전에 부여받은 주식매수선택권을 퇴직 후에 행사함으로써 얻는 이익은 근로소득이 되고, 고용관계 없이 주식매수선택권을 부여받아 이를 행사함으로써 얻는 이익은 기타소득이 된다.
④ 슬롯머신을 이용하는 행위에 계속적으로 참가하여 받는 당첨금품은 사업소득이 되고, 일시적으로 참가하여 받는 당첨금품은 기타소득이 된다.

> **해설**
> ② 재산권에 관한 알선 수수료도 기타소득에 해당한다.
> ③ 퇴직 전에 부여받은 주식매수선택권을 퇴직 후에 행사함으로써 얻는 이익은 기타소득에 해당한다.
> ④ 슬롯머신을 이용하는 행위에 계속적으로 참가하여 받는 당첨금품도 기타소득에 해당한다.

 ①

제3장 종합소득세 계산구조

제1절 과세표준과 산출세액

Ⅰ. 종합소득 과세표준의 계산

```
    종 합 소 득 금 액      결손금과 이월결손금의 공제
(-) 종 합 소 득 공 제     소득세법 및 조세특례제한법에 규정된 소득공제
    종 합 소 득 과 세 표 준
```

Ⅱ. 결손금과 이월결손금의 공제

1 결손금과 이월결손금의 의의

결손금이란 소득금액 계산 시 필요경비가 총수입금액을 초과하는 경우 그 초과하는 금액을 말하며, 이월결손금이란 동 결손금이 다음연도 이후로 이월된 경우 해당 금액을 말한다. 이러한 결손금과 이월결손금은 종합소득 중 사업소득에서만 발생한다.

2 결손금과 이월결손금의 공제

사업소득에서 발생한 결손금과 이월결손금은 종합소득금액을 계산할 때 공제할 수 있다. 결손금과 이월결손금을 공제할 때 해당 과세기간에 결손금이 발생하고 이월결손금이 있는 경우에는 그 과세기간의 결손금을 먼저 소득금액에서 공제한다.

(1) 결손금 공제

사업소득의 결손금은 종합소득금액을 계산할 때 다음 순서로 공제한다.

① 근로소득금액 ➡ ② 연금소득금액 ➡ ③ 기타소득금액 ➡ ④ 이자소득금액 ➡ ⑤ 배당소득금액

그러나, 사업소득 중 부동산임대업에서 발생한 결손금은 다른 소득금액에서 공제할 수 없고, 다음연도 이후 발생하는 해당 부동산임대업의 소득금액에서만 공제가 가능하다. 따라서 부동산임대업에서 발생한 결손금은 무조건 다음연도로 이월된다. 다만, 부동산임대업 중 주거용 건물 임대업에서 발생한 결손금은 일반 사업소득의 결손금과 마찬가지로 다른 소득금액에서 공제가 가능하다.

(2) 이월결손금 공제

일반 사업소득의 이월결손금과 부동산임대업에서 발생한 이월결손금은 해당 이월결손금이 발생한 과세기간의 종료일부터 15년 이내에 끝나는 과세연도의 소득금액을 계산할 때 먼저 발생한 이월결손금부터 순서대로 다음의 구분에 따라 공제한다.

구 분	내 용
1) 일반 사업소득의 이월결손금 (주거용 건물 임대업에서 발생한 결손금 포함)	① 사업소득금액 ➡ ② 근로소득금액 ➡ ③ 연금소득금액 ➡ ④ 기타소득금액 ➡ ⑤ 이자소득금액 ➡ ⑥ 배당소득금액
2) 부동산임대업에서 발생한 이월결손금 (주거용 건물 임대업에서 발생한 결손금 제외)	부동산임대업에서 발생한 이월결손금은 해당 부동산임대업의 소득금액에서 공제한다.

(3) 이월결손금 공제의 배제

해당 과세기간의 소득금액에 대해서 추계신고(장부나 증명서류에 의하지 아니한 신고)를 하거나 추계조사결정하는 경우에는 이월결손금 공제를 적용하지 않는다. 다만, 천재지변 그 밖의 불가항력으로 장부나 그 밖의 증명서류가 멸실되어 추계신고를 하거나 추계조사결정을 하는 경우에는 이월결손금 공제를 적용한다.

III. 종합소득공제

소득공제란 조세정책적 목적에 따라 일정금액을 소득금액에서 공제하는 제도를 말한다. 이는 거주자의 최저생활에 필요한 소득을 과세소득에서 제외시킴으로써 실질적인 담세능력을 고려하기 위한 제도이다. 아울러 최초 소득이 동일하더라도 소득공제에 따라 과세소득이 달라지게 함으로써 초과누진세율의 적용으로 인한 소득재분배의 효과를 강화하는 역할도 한다.

종합소득공제는 소득세법과 조세특례제한법에 규정되어 있는데, 각 세법에 규정된 대표적인 종합소득공제를 살펴보면 다음과 같다.

구 분	내 용
(1) 소 득 세 법	① 인적공제(기본공제, 추가공제)
	② 연금보험료공제
	③ 주택담보노후연금 이자비용공제
	④ 특별소득공제
(2) 조 세 특 례 제한법	① 중소기업창업투자조합 출자 등에 대한 소득공제
	② 소기업·소상공인 공제부금에 대한 소득공제
	③ 우리사주조합 출자금에 대한 소득공제
	④ 장기집합투자증권저축에 대한 소득공제
	⑤ 신용카드 등 사용금액에 대한 소득공제

1 인적공제

인적공제는 거주자의 최저생계비에 해당하는 금액을 소득금액에서 공제하는 제도를 말한다. 인적공제는 근로소득과 사업소득을 포함한 종합소득이 있는 거주자 모두 적용받을 수 있으며, 인적공제의 합계액이 종합소득금액을 초과하는 경우 그 초과하는 공제액은 없는 것으로 한다. 인적공제는 다음과 같이 기본공제가 추가공제로 구분된다.

구 분	내 용		한 도
기 본 공 제	기본공제대상자 1명당 연 150만원		종합소득금액
추 가 공 제	① 경로우대자공제 : 1명당 연 100만원		
	② 장애인공제 : 1명당 연 200만원		
	③ 부녀자공제 : 연 50만원	부녀자공제와 한부모공제 모두 해당되는 경우 한부모공제만 적용	
	④ 한부모공제 : 연 100만원		

(1) 기본공제

기본공제란 거주자 본인과 해당 거주자의 부양하는 가족의 수에 비례하여 일정금액을 공제하는 제도를 말한다. 기본공제액은 기본공제대상자 1명당 연 150만원을 곱하여 계산한 금액으로 한다. 기본공제대상자란 다음의 구분별로 연령요건과 소득금액요건을 충족한 사람을 말한다.

제3장 종합소득세 계산구조

구 분		연령요건❶	소득금액요건	비고
1) 해당 거주자 본인		-	-	무조건 기본공제대상자에 해당함
2) 거주자의 배우자		-	해당 과세기간의 소득금액❸ 100만원 이하 (근로소득만 있는 경우 총급여액 500만원 이하)	-
3) 거 주 자 (그 배우자 포함)의 부양가족❷	① 직계존속	60세 이상		직계존속이 재혼한 경우 그 배우자 포함
	② 직계비속·동거입양자	20세 이하		해당 직계비속·입양자와 그 배우자가 장애인에 해당하는 경우 그 배우자 포함
	③ 형제·자매	60세 이상 20세 이하		-
	④ 수급권자	-		국민기초생활 보장법에 따른 수급권자
	⑤ 위탁아동	- (만 18세 미만)		아동복지법에 따른 가정위탁을 받아 양육하는 아동

❶ 연령요건을 적용할 때에는 해당 과세기간 중에 해당 연령에 해당되는 날이 있는 경우 기본공제대상자로 한다. 예를 들어, 직계비속으로서 해당 과세기간 종료일 현재 연령이 20세 7개월 5일인 경우 해당 과세기간 중에 20세 이하에 해당되는 날이 있으므로 기본공제대상자가 된다. 한편, 장애인은 연령요건을 적용하지 아니한다.

❷ 부양가족이란 주민등록의 동거가족으로서 해당 과세기간 종료일 현재 해당 거주자의 주소·거소에서 현실적으로 생계를 같이하는 사람을 말한다. 다만, 다음에 해당하는 경우에는 주민등록표의 동거가족으로 되어 있지 않더라도 현실적으로 생계를 같이하는 부양가족으로 본다.
  ① 직계비속·입양자의 경우
  ② 거주자 또는 동거가족(직계비속·입양자 제외)이 취학·질병의 요양, 근무상 또는 사업상의 형편 등으로 본래의 주소 또는 거소에서 일시 퇴거한 경우
  ③ 거주자의 부양가족 중 거주자(그 배우자 포함)의 직계존속이 주거 형편에 따라 별거하고 있는 경우

❸ 연간 소득금액에는 미열거소득(기계장치 처분에 따른 소득 등)·비과세소득·분리과세소득은 제외되며, 종합소득금액 뿐만 아니라 퇴직소득금액·양도소득금액도 모두 포함된다.

(2) 추가공제

추가공제란 기본공제대상자가 장애인 등 다음의 요건 해당하여 사회복지정책상 지원이 필요한 경우 기본공제 외에 추가로 일정금액을 공제하는 제도를 말한다.

구 분	요 건	공제액
(1) 경로우대자공제	기본공제대상자 중 70세 이상인 사람이 있는 경우	1명당 연 100만원
(2) 장애인공제	기본공제대상자 중 장애인이 있는 경우	1명당 연 200만원
(3) 부녀자공제	해당 거주자 본인이 배우자가 없는 여성으로서 부양가족이 있는 세대주이거나 배우자가 있는 여성인 경우(해당 과세기간에 종합소득 과세표준을 계산할 때 합산하는 종합소득금액이 3,000만원 이하인 거주자로 한정함)	연 50만원❹
(4) 한부모공제	해당 거주자가 배우자가 없는 사람으로서 기본공제대상자인 직계비속 또는 입양자가 있는 경우	연 100만원❹

❹ 부녀자공제와 한부모공제 모두 해당되는 경우에는 한부모공제만 적용한다(그 밖의 추가공제는 중복공제 가능).

(3) 인적공제 적용 시 유의사항

거주자와 해당 거주자의 배우자·부양가족이 인적공제대상자에 해당하는지 여부의 판정은 해당 과세기간의 과세기간 종료일 현재의 상황에 따른다. 다만, 과세기간 종료일 전에 사망한 사람 또는 장애가 치유된 사람에 대해서는 사망일 전날 또는 치유일 전날의 상황에 따른다.

한편, 거주자의 인적공제대상자(공제대상가족)가 동시에 다른 거주자의 공제대상가족에 해당되는 경우에는 해당 과세기간의 과세표준확정신고서와 각종 소득·세액 공제신고서에 기재된 바에 따라 그 중 1인의 공제대상가족으로 한다.

인적공제

다음은 거주자 甲의 2025년 귀속 인적공제 계산을 위한 부양가족 자료이다. 다음 자료를 이용하여 거주자 甲의 인적공제액을 계산하시오.

관 계	연 령	소 득 금 액	비 고
거주자 甲 본인	37세	근로소득금액 50,000,000원	남성
배 우 자	33세	사업소득금액 50,000,000원	-
부 친	58세	-	장애인(주거 형편상 별거 중)
장 인	65세	양도소득금액 1,000,000원	-
처 남	25세	-	-
장 녀	9세	-	-

1. 기본공제(본인, 부친, 장인, 장녀) : 1,500,000원 × 4명 = 6,000,000원

2. 추가공제 : 장애인공제(부친) 2,000,000원 × 1명 = 2,000,000원

3. 인적공제액 : 기본공제 + 추가공제 = 6,000,000원 + 2,000,000원 = 8,000,000원

1. 배우자의 사업소득금액이 50,000,000원이므로 소득금액요건(연간소득금액이 100만원 이하)을 충족하지 못해 기본공제대상자에서 제외된다.
2. 부친은 장애인이므로 연령요건을 적용하지 않는다. 한편, 직계존속의 경우 주거 형편에 따라 별거하고 있는 경우에도 생계를 같이하는 부양가족으로 본다.
3. 장인은 양도소득금액이 1,000,000원이므로 소득금액요건을 충족하여 기본공제대상자에 해당한다. 소득금액요건의 판단 기준이 되는 소득금액에는 종합소득금액뿐만 아니라 퇴직소득금액, 양도소득금액도 포함된다.
4. 처남은 연령요건(60세 이상 또는 20세 이하)을 충족시키지 못하므로 기본공제대상자에서 제외된다.

연금보험료공제

종합소득이 있는 거주자가 공적연금 관련법에 따른 기여금 또는 개인부담금(연금보험료)을 납입한 경우에는 해당 과세기간의 종합소득금액에서 그 과세기간에 납입한 연금보험료를 공제한다.

 주택담보노후연금 이자비용공제

연금소득이 있는 거주자가 주택담보노후연금을 받은 경우에는 그 받은 연금에 대해서 해당 과세기간에 발생한 이자비용 상당액을 해당 과세기간 연금소득금액에서 공제한다. 이 경우 공제할 이자 상당액이 200만원을 초과하는 경우에는 200만원을 공제하고, 연금소득금액을 초과하는 경우 그 초과금액은 없는 것으로 한다.

주택담보노후연금 이자비용공제액 = Min(해당 과세기간에 발생한 이자비용 상당액, 200만원)

 특별소득공제

(1) 건강·고용보험료공제

근로소득이 있는 거주자(일용근로자 제외)가 해당 과세기간에 국민건강보험법, 고용보험법 또는 노인장기요양보험법에 따라 근로자가 부담하는 보험료를 지급한 경우 그 금액 전액을 해당 과세기간의 근로소득금액에서 공제한다. 보험료공제는 근로소득이 있는 자만 적용되며, 보험료 중 근로자부담분만 공제된다는 점에 유의해야 한다.

(2) 주택자금공제

주택자금공제란 근로소득이 있는 거주자(일용근로자 제외)로서 다음에 해당하는 경우 주택마련 및 임차를 위해 납입·상환한 금액 중 일정금액을 해당 과세기간의 근로소득금액에서 공제하는 제도를 말한다.

구 분	내 용	공제액	한도	
주택청약 종합저축	해당 과세기간의 총급여액이 7,000만원 이하인 무주택 세대주가 2022년 12월 31일까지 해당 과세기간에 주택법에 따른 주택청약종합저축에 납입한 경우(저축납입액 한도:연 240만원)	저축납입액 × 40%	연 400만원[1]	연 500만원[2]
주택임차 자금차입금	과세기간 종료일 현재 무주택 세대의 세대주(세대주가 주택자금공제 및 주택청약종합저축 등에 대한 소득공제를 받지 않는 경우에는 세대의 구성원을 말하며, 일정한 외국인을 포함)가 국민주택규	원리금환액 × 40%		

구 분	내 용	공제액	한도
	모의 주택을 임차하기 위하여 주택임차자금 차입금의 원리금 상환액을 지급하는 경우과세기간 종료일 현재 무주택 세대의 세대주(세대주가 주택자금공제 및 주택청약종합저축 등에 대한 소득공제를 받지 않는 경우에는 세대의 구성원을 말하며, 일정한 외국인을 포함)가 국민주택규모의 주택을 임차하기 위하여 주택임차자금 차입금의 원리금 상환액을 지급하는 경우		
장기주택저당차입금	무주택 또는 1주택을 보유한 세대주(세대주가 주택자금공제 및 주택청약종합저축 등에 대한 소득공제를 받지 않는 경우에는 세대의 구성원 중 근로소득이 있는 자를 말하며, 일정한 외국인을 포함)가 기준시가 5억원 이하인 국민주택규모의 주택을 취득하기 위하여 금융회사 또는 주택도시기금으로부터 차입한 장기주택저당차입금의 이자를 지급하는 경우	이자상환액	-

❶ 저축납입액·원리금상환액의 합계액이 연 300만원을 초과하는 경우 그 초과하는 금액은 없는 것으로 한다.
❷ 차입금의 상환기간과 상환방법에 따라 300만원, 1,500만원, 1,800만원으로 한도를 달리 적용한다.

신용카드 등 사용금액에 대한 소득공제

(1) 개요

근로소득이 있는 거주자(일용근로자 제외)가 법인 또는 개인사업자로부터 2022년 12월 31일까지 재화나 용역을 제공받고 다음 중 어느 하나에 해당하는 신용카드 등 사용금액(국외사용금액 제외)이 있는 경우 일정금액을 해당 과세연도의 근로소득금액에서 공제하는데, 이를 신용카드 등 사용금액에 대한 소득공제라 한다.

① 신용카드를 사용하여 그 대가로 지급하는 금액
② 현금영수증에 기재된 금액
③ 직불카드 등(직불카드, 기명식선불카드, 직불전자지급수단, 기명식선불전자지급수단 또는 기명식전자화폐)을 사용하여 그 대가로 지급하는 금액

근로소득이 있는 거주자의 배우자 또는 직계존비속(배우자의 직계존속 포함)의 신용카드 등 사용금액은 그 거주자의 신용카드 등 소득공제금액에 포함시킬 수 있다. 이 때 거주자 본인 이외의 자는 소득요건(연간소득금액의 합계액 100만원 이하, 근로소득만 있는 경우 총급여액 500만원 이하)을 적용하나 연령요건은 적용하지 않으며, 직계존비속의 경우 다른 거주자의 기본공제를 적용받은 자는 제외한다. 형제자매는 사용자의 범위에 포함되지 않음에 유의해야 한다.

(2) 신용카드 등 사용금액의 범위

다음 중 어느 하나에 해당하는 경우에는 신용카드 등 사용금액에 포함하지 않는다. 다만, ③의 경우로서 중고자동차를 신용카드 등으로 구입하는 경우에는 그 중고자동차 구입금액 중 신용카드 등 사용금액에 포함한다.

① 사업소득과 관련된 비용 또는 법인의 비용에 해당하는 경우
② 물품의 판매 또는 용역의 제공을 가장하는 등 비정상적인 사용행위에 해당하는 경우
③ 자동차를 신용카드 등으로 구입하는 경우(중고자동차의 경우 구입금액의 10%를 사용금액에 포함)
④ 국민연금보험료, 국민건강보험료, 고용보험료, 산업재해보상보험료 등
⑤ 학교(대학원 포함) 및 어린이집에 납부하는 수업료·입학금·보육비용 기타 공납금
⑥ 정부 또는 지방자치단체에 납부하는 국세·지방세, 전기료·수도료·가스료·전화료(정보사용료·인터넷이용료 등 포함)·아파트관리비·텔레비전시청료 및 도로통행료
⑦ 상품권 등 유가증권 구입비
⑧ 리스료(자동차대여사업의 자동차대여료 포함)
⑨ 취득세 또는 등록에 대한 등록면허세가 부과되는 재산(중고자동차 제외)
⑩ 차입금 이자상환액, 증권거래수수료 등 금융·보험용역과 관련한 지급액, 수수료, 보증료 등
⑪ 정당에 기부하는 정치자금(정치자금세액공제를 적용받은 경우에 한함)
⑫ 월세세액공제를 적용받은 월세액 등

(3) 신용카드 등 소득공제금액

신용카드 등 소득공제금액 = Min[1), 2)]
1) 공제대상액: 최저사용금액 초과액×공제율
2) 공제한도액: 기본한도+추가한도

1) 공제대상액

신용카드 등 사용금액의 연간합계액이 해당 과세연도의 총급여액의 25%(최저사용금액)를 초과하는 경우 해당 초과액에 다음의 공제율을 곱한 금액(공제대상액)을 한도 범위 내에서 공제한다. 이 때 최저사용금액은 ⑤ → ④ → ③ → ② → ① 순으로 적용(차감)한다.

구 분		공 제 율
① 전통시장 사용분(전통시장 구역 안의 사업자에게 결제한 금액)❶		40%
② 대중교통 이용분(노선버스, 도시철도, 철도 등 대중교통수단을 이용한 대가)❶		40%
③ 문화체육사용분❶❷❸		30%
전체 신용카드 등 사용금액 중 위 ①, ②, ③ 금액을 제외한 금액	④ 현금영수증, 직불카드 등 사용분	30%
	⑤ 신용카드 사용분	15%

❶ 이 경우 신용카드 등 사용금액이 전통시장 사용분, 대중교통 이용분 및 문화체육사용분에 중복하여 해당하는 경우에는 그 중 하나에 해당하는 것으로 보아 소득공제를 적용한다.
❷ 도서·신문·공연사용분이란 간행물(유해간행물 제외)을 구입하거나 신문을 구독하거나 공연을 관람하기 위하여 문화체육관광부장관이 지정하는 법인 또는 사업자에게 지급한 금액을 말하며, 박물관·미술관사용분이란 박물관 및 미술관에 입장하기 위하여 문화체육관광부장관이 지정하는 법인 또는 사업자에게 지급한 금액을 말한다.
❸ 문화체육사용분은 총급여액이 7,000만원 이하인 경우에 한하여 적용한다.

2) 공제한도액

신용카드 등 소득공제금액은 다음의 금액을 한도로 한다.

공제한도액 = ①+②
① 기본한도: 해당 과세연도의 총급여액에 따른 다음의 금액

해당 과세연도의 총급여액	7,000만원 이하	7,000만원 초과
기본공제 한도	연 300만원	연 250만원

② 추가한도: Min

해당 과세연도의 총급여액		7,000만원 이하	7,000만원 초과
추가공제 한도	전통시장	연 300만원	연 200만원
	대중교통		
	도서공연등		—

예제 3-2 신용카드 등 사용금액에 대한 소득공제

다음 자료에 의하여 신용카드 등 사용금액에 대한 소득공제액을 계산하면?
1. 총급여액 50,000,000원
2. 신용카드 등 사용내역

① 전통시장 사용분:	8,000,000원
② 대중교통 이용분:	1,000,000원
③ 현금영수증 사용분:	5,000,000원 (위 ①, ② 사용분 제외한 금액)
④ 신용카드 사용분:	17,000,000원 (위 ①, ② 사용분 제외한 금액)

1. 공제대상액: 5,775,000원

구 분	사용금액(①)	최저사용금액(②)	초과액(①-②=③)	공제율(④)	공제대상액(③×④)
전통시장	8,000,000원		8,000,000원	40%	3,200,000원
대중교통	1,000,000원		1,000,000원	40%	400,000원
현금영수증	5,000,000원		5,000,000원	30%	1,500,000원
신용카드	17,000,000원		4,500,000원	15%	675,000원
합 계	31,000,000원	50,000,000원×25% =12,500,000원	18,500,000원		5,775,000원

2. 공제한도액: (1)+(2)=3,000,000원+3,000,000원=6,000,000원
   (1) 기본한도: =3,000,000원
   (2) 추가한도: =3,000,000원
3. 신용카드 등 소득공제금액 : Min(1, 2)=Min(5,775,000원 6,000,000원)=5,775,000원

종합소득공제 적용 시 유의사항

과세표준 확정신고를 해야하는 자가 소득·세액공제를 증명하는 서류를 제출하지 않은 경우에는 기본공제 중 거주자 본인에 대한 분(연 150만원)과 표준세액공제만을 공제한다. 다만, 과세표준 확정신고 여부와 관계없이 그 서류를 나중에 제출한 경우에는 그렇지 않다.

한편, 분리과세이자소득·분리과세배당소득·분리과세연금소득·분리과세기타소득만 있는 자에 대해서는 종합소득공제를 적용하지 않으며, 수시부과 결정의 경우에는 기본공제 중 거주자 본인에 대한 분(연 150만원)만을 공제한다

Ⅳ. 종합소득 산출세액의 계산

```
  종 합 소 득 과 세 표 준
(×) 기    본    세    율      6%, 15%, 24%, 35%, 38%, 40%, 42%, 45% (8단계 초과누진세율)
  종 합 소 득 산 출 세 액
```

거주자의 종합소득 산출세액은 해당 연도의 종합소득과세표준에 다음의 세율을 적용하여 계산한 금액으로 한다.

과세표준	세 율
1,400만원 이하	과세표준의 6%
1,400만원 초과 5,000만원 이하	84만원+1,400만원을 초과하는 금액의 15%
5,000만원 초과 8,800만원 이하	624만원+5,000만원을 초과하는 금액의 24%
8,800만원 초과 1억 5천만원 이하	1,536만원+8,800만원을 초과하는 금액의 35%
1억 5천만원 초과 3억원 이하	3,706만원+1억 5천만원을 초과하는 금액의 38%
3억원 초과 5억원 이하	9,406만원+3억원을 초과하는 금액의 40%
5억원 초과 10억원 이하	1억 7,406만원+5억원을 초과하는 금액의 42%
10억원 초과	3억 8,406만원+10억원을 초과하는 금액의 45%

제2절 차감납부할세액

I. 차감납부할세액의 계산

종 합 소 득 산 출 세 액	
(−) 세 액 감 면	소득세법과 조세특례제한법에 규정된 세액감면
(−) 세 액 공 제	소득세법과 조세특례제한법에 규정된 세액공제
(+) 가 산 세	
총 결 정 세 액	
(+) 감면분추가납부세액	과거 조세감면혜택에 대한 사후 추징세액
총 부 담 세 액	
(−) 기 납 부 세 액	중간예납세액, 원천징수세액, 수시부과세액, 예정신고납부세액
차 감 납 부 할 세 액	

II. 세액감면

세액감면이란 조세정책상 일정요건을 만족하는 경우 특정 소득에 대한 산출세액의 전부 또는 일부를 감면해주는 제도를 말한다. 소득세와 관련된 세액감면은 소득세법과 조세특례제한법에 규정되어 있는데, 소득세법상 세액감면으로는 정부 간 협약에 따른 파견 외국인의 근로소득에 대한 세액감면과 우리나라 국적을 가지지 않은 거주자의 외국항행 사업소득에 대한 세액감면이 있다. 조세특례제한법상 세액감면은 법인과 개인 모두 동일하게 적용되므로 법인세법 편을 참고하기 바란다.

III. 세액공제

세액공제란 조세정책적 목적에 따라 일정금액을 산출세액에서 공제하는 제도를 말한다. 이는 소득공제의 취지와 마찬가지로 거주자의 최저생활에 필요한 소득에 대한 세부담을 산출세액에서 제거함으로써 실질적인 담세능력 고려하기 위한 제도이다. 소득세와 관련된 세액공제는 소득세법과 조세특례제한법에 규정되어 있는데, 각 세법에 규정된 대표적인 세액공제를 살펴보면 다음과 같다.

구 분	내 용
(1) 소 득 세 법	① 배당세액공제 ② 기장세액공제 ③ 외국납부세액공제 ④ 재해손실세액공제 ⑤ 근로소득세액공제 ⑥ 자녀세액공제 ⑦ 연금계좌세액공제 ⑧ 특별세액공제
(2) 조 세 특 례 제한법	① 정치자금세액공제 ② 전자신고에 대한 세액공제 ③ 월세세액공제 ④ 연구 및 인력개발비세액공제 ⑤ 각종 투자세액공제

1 배당세액공제

배당세액공제란 거주자의 종합소득금액에 귀속법인세(Gross-up금액)가 가산된 배당소득금액이 있는 경우 해당 귀속법인세(Gross-up금액)를 종합소득 산출세액에서 공제하는 제도를 말한다. 이는 배당소득과 관련하여 발생하는 이중과세의 문제를 개인주주단계에서 해소하기 위한 제도이다.

2 기장세액공제

기장세액공제란 사업소득이 있는 거주자 중 간편장부대상자가 종합소득 과세표준 확정신고를 할 때 복식부기에 따라 장부를 작성(기장)하여 소득금액을 계산하고 재무상태표·손익계산서 등의 서류를 제출하는 경우에는 다음 산식에 따라 계산된 금액을 종합소득 산출세액에서 공제하는 제도를 말한다.

$$\text{기장세액공제} = \text{종합소득 산출세액} \times \frac{\text{기장된 소득금액}}{\text{종합소득금액}} \times 20\% \text{ (한도 100만원)}$$

한편, 비치·기록한 장부에 의하여 신고해야 할 소득금액의 20% 이상을 누락하여 신고한 경우 또는 기장세액공제와 관련된 장부·증명서류를 해당 과세표준 확정신고기간 종료일부터 5년간 보관하지 않은 경우(천재지변 등 부득이한 사유 제외)에는 기장세액공제를 적용하지 않는다.

참고: 복식부기의무자와 간편장부대상자

사업자는 소득금액을 계산할 수 있도록 증명서류 등을 갖춰 놓고, 그 사업에 관한 모든 거래사실이 객관적으로 파악될 수 있도록 복식부기에 따라 장부에 기록·관리하여야 한다. 다만, 해당 과세기간에 신규로 사업을 개시한 사업자와 다음의 업종별 직전 과세기간의 수입금액이 일정금액 미만인 사업자가 간편장부를 갖춰 놓고 그 사업에 관한 거래 사실을 성실히 기재한 경우에는 복식부기에 따른 장부를 비치·기록한 것으로 본다. 이를 간편장부대상자라 하고, 간편장부대상자 외의 사업자는 복식부기의무자라 한다.

업 종	수입금액 기준
농업·임업 및 어업, 광업, 도매 및 소매업(상품중개업 제외), 비주거용 건물건설업, 부동산 개발 및 공급업, 그 밖에 아래에 해당되지 않는 사업	3억원 미만
제조업, 숙박 및 음식점업, 전기·가스·증기 및 공기조절공급업, 수도·하수·폐기물처리·원료재생업, 건설업(비주거용 건물 건설업 제외), 부동산 개발 및 공급업(주거용 건물 개발 및 공급업에 한함), 운수업 및 창고업, 정보통신업, 금융 및 보험업, 상품중개업	1억 5천만원 미만
부동산임대업, 부동산업(부동산임대업 제외), 전문·과학 및 기술서비스업, 사업시설관리 및 사업지원서비스업, 교육서비스업, 보건업 및 사회복지서비스업, 예술·스포츠 및 여가 관련 서비스업, 협회 및 단체, 수리 및 기타 개인서비스업, 가구내 고용활동	7,500만원 미만

한편, 변호사업, 심판변론인업, 변리사업, 법무사업, 공인회계사업, 세무사업 등 전문직사업자는 신규 사업자 여부나 수입금액 기준과 무관하게 복식부기의무자에 해당한다.

기장세액공제

다음은 간편장부대상자인 거주자 甲의 2025년도 종합소득에 대한 자료이다. 기장세액공제액을 계산하면?
(1) 거주자 甲의 2025년 사업소득금액은 30,000,000원이다.
(2) 거주자 甲의 종합소득금액은 80,000,000원이며, 종합소득 과세표준은 64,000,000원이다.
(3) 거주자 甲의 2025년도 종합소득 산출세액은 10,000,000원으로 가정한다.
(4) 거주자 甲은 과세표준확정신고를 할 때 복식부기에 따라 비치·기록한 장부에 의하여 적법하게 소득금액을 신고하였으며, 법령에서 정한 서류를 적법하게 제출하였다.

해답

$$\text{기장세액공제} = \text{종합소득 산출세액} \times \frac{\text{기장된 소득금액(사업소득금액)}}{\text{종합소득금액}} \times 20\% \ (\text{한도: 100만원})$$

$$= 10,000,000원 \times \frac{30,000,000원}{80,000,000원} \times 20\%$$

$$= 750,000원$$

 외국납부세액공제

(1) 외국납부세액공제의 의의

거주자의 종합소득금액에 국외원천소득이 합산되어 있는 경우로서 그 국외원천소득에 대하여 외국소득세액(외국납부세액)을 납부하였거나 납부할 것이 있을 때에는 공제한도금액 내에서 해당 과세기간의 종합소득산출세액에서 공제할 수 있는데, 이를 외국납부세액공제라 한다(소법 57①).

(2) 외국납부세액공제액의 계산

외국납부세액공제액은 다음 산식에 따라 계산한 금액으로 한다. 만약 국외사업장이 2 이상의 국가에 있는 경우에는 국가별로 구분하여 공제한도를 계산한다(국별한도제).

$$외국납부세액공제액 = Min(①, ②)$$

① 외국납부세액

② 한도 : 종합소득 산출세액 × $\dfrac{국외원천소득금액}{종합소득금액}$

(3) 이월공제

외국납부세액공제(외국소득세액을 종합소득산출세액에서 공제하는 경우만 해당)를 적용할 때 외국정부에 납부하였거나 납부할 외국소득세액이 해당 과세기간의 공제한도금액을 초과하는 경우 그 초과하는 금액은 해당 과세기간의 다음 과세기간부터 10년 이내에 끝나는 과세기간(이월공제기간)으로 이월하여 그 이월된 과세기간의 공제한도금액 내에서 공제받을 수 있다. 다만, 외국정부에 납부하였거나 납부할 외국소득세액을 이월공제기간 내에 공제받지 못한 경우 그 공제받지 못한 외국소득세액은 이월공제기간의 종료일 다음 날이 속하는 과세기간의 소득금액을 계산할 때 필요경비에 산입할 수 있다.

4 재해손실세액공제

(1) 재해손실세액공제의 개요

재해상실세액공제란 사업자가 해당 과세기간에 천재지변이나 그 밖의 재해로 인해 자산총액(토지 제외)의 20% 이상을 상실하여 납세가 곤란하다고 인정되는 경우 자산상실비율에 해당하는 세액을 종합소득 산출세액에서 공제하는 제도를 말한다. 이는 납세력을 상실한 사업자의 세부담을 완화하고 원활한 복구를 지원하고자 하는 데에 그 취지가 있다.

(2) 재해손실세액공제액의 계산

$$재해손실세액공제액 = Min(①, ②)$$

① 공제대상 소득세 × 자산상실비율
② 한도 : 상실된 재산가액

구 분	내 용
공 제 대 상 소득세액	① 재해발생일 현재 부과되지 않은 소득세와 부과된 소득세로서 미납된 소득세액(가산금 포함)
	② 재해발생일이 속하는 과세기간의 소득에 대한 소득세액

구 분	내 용
자 산 상 실 비 율	자산상실비율 = $\dfrac{\text{상실된 자산가액}}{\text{상실전 자산가액(토지가액 제외)}}$
	여기서 자산가액은 재해발생일 현재의 장부가액으로 하되, 재해로 인하여 장부가 소실·분실되어 장부가액을 알 수 없는 경우에는 납세지 관할세무서장이 조사하여 확인한 재해발생일 현재의 가액에 의하여 계산한다.

◉ 여기서 소득세액이란 다음과 같이 계산한 사업소득에 대한 소득세액을 말하며, 배당세액공제액·기장세액공제액·외국납부세액공제액을 적용한 후의 세액을 말한다.

$$\text{사업소득에 대한 소득세액} = \text{종합소득 산출세액} \times \dfrac{\text{사업소득금액}}{\text{종합소득금액}}$$

근로소득세액공제

근로소득세액공제란 근로소득이 있는 거주자에 대해 근로소득에 대한 종합소득산출세액에서 일정금액을 공제하는 제도를 말한다. 이는 근로소득자가 원천징수로 인해 상대적으로 다른 소득에 비해 세부담이 크기 때문에 이를 완화하고자 하는 데에 그 취지가 있다. 일용근로자 외의 일반근로자의 근로소득세액공제액은 다음의 금액으로 한다.

근로소득에 대한 종합소득 산출세액 주	공 제 액
130만원 이하	산출세액의 55%
130만원 초과	71만5천원 + (130만원을 초과하는 금액의 30%)

◉ 위의 도표에서 근로소득에 대한 종합소득 산출세액은 다음 산식에 의하여 계산한 금액을 말한다.

$$\text{근로소득에 대한 산출세액} = \text{종합소득 산출세액} \times \dfrac{\text{근로소득금액}}{\text{종합소득금액}}$$

다만, 근로소득세액공제액이 총급여액의 구분에 따른 한도액을 초과하는 경우에는 그 초과하는 금액은 없는 것으로 한다.

총 급 여 액	한 도 액
3,300만원 이하	74만원
3,300만원 초과 7,000만원 이하	74만원 − [(총급여액 − 3,300만원) × $\dfrac{8}{1,000}$] (다만, 위 금액이 66만원보다 적은 경우 66만원으로 함)
7,000만원을 초과 1억2,000만원 이하	66만원 − [(총급여액 − 7,000만원) × $\dfrac{1}{2}$] (다만, 위 금액이 50만원보다 적은 경우 50만원으로 함)
1억2,000만원 초과	50만원 − [(총급여액 − 1억2,000만원) × $\dfrac{1}{2}$] (다만, 위 금액이 20만원보다 적은 경우 20만원으로 함)

한편, 일용근로자의 근로소득에 대해서 원천징수를 하는 경우에는 해당 근로소득에 대한 산출세액의 55%에 해당하는 금액을 근로소득세액공제액으로 하여 그 산출세액에서 공제한다.

자녀세액공제

자녀세액공제는 자녀수에 따른 세액공제와 출산·입양 신고 세액공제로 구분된다. 자녀수에 따른 세액공제란 종합소득이 있는 거주자의 기본공제대상자에 해당하는 자녀 및 손자녀(입양자 및 위탁아동 포함, 공제대상자녀)에 대해서 다음 (1)의 구분에 따른 금액을 종합소득산출세액에서 공제하는 제도를 말한다. 다만, 만 8세 미만의 아동에 대해 적용되는 보편적 아동수당과의 중복지원을 방지하기 위해 만 8세 이상의 자녀에 한해 자녀수에 따른 세액공제를 적용한다.

한편, 출산·입양 신고 세액공제란 해당 과세기간에 출산하거나 입양 신고한 공제대상자녀가 있는 경우 다음 (2)의 구분에 따른 금액을 종합소득 산출세액에서 공제하는 제도를 말한다.

구 분	공제대상자녀	공 제 액
(1) 자녀수에 따른 세액공제 (만 8세 이상)	1명인 경우	연 25만원
	2명인 경우	연 30만원
	3명 이상인 경우	연 55만원 + 2명을 초과하는 1명당 연 40만원
(2) 출산·입양 신고 세액공제	첫째인 경우	연 30만원
	둘째인 경우	연 50만원
	셋째 이상인 경우	연 70만원

 연금계좌세액공제

연금계좌세액공제란 종합소득이 있는 거주자가 연금계좌 납입액의 12%에 해당하는 금액을 해당 과세기간의 종합소득 산출세액에서 공제하는 제도를 말한다. 다만, 해당 과세기간의 종합소득금액이 4천만원 이하(근로소득만 있는 경우 총급여액 5,500만원 이하)인 거주자에 대해서는 15%를 적용한다. 여기서 연금계좌 납입액은 다음의 금액으로 한다.

$$\text{연금계좌 납입액}^① = \text{MIN} \begin{bmatrix} ① \text{ Min}[\text{연금저축계좌 납입액, 600만원}] + \text{퇴직연금계좌 납입액} \\ ② \text{ 900만원} \end{bmatrix}$$

❶ 연금계좌 납입액이란 연금계좌에 납입한 금액 중 다음에 해당하는 금액을 제외한 금액을 말한다.
　① 소득세법에 따라 소득세가 원천징수되지 않은 퇴직소득 등 과세가 이연된 소득
　② 연금계좌에서 다른 연금계좌로 계약을 이전함으로써 납입되는 금액

 특별세액공제

① 보장성보험료세액공제　　② 의료비세액공제
③ 교육비세액공제　　　　　④ 기부금세액공제
⑤ 표준세액공제

(1) 보장성보험료세액공제

보장성보험료세액공제란 근로소득이 있는 거주자(일용근로자 제외)가 해당 과세기간에 만기에 환급되는 금액이 납입보험료를 초과하지 아니하는 보험(보장성보험)의 보험계약에 따라 지급하는 다음의 보험료를 지급한 경우 그 금액의 12%(①의 경우 15%)에 해당하는 금액을 해당 과세기간의 종합소득 산출세액에서 공제하는 제도를 말한다. 다만, 다음의 보험료별로 그 합계액이 각각 연 100만원을 초과하는 경우 그 초과하는 금액은 각각 없는 것으로 한다.

① 기본공제대상자 중 장애인을 피보험자 또는 수익자로 하는 장애인전용보장성보험료
② 기본공제대상자를 피보험자로 하는 대통령령으로 정하는 보험료(①의 장애인전용보장성보험료는 제외)

예제 3-4 보험료세액공제

다음 자료에 따라 거주자 甲의 보험료 세액공제액을 계산하면?
(1) 본인에 대한 자동차보험료: 800,000원
(2) 장녀(장애인, 22세, 소득 없음)의 장애인전용보장성보험료: 1,100,000원
(3) 배우자에 대한 보장성보험료: 600,000원

해답

1. 공제대상 보험료

구 분	보험료 지출액	보험료 한도액	공제대상 보험료
장애인전용보험료	1,100,000원	1,000,000원	1,000,000원
일반보험료	800,000원+600,000원 =1,400,000원	1,000,000원	1,000,000원

2. 보험료세액공제액: ①+②=150,000원+120,000원=270,000원
   ① 장애인전용보장성보험료: 1,000,000원×15%=150,000원
   ② 일반보장성보험료: 1,000,000원×12%=120,000원

(2) 의료비세액공제

의료비세액공제란 근로소득이 있는 거주자가 기본공제대상자(나이·소득 제한 없음)를 위하여 해당 과세기간에 의료비를 지급한 경우 다음 금액의 15%(③의 경우 20%, ④의 경우 30%)에 해당하는 금액을 해당 과세기간의 종합소득 산출세액에서 공제하는 제도를 말한다.

① 기본공제대상자를 위하여 지급한 의료비(② 및 ③의 의료비 제외)로서 총급여액에 3%를 곱하여 계산한 금액을 초과하는 금액. 다만, 그 금액이 연 700만원을 초과하는 경우에는 연 700만원으로 한다.
② 다음에 해당하는 사람을 위하여 지급한 의료비. 다만, ①의 의료비가 총급여액에 3%를 곱하여 계산한 금액에 미달하는 경우에는 그 미달하는 금액을 뺀다.
  ㉠ 해당 거주자
  ㉡ 과세기간 종료일 현재 65세 이상인 사람

ⓒ 장애인
ⓓ 중증질환자, 희귀난치성질환자 또는 결핵환자
③ 미숙아·선천성이상아 의료비. 다만, ① 및 ②의 의료비 합계액이 총급여액에 3%을 곱하여 계산한 금액에 미달하는 경우에는 그 미달하는 금액을 뺀다.
④ 난임시술비. 다만, ① 부터 ③까지의 의료비 합계액이 총급여액에 3%을 곱하여 계산한 금액에 미달하는 경우에는 그 미달하는 금액을 뺀다.

여기서 의료비란 해당 근로자가 직접 부담하는 다음 중 어느 하나에 해당하는 의료비(보험회사로부터 지급받은 실손의료보험금 제외)를 말한다. 다만, 미용·성형수술을 위한 비용 및 건강증진을 위한 의약품 구입비용은 포함하지 않는다(소령 118의5).

① 진찰·치료·질병예방을 위하여 의료기관(외국 소재 의료기관 제외)에 지급한 비용
② 치료·요양을 위하여 의약품(한약 포함)을 구입하고 지급하는 비용
③ 장애인 보장구 및 의사·치과의사·한의사 등의 처방에 따라 의료기기를 직접 구입하거나 임차하기 위하여 지출한 비용
④ 시력보정용 안경 또는 콘택트렌즈를 구입하기 위하여 지출한 비용으로서 기본공제대상자(연령 및 소득금액 제한 없음) 1명당 연 50만원 이내의 금액
⑤ 보청기를 구입하기 위하여 지출한 비용
⑥ 장기요양급여에 대한 비용으로서 실제 지출한 본인일부부담금
⑦ 해당 과세기간의 총급여액이 7,000만원 이하인 근로자가 산후조리원에 산후조리 및 요양의 대가로 지급하는 비용으로서 출산 1회당 200만원 이내의 금액

3-5 의료비세액공제

다음 자료에 따라 거주자 甲(총급여액 4,000만원)의 의료비세액공제액을 계산하면?
(1) 기본공제대상자를 위하여 지급한 의료비: 1,000,000원(아래 의료비를 제외한 금액임)
(2) 거주자 본인을 위하여 지급한 의료비: 100,000원
(3) 부친(65세)을 위하여 지급한 의료비: 200,000원
(4) 모친(장애인)을 위하여 지급한 의료비: 300,000원
(5) 배우자를 위하여 지급한 난임시술비: 2,000,000원

해답

1. 공제대상 의료비 구분

구 분	의료비 해당액	공제대상 의료비
일반의료비	1,000,000원−Min(40,000,000원×3%=1,200,000원, 7,000,000원)=−200,000원	−200,000원
특정의료비	100,000원(본인)+200,000원(65세 이상)+300,000원(장애인)=600,000원	600,000원
난임시술비	2,000,000원	2,000,000원

2. 의료비세액공제: (−200,000원+600,000원)×15%+2,000,000원×20%=460,000원

(3) 교육비세액공제

교육비세액공제란 근로소득이 있는 거주자가 그 거주자와 기본공제대상자(나이 제한 없음)를 위하여 해당 과세기간에 교육비를 지급한 경우 다음 금액의 15%에 해당하는 금액을 해당 과세기간의 종합소득 산출세액에서 공제하는 제도를 말한다. 다만, 소득세 또는 증여세가 비과세되는 교육비는 공제하지 않는다.

① 기본공제대상자인 배우자·직계비속·형제자매·입양자 및 위탁아동(직계비속등)을 위하여 지급한 다음의 교육비를 합산한 금액. 다만, 대학원에 지급하거나 직계비속등이 ②의 ㉣에 따른 학자금 대출을 받아 지급하는 교육비는 제외하며, 대학생인 경우에는 1명당 연 900만원, 초등학교 취학 전 아동과 초·중·고등학생인 경우에는 1명당 연 300만원을 한도로 한다.
  ㉠ 유아교육법, 초·중등교육법, 고등교육법 및 특별법에 따른 학교에 지급하거나 「고등교육법」 제34조제3항의 시험 응시를 위하여 지급한 교육비(초·중등교육법 제 2조에 따른 학교에서 실시하는 현장체험학습에 지출한 비용포함, 학생1인당 연 30만원한도)
  ㉡ 평생교육법에 따른 평생교육시설 또는 학점인정 등에 관한 법률에 따른 과정 등을 위하여 지급한 교육비
  ㉢ 국외교육기관에 지급한 교육비
  ㉣ 초등학교 취학 전 아동을 위하여 영유아보육법에 따른 어린이집, 학원의 설립·운영 및 과외교습에 관한 법률에 따른 학원 또는 체육시설에 지급한 교육비
② 해당 거주자를 위하여 지급한 다음의 교육비를 합산한 금액
  ㉠ ①의 ㉠부터 ㉢까지의 규정에 해당하는 교육비
  ㉡ 대학(전공대학, 원격대학 및 학위취득과정 포함) 또는 대학원의 1학기 이상에 해당하는 교육과정과 고등교육법에 따른 시간제 과정에 지급하는 교육비
  ㉢ 근로자직업능력 개발법에 따른 직업능력개발훈련시설에서 실시하는 직업능력개발훈련을 위하여 지급한 수강료. 다만, 지원금 등을 받는 경우에는 이를 뺀 금액으로 한다.
  ㉣ 학자금 대출의 원리금 상환에 지출한 교육비
③ 기본공제대상자인 장애인(소득 제한 없음)을 위하여 다음의 어느 하나에 해당하는 자에게 지급하는 특수교육비
  ㉠ 사회복지시설 및 비영리법인
  ㉡ 장애인의 기능향상과 행동발달을 위한 발달재활서비스를 제공하는 기관(18세 미만인 사람만 해당함)
  ㉢ ㉠의 시설 또는 법인과 유사한 것으로서 외국에 있는 시설 또는 법인

 **예 3-6 교육비세액공제**

다음 자료에 따라 거주자 甲의 교육비 세액공제액을 계산하면?
(1) 본인(40세)의 대학원 등록금: 6,000,000원
(2) 장남(15세)의 중학교 교육비: 4,000,000원
(3) 장녀(6세, 초등학교 취학 전)의 학원 교육비: 1,000,000

 해답

1. 공제대상 교육비

구 분	교육비 지출액	교육비 한도액	공제대상 교육비
본 인	6,000,000원	전 액	6,000,000원
장 남	4,000,000원	3,000,000원	3,000,000원
장 녀	1,000,000원	3,000,000원	1,000,000원
합 계			10,000,000원

2. 교육비세액공제액: 10,000,000원×15%=1,500,000원

(4) 기부금세액공제

기부금세액공제란 거주자와 기본공제대상자 중 배우자 및 부양가족(나이 제한 없음, 다른 거주자의 기본공제대상자 제외)이 해당 과세기간에 지급한 기부금이 있는 경우 다음의 구분에 따른 기부금을 합한 금액에서 사업소득금액을 계산할 때 필요경비에 산입한 기부금을 뺀 금액의 15%(1천만원 초과분 30%)에 해당하는 금액을 해당 과세기간의 종합소득 산출세액(필요경비에 산입한 기부금이 있는 경우 사업소득에 대한 산출세액 제외)에서 공제하는 제도를 말한다.

구 분		한 도 액	비 고
1) 특례기부금		–	① 특례기부금과 일반기부금이 함께 있으면 특례기부금 먼저 공제 ② 이월된 기부금과 해당 과세기간에 지급한 기부금이 함께 있으면 이월된 기부금 먼저 공제
2) 일반기부금	종교단체기부금이 있는 경우	소득금액* × 10% + Min(소득금액* × 20%, 종교단체 외 기부금)	
	종교단체기부금이 없는 경우	소득금액* × 30%	

* 소득금액 = 종합소득금액(원천징수세율 적용 이자소득·배당소득 제외) – 특례기부금

소득세법상 특별세액공제로 공제받을 수 있는 기부금으로서 특례기부금과 일반기부금이 있으며, 이 외에 조세특례제한법상 공제받을 수 있는 기부금으로 정치자금기부금과 우리사주조합기부금이 있다. 이에 대한 자세한 내용은 본서의 범위를 벗어나므로 조세특례제한법을 참고하기 바란다(조세특례제한법 제76조, 제88조의4⑬).

한편, 사업소득만 있는 자(보험모집인 등 연말정산 대상 사업소득만 있는 자 제외)는 기부금에 대해서 사업소득금액을 계산할 때 필요경비에 산입하는 방법으로만 인정받을 수 있기 때문에 기부금세액공제를 적용받을 수 없다.

(5) 표준세액공제

표준세액공제란 근로소득이 있는 거주자로서 소득·공제신청을 하지 않은 사람에 대해서는 연 13만원을 종합소득 산출세액에서 공제하고, 성실사업자(사업용계좌의 신고 등 일정요건에 해당하는 사업자)로서 세액공제 신청을 하지 않은 사업자에 대해서는 연 12만원을 종합소득 산출세액에서 공제하며, 근로소득이 없는 거주자로서 종합소득이 있는 사람(성실사업자 제외)에 대해서는 연 7만원을 종합소득 산출세액에서 공제하는 제도를 말한다.

(6) 특별세액공제 적용 시 유의사항

특별세액공제를 적용할 때 과세기간 종료일 이전에 혼인·이혼·별거·취업 등의 사유로 기본공제대상자에 해당되지 않는 종전의 배우자·부양가족·장애인 또는 과세기간 종료일 현재 65세 이상인 사람을 위하여 이미 지급한 금액이 있는 경우에는 그 사유가 발생한 날까지 지급한 금액에 각 특별세액공제율을 적용한 금액을 해당 과세기간의 종합소득 산출세액에서 공제한다.

Ⅳ. 기납부세액

 종합소득금액이 있는 거주자는 해당 과세기간의 다음연도 5월 1일부터 5월 31일까지 소득세를 신고·납부하는 것이 원칙이나, 중간예납세액·원천징수세액·수시부과세액·예정신고납부세액(부동산매매업자의 토지 등 매매차익)과 같이 해당 과세기간 중에 소득세의 일부를 미리 납부하는 경우도 있다. 이렇게 미리 납부한 소득세를 기납부세액이라 하며, 기납부세액은 차감납부할세액을 계산할 때 차감된다.

기출문제

제3장 _ 종합소득세 계산구조

01 다음 중 소득세법상 결손금 및 이월결손금에 관한 설명으로 가장 옳지 않은 것은?

[세무회계 3급 2019]

① 종합소득 중 사업소득에서 발생한 결손금만 공제할 수 있다.
② 부동산임대업(주거용 건물임대업 제외)에서 발생한 이월결손금은 부동산임대업의 소득금액에서 공제한다.
③ 해당 과세기간에 결손금이 발생하고 이월결손금이 있는 경우에는 이월결손금을 먼저 공제한다.
④ 이자소득 중 원천징수세율을 적용받는 부분은 결손금 또는 이월결손금의 공제대상에서 제외한다.

> **해설** 결손금 및 이월결손금을 공제할 때 해당 과세기간에 결손금이 발생하고 이월결손금이 있는 경우에는 그 과세기간의 결손금을 먼저 소득금액에서 공제한다.

해답 ③

02 다음 중 소득세법상 인적공제 기본공제 대상자에 대한 설명으로 잘못된 것은? [세무회계 3급 2020]

① 본인 : 나이, 소득제한 없음
② 배우자 : 나이, 소득제한 없음
③ 직계존속 : 나이 60세 이상, 연간 소득금액 100만원 이하
④ 직계비속 : 나이 20세 이하, 연간 소득금액 100만원 이하

> **해설** 배우자 : 나이제한 없음. 연간 소득금액 100만원 이하

해답 ②

03 다음 중 소득세법상 기본공제에 관한 설명으로 옳지 않은 것은? [세무회계 3급 2019]

① 기본공제액은 1명당 연 150만원이며, 기본공제대상자의 수에 제한이 없다.
② 거주자의 배우자로서 연간 소득금액이 없는 경우에만 기본공제 대상자이다.
③ 해당 거주자 본인도 기본공제 대상자이다.
④ 거주자의 부양가족으로서 장애인의 경우 연간소득금액의 합계액이 100만원 이하인 사람은 기본공제 대상자이다.

> **해설** 거주자의 배우자도 기본공제 대상자에 해당하기 위해서는 소득요건을 충족해야 하며, 소득요건이란 소득금액 100만원(근로소득만 있는 경우 총급여액 500만원) 이하를 말한다.

해답 ②

04 소득세법상 연간소득금액 100만원 이하인 기본공제 대상이 되는 75세 직계존속(장애인)에 대한 인적공제액으로 옳은 것은? [세무회계 3급 2019]

① 250만원　　　　　　　　　　② 300만원
③ 350만원　　　　　　　　　　④ 450만원

> **해설** 기본공제(150만원)+70세 이상 경로우대자공제(100만원)+장애인공제(200만원)=450만원
> 부녀자공제 및 한부모공제 외의 추가공제는 중복공제가 허용된다.
>
> **해답** ④

05 다음 중 소득세법상 인적공제 기본공제 대상자에 대한 설명으로 잘못된 것은? [세무회계 3급 2020]

① 본인 : 나이, 소득제한 없음
② 배우자 : 나이, 소득제한 없음
③ 직계존속 : 나이 60세 이상, 연간 소득금액 100만원 이하
④ 직계비속 : 나이 20세 이하, 연간 소득금액 100만원 이하

> **해설** 배우자 : 나이제한 없음, 연간 소득금액 100만원 이하
>
> **해답** ②

06 다음 중 소득세법상 거주자의 기본공제에 대한 설명으로 잘못된 것은? [세무회계 2급 2023]

① 총급여액 500만원 이하의 근로소득만 있는 배우자는 기본공제대상자에 해당한다
② 과세기간 종료일 현재 사망한 사람 또는 장애가 치유된 사람에 대해서는 사망일 전날 또는 치유일 전날의 상황에 따른다.
③ 해외에 거주 중인 미성년자녀도 기본공제대상자에 해당한다.
④ 해당 거주자가 배우자가 있는 여성의 경우로서 종합소득금액이 4천만원 이하인 경우 부녀자공제가 가능하다.

> **해설** 해당 거주자가 배우자가 있는 경우로서 종합소득금액이 3천만원이하인 경우 부녀자공제가 가능하다.
>
> **해답** ④

07 다음 중 소득세법상 종합소득공제시 추가공제에 대한 설명으로 틀린 것은? [세무회계 3급 2020]

① 65세 이상인 사람의 경우 1명당 연 100만원의 추가공제가 가능하다.
② 대통령령으로 정하는 장애인인 경우 1명당 연 200만원의 추가공제가 가능하다.
③ 기본공제대상자 중에서 추가공제를 받을 수 있다.
④ 배우자가 없으나 기본공제대상자인 직계비속이 있는 경우 연 100만원의 추가공제가 가능하다.

> **해설** 기본공제대상이 되는 사람이 다음 각 호의 어느 하나에 해당하는 경우에는 거주자의 해당 과세기간 종합소득금액에서 기본공제 외에 각 호별로 정해진 금액을 추가로 공제한다. 1. 70세 이상인 사람의 경우 1명당 연 100만원
>
> **해답** ①

08 소득세법에 따라 다음 자료를 이용하여 2025년 종합소득공제액을 계산할 때 공제되는 인적공제의 합계액을 계산한 것으로 옳은 것은? [단, 공제대상임을 증명하는 서류는 정상적으로 제출하였고, 부양가족은 모두 당해 과세연도 종료일 현재(모친은 사망일 현재) 주거형편상 별거 중이며, 연령은 당해 과세연도 종료일 현재(모친은 사망일 현재)임.] [2016 국가직 7급 수정]

부양가족	연령	소득현황	비고
본인(남성)	51세	총급여액 5천만원	
배우자	48세	총급여액 1천만원	장애인
아들	18세		장애인
딸	13세		
모친	72세		당해연도 12월 1일 사망

① 900만원
② 1,050만원
③ 1,100만원
④ 1,250만원

해설
1. 기본공제 : 1,500,000원 × 4명(본인, 아들, 딸, 모친) = 6,000,000원
2. 추가공제 : 2,000,000원(장애인공제) + 1,000,000원(경로우대자공제) = 3,000,000원
3. 인적공제액 : 6,000,000원 + 3,000,000원 = 9,000,000

해답 ①

09 다음 중 소득세법상 특별소득공제 중 전액공제 대상이 아닌 것은? [세무회계 3급 2019]

① 고용보험료
② 국민건강보험료
③ 주택임차자금 차입금의 원리금 상환액
④ 노인장기요양보험료

해설 주택임차자금차입금에 대해서는 원리금상환액의 40%를 일정 한도 내에서 주택자금공제로 공제한다.

해답 ③

10 부양중인 자녀가 다음과 같을 때 소득세법상 자녀세액공제는 얼마인가? [세무회계 3급 2020 수정]

· 첫째 아들 : 10세   · 둘째 딸 : 9세   · 셋째 아들 : 4세(2년전 입양)

① 25만원
② 30만원
③ 55만원
④ 60만원

해설 25만원+30만원=55만원 종합소득이 있는 거주자의 기본공제대상자에 해당하는 자녀(입양자 및 위탁아동을 포함)로서 8세 이상의 사람에 대해서는 다음 각 호의 구분에 따른 금액을 종합소득산출세액에서 공제한다.
1. 1명인 경우: 연 25만원
2. 2명인 경우: 연 55만원
3. 3명 이상인 경우: 연 55만원과 2명을 초과하는 1명당 연 40만원을 합한 금액

해답 ③

11 다음 중 소득세법상 자녀세액공제에 대한 내용으로 잘못된 것은? [세무회계 3급 2019 수정]

① 기본공제대상 자녀가 1명인 경우 세액공제액은 연 25만원이다.
② 기본공제대상 자녀가 2명인 경우 세액공제액은 연 55만원이다.
③ 기본공제대상 자녀가 3명인 경우 세액공제액은 연 85만원이다.
④ 첫째인 출생자녀가 있는 경우 세액공제액은 연 30만원이다.

> 해설 자녀세액공제 중 만 8세 이상 자녀수에 따른 세액공제는 3명 이상인 경우 '연 55만원+2명을 초과하는 1명당 연 40만원'을 적용한다. 즉, 기본공제대상 자녀가 3명인 경우 세액공제액은 연 95만원[=55만원+(3-2)×40만원]이다.

 ③

12 다음 자료에 따라 홍길동씨의 2025년도 보험료세액공제액을 계산하면?

> (1) 본인에 대한 자동차보험료 : 800,000원
> (2) 장녀의 장애인전용보장성보험료(장녀는 장애인으로 22세이며 소득은 없음) : 1,100,000원
> (3) 배우자에 대한 보장성보험료 : 600,000원

① 220,000원　　② 230,000원　　③ 270,000원
④ 250,000원　　⑤ 260,000원

> 1. 장애인전용 보장성보험료 : MIN[① 1,100,000원, ② 1,000,000원] × 15% = 150,000원
> 2. 일반보장성보험료 : MIN[① 800,000원+600,000원=1,400,000원, ②1,000,000원]×12%=120,000원
> 3. 보험료세액공제액 : 150,000원 + 120,000원 = 270,000원

 ③

13 다음 중 소득세법상 교육비세액공제가 적용되는 교육비와 그 한도가 잘못된 것은?
[세무회계 3급 2019 수정]

① 거주자 본인 대학원 교육비: 전액
② 기본공제대상자인 배우자 대학 교육비: 연 300만원
③ 기본공제대상자인 직계비속 초등학교 교육비: 연 300만원
④ 기본공제대상자인 직계비속 유치원 교육비: 연 300만원

> 해설 교육비세액공제를 적용할 때 기본공제대상자인 배우자·직계비속·형제자매 등에 대한 교육비 한도액은 초등학교 취학 전 아동과 초·중·고등학생의 경우 1인당 연 300만원, 대학생의 경우 1인당 연 900만원이다. 거주자 본인에 대한 교육비는 한도 없이 전액 교육비세액공제를 받을 수 있다.

 ②

14 다음은 근로자(일용근로자 아님)인 거주자 甲의 2025년 교육비와 관련된 자료이다. 거주자 甲의 교육비세액공제액으로 옳은 것은? 단, 甲을 제외한 다른 사람의 소득은 없으며, 세부담 최소화를 가정한다. [회계사 2017 수정]

지출대상	연령	교육비 명세	금액	비 고
본인(갑)	46세	대학 등록금	4,000,000원	총급여액 80,000,000원 (다른 종합소득 없음)
장 녀	14세	방과후 학교 수업료 및 특별활동비	2,600,000원	
장 남	5세	유치원 교육비	3,700,000원	주당 2회 실시하는 과정

① 1,290,000원 ② 1,440,000원 ③ 1,545,000원
④ 1,890,000원 ⑤ 2,790,000원

1. 공제대상 교육비

구 분	교육비 지출액	교육비 한도액	공제대상 교육비
본 인	4,000,000원	전액	4,000,000원
장 녀	2,600,000원	3,000,000원	2,600,000원
장 남	3,700,000원	3,000,000원	3,000,000원
합 계			9,600,000원

2. 교육비세액공제액 : 9,600,000원 × 15% = 1,440,000원

 ②

15 다음 중 소득세법상 특별세액공제대상 의료비에 속하지 않은 것은? [세무회계 3급 2020]

① 외국소재 종합병원에서 진료한 성형수술비
② 치료를 위한 의약품 구입비
③ 장애 회복을 위한 수술비
④ 보청기 구입을 위하여 지출한 비용

 외국병원에서 지출한 의료비는 공제대상이 아니다.

 ①

제4장 퇴직소득세

제1절 퇴직소득세 개요

I. 퇴직소득의 의의

퇴직소득이란 근로를 제공한 임직원이 퇴직을 할 때 회사로부터 받는 금전 등의 소득을 말한다. 퇴직소득은 장기간에 걸쳐 지속적으로 누적된 미실현소득이 퇴직으로 인하여 일시에 실현되는 특징을 갖고 있다. 이러한 소득에 종합과세하여 초과누진세율을 적용한다면 미실현소득이 매년 실현되었다고 보아 과세하는 경우보다 더 많은 소득세를 일시에 부담하게 되는데, 이를 세액의 결집효과(bunching effect)라고 한다. 이를 완화시키기 위해 소득세법에서는 퇴직소득에 대해 별도의 과세표준체계를 운용하는 분류과세 방식을 채택하고 있다.

II. 퇴직소득의 범위

① 공적연금 관련법에 따라 받는 일시금
② 사용자 부담금을 기초로 하여 현실적인 퇴직을 원인으로 지급받는 소득
③ 그 밖에 위 ① 및 ②와 유사한 소득으로서 대통령령이 정하는 소득

III. 비과세 퇴직소득

비과세 퇴직소득이란 과세당국이 조세정책적 목적으로 과세를 하지 않는 퇴직소득을 말한다. 소득세법에 규정된 대표적인 비과세 퇴직소득으로는 국민연금법에 따라 사망으로 받는 반환일시금과 사망일시금이 있으며, 비과세 근로소득 중 퇴직할 때 받는 소득은 비과세 퇴직소득에 해당한다.

IV. 퇴직소득의 수입시기

퇴직소득의 수입시기는 퇴직한 날로 한다. 다만, 국민연금법에 따른 일시금과 건설근로자의 고

용개선 등에 관한 법률에 따라 지급받는 퇴직공제금의 경우에는 해당 소득을 지급받는 날(분할하여 지급받는 경우에는 최초로 지급받는 날)로 한다.

V. 퇴직소득의 과세방법

소득세법에서는 퇴직소득을 원천징수대상소득으로 규정하고 있다. 즉, 퇴직소득을 지급하는 자(원천징수의무자)는 퇴직소득을 지급할 때 그 퇴직소득 과세표준에 원천징수세율을 적용하여 계산한 소득세를 원천징수하여 그 징수일이 속하는 달의 다음달 10일까지 납부해야 한다(원천징수).

한편, 해당 과세기간의 퇴직소득금액이 있는 거주자는 그 퇴직소득 과세표준을 그 과세기간의 다음 연도 5월 1일부터 5월 31일까지 납세지 관할 세무서장에게 신고하고 그 퇴직소득세를 납부해야 한다(퇴직소득 과세표준 확정신고·납부). 이는 해당 과세기간의 퇴직소득 과세표준이 없을 때에도 적용하나, 위의 원천징수 규정에 따라 퇴직소득세를 납부한 자는 퇴직소득 과세표준 확정신고를 하지 않을 수 있다(분류과세).

제2절 퇴직소득세 계산구조

I. 퇴직소득금액의 계산

퇴직소득금액은 해당 과세기간의 퇴직소득 총수입금액으로 한다. 퇴직소득에 대해서는 필요경비를 인정하지 않는다.

> 퇴직소득금액 = 퇴직소득 총수입금액*

* 퇴직소득 총수입금액 = 퇴직소득 - 비과세소득 (퇴직소득의 경우 분리과세소득이 없음)

II. 퇴직소득 과세표준과 산출세액의 계산

```
    환   산   급   여       = (퇴직소득금액 - 근속연수공제) ÷ 근속연수 × 12
(-) 환 산 급 여 공 제       환산급여에 따라 차등공제
    퇴 직 소 득 과 세 표 준
(×) 세                율    기본세율(12년 기준으로 환산한 연분연승법 적용)
    퇴 직 소 득 산 출 세 액
```

(1) 퇴직소득공제

퇴직소득이 있는 거주자에 대해서는 해당 과세기간의 퇴직소득금액에서 (1)의 구분에 따른 금액을 공제하고, 그 금액을 근속연수(1년 미만의 기간이 있는 경우에는 이를 1년으로 봄)로 나누고 12를 곱한 후의 금액(이하 '환산급여'라 함)에서 (2)의 구분에 따른 금액을 공제한다.(소법 48조 ①)

구 분	근속 연수	공 제 액
(1) 근속연수공제	5년 이하	100만원 × 근속연수
	5년 초과 10년 이하	500만원 + 200만원×(근속연수-5년)
	10년 초과 20년 이하	1,500만원 + 250만원×(근속연수-10년)
	20년 초과	4,000만원 + 300만원×(근속연수-20년)
(2) 환산급여공제	800만원 이하	환산급여의 100%
	800만원 초과 7,000만원 이하	800만원 + (800만원 초과분의 60%)
	7,000만원 초과 1억원 이하	4,520만원 + (7,000만원 초과분의 55%)
	1억원 초과 3억원 이하	6,170만원 + (1억원 초과분의 45%)
	3억원 초과	1억5,170만원 + (3억원 초과분의 35%)

(2) 퇴직소득 산출세액

거주자의 퇴직소득에 대한 소득세(퇴직소득 산출세액)는 다음의 순서에 따라 계산한 금액으로 한다(소법 55②).

① 퇴직소득 과세표준 × 기본세율
② 퇴직소득 산출세액 = (① ÷ 12) × 근속연수

Ⅲ. 퇴직소득 결정세액의 계산

```
  퇴 직 소 득 산 출 세 액
(-) 외 국 납 부 세 액 공 제 ✱
  퇴 직 소 득 결 정 세 액
```

✱ 외국납부세액공제란 거주자의 퇴직소득금액에 국외원천소득이 합산되어 있는 경우에 해당 국외원천소득에 대한 외국납부세액을 퇴직소득 산출세액에서 공제하는 제도를 말한다. 종합소득과 달리 퇴직소득에 대한 외국납부세액공제는 이월공제가 적용되지 않는다. 외국납부세액공제액은 다음 산식에 따라 계산한 금액으로 한다.

외국납부세액공제액 = Min(①, ②)

① 외국납부세액

② 한도 : 퇴직소득 산출세액 × $\dfrac{국외원천소득금액}{퇴직소득금액}$

제5장 양도소득세

제1절 양도소득세 개요

I. 양도소득의 의의

양도소득이란 개인이 부동산이나 주식 등의 자산을 양도함으로써 얻은 소득을 말한다. 여기서 양도란 자산에 대한 등기 또는 등록과 관계없이 매도, 교환, 법인에 대한 현물출자 등을 통하여 그 자산을 유상으로 사실상 이전하는 것을 말한다. 양도소득은 장기간에 걸쳐 지속적으로 누적된 미실현소득이 양도로 인하여 일시에 실현되는 특징을 갖고 있다. 따라서 퇴직소득과 동일하게 세액의 결집효과가 나타나는데, 이를 완화시키기 위해 소득세법에서는 양도소득에 대해서도 분류과세 방식을 채택하고 있다.

우리나라에서는 부동산 자체가 투기의 대상이 됨과 동시에 부동산 시장의 상황이 경제 전반에 적지 않은 영향을 미친다. 이러한 이유로 정부는 부동산 투기를 억제하고 부동산 시장을 안정화시키는 경제정책의 수단으로서 양도소득세를 이용하기도 한다.

II. 양도소득의 범위

소득세법에서는 양도소득 범위를 다음 각 구분에 해당하는 자산의 양도로 발생하는 소득으로 규정하고 있다.

구 분		비 고
(1) 부동산	1) 토지	공간정보의 구축 및 관리 등에 관한 법률에 따라 지적공부에 등록해야 할 지목에 해당하는 것
	2) 건물	건물에 부속된 시설·구축물 포함
(2) 부동산에 관한 권리	1) 부동산을 취득할 수 있는 권리	아파트당첨권, 토지상환채권, 주택상환채권, 부동산매매계약을 체결한 자가 계약금만 지급한 상태에서 양도하는 권리 등
	2) 지상권❶	–
	3) 전세권과 등기된 부동산임차권❶	미등기 부동산임차권 중 점포임차권을 양도하는 경우 기타소득에 해당함

구 분		비 고
(3) 기 타 자 산❹	1) 사업에 사용하는 토지·건물·부동산에 관한 권리와 함께 양도하는 영업권	영업권만 별도로 양도하는 경우 기타소득에 해당함
	2) 특정시설물이용권 등❷	골프장 회원권, 콘도미니엄 회원권, 헬스장 이용권 등
	3) 과점주주의 특정주식 등	법인의 자산총액 중 부동산·부동산에 관한 권리가 차지하는 비율이 50% 이상인 법인의 과점주주가 그 법인의 주식 등의 50% 이상(3년 누계 기준)을 해당 과점주주 외의 자에게 양도하는 경우에 해당 주식 등
	4) 부동산과다보유법인의 주식 등	골프장업·스키장업 등 체육시설업, 관광사업 중 휴양시설 관련업 및 부동산업·부동산개발업을 하는 법인으로서 자산총액 중 부동산·부동산에 관한 권리가 차지하는 비율이 80% 이상인 법인의 주식 등
	5) 토지·건물과 함께 양도하는 이축권	토지·건물과 함께 양도하는 개발제한구역의 지정 및 관리에 관한 특별조치법에 따른 이축을 할 수 있는 권리(이축권)의 양도로 발생하는 소득. 다만, 해당 이축권 가액을 감정평가업자가 감정한 가액이 있는 경우 그 가액(감정한 가액이 2이상인 경우 그 감정한 가액의 평균액)을 구분하여 신고하는 경우에는 제외(기타소득으로 과세)
(4) 주식 등❹	1) 주권상장법인의 주식 등으로서 다음에 해당하는 주식 등 ① 대주주❸가 양도하는 주식 등 ② 대주주❸에 해당하지 않는 자가 증권시장에서의 거래에 의하지 않고 양도하는 주식 등	②의 주식 중 주식의 포괄적 교환·이전에 대한 주식매수청구권 행사로 양도하는 주식 등은 제외
	2) 주권비상장법인의 주식 등	대주주❸에 해당하지 않는 자가 자본시장과 금융투자업에 관한 법률에 따라 설립된 한국금융투자협회가 행하는 장외매매거래(한국장외시장, K-OTC)에 의하여 양도하는 중소기업·중견기업의 주식 등은 제외
	3) 해외주식	외국법인이 발행한 주식과 내국법인이 발행한 주식으로서 해외 증권시장에 상장된 것을 말함
(5) 파 생 상 품	1) 파생결합증권 2) 국내 장내파생상품(코스피200선물·옵션 등 주가지수 관련 파생상품) 및 해외 장내파생상품 3) 차액결제거래에 따른 파생상품 4) 주가지수 관련 장외파생상품	이자소득이나 배당소득으로 과세되는 파생상품의 거래 또는 행위로부터의 이익은 제외
(6) 신 탁 수익권		신탁의 이익을 받을 권리

❶ 지상권과 전세권은 민법상 물권으로서 그 필요적 성립요건으로 등기를 요한다. 따라서 등기하지 않은 지상권 또는 전세권은 처음부터 물권으로 존재할 수가 없다. 한편, 부동산임차권은 민법상 채권으로서 본래 양도의 대상이 아니지만 등기를 하게 되면 채권이 물권화 되어 양도의 대상이 될 수 있으므로, 소득세법은 등기된 부동산임차권을 과세대상자산으로 규정하고 있다.

❷ 이용권·회원권, 그 밖에 그 명칭과 관계없이 시설물을 배타적으로 이용하거나 일반이용자보다 유리한 조건으로 이용할 수 있도록 약정한 단체의 구성원이 된 자에게 부여되는 시설물 이용권(법인의 주식 등을 소유하는 것만으로 시설물을 배타적으로 이용하거나 일반이용자보다 유리한 조건으로 시설물 이용권을 부여받게 되는 경우 그 주식 등을 포함)

❸ 대주주 여부는 주식 양도일이 속하는 사업연도의 직전 사업연도 종료일(주식등의 양도일이 속하는 사업연도에 새로 설립된 법인의 경우에는 해당 법인의 설립등기일) 현재 주주 1인 및 기타주주가 소유하는 주식의 비율 또는 시가총액으로 판단한다. 주식이 거래되는 시장의 구분에 따른 대주주 범위는 다음과 같다.

구 분			소유주식 비율	소유주식 금액
				22.12.31.까지 양도 시
유가증권시장 상장법인 주식			1% 이상	10억원 이상
코스닥시장 상장법인 주식			2% 이상	
코넥스시장 상장법인 주식			4% 이상	
비상장법인 주식	과세 여부 판단(K-OTC)			
	세율 적용	벤처기업 외	4% 이상	
		벤처기업		40억원 이상

❹ 양도한 주식 등이 (3) 기타자산과 (4) 주식 등에 동시에 해당되는 경우에는 (3) 기타자산으로 본다.

III. 비과세 양도소득

비과세 양도소득이란 과세당국이 조세정책적 목적으로 과세를 하지 않는 양도소득을 말한다. 소득세법에 규정된 대표적인 비과세 양도소득은 다음과 같다.

① 파산선고에 의한 처분으로 발생하는 소득
② 농지의 교환 또는 분합으로 발생하는 소득
③ 1세대 1주택의 양도로 인하여 발생하는 소득
④ 1세대 1조합원입주권의 양도로 인하여 발생하는 소득
⑤ 지적재조사에 관한 특별법에 따른 경계의 확정으로 지적공부상의 면적이 감소되어 지급받는 조정금

 파산선고에 의한 처분으로 발생하는 소득

파산선고에 의한 처분으로 인하여 발생하는 소득에 대해서는 양도소득세를 과세하지 아니한다. 왜냐하면 파산선고 후 절차규정에 의해 파산선고를 받은 채무자의 재산을 처분하여 채권자에게 귀속되는 과정에서, 소득세법상 해당 재산의 처분을 양도로 보아 과세를 하면 양도소득세만큼 채권자가 변제받을 수 있는 금액이 줄어든다. 따라서 소득세법에서는 채권자를 위하여 파산선고에 의한 처분으로 발생하는 소득을 비과세로 규정하고 있다.

 농지의 교환 또는 분합으로 발생하는 소득

다음 중 어느 하나에 해당하는 농지를 교환 또는 분합하는 경우로서 교환 또는 분합하는 쌍방 토지가액의 차액이 가액이 큰 편의 4분의 1 이하인 경우 해당 농지의 교환 또는 분합으로 발생하

는 소득에 대해서는 양도소득세를 과세하지 않는다.

① 국가 또는 지방자치단체가 시행하는 사업으로 인하여 교환 또는 분합하는 농지
② 국가 또는 지방자치단체가 소유하는 토지와 교환 또는 분합하는 농지
③ 경작상 필요에 의하여 교환하는 농지. 다만, 교환에 의하여 새로이 취득하는 농지를 3년 이상 농지소재지에 거주하면서 경작하는 경우에 한한다.
④ 농어촌정비법·농지법·한국농어촌공사 및 농지관리기금법 또는 농업협동조합법에 의하여 교환 또는 분합하는 농지

1세대 1주택의 양도로 인하여 발생하는 소득

다음 중 어느 하나에 해당하는 주택과 이에 딸린 토지(부수토지)의 양도로 발생하는 소득에 대해서는 소득세를 과세하지 않는다. 다만, 해당 주택 및 부수토지의 양도당시의 실지거래가액의 합계액이 12억원을 초과하는 경우에는 양도소득세를 과세한다.

① 1세대가 1주택을 보유하는 경우로서 대통령령으로 정하는 요건을 충족하는 주택
② 1세대가 1주택을 양도하기 전에 다른 주택을 대체취득하거나 상속, 동거봉양, 혼인 등으로 인하여 2주택 이상을 보유하는 경우로서 대통령령으로 정하는 주택

이 중 ①은 1세대 1주택 양도소득세 비과세에 대한 기본적인 규정이라고 할 수 있는데, 이를 구체적으로 살펴보면 다음과 같다.

(1) 1세대의 범위

거주자(주택을 양도한 자)와 그 배우자(법률상 이혼을 하였으나 생계를 같이 하는 등 사실상 이혼한 것으로 보기 어려운 관계에 있는 사람 포함)가 그들과 동일한 주소 또는 거소에서 생계를 같이하는 가족을 1세대라고 한다. 이 경우 가족은 거주자와 그 배우자의 직계존비속(그 배우자 포함) 및 형제자매를 말하며, 취학·질병의 요양, 근무상 또는 사업상의 형편으로 본래의 주소 또는 거소를 일시퇴거한 자를 포함한다. 1세대 1주택 비과세의 1세대에 해당하는지 여부는 주택 양도일 현재를 기준으로 판정하는 것이며, 같은 장소에서 생계를 같이하는 가족의 주민등록상 현황과 사실상 현황이 다른 경우에는 사실상 현황에 의한다.

(2) 1주택의 범위

주택은 건물공부상의 용도구분에 관계없이 사실상 주거용으로 사용하는 건물을 말하며, 그 용도가 불분명한 경우에는 공부상의 용도에 의하여 판단한다. 주택에 해당하는지 여부는 양도일 현재를 기준으로 판단하며, 매매특약에 의하여 매매계약일 이후 주택을 멸실한 경우에는 매매계약일 현재를 기준으로 판단한다.

주택에는 이에 딸린 토지로서 건물이 정착된 면적에 지역별로 다음의 배율을 곱하여 산정한 면적 이내의 토지(주택부수토지)를 포함한다.

① 도시지역 내의 토지: 5배^{주)}
② 도시지역 밖의 토지: 10배

^{주)} 2022년 1월 1일 이후 양도하는 분부터는 ⊙ 수도권 내의 토지 중 주거지역·상업지역 및 공업지역 내의 토지는 3배, ⓒ 수도권 내의 토지 중 녹지지역 내의 토지 및 ⓒ 수도권 밖의 토지는 5배를 적용한다. 이는 수도권 도시지역의 토지이용효율을 높이기 위해 비과세되는 주택부수토지의 범위를 합리적으로 조정한 것이다.

(3) 대통령령으로 정하는 요건

대통령령으로 정하는 요건이란 1세대가 양도일 현재 국내에 1주택을 보유하고 있는 경우로서 해당 주택의 보유기간이 2년 이상인 것을 말한다. 다만, 취득 당시에 조정대상지역에 있는 주택(2017년 8월 3일 이후에 취득한 주택에 한함)의 경우에는 해당 주택의 보유기간이 2년 이상이고 그 보유기간 중 거주기간이 2년 이상이어야 한다. 여기서 보유기간은 해당 자산의 취득일부터 양도일까지의 기간을 말하며, 거주기간은 주민등록표상의 전입일부터 전출일까지의 기간을 말한다.

조정대상지역

조정대상지역이란 주택 분양 등이 과열되어 있거나 과열될 우려가 있는 지역 또는 주택의 분양·매매 등 거래가 위축되어 있거나 위축될 우려가 있는 지역으로서, 국토교통부장관이 주택법에 따라 주거정책심의위원회의 심의를 거쳐 지정한 다음의 지역을 말한다.

구 분	조 정 대 상 지 역
서울	서울특별시 서초구, 강남구, 송파구, 용산구
경기	과천, 성남, 하남, 동탄2, 광명, 구리, 안양동안, 광교지구, 수원팔달, 용인수지·기흥, 수원영통·권선·장안, 안양만안, 의왕, 고양, 남양주*, 화성, 군포, 안성*, 부천, 안산, 시흥, 용인처인*, 오산, 평택, 광주*, 양주*, 의정부, 김포*, 파주*, 동두천*
인천	중*, 동, 미추홀, 연수, 남동, 부평, 계양, 서
대전	동, 중, 서, 유성, 대덕
부산	해운대, 수영, 동래, 남, 연제, 서구, 동구, 영도구, 부산진구, 금정구, 북구, 강서구, 사상구, 사하구
대구	수성, 중구, 동구, 서구, 남구, 북구, 달서구, 달성군주*
광주	동구, 서구, 남구, 북구, 광산구
울산	중구, 남구
세종	세종특별자치시
충북	청주*
충남	천안동남*·서북*, 논산*, 공주*
전북	전주완산·덕진
전남	여수*, 순천*, 광양*
경북	포항남*, 경산*
경남	창원성산

4 1세대 1조합원입주권의 양도로 인하여 발생하는 소득

조합원입주권이란 도시 및 주거환경정비법에 따른 관리처분계획의 인가와 빈집 및 소규모주택 정비에 관한 특례법에 따른 사업시행계획인가로 인하여 취득한 입주자로 선정된 지위를 말한다.

조합원입주권을 1개 보유한 1세대(관리처분계획의 인가일 및 사업시행계획인가일 현재 1세대 1주택에 해당하는 기존주택을 소유하는 세대)가 다음 중 어느 하나의 요건을 충족하여 요건을 충족하여 양도하는 경우 해당 조합원입주권을 양도하여 발생하는 소득에 대해서는 양도소득세를 과세하지 않는다. 다만, 해당 조합원입주권의 양도 당시의 실지거래가액의 합계액이 12억원을 초과하는 경우에는 양도소득세를 과세한다.

① 양도일 현재 다른 주택을 보유하지 아니할 것
② 양도일 현재 1조합원입주권 외에 1주택을 소유한 경우로서 해당 1주택을 취득한 날부터 3년 이내에 해당 조합원입주권을 양도할 것

5 지적공부상의 면적이 감소되어 지급받는 조정금

지적재조사에 관한 특별법에 따른 경계의 확정으로 지적공부상의 면적이 감소되어 지급받는 조정금에 대해서는 양도소득세를 과세하지 않는다(2012. 3. 17. 이후 발생한 분부터 적용). 지적재조사로 인한 토지의 감소는 형식적인 지적공부상 면적의 감소에 불과할 뿐 실질적인 소유자의 양도로 인한 감소가 아니므로 양도소득세를 과세하지 않는 것이다.

Ⅳ. 자산의 양도시기·취득시기

구 분		취득시기 및 양도시기
(1) 일반적인 경우	대금청산일이 분명한 경우	① 원칙 : 대금청산일
		② 대금청산일 이전에 소유권이전등기·등록을 한 경우 : 등기부·등록부·명부 등에 기재된 등기접수일
	대금청산일이 불분명한 경우	③ 등기부·등록부 또는 명부 등에 기재된 등기·등록접수일 또는 명의개서일
(2) 장기할부조건의 경우		소유권이전등기접수일·인도일 또는 사용수익일 중 빠른 날
(3) 상속·증여에 의하여 취득한 자산		그 상속이 개시된 날 또는 증여를 받은 날
(4) 자기가 건설한 건축물		① 사용승인서(사용검사필증) 교부일
		② 사용검사전에 사실상 사용하거나 사용승인을 얻은 경우 그 사실상 사용일·사용승인일
		③ 무허가 건축물 : 사실상 사용일
(5) 과점주주의 특정주식		주주 1인과 특수관계인의 주식양도비율이 50% 이상이 되는 날

V. 양도소득의 과세방법

 예정신고·납부기한

자산(해외주식·파생상품 제외)을 양도한 거주자는 양도소득 과세표준을 다음의 구분에 따른 기간에 납세지 관할 세무서장에게 신고하고 그 양도소득세를 납부해야 하는데, 이를 양도소득 과세표준 예정신고·납부라 한다. 이는 양도차익이 없거나 양도차손이 발생한 경우에도 적용한다.

구 분	예정신고·납부기한
(1) 토지·건물 (2) 부동산에 관한 권리 (3) 기타자산	양도일이 속하는 달의 말일부터 2개월
(4) 주식 등	양도일이 속하는 반기의 말일부터 2개월
(5) 부담부증여의 채무액에 해당하는 부분으로서 양도로 보는 경우	양도일이 속하는 달의 말일부터 3개월

 확정신고·납부기한

해당 과세기간의 양도소득금액이 있는 거주자는 그 양도소득 과세표준을 그 과세기간의 다음 연도 5월 1일부터 5월 31일까지 납세지 관할 세무서장에게 신고하고 그 양도소득세를 납부해야 하는데, 이를 양도소득 과세표준 확정신고·납부라 한다. 이는 해당 과세기간의 과세표준이 없거나 결손금액이 있는 경우에도 적용한다.

한편, 예정신고를 한 자는 해당 소득에 대한 확정신고를 하지 않을 수 있다. 다만, 해당 과세기간에 누진세율 적용대상 자산에 대한 예정신고를 2회 이상 하였으나 이미 신고한 양도소득금액과 합산하여 신고하지 아니한 경우 등에 대해서는 확정신고를 해야 한다.

제2절 양도소득세 계산구조

양 도 가 액	실지거래가액 원칙	
(−) 필요경비 { 취 득 가 액	실지거래가액 원칙	
기타필요경비	자본적 지출액과 양도비 등	
양 도 차 익(차 손)		
(−) 장 기 보 유 특 별 공 제	3년 이상 보유한 토지·건물 등에 적용함(6~80%)	
양 도 소 득 금 액	자산의 구분별로 계산함(양도차익·차손의 통산)	
(−) 양 도 소 득 기 본 공 제	자산의 구분별로 각각 연 250만원	
양 도 소 득 과 세 표 준		
(×) 양 도 소 득 세 율	자산의 종류 및 보유기간에 따라 다르게 적용함	
양 도 소 득 산 출 세 액		

Ⅰ. 양도차익의 계산

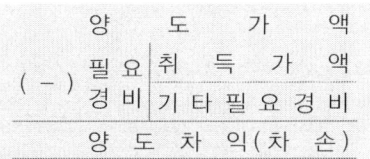

실지거래가액 원칙
실지거래가액 원칙
자본적 지출액과 양도비 등

 양도가액의 산정기준

(1) 원 칙

자산의 양도가액은 그 자산의 양도 당시의 양도자와 양수자 간에 실지거래가액에 따른다. 다만, 특수관계인과의 거래에 있어서 토지 등을 시가에 미달하게 양도함으로써 조세의 부담을 부당히 감소시킨 것으로 인정되는 때에는 그 양도가액을 시가에 의하여 계산한다.

한편, 거주자가 다음 중 어느 하나에 해당하는 경우에는 그 가액을 해당 자산의 양도 당시의 실지거래가액으로 본다.

① 특수관계법인에게 양도한 경우로서 해당 거주자의 상여·배당 등으로 처분된 금액이 있는 경우: 시가[1]
② 특수관계법인 외의 자에게 자산을 시가보다 높은 가격으로 양도한 경우로서 상속세 및 증여세법에 따라 해당 거주자의 증여재산가액으로 하는 금액이 있는 경우: 양도가액에서 증여재산가액을 뺀 금액[2]

[1] 특수관계법인에게 고가양도한 경우로서 시가와 취득가액의 차액에 대해서는 양도소득세를 과세하고 양도가액과 시가와의 차액은 법인세법상 소득처분시 상여 또는 배당으로 처리되어 거주자에게 종합소득세가 과세된다.

❷ 특수관계인 외의 자에게 고가양도한 경우로서 당해 양도대가와 시가와의 차액에서 발생한 증여재산가액에 대하여는 증여세가 과세되고, 양도 대가에서 증여재산가액을 차감한 시가와 취득가액의 차액에 대해서는 양도소득세가 과세된다.

(2) 실지거래가액을 인정 또는 확인할 수 없는 경우

양도당시의 실지거래가액의 확인을 위하여 필요한 장부·매매계약서·영수증 기타 증빙서류가 없거나 그 중요한 부분이 미비된 경우 등의 사유로 장부나 그 밖의 증명서류에 의하여 해당 자산의 양도 당시의 실지거래가액을 인정 또는 확인할 수 없는 경우 과세당국은 해당 자산의 양도가액을 추계조사하여 결정 또는 경정할 수 있다. 양도가액을 추계결정 또는 경정하는 경우에는 다음의 방법을 순차적으로 적용하여 산정한 가액에 따른다.

① 매매사례가액❶ ➡ ② 감정가액❷ ➡ ③ 기준시가

❶ 매매사례가액이란 양도일 전후 각 3개월 이내에 해당 자산과 동일성 또는 유사성이 있는 자산의 매매사례가 있는 경우 해당 가액을 말한다.
❷ 감정가액이란 양도일 전후 각 3개월 이내에 해당 자산에 대하여 2 이상의 감정평가업자가 평가한 것으로서 신빙성이 있는 것으로 인정되는 감정가액이 있는 경우에는 해당 감정가액의 평균액을 말한다. 다만, 기준시가가 10억원 이하인 자산(주식등은 제외)의 경우에는 양도일 전후 각 3개월 이내에 하나의 감정평가업자가 평가한 것으로서 신빙성이 있는 것으로 인정되는 경우 그 감정가액(감정평가기준일이 양도일 전후 각 3개월 이내인 것에 한정한다)으로 한다.

필요경비의 산정기준

필요경비 = 취득가액 + 기타필요경비(자본적 지출액과 양도비 등)

(1) 취득가액

1) 원 칙

자산의 취득가액은 그 자산의 취득에 든 실지거래가액에 따른다. 여기서 실지거래가액이란 자산의 취득 당시에 양도자와 양수자가 실제로 거래한 가액으로서 해당 자산의 취득과 대가관계에 있는 금전과 그 밖의 재산가액을 말한다. 다만, 특수관계인과의 거래에 있어서 토지 등을 시가를 초과하여 취득함으로써 조세의 부담을 부당히 감소시킨 것으로 인정되는 때에는 그 취득가액을 시가에 의하여 계산한다.

한편, 취득가액을 실지거래가액에 따라 양도소득 과세표준 예정신고 또는 확정신고를 한 경우로서 그 신고가액이 사실과 달라 납세지 관할 세무서장 또는 지방국세청장이 실지거래가액을 확인한 경우에는 그 확인된 가액을 취득가액으로 한다.

2) 실지거래가액을 확인할 수 없는 경우

실지거래가액을 확인할 수 없는 경우에는 다음의 방법을 순차적으로 적용하여 산정한 가액을 해당 자산의 취득가액으로 한다. 이는 실지거래가액을 확인할 수 없는 경우에 한하여 적용된다는 점에 유의해야 한다.

① 매매사례가액❶ ➡ ② 감정가액❷❹ ➡ ③ 환산가액❸❹ ➡ ④ 기준시가

❶ 매매사례가액이란 취득일 전후 각 3개월 이내에 해당 자산과 동일성 또는 유사성이 있는 자산의 매매사례가 있는 경우 해당 가액을 말한다.
❷ 감정가액이란 취득일 전후 각 3개월 이내에 해당 자산에 대하여 2 이상의 감정평가업자가 평가한 것으로서 신빙성이 있는 것으로 인정되는 감정가액이 있는 경우에는 해당 감정가액의 평균액을 말한다. 다만, 기준시가가 10억원 이하인 자산(주식등은 제외)의 경우에는 취득일 전후

각 3개월 이내에 하나의 감정평가업자가 평가한 것으로서 신빙성이 있는 것으로 인정되는 경우 그 감정가액(감정평가기준일이 취득일 전후 각 3개월 이내인 것에 한정한다)으로 한다.

❷ 환산가액이란 실지거래가액·매매사례가액 또는 감정액을 다음 산식에 따라 환산한 취득가액을 말한다. 다만, 거주자가 건물을 신축하고 그 신축한 건물의 취득일부터 5년 이내에 해당 건물을 양도하는 경우로서 환산가액을 그 취득가액으로 하는 경우에는 해당 건물 환산가액의 5%에 해당하는 금액을 양도소득 결정세액에 더한다(환산가액 적용에 따른 가산세).

$$환산취득가액 = 양도당시\ 실지거래가액·매매사례가액·감정가액 \times \frac{취득당시\ 기준시가}{양도당시\ 기준시가}$$

❸ 거주자가 건물을 신축 또는 증축하고 그 건물의 취득일 또는 증축일부터 5년 이내에 해당 건물을 양도하는 경우로서 감정가액 또는 환산취득가액을 그 취득가액으로 하는 경우에는 해당 건물의 감정가액 또는 환산취득가액(증축의 경우 증축한 부분에 한함)의 5%에 해당하는 금액을 가산세로 부과한다. 이는 양도소득 산출세액이 없는 경우에도 적용한다.

3) 감가상각비와 현재가치할인차금 상각액

양도자산 보유기간에 그 자산에 대한 감가상각비와 현재가치할인차금 상각액(현재가치할인차금을 취득원가에 포함하는 경우)을 사업소득금액의 필요경비에 산입하였거나 산입할 금액이 있을 때에는 해당 감가상각비와 현재가치할인차금 상각액을 취득가액에서 공제한다.

이는 사업소득 계산상 필요경비로 산입된 감가상각비와 현재가치할인차금 상각액이 양도소득의 필요경비로 이중공제되지 못하도록 하기 위한 규정으로, 양도자산의 취득가액을 실지거래가액으로 산정하는 경우뿐만 아니라 실지거래가액을 확인할 수 없어 매매사례가액 등으로 산정하는 경우에도 동일하게 적용된다.

(2) 기타필요경비

1) 기타필요경비의 종류

기타필요경비는 자본적 지출액과 양도비로 구분된다. 자본적 지출액이란 자산의 내용연수를 연장시키거나 당해 자산의 가치를 현실적으로 증가시키기 위하여 지출한 수선비 등을 말하며, 양도비란 자산을 양도하기 위하여 직접 지출한 비용 등을 말한다. 소득세법에 규정된 대표적인 자본적 지출액과 양도비의 사례를 살펴보면 다음과 같다.

구 분	사 례
자본적 지출액	① 소득세법의 규정에 따른 자본적 지출액 ② 양도자산의 취득 후 쟁송으로 인한 소송비용 등으로서 필요경비에 산입되지 아니한 금액 ③ 양도자산의 용도변경·개량·이용편의를 위하여 지출한 비용(재해·노후화 등 부득이한 사유로 인하여 건물을 재건축한 경우 그 철거비용을 포함) ④ 개발이익환수에관한법률에 따른 개발부담금 ⑤ 재건축초과이익환수에관한법률에 따른 재건축부담금 ⑥ 토지이용의 편의를 위하여 지출한 장애철거비용 등
양도비	① 증권거래세법에 따라 납부한 증권거래세 ② 양도소득세 과세표준 신고서 작성비용 및 계약서 작성비용 ③ 공증비용, 인지대 및 소개비 ④ 매매계약에 따른 인도의무를 이행하기 위해 양도자가 지출하는 명도비용 ⑤ 국민주택채권 및 토지개발채권을 만기 전에 양도함으로써 발생하는 매각차손 등

자본적 지출액과 양도비는 모두 그 지출에 관한 법정증명서류(세금계산서, 계산서, 신용카드매출전표, 현금영수증 등)를 수취·보관하거나 실제 지출사실이 금융거래 증명서류(계좌이체 등)에 의하여 확인되는 경우에 한해 인정된다.

2) 기타필요경비의 산정기준

취득가액을 실지거래가액에 의하는 경우의 기타필요경비는 해당 실지거래가액에 따른다. 다만, 취득가액을 매매사례가액·감정가액·환산가액·기준시가에 의하는 경우의 기타필요경비는 실지거래가액이 아닌 다음과 같이 자산의 구분별로 계산한 필요경비개산공제액에 따른다.

구 분	필요경비개산공제액
토지·건물	취득당시 기준시가×3% (미등기자산 0.3%)
지상권·전세권과 등기된 부동산임차권(미등기자산 제외)	취득당시 기준시가×7%
부동산을 취득할 수 있는 권리·기타자산·주식 등	취득당시 기준시가×1%

한편, 취득가액을 환산가액으로 하는 경우로서 '환산가액+필요경비개산공제액'이 실지거래가액에 따른 '자본적 지출액+양도비'보다 적은 경우에는 '자본적 지출액+양도비'를 기타필요경비로 할 수 있다. 이는 객관적으로 확인이 가능한 필요경비만으로도 양도차익을 계산할 수 있도록 함으로써 납세자의 편의를 도모하기 위한 규정이다.

양도차익 계산 시 유의사항

양도차익을 계산할 때 양도가액을 실지거래가액·매매사례가액·감정가액에 따를 때에는 취득가액도 실지거래가액·매매사례가액·감정가액·환산가액에 따르고, 양도가액을 기준시가에 따를 때에는 취득가액도 기준시가에 따른다. 즉, 양도가액을 기준시가에 따라 산정하는 경우에는 취득가액도 반드시 기준시가에 따라 산정해야 함에 유의해야 한다.

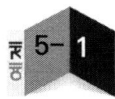 양도차익의 계산

부동산임대업을 영위하는 甲의 다음 자료에 의하여 양도차익을 계산하시오.

(1) 양도자산 : 건물(취득일 : 2020년 4월 7일, 양도일 : 2025년 11월 25일)
(2) 양도가액 : 500,000,000원
(3) 취득가액 : 350,000,000원
(4) 甲은 건물의 보유기간 중 사업소득금액을 계산함에 있어서 장부에 해당 건물에 대한 감가상각비로 80,000,000원을 계상하여 이 중 74,000,000원을 필요경비로 인정받았으며, 현재가치할인차금 상각액 21,000,000원을 필요경비로 인정받았다.
(5) 甲은 동 건물의 취득시 관계법령규정에 따라 국민주택채권을 액면가액 8,000,000원에 취득하였으나 즉시 금융기관에 7,200,000원에 처분하였다.
(6) 양도시 공인중개사에게 지급한 수수료는 3,000,000원이다.

해답

양도차익 = 양도가액 - 취득가액 - 기타필요경비
= 500,000,000원 - 255,000,000원❶ - 3,800,000원❷
= 241,200,000원

❶ 350,000,000원(취득가액) - 74,000,000원(감가상각비) - 21,000,000원(현재가치할인차금 상각액) = 255,000,000원
❷ 800,000원(국공채 처분손실) + 3,000,000원(공인중개사 수수료) = 3,800,000원

II. 양도소득금액과 과세표준의 계산

양 도 차 익(차 손)	
(-) 장 기 보 유 특 별 공 제	3년 이상 보유한 토지·건물 등에 적용함(6~80%)
양 도 소 득 금 액	자산의 구분별로 계산함(양도차익·차손의 통산)
(-) 양 도 소 득 기 본 공 제	자산의 구분별로 각각 연 250만원
양 도 소 득 과 세 표 준	

1 장기보유특별공제

장기보유특별공제란 등기된 토지·건물로서 보유기간이 3년 이상인 것 및 조합원입주권(조합원으로부터 취득한 조합원입주권 제외)에 대하여 그 자산의 양도차익에 다음에 따른 보유기간별 공제율을 곱하여 계산한 금액을 공제하는 제도를 말한다. 여기서 자산의 보유기간이란 그 자산의 취득일로부터 양도일까지를 말한다.

다만, ① 3년 미만 보유한 토지·건물, ② 미등기된 토지·건물, ③ 조정대상지역에 있는 주택으로서 1세대 2주택 이상 또는 1세대가 보유한 주택과 조합원입주권의 합이 2이상인 경우에 해당하는 주택 등은 장기보유특별공제를 적용받을 수 없다.

일반적인 부동산		1세대 1주택[주]			
보유기간	공제율	보유기간	공제율	거주기간	공제율
3년 이상 4년 미만	6%	3년 이상 4년 미만	12%	2년 이상 3년 미만 (보유기간 3년 이상)	8%
				3년 이상 4년 미만	12%
4년 이상 5년 미만	8%	4년 이상 5년 미만	16%	4년 이상 5년 미만	16%
5년 이상 6년 미만	10%	5년 이상 6년 미만	20%	5년 이상 6년 미만	20%
6년 이상 7년 미만	12%	6년 이상 7년 미만	24%	6년 이상 7년 미만	24%
7년 이상 8년 미만	14%	7년 이상 8년 미만	28%	7년 이상 8년 미만	28%
8년 이상 9년 미만	16%	8년 이상 9년 미만	32%	8년 이상 9년 미만	32%
9년 이상 10년 미만	18%	9년 이상 10년 미만	36%	9년 이상 10년 미만	36%

일반적인 부동산		1세대 1주택[주]			
보유기간	공제율	보유기간	공제율	거주기간	공제율
10년 이상 11년 미만	20%	10년 이상	40%	10년 이상	40%
11년 이상 12년 미만	22%				
12년 이상 13년 미만	24%				
13년 이상 14년 미만	26%				
14년 이상 15년 미만	28%				
15년 이상	30%				

◉ 1세대가 양도일 현재 국내에 1주택을 보유하고 보유기간 중 거주기간이 2년 이상인 것을 말한다.

양도소득은 퇴직소득과 마찬가지로 장기간에 걸쳐 지속적으로 발생한 미실현소득이 자산의 양도로 인하여 일시에 실현되는 특징을 갖고 있다. 이러한 소득에 종합과세하여 초과누진세율을 적용한다면 미실현소득이 매년 실현되었다고 보아 과세하는 경우보다 더 많은 소득세를 일시에 부담하는 세액의 결집효과가 발생한다. 이를 완화시키기 위해 소득세법에서는 퇴직소득에 대해서 퇴직소득공제와 연분연승법을 적용하고 있으며, 양도소득에 대해서 장기보유특별공제를 적용하고 있다.

2 양도차익·차손의 통산

양도소득금액은 다음과 같이 자산의 구분별로 계산한다. 이 때 양도차손이 발생한 자산이 있는 경우에는 다음의 구분별로 해당 자산 외의 다른 자산에서 발생한 양도소득금액에서 그 양도차손을 공제한다.

① 토지·건물, 부동산에 관한 권리, 기타자산의 양도소득
② 주식 등 양도소득
③ 파생상품의 양도소득
④ 신탁수익권의 양도소득

3 양도소득 기본공제

양도소득 기본공제란 양도소득이 있는 거주자에 대해서 다음 자산의 구분별로 해당 과세기간의 양도소득금액에서 각각 연 250만원을 공제하는 제도를 말한다.

구 분	비 고
토지·건물·부동산에 관한 권리·기타자산의 양도소득	미등기자산 제외
주식 등의 양도소득	-
파생상품의 양도소득	-
신탁수익권의 양도소득	-

Ⅲ. 양도소득 산출세액의 계산

```
  양 도 소 득 과 세 표 준
(×) 양 도 소 득 세 율
  양 도 소 득 산 출 세 액
```
자산의 종류 및 보유기간에 따라 다르게 적용함

 양도소득세율

거주자의 양도소득 산출세액은 해당 과세기간의 양도소득 과세표준에 다음의 양도소득세율을 적용하여 계산한 금액으로 한다. 이 경우 하나의 자산이 다음 구분에 따른 세율 중 둘 이상에 해당할 때에는 해당 세율을 적용하여 계산한 양도소득 산출세액 중 큰 것을 그 세액으로 한다.

구 분	양도소득세율

(1) 토지와 건물
(2) 부동산에 관한 권리
	① 미등기자산: 70%
	② 1년 미만 보유❷: 50%(주택 및 조합원입주권, 분양권의 경우 70%❸)
	③ 1년 이상 2년 미만 보유❷: 40%(주택 및 조합원입주권, 분양권의 경우 60%❸)
	④ 비사업용토지: 기본세율+10%p(즉, 16%~55%)
	⑤ 다음의 부동산: 기본세율(㉠의 경우 기본세율+10%p)+10%p❹
	  ㉠ 지정지역❸에 있는 부동산으로서 비사업용 토지. 다만, 지정지역의 공고가 있은 날 이전에 토지를 양도하기 위하여 매매계약을 체결하고 계약금을 지급받은 사실이 증빙서류에 의하여 확인되는 경우는 제외한다.
	  ㉡ 그 밖에 부동산 가격이 급등하였거나 급등할 우려가 있어 부동산 가격의 안정을 위하여 필요한 경우에 대통령령으로 정하는 부동산
	⑥ 조정대상지역에 있는 다음의 주택: 기본세율+20%p(㉢, ㉣의 경우 30%p)❺
	  ㉠ 1세대 2주택에 해당하는 주택
	  ㉡ 1세대가 주택과 조합원입주권 또는 분양권을 각각 1개씩 보유한 경우의 해당 주택(장기임대주택 등 제외)
	  ㉢ 1세대 3주택 이상에 해당하는 주택
	  ㉣ 1세대가 주택과 조합원입주권 또는 분양권을 보유한 경우로서 그 수의 합이 3 이상인 경우 해당 주택(장기임대주택 등 제외)
	⑦ 위 ①~⑥ 외의 일반자산: 기본세율(6%~45%), 분양권의 경우 60%
	⑧ 위 ①~⑦ 외의 일반자산: 기본세율(6%~42%)

(3) 기타자산	① 자산총액 중 비사업용 토지의 비율이 50% 이상인 특정주식: 기본세율+10% ② 위 ①외의 기타자산: 기본세율(6%~38%)

(4) 주식 또는 출자지분	① 대주주가 양도하는 주식 등
	  ㉠ 중소기업❼ 외 1년 미만 보유주식 등: 30%
	  ㉡ 위 ㉠에 해당하지 않는 주식 등: 과세표준 3억원 이하 20%(3억원 초과분 25%)
	② 대주주가 아닌 자가 양도하는 주식 등
	  ㉠ 중소기업의 주식 등: 10%
	  ㉡ 위 ㉠에 해당하지 않는 주식 등: 20%
	③ 해외주식 등

	㉠ 중소기업의 주식 등: 10% ㉡ 그 밖의 주식 등: 20%
(5) 파생상품	10%(탄력세율)❽
(6) 신탁 수익권	과세표준 3억원 이하 20%, 30억원 초과 25% (2단계 초과누․진세율)

❶ 이 경우 하나의 자산이 상기의 규정 중 둘 이상에 해당할 때에는 해당 세율을 적용하여 계산한 양도소득 산출세액 중 큰 것을 그 세액으로 한다 (소법 104① 후단).
❷ 장기보유특별공제와 양도소득세율의 적용에 있어 보유기간의 차이는 다음과 같다.

　　① 원칙: 장기보유특별공제와 양도소득세율 적용시 보유기간은 일치함
　　② 상속받은 재산의 경우
　　　㉠ 장기보유특별공제 적용시: 상속개시일을 취득일로 함
　　　㉡ 양도소득세율 적용시: 피상속인이 해당 자산을 취득한 날을 취득일로 함

❸ 2021년 5월 31일 이전 양도하는 분까지는 1년 미만 보유한 경우 40%, 1년 이상 2년 미만 보유한 경우 기본세율을 적용한다.
❹ 이 경우 해당 부동산 보유기간이 2년 미만인 경우에는 에 따른 위 (1)⑥의 세율을 적용하여 계산한 양도소득 산출세액과 위 (1)③ 또는 ④의 세율을 적용하여 계산한 양도소득 산출세액 중 큰 세액을 양도소득 산출세액으로 한다.
❺ 지정지역이란 서울(용산, 성동, 노원, 마포, 양천, 강서, 영등포, 서초, 강남, 송파, 강동, 종로, 중, 동대문, 동작) 및 세종을 말한다(2020.12.31. 현재).
❻ 2021년 5월 31일 이전 양도하는 분까지는 기본세율+10%p(ⓒ, ⓓ의 경우 20%p)을 적용한다. 이 경우 해당 주택 보유기간이 1년 미만인 경우에는 위 (1)⑦의 세율을 적용하여 계산한 양도소득 산출세액과 위 (1)③의 세율을 적용하여 계산한 양도소득 산출세액 중 큰 세액을 양도소득 산출세액으로 한다.
❼ 중소기업이란 주식의 양도일 현재 중소기업기본법 제2조에 따른 중소기업을 말한다.
❽ 소득세법에서는 20%의 세율로 규정하고 있으나 자본시장 육성 등을 위하여 필요한 경우 그 세율의 75%의 범위에서 대통령령으로 정하는 바에 따라 인하할 수 있는데, 이를 탄력세율이라 한다.

한편, 해당 과세기간에 토지․건물, 부동산에 관한 권리, 기타자산을 둘 이상 양도하는 경우 양도소득 산출세액은 다음의 금액 중 큰 것(소득세법 또는 세법에 따른 양도소득세 감면액이 있는 경우에는 해당 감면세액을 차감한 세액이 더 큰 경우의 산출세액)으로 한다.

① 해당 과세기간의 양도소득과세표준 합계액 × 기본세율(6%~45%)
② 위 양도소득세율 표에 따라 계산한 자산별 양도소득 산출세액 합계액

2 미등기양도자산에 대한 불이익

　미등기양도자산이란 토지․건물․부동산에 관한 권리를 취득한 자가 그 자산 취득에 관한 등기(등기부에 등재하는 것)를 하지 않고 양도하는 것을 말한다. 소득세법에서는 양도소득세를 계산할 때 미등기양도자산에 대한 여러 가지 불이익 규정을 두고 있는데, 이는 등기를 하지 않고 양도함에 따라 세원포착의 어려움을 이용해 양도소득세를 회피하고자 하는 것을 방지하는데 그 취지가 있다.

① 양도소득세 비과세 적용배제
② 기타필요경비에 대한 필요경비개산공제액 적용 시 낮은 개산공제율을 적용
③ 장기보유특별공제․양도소득 기본공제의 적용배제
④ 양도소득세율 적용 시 70%의 최고세율 적용

기출문제

제5장 _ 양도소득세

01 소득세법상 양도소득에 대한 설명으로 옳지 않은 것은? [국가직 7급 2012]

① 사업에 사용하는 토지·건물·부동산에 관한 권리와 함께 양도하는 영업권은 양도소득세의 과세대상에 포함된다.
② 양도란 자산에 대한 등기 또는 등록과 관계없이 매도·교환·법인에 대한 현물출자 등으로 인하여 그 자산이 유상 또는 무상으로 사실상 이전되는 것을 말한다.
③ 손해배상에 있어서 당사자간의 합의에 의하거나 법원의 확정판결에 의하여 일정액의 위자료를 지급하기로 하고, 동 위자료의 지급에 갈음하여 당사자 일방이 소유하고 있던 부동산으로 대물변제한 때에는 그 자산을 양도한 것으로 본다.
④ 상속받은 주택과 그 밖의 주택을 국내에 각각 1개씩 소유하고 있는 1세대가 그 밖의 주택을 양도하는 경우 국내에 1개의 주택을 소유하고 있는 것으로 보아 1세대 1주택 비과세 여부를 판정한다.

해설 상속이나 증여와 같이 무상으로 이전되는 경우에는 양도소득세가 과세되지 않고 상속세나 증여세가 과세된다.

해답 ②

02 다음 중 소득세법상 비과세 양도소득에 해당하는 것은? [세무회계 3급 2020 수정]

① 비사업용 토지의 수용
② 상장법인 대주주의 보유주식 양도
③ 상가의 경매로 발생하는 소득
④ 양도가액 12억 이하인 1세대 1주택(3년 동안 보유 및 거주)의 양도

해설 고가주택에 해당하지 않는 2년 이상 보유한 1세대 1주택에 대하여는 비과세 한다.

해답 ④

03 다음 중 소득세법상 양도소득에 대한 설명으로 틀린 것은? [세무회계 2급 2023]

① 양도소득세는 납부세액이 1천만원을 초과하는 경우 분납이 가능하다.
② 양도소득기본공제는 200만원을 적용한다.
③ 상가를 양도하는 경우 장기보유특별공제를 최대 30%까지 적용받을 수 있다.
④ 미등기양도자산에 대해서는 70%의 세율이 적용된다.

해설 양도소득기본공제는 각 호의 소득별로 각각 250만원을 적용한다.

 ②

04 다음 중 소득세법상 사업에 사용하는 토지·건물·부동산에 관한 권리와 함께 양도하는 영업권은 다음 중 어떤 소득에 해당하는가? [세무회계 3급 2019]

① 배당소득
② 사업소득
③ 기타소득
④ 양도소득

> **해설** 영업권을 사업에 사용하는 토지·건물·부동산에 관한 권리와 함께 양도하는 경우 양도소득에 해당하며, 영업권만 분리하여 양도하는 경우 기타소득에 해당한다.
>
> **해답** ④

05 다음 중 소득세법상 양도소득세 과세대상 자산이 아닌 것은? [세무회계 3급 2023]

① 서화·골동품
② 부동산을 취득할 수 있는 권리
③ 비상장주식
④ 토지 및 건물

> **해설** 원칙적으로 서화·골동품의 양도로 발생하는 소득은 기타소득으로 한다.
>
> **해답** ①

06 다음 중 소득세법상 양도소득의 장기보유특별공제에 대한 설명으로 잘못된 것은? [세무회계 2급 2023]

① 미등기양도자산은 장기보유특별공제를 적용받을 수 없다.
② 비상장주식을 3년 이상 보유하는 경우 장기보유특별공제가 적용된다.
③ 비사업용토지에 대해서도 장기보유특별공제가 적용된다.
④ 1세대 1주택 외의 양도자산에 대한 장기보유특별공제의 최대 적용한도는 30%이다.

> **해설** 비상장주식에 대해서는 장기보유특별공제가 허용되지 아니한다.
>
> **해답** ②

07 거주자 홍길동씨는 2025년 1월 21일에 보유하던 토지, 건물을 양도하였다. 소득세법상 양도소득세과세표준 예정신고기한은 언제까지인가? [세무회계 3급 2020]

① 2025년 1월 31일
② 2025년 2월 28일
③ 2025년 3월 21일
④ 2025년 3월 31일

> **해설** 토지, 건물을 양도한 경우 예정신고기한은 그 양도일이 속하는 달의 말일로부터 2개월.
>
> **해답** ④

PART 05

상속세 및 증여세법

제1장 상속세
제2장 증여세
제3장 재산의 평가

제1장 상속세

제1절 상속세 개요

Ⅰ. 상속세의 의의

1 상속세 및 증여세의 개념

상속세란 사망으로 그 재산이 가족이나 친족 등에게 무상으로 이전되는 경우에 당해 상속재산에 대하여 부과하는 조세를 말한다. 이때 사망으로 인해 재산을 무상으로 이전받는 자를 상속인이라 하며, 상속인에게 재산을 무상으로 이전하는 자를 피상속인이라 한다.

증여세란 사망 외의 원인으로 그 재산이 타인에게 무상으로 이전되는 경우에 당해 증여재산에 대하여 부과되는 조세를 말한다. 이때 재산을 무상으로 이전받는 자를 수증자라 하며, 수증자에게 재산을 무상으로 이전하는 자를 증여자라 한다.

2 상속세 및 증여세법상 용어의 해설

용 어	정 의
(1) 상 속	민법 제5편에 따른 상속(사망으로 개시)을 말하며, 다음의 것을 포함한다. ① 유증 : 유언에 의한 재산의 무상증여를 말한다. 이는 피상속인의 단독행위로서 사망을 원인으로 효력이 발생한다. ② 사인증여 : 민법 제562조에 따른 증여자의 사망으로 인하여 효력이 생길 증여(상속개시일 전 10년 이내에 피상속인이 상속인에게 진 증여채무 및 상속개시일 전 5년 이내에 피상속인이 상속인이 아닌 자에게 진 증여채무의 이행 중에 증여자가 사망한 경우의 그 증여를 포함) ③ 특별연고자에 대한 상속재산의 분여 : 민법 제1057조의2에 따른 피상속인과 생계를 같이 하고 있던 자, 피상속인의 요양간호를 한 자 및 그 밖에 피상속인과 특별한 연고가 있던 자에 대한 상속재산의 분여 ④ 신탁법에 따른 유언대용신탁 ⑤ 신탁법에 따른 수익자연속신탁
(2) 증 여	그 행위 또는 거래의 명칭·형식·목적 등과 관계없이 직접 또는 간접적인 방법으로 타인에게 무상으로 유형·무형의 재산 또는 이익을 이전(현저히 낮은 대가를 받고 이전하는 경우 포함)

용어	정의
	하거나 타인의 재산가치를 증가시키는 것을 말한다. 다만, 유증, 사인증여, 유언대용신탁 및 수익자연속신탁은 제외한다.
(3) 상속개시일	피상속인이 사망한 날을 말한다. 다만, 피상속인의 실종선고로 인하여 상속이 개시되는 경우에는 실종선고일을 말한다.
(4) 상속재산	피상속인에게 귀속되는 모든 재산을 말하며, 다음의 물건과 권리를 포함한다. 다만, 피상속인의 일신에 전속하는 것으로서 피상속인의 사망으로 인하여 소멸되는 것은 제외한다. ① 금전으로 환산할 수 있는 경제적 가치가 있는 모든 물건 ② 재산적 가치가 있는 법률상 또는 사실상의 모든 권리
(5) 증여재산	증여로 인하여 수증자에게 귀속되는 모든 재산 또는 이익을 말하며, 다음의 물건, 권리 및 이익을 포함한다. ① 금전으로 환산할 수 있는 경제적 가치가 있는 모든 물건 ② 재산적 가치가 있는 법률상 또는 사실상의 모든 권리 ③ 금전으로 환산할 수 있는 모든 경제적 이익
(6) 상속인	피상속인의 직계비속, 직계존속, 형제자매, 4촌이내의 방계혈족 등 민법 제1000조, 제1001조, 제1003조 및 제1004조에 따른 상속인을 말하며, 같은 법 제1019조 제1항에 따라 상속을 포기한 사람 및 특별연고자를 포함한다.
(7) 수유자	① 유증을 받은 자 ② 사인증여에 의하여 재산을 취득한 자 ③ 유언대용신탁 및 수익자연속신탁에 의하여 신탁의 수익권을 취득한 자 중 하나에 해당하는 자를 말한다.
(8) 거주자	국내에 주소를 두거나 183일 이상 거소를 둔 사람을 말하며, 거주자가 아닌 사람을 비거주자라 한다.
(9) 수증자	증여재산을 받은 거주자(본점이나 주된 사무소의 소재지가 국내에 있는 비영리법인 포함) 또는 비거주자(본점이나 주된 사무소의 소재지가 외국에 있는 비영리법인 포함)를 말한다.
(10) 특수관계인	본인과 친족관계, 경제적 연관관계 또는 경영지배관계 등 대통령령으로 정하는 관계에 있는 자를 말한다. 이 경우 본인도 특수관계인의 특수관계인으로 본다.

3 과세방식

상속세의 과세방식은 피상속인의 상속재산 전부를 상속세 과세의 기초로 하는 유산세방식과 각 상속인별로 구분된 상속재산을 상속세 과세의 기초로 하는 유산취득세방식으로 구분된다. 상속세 및 증여세법에서는 상속세의 경우 유산세방식을, 증여세의 경우 유산취득세방식을 채택하고 있다. 따라서 상속세는 피상속인이 이전하는 상속재산을 기준으로 과세가액을 계산하며, 증여세는 수증자가 이전받은(취득한) 증여재산을 기준으로 과세가액을 계산한다.

II. 상속세 과세대상

상속개시일 현재 다음의 구분에 따른 상속재산에 대하여 상속세를 부과한다.

① 피상속인이 거주자인 경우 : 국내외에 소재하는 모든 상속재산
② 피상속인이 비거주자인 경우 : 국내에 소재하는 모든 상속재산

III. 상속세 납부의무

상속세 납세의무자는 상속을 원인으로 재산을 물려받는 상속인 또는 유언이나 증여계약 후 증여자의 사망으로 재산을 취득하는 수유자이다. 상속인이나 수유자는 상속재산 중 각자가 받았거나 받을 재산의 점유비율에 따라 상속세를 납부할 의무가 있다. 이 경우 상속인이나 수유자는 각자가 받았거나 받을 재산(상속으로 인하여 얻은 자산총액에서 부채총액과 그 상속으로 인하여 부과되거나 납부할 상속세를 공제한 가액을 말함)을 한도로 연대하여 납부할 의무를 진다(연대납부의무).

한편, 특별연고자 또는 수유자가 영리법인인 경우에는 해당 영리법인에게 법인세가 과세되므로 상속세가 면제되나, 그 영리법인의 주주 또는 출자자 중 상속인과 그 직계비속이 있는 경우에는 상속세 및 증여세법에 따라 계산된 지분 상당액에 대해서는 그 상속인 및 직계비속이 납부할 의무가 있다. 이는 영리법인을 이용한 변칙적인 상속에 따른 조세회피행위를 방지하기 위함이다.

IV. 과세관할과 과세최저한

1 과세관할

상속세는 피상속인의 주소지 또는 거소지를 관할하는 세무서장 또는 지방국세청장이 과세한다. 다만, 상속개시지가 국외인 경우에는 상속재산 소재지를 관할하는 세무서장 등이 과세하고, 상속재산이 둘 이상의 세무서장 등의 관할구역에 있을 경우에는 주된 재산의 소재지를 관할하는 세무서장 등이 과세한다.

2 과세최저한

상속세의 과세표준이 50만원 미만이면 상속세를 부과하지 않는다.

제2절   상속세 신고와 납부

Ⅰ. 상속세 신고

상속세 납부의무가 있는 상속인 또는 수유자는 상속개시일이 속하는 달의 말일부터 6개월 이내에 상속세의 과세가액 및 과세표준을 납세지 관할세무서장에게 신고해야 한다. 다만, 피상속인이나 상속인이 외국에 주소를 둔 경우에는 신고기간을 9개월로 한다.

상속세는 과세당국(정부)의 과세처분이라는 행정처분을 통하여 납세의무가 확정되는 부과과세세목으로, 납세의무자의 상속세 신고는 일차적인 협력의무에 불과하여 확정력을 갖지 않는다. 따라서 과세당국은 납세의무자의 신고내용을 바탕으로 또는 신고가 없는 경우에도 조사하여, 상속세 과세표준 신고기한으로부터 9개월 이내에 상속세 납세의무를 구체적으로 확정시키고 그 결과를 납세의무자에게 통지해야 한다.

Ⅱ. 상속세 납부

상속세를 신고하는 자는 상속세 과세표준 신고기한까지 상속세액을 납세지 관할 세무서, 한국은행 또는 우체국에 납부해야 한다. 상속세 및 증여세법에서는 상속세 납세의무자의 과도한 납부부담을 줄이기 위해 다음과 같이 납부와 관련한 여러 제도를 규정하고 있다.

구 분	내 용
(1) 원 칙	상속세는 금전으로 일시에 납부하는 것이 원칙이다.
(2) 분 납	납부할 금액이 1,000만원을 초과하는 경우에는 다음의 금액을 납부기한이 지난 후 2개월 이내에 분할납부할 수 있다. ① 납부할 세액이 2,000만원 이하인 때 : 1,000만원을 초과하는 금액 ② 납부할 세액이 2,000만원을 초과하는 때 : 그 세액의 50% 이하의 금액
(3) 연부연납	납세지 관할세무서장은 상속세 납부세액이 2,000만원을 초과하는 경우에는 납세의무자의 신청을 받아 연부연납을 허가할 수 있다. 이 경우 납세의무자는 담보를 제공해야 한다. 연부연납의 기간은 연부연납 허가일부터 10년(가업상속의 경우 10년 또는 20년) 이내의 범위에서 납세의무자가 신청한 기간으로 하되, 각 회분의 분할납부 세액이 1,000만원을 초과하도록 연부연납기간을 정해야 한다.
(4) 물 납	납세지 관할 세무서장은 다음의 요건을 모두 갖춘 경우에는 납세의무자의 신청을 받아 물납을 허가할 수 있다. ① 상속재산(상속인·수유자가 받은 사전증여재산 포함) 중 부동산과 유가증권(국내에 소재하는 부동산 등 물납에 충당할 수 있는 재산으로 한정함)의 가액이 해당 상속재산가액의 1/2을 초과할 것 ② 상속세 납부세액이 2,000만원을 초과할 것 ③ 상속세 납부세액이 상속재산가액 중 금융재산의 가액(상속재산에 가산하는 증여재산의 가액은 포함하지 않음)을 초과할 것

제3절 상속세 계산구조

총 상 속 재 산 가 액	본래의 상속재산·의제상속재산·추정상속재산
(−) 비 과 세 재 산 가 액	
(−) 과 세 가 액 불 산 입	
(−) 과 세 가 액 공 제 액	공과금·장례비용·채무
(+) 사 전 증 여 재 산 가 액	10년 이내 상속인 및 5년 이내 상속인 외의 자에게 증여한 재산
상 속 세 과 세 가 액	
(−) 상 속 공 제	인적공제·물적공제
(−) 감 정 평 가 수 수 료 공 제	500만원 한도
상 속 세 과 세 표 준	과세최저한(50만원 미만)
(×) 세 율	10%~50%의 5단계 초과누진세율
상 속 세 산 출 세 액	세대생략가산액 포함
(−) 문 화 재 등 징 수 유 예 세 액	
(−) 세 액 공 제	증여세액공제·외국납부세액공제·단기재상속세액공제·신고세액공제
(+) 가 산 세	
납 부 할 세 액	분납·연부연납·물납

I. 상속세 과세가액

총 상 속 재 산 가 액	본래의 상속재산·의제상속재산·추정상속재산
(−) 비 과 세 재 산 가 액	
(−) 과 세 가 액 불 산 입	
(−) 과 세 가 액 공 제 액	공과금·장례비용·채무
(+) 사 전 증 여 재 산 가 액	10년 이내 상속인 및 5년 이내 상속인 외의 자에게 증여한 재산
상 속 세 과 세 가 액	

총상속재산가액

(1) 본래의 상속재산

본래의 상속재산이란 피상속인에게 귀속되는 모든 재산을 말하며, 다음의 물건과 권리를 포함한다. 다만, 공인회계사 자격증과 같이 피상속인의 일신에 전속하는 것으로서 피상속인의 사망으로 인하여 소멸되는 것은 제외한다.

① 금전으로 환산할 수 있는 경제적 가치가 있는 모든 물건
② 재산적 가치가 있는 법률상 또는 사실상의 모든 권리

(2) 의제상속재산

민법에서는 상속·유증 등의 법률상 원인에 의하여 상속인이 취득한 재산만을 상속재산으로 본다. 그러나 상속세 및 증여세법에서는 상속·유증 등의 법률상 원인에 의하여 취득한 재산이 아니더라도 결과적으로 상속인이 상속·유증 등에 의한 재산취득과 동일한 결과가 발생한 경우에는 실질과세의 원칙에 따라 상속재산으로 의제하고 있는데, 이를 의제상속재산이라 한다. 의제상속재산에는 다음의 보험금, 신탁재산, 퇴직금 등이 포함된다.

구 분	내 용
보 험 금	피상속인의 사망으로 인하여 받는 생명보험·손해보험의 보험금으로서 피상속인이 보험계약자인 보험계약에 의하여 받는 것. 보험계약자가 피상속인이 아닌 경우에도 피상속인이 실질적으로 보험료를 납부하였을 때에는 피상속인을 보험계약자로 보아 이를 상속재산으로 본다.
신 탁 재 산	① 피상속인이 신탁한 재산. 다만, 신탁이익의 증여에 관한 규정에 따라 수익자의 증여재산가액으로 하는 해당 신탁의 이익을 받을 권리의 가액(價額)은 상속재산으로 보지 않는다. ② 피상속인이 신탁으로 인하여 타인으로부터 신탁의 이익을 받을 권리를 소유하고 있는 경우에는 그 이익에 상당하는 가액 ③ 수익자연속신탁의 수익자가 사망함으로써 타인이 새로 신탁의 수익권을 취득하는 경우 그 타인이 취득한 신탁의 이익을 받을 권리의 가액은 사망한 수익자의 상속재산에 포함한다.
퇴직금 등	피상속인에게 지급될 퇴직급여·퇴직수당·공로금·연금 또는 이와 유사한 것이 피상속인의 사망으로 인하여 지급되는 경우 그 금액. 다만, 국민연금법 등 각종 법률규정에 따라 지급되는 연금·보상금 등은 상속재산으로 보지 않는다.

(3) 추정상속재산

1) 의 의

피상속인의 사망 전에 재산을 처분하거나 채무를 부담한 경우로서 다음에 해당하는 경우에는 이를 상속받은 것으로 추정하여 총상속재산가액에 포함하는데, 이를 추정상속재산이라 한다. 이는 상속재산의 은닉 등으로 상속세를 회피하고자 하는 것을 방지하고 용도의 객관적 입증 책임을 납세자에게 전가함으로써 과세관청의 입증책임을 완화하는데 목적이 있다.

구 분	내 용
재 산 처분시	피상속인이 재산을 처분하여 받은 금액이나 피상속인의 재산에서 인출한 금액이 다음의 재산종류별로 계산하여 상속개시일 전 1년 이내에 2억원 이상인 경우와 상속개시일 전 2년 이내에 5억원 이상으로서 그 용도가 객관적으로 명백하지 않은 경우.❋ ① 현금·예금 및 유가증권 ② 부동산 및 부동산에 관한 권리 ③ 그 밖의 재산
채 무 부담시	피상속인이 부담한 채무를 합친 금액이 상속개시일 전 1년 이내에 2억원 이상인 경우와 상속개시일 전 2년 이내에 5억원 이상인 경우로서 그 용도가 객관적으로 명백하지 않은 경우❋. 다만, 피상속인이 국가·지방자치단체·금융회사가 아닌 자에 대하여 부담한 채무로서 상속인이 변제할 의무가 없는 것으로 추정되는 경우에는 금액 기준에 상관없이 해당 금액 전액을 총상속재산가액에 포함한다.
참 고	2년 이내 5억원 이상 ◀―――――――――――――――▶ 　　　　　　　　◀―――――――▶ 상속개시일 　　　　　　　　1년 이내 2억원 이상

❋용도가 객관적으로 명백하지 않은 경우란 다음 중 어느 하나에 해당하는 경우를 말한다.
① 피상속인이 재산을 처분하여 받은 금액이나 피상속인의 재산에서 인출한 금전 등 또는 채무를 부담하고 받은 금액을 지출한 거래상대방이 거래증명의 불비 등으로 확인되지 않는 경우
② 거래상대방이 금전 등의 수수사실을 부인하거나 거래상대방의 재산상태 등으로 보아 금전 등의 수수사실이 인정되지 않는 경우
③ 거래상대방이 피상속인의 특수관계인으로서 사회통념상 지출사실이 인정되지 않는 경우
④ 피상속인이 재산을 처분하거나 채무를 부담하고 받은 금전 등으로 취득한 다른 재산이 확인되지 않는 경우
⑤ 피상속인의 연령·직업·경력·소득 및 재산상태 등으로 보아 지출사실이 인정되지 않는 경우

2) 추정상속재산가액의 계산

구 분	내 용
용도불명금액 계산	용도불명금액 = 재산처분액·채무부담액 − 용도입증금액
기준금액 계산	기준금액 = MIN [① 재산처분 등으로 인해 받은 금액 × 20%, ② 2억원]
추정상속재산가액 계산	용도불명금액이 기준금액에 미달하는 경우에는 추정상속재산가액은 없는 것으로 하며, 기준금액 이상인 경우에는 다음의 금액을 추정상속재산가액으로 한다. 추정상속재산가액 = 용도불명금액 − 기준금액

 **1-1 추정상속재산**

다음 자료를 바탕으로 총상속재산가액에 가산할 금액을 계산하시오.

1. 상속개시일 : 2025년 10월 6일
2. 자산처분내역

일 자	유 형	금 액	용도불명금액
2024년 12월 7일	나대지 매각	220,000,000원	30,000,000원
2024년 1월 6일	임야 매각	300,000,000원	160,000,000원

 해답

1. 1년 이내에 처분하고 받은 금액이 220,000,000원으로서 2억원 이상에 해당하므로 분석대상에 들어간다.
   (1) 기준금액의 계산
       MIN[220,000,000원×20%, 200,000,000원] = 44,000,000원
   (2) 판 정
       용도불명금액 30,000,000원이 기준금액에 미달하므로 추정상속재산가액은 없다.

2. 2년 이내에 처분하고 받은 금액이 520,000,000원으로서 5억원 이상에 해당하므로 분석대상에 들어간다.
   (1) 기준금액의 계산
       MIN[520,000,000원×20%, 200,000,000원] = 104,000,000원
   (2) 판 정
       용도불명금액이 190,000,000원(=30,000,000원+160,000,000원)으로서 기준금액보다 이상이므로 추정상속재산가액을 계산한다.
   (3) 추정상속재산가액의 계산
       추정상속재산가액 = 190,000,000원 - 104,000,000원 = 86,000,000원

2 비과세재산가액

비과세재산가액이란 조건이나 사후관리 없이 상속세가 원천적으로 과세되지 않는 재산가액을 말한다.

(1) 비과세 상속재산

① 국가·지방자치단체 또는 공공단체에 유증 등을 한 재산
② 제사를 주재하는 상속인을 기준으로 다음에 해당하는 재산(단, ㉠과 ㉡의 재산가액의 합계액이 2억원을 초과하는 경우에는 2억원을 한도로 하며, ㉢의 재산가액 합계액은 1,000만원을 한도로 함)
    ㉠ 피상속인이 제사를 주재하고 있던 선조의 분묘에 속한 9,900㎡ 이내의 금양임야
    ㉡ 분묘에 속한 1,980㎡ 이내의 묘토인 농지
    ㉢ 족보와 제구
③ 정당법에 따른 정당에 유증 등을 한 재산
④ 근로복지기본법에 따른 사내근로복지기금, 우리사주조합, 공동근로복지기금 및 근로복지진흥기금에 유증 등을 한 재산
⑤ 사회통념상 인정되는 이재구호금품·치료비·불우한 자를 돕기 위하여 유증한 재산
⑥ 상속재산 중 상속인이 상속세과세표준 신고기한 이내에 국가·지방자치단체 또는 공공단체에 증여한 재산 등

(2) 전사자 등에 대한 상속세 비과세

전쟁 또는 공무의 수행 중 사망하거나 해당 전쟁 또는 공무의 수행 중 입은 부상 또는 그로 인한 질병으로 사망하여 상속이 개시되는 경우에는 상속세를 부과하지 않는다.

3 과세가액불산입

과세가액불산입이란 상속세 과세대상 재산 중 일부를 제외시켜 상속세 과세가액에 산입하지 않는 것을 말하며, 비과세재산가액과 달리 조건의 충족과 사후관리가 필요하다.

(1) 공익법인 등에 출연한 재산

상속재산 중 피상속인이나 상속인이 종교·자선·학술 관련 사업 등 공익을 목적으로 하는 사업을 하는 공익법인 등에게 출연한 재산의 가액으로서 상속세과세표준 신고기한 이내에 출연한 재산의 가액은 상속세 과세가액에 산입하지 않는다.

(2) 공익신탁재산

상속재산 중 피상속인이나 상속인이 공익신탁법에 따른 공익신탁으로서 종교·자선·학술 또는 그 밖의 공익을 목적으로 하는 신탁을 통하여 공익법인 등에 출연하는 재산의 가액은 상속세 과세가액에 산입하지 않는다.

4 과세가액공제액

거주자의 사망으로 인하여 상속이 개시되는 경우에는 상속개시일 현재 피상속인이나 상속재산에 관련된 다음의 공과금, 장례비용, 채무 등의 가액 또는 비용은 상속재산의 가액에서 뺀다.

구 분	내 용
공과금	상속개시일 현재 피상속인이 납부할 의무가 있는 것으로서 상속인에게 승계된 조세·공공요금 기타 이와 유사한 것(상속개시일 이후 상속인의 귀책사유로 납부 또는 납부할 가산세, 가산금, 강제징수비, 벌금, 과료, 과태료 등은 제외)
장례비용 (①+②)	① 일반 장례비용 : 피상속인의 사망일부터 장례일까지 장례에 직접 소요된 다음의 금액(봉안시설 또는 자연장지의 사용에 소요된 금액은 제외) 　㉠ 지출된 금액이 500만원 미만인 경우 : 500만원(증명서류 무관) 　㉡ 지출된 금액이 1,000만원을 초과하는 경우 : 1,000만원 ② 봉안시설 또는 자연장지의 사용에 소요된 금액(500만원 한도, 증명서류 필수)
채 무	명칭 여하에 관계없이 상속개시 당시 피상속인이 부담해야 할 확정된 채무로서 공과금 외의 모든 부채. 그러나 다음의 증여채무는 채무로 공제하지 아니한다. ① 상속개시일 전 10년 이내에 피상속인이 상속인에게 진 증여채무 ② 상속개시일 전 5년 이내에 피상속인이 상속인이 아닌 자에게 진 증여채무

사전증여재산가액

다음에 해당하는 사전증여재산가액은 상속재산가액에 합산한다. 이 경우 사전증여재산가액은 상속개시일이 아닌 증여일 현재 상속세 및 증여세법에 따라 평가한 가액에 따른다.

① 상속개시일 전 10년 이내에 피상속인이 상속인에게 증여한 재산가액
② 상속개시일 전 5년 이내에 피상속인이 상속인이 아닌 자에게 증여한 재산가액

사전증여재산가액을 상속재산가액에 합산하는 취지는 피상속인이 생전에 증여한 재산의 가액을 가능한 한 상속세 과세가액에 포함시킴으로써 조세부담에 있어서의 상속세와 증여세의 과세형평을 유지함과 아울러, 상속세의 부과대상이 될 재산을 미리 증여의 형태로 이전하여 상속재산을 분산·은닉시킴으로써 상속세의 부담을 부당하게 감소시키는 행위를 방지하려는 데에 있다.

다만, 이미 증여세가 과세된 재산을 다시 상속재산에 포함하여 상속세를 과세할 경우 이중과세 문제가 발생한다. 이를 방지하고자 상속세 및 증여세법에서는 합산되는 증여재산에 대한 증여세를 상속세 산출세액에서 공제하는 증여세액공제제도를 두고 있다.

 **1-2 상속세 과세가액**

다음 자료를 바탕으로 상속세 과세가액을 계산하시오.

1. 거주자 甲은 2025년 4월 7일에 사망하였다.
2. 상속재산 등의 현황은 다음과 같다.
   (1) 토지 A : 700,000,000원
   (2) 토지 B : 200,000,000원(지방자치단체에 유증을 한 것임)
   (3) 주택 A : 300,000,000원
   (4) 주택 B : 100,000,000원(호주에 소재하는 주택임)
   (5) 보험금 : 40,000,000원
   (6) 甲이 신탁한 재산 : 150,000,000원
3. 甲의 제세공과금 미납액은 12,000,000원이다.
4. 甲의 장례비용은 4,500,000원(증빙 없음, 봉안시설 사용금액 제외)이다.
5. 甲의 봉안시설에 사용된 금액은 6,000,000원(증빙 있음)이다.
6. 甲의 채무는 7,000,000원이다.
7. 위 "2"에는 甲이 상속개시 전에 상속인에게 증여한 토지 90,000,000원(증여일 2019년 10월 22일, 증여일 현재 상속세 및 증여세법에 따른 평가액 80,000,000원)이 포함되어 있지 않다.

1. 총상속재산가액

구 분	금 액	비 고
① 토지 A	700,000,000원	–
② 토지 B	200,000,000원	비과세재산가액이나, 총상속재산가액에 포함한 후 비과세재산가액으로 차감시킴
③ 주택 A	300,000,000원	–
④ 주택 B	100,000,000원	거주자이므로 국외소재자산도 포함됨
⑤ 보험금	40,000,000원	$100,000,000 \times \dfrac{8,000,000원}{20,000,000원} = 40,000,000원$
⑥ 신탁재산	150,000,000원	–
합 계	1,490,000,000원	

2. 과세가액공제액

구 분	금 액	비 고
① 공과금	12,000,000원	–
② 장례비용	10,000,000원	일반 장례비용 5,000,000원(최저액) + 봉안시설 사용금액 5,000,000원(한도)
③ 채무	7,000,000원	–
합 계	29,000,000원	

3. 상속세 과세가액
   상속세 과세가액
   = 총상속재산가액 − 비과세재산가액 − 과세가액불산입 − 과세가액공제액 + 사전증여재산가액
   = 1,490,000,000원 − 200,000,000원 − 0(zero) − 29,000,000원 + 80,000,000원 ❸
   = 1,341,000,000원

   ❸ 증여재산가액은 증여일 현재 상속세 및 증여세법에 따라 평가한 가액에 따른다.

Ⅲ. 상속세 과세표준

상 속 세 과 세 가 액	
(−) 상 속 공 제	인적공제·물적공제
(−) 감 정 평 가 수 수 료 공 제	500만원 한도
상 속 세 과 세 표 준	과세최저한(50만원 미만)

상속공제 = 인적공제 + 물적공제

구 분	유 형
(1) 인적공제	1) 기초공제 2) 그 밖의 인적공제 3) 일괄공제 4) 배우자공제
(2) 물적공제	1) 가업상속공제와 영농상속공제 2) 금융재산상속공제 3) 재해손실공제 4) 동거주택상속공제

(1) 인적공제

1) 기초공제

기초공제란 거주자나 비거주자의 사망으로 상속이 개시되는 경우에는 상속세 과세가액에서 2억원을 공제하는 것을 말한다.

2) 그 밖의 인적공제

그 밖의 인적공제란 거주자의 사망으로 상속이 개시되는 경우로서 상속인 및 동거가족이 다음 중 어느 하나에 해당하는 경우 해당 공제액을 상속세 과세가액에서 공제하는 것을 말한다.

구 분	그 밖의 인적공제 대상자	공 제 액
자 녀 공 제	자녀	1명당 5,000만원
연로자 공 제	상속인(배우자 제외) 및 동거가족❶ 중 65세 이상인 자	
미성년자 공 제	상속인(배우자 제외) 및 동거가족❶ 중 미성년자(태아포함)	19세가 될 때까지의 연수❷ × 1,000만원
장애인 공 제	상속인(배우자 포함) 및 동거가족❶ 중 장애인	기대여명의 연수❷❸ × 1,000만원

❶ 동거가족이란 상속개시일 현재 피상속인이 사실상 부양하고 있는 직계존비속(배우자의 직계존속 포함)·형제자매를 말한다.
❷ 연수는 역에 따라 계산하되, 1년 미만의 기간은 1년으로 한다.
❸ 상속개시일 현재 통계법에 따라 통계청장이 승인하여 고시하는 통계표에 따른 성별·연령별 기대여명의 연수를 말한다.

그 밖의 인적공제는 중복공제를 할 수 없는 것이 원칙이나, 다음에 해당하는 경우에는 중복공제가 가능하다.

① 자녀공제와 미성년자공제
② 장애인공제와 자녀·연로자·미성년자공제 또는 장애인공제와 배우자공제

3) 일괄공제

거주자의 사망으로 상속이 개시되는 경우 상속인이나 수유자는 기초공제액과 그 밖의 인정공제액을 합친 금액과 5억원 중 큰 금액으로 공제받을 수 있는데, 5억원이 큰 경우 적용받는 공제를

일괄공제라 한다. 다만, 상속세 과세표준의 신고가 없는 경우 또는 기한 후 신고가 없는 경우에는 일괄공제만 적용하여 5억원을 공제하며, 피상속인의 배우자가 단독으로 상속받는 경우에는 기초공제와 그 밖의 인적공제액을 합친 금액을 공제한다.

$$\text{Max}(기초공제 + 그\ 밖의\ 인적공제,\ 일괄공제\ 5억원)$$

4) 배우자공제

거주자의 사망으로 상속이 개시되어 배우자가 실제 상속받은 금액의 경우 다음의 금액을 상속세 과세가액에서 공제하는데, 이를 배우자공제라 한다. 만약, 배우자가 실제 상속받은 금액이 없거나 상속받은 금액이 5억원 미만이면 5억원을 공제한다.

배우자공제액 = Min(㉠, ㉡, 30억원)
㉠ 배우자가 실제로 상속받은 재산가액
㉡ 배우자의 법정상속분❸ − 상속세 과세가액에 합산한 배우자에 대한 증여재산의 과세표준

❸ 배우자의 법정상속분이란 상속세 및 증여세법에 따른 기준금액에서 민법에 따른 배우자의 법정상속지분을 곱한 금액을 말한다. 민법상 배우자는 1순위(직계비속) 및 2순위(직계존속)의 상속인과 공동상속인이 되며, 배우자의 상속지분은 다른 공동상속인의 1.5배로 규정하고 있다. 예를 들어, 피상속인에게 자녀(직계비속) 1인과 배우자가 있는 경우 배우자는 상속 1순위인 자녀와 공동상속인이 되며, 배우자의 상속지분은 1.5/2.5(자녀 1 : 배우자 1.5)가 된다.

배우자상속공제의 취지는 상속재산 중 배우자의 기여분에 대한 과세를 유보하고 생존한 배우자의 생활을 보장하고자 하는데 있다. 즉, 부부 간 상속으로 인한 재산이전은 세대 간의 수직적 재산이전이 아닌 수평적 재산이전임을 감안하여, 생존한 배우자가 실제로 상속받은 재산가액(최소 5억원)에 대한 과세를 유보한 다음 이후 해당 배우자가 사망하는 시점에 과세하는 것이다. 다만, 수평적 재산이전일지라도 지나치게 고액의 상속재산이 과세 없이 이전되는 것을 막기 위하여 공제한도(30억원)를 규정하고 있다.

(2) 물적공제

1) 가업상속공제와 영농상속공제

상속세 및 증여세법에서는 거주자의 사망으로 인하여 상속이 개시되는 경우로서 가업상속 또는 영농상속에 해당하는 경우에는 원활한 가업승계 또는 영농사업승계를 지원하기 위해 다음의 구분에 따른 금액을 상속세 과세가액에서 공제하도록 규정하고 있는데, 이를 가업상속공제 또는 영농상속공제라 한다. 다만, 동일한 상속재산에 대해서는 가업상속공제와 영농상속공제를 동시에 적용하지 않는다.

구 분	공제액	한 도	
		피상속인 경영기간	금 액
가업상속❶공제	가업상속재산가액	10년 이상 20년 미만	300억원
		20년 이상 30년 미만	400억원
		30년 이상	600억원
영농상속❷공제	영농상속재산가액	30억원	

❶ 가업상속이란 피상속인이 10년 이상 계속하여 경영한 중소기업 또는 중견기업(상속이 개시되는 소득세 과세기간 또는 법인세 사업연도의 직전 3개 소득세 과세기간 또는 법인세 사업연도의 매출액의 평균금액이 5천억원 이상인 기업 제외)을 상속받거나 피상속인이 소유하고 있는 중소기업 등 법인의 출자지분을 상속받는 것을 말한다.
❷ 영농(양축·영어·영림 포함)상속이란 피상속인이 상속개시일 2년 전부터 계속하여 농지 등의 소재지에 거주하면서 직접 영농 등에 종사한 경우로서, 해당 영농상속재산을 상속 중 상속개시일 현재 18세 이상인 자로서 상속개시일 2년 전부터 계속하여 농지 등의 소재지에 거주하면서 직접 영농 등에 종사하는 자나 영농·영어 및 임업후계자 등 요건을 갖춘 자가 전부 상속받는 것을 말한다.

　가업상속공제 또는 영농상속공제를 적용받은 상속인이 상속개시일부터 10년(영농상속공제는 5년) 이내에 정당한 사유 없이 가업 또는 영농에 종사하지 않는 경우 등에 해당하는 경우에는 해당 공제받은 금액을 상속개시 당시의 상속세 과세가액에 산입하여 상속세를 부과하고 이자상당액을 추징한다.

　한편, 가업이 중견기업에 해당하는 경우로서 가업상속인의 가업상속재산 외의 상속재산의 가액이 가업상속인이 부담하는 상속세액에 200% 곱한 금액을 초과하면 해당 가업상속재산에 대해서는 가업상속공제를 적용하지 않는다. 이는 상속세 납부능력 요건으로서, 중견기업의 가업상속인에 한하여 가업상속재산 외의 상속재산이 상속세의 2배가 넘는 경우에는 상속세 납부능력이 있는 것으로 보아 가업상속공제를 적용하지 않는 것이다.

2) 금융재산상속공제

　거주자의 사망으로 상속이 개시되는 경우로서 상속개시일 현재 상속재산가액 중 순금융재산가액이 있으면 다음의 구분에 따른 금액을 상속세 과세가액에서 공제하되, 그 금액이 2억원을 초과하면 2억원을 공제한다.

순금융재산가액 = 금융재산❸ - 금융채무❸

구 분	공 제 액	한 도
순금융재산가액이 2천만원 초과	Max(순금융재산가액×20%, 2천만원)	2억원
순금융재산가액이 2천만원 이하	해당 순금융재산가액 전액	-

❸ 금융재산이란 금융회사등이 취급하는 예금·적금·부금·계금·출자금·신탁재산(금전신탁재산에 한함)·보험금·공제금·주식·채권·수익증권·출자지분·어음 등의 금전 및 유가증권과 그 밖에 기획재정부령으로 정하는 것을 말하며, 금융채무란 서류에 따라 입증된 금융회사등에 대한 채무를 말한다.

3) 재해손실공제

　거주자의 사망으로 상속이 개시되는 경우로서 상속세 과세표준 신고기한 이내에 화재·붕괴·폭발·환경오염사고 및 자연재해 등으로 인한 재난으로 상속재산이 멸실되거나 훼손된 경우에는 그 손실가액을 상속세 과세가액에서 공제하는데, 이를 재해손실공제라 한다. 다만, 그 손실가액에 대한 보험금 등의 수령 또는 구상권 등의 행사에 의하여 그 손실가액에 상당하는 금액을 보전받을 수 있는 경우 해당 금액은 재해손실공제액에서 제외한다.

재해손실공제 = 재해손실가액 - 보험금·구상권 등으로 보전받을 수 있는 금액

4) 동거주택상속공제

　거주자의 사망으로 상속이 개시되는 경우로서 다음의 요건을 모두 갖춘 경우에는 상속주택가액

의 100%에 상당하는 금액을 상속세 과세가액에서 공제하는데, 이를 동거주택상속공제라 한다. 다만, 그 공제할 금액은 6억원을 한도로 한다. 이 제도의 취지는 1세대 1주택 실수요자의 상속세 부담을 완화시키기 위한 것일 뿐만 아니라 상속인의 주거안정을 도모하기 위함이다.

구 분	내 용
공제액	동거주택상속공제액 = Min(상속주택가액* ×100%, 6억원)
요 건	① 피상속인과 상속인(직계비속인 경우로 한정함)이 상속개시일부터 소급하여 10년 이상(상속인이 미성년자인 기간 제외) 계속하여 하나의 주택에서 동거할 것 ② 피상속인과 상속인이 상속개시일부터 소급하여 10년 이상 계속하여 1세대를 구성하면서 1세대 1주택에 해당할 것. 이 경우 무주택인 기간이 있는 경우에는 해당 기간은 1세대 1주택에 해당하는 기간에 포함한다. ③ 상속개시일 현재 무주택자이거나 피상속인과 공동으로 1세대 1주택을 보유한 자로서 피상속인과 동거한 상속인이 상속받은 주택일 것

* 소득세법에 따른 주택부수토지의 가액을 포함하되, 상속개시일 현재 해당 주택 및 주택부수토지에 담보된 피상속인의 채무액을 뺀 가액을 말한다.

2 감정평가수수료공제

감정평가수수료공제란 상속세를 신고·납부하기 위하여 상속재산을 평가하는데 드는 수수료로서 다음 중 어느 하나에 해당하는 것을 상속세 과세가액에서 공제하는 것을 말한다. 감정평가수수료공제를 적용받고자 하는 자는 수수료의 지급사실을 입증할 수 있는 서류를 제출해야 한다.

① 감정평가 및 감정평가사에 관한 법률에 따른 감정평가업자의 평가에 따른 수수료(500만원 한도)❶
② 평가심의위원회가 의뢰한 신용평가전문기관의 비상장주식 평가에 따른 평가수수료❷
③ 판매용이 아닌 서화골동품 등 예술적 가치가 있는 유형재산 평가에 대한 감정수수료(500만원 한도)

❶ 상속세 납부목적용으로서 해당 평가된 가액으로 상속세를 신고·납부하는 경우에 한하여 감정평가수수료공제를 적용한다.
❷ 평가대상 법인의 수 및 평가를 의뢰한 신용평가전문기관의 수별로 각각 1,000만원을 한도로 한다.

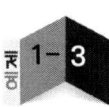

상속세 과세표준

다음 자료를 바탕으로 세부담이 최소화되도록 상속세 과세표준을 계산하시오(상속공제의 한도는 무시한다).
1. 거주자 甲은 2025년 4월 23일에 사망하였다.
2. 甲의 상속재산 등 현황은 다음과 같다.
   (1) 주   택 : 900,000,000원
   (2) 토   지 : 400,000,000원
   (3) 예   금 : 300,000,000원
   (4) 퇴직급여 : 100,000,000원
3. 甲은 2021년 10월 10일 가족 중 장남에게 토지를 증여하였다. 증여일 현재 토지가액은 150,000,000원이었으며, 상속개시일 현재 토지가액은 230,000,000원이다.
4. 甲은 공과금, 장례비용, 채무는 각각 20,000,000원, 12,000,000원(증빙 있음), 15,000,000원이다.
5. 甲의 동거가족은 어머니(89세), 배우자(63세), 장남(32세), 며느리(31세), 차남(27세)이다.
6. 甲은 배우자가 토지를 갖고 장남과 차남이 나머지 재산을 절반씩 나누어 가질 것을 유언으로 남겼다.

1. 총상속재산가액
   900,000,000원(주택) + 400,000,000원(토지) + 300,000,000원(예금) + 300,000,000원(퇴직급여)
   = 1,700,000,000원
2. 상속세 과세가액
   총상속재산가액 + 증여재산가액 − 비과세재산가액 − 과세가액불산입 − 과세가액공제액
   = 1,700,000,000원 + 150,000,000원(증여일 현재) − 0(zero) − 0(zero) − 45,000,000원 ⓐ
   = 1,805,000,000원
   ⓐ 20,000,000원(공과금) + 10,000,000원(장례비용, 한도) + 15,000,000(채무) = 45,000,000원

3. 상속공제
   (1) Max(①+②, ③) = 500,000,000원
       ① 기초공제 : 200,000,000원
       ② 그 밖의 인적공제 : 60,000,000원(자녀공제 2인) + 30,000,000원(연로자공제) = 290,000,000원
       ③ 일괄공제 : 500,000,000원
   (2) 배우자공제 : 500,000,000원(배우자가 실제 상속받은 토지의 가액이 5억원 미만이므로)
   (3) 금융재산상속공제 : 300,000,000원(예금) × 20% = 60,000,000원
   (4) 상속공제액 = (1) + (2) + (3) = 1,060,000,000원

4. 상속세 과세표준
   상속세 과세가액 − 상속공제 − 감정평가수수료공제
   = 1,805,000,000원 − 1,060,000,000원 − 0(zero)
   = 745,000,000원

Ⅳ. 상속세 산출세액

상 속 세 과 세 표 준	과세최저한(50만원 미만)
(×) 세 율	10%~50%의 5단계 초과누진세율
상 속 세 산 출 세 액	세대생략가산액 포함

 상속세 세율

과 세 표 준	세 율
1억원 이하	과세표준의 10%
1억원 초과 5억원 이하	1,000만원 + (1억원을 초과하는 금액의 20%)
5억원 초과 10억원 이하	9,000만원 + (5억원을 초과하는 금액의 30%)
10억원 초과 30억원 이하	2억4,000만원 + (10억원을 초과하는 금액의 40%)
30억원 초과	10억4,000만원 + (30억원을 초과하는 금액의 50%)

세대를 건너뛴 상속에 대한 할증과세

상속인이나 수유자가 피상속인의 자녀를 제외한 직계비속인 경우에는 상속세 산출세액에 상속재산 중 그 상속인 또는 수유자가 받았거나 받을 재산이 차지하는 비율을 곱하여 계산한 금액의 30%(상속인 또는 수유자가 미성년자인 경우로서 상속재산가액이 20억원을 초과하는 경우 40%)에 상당하는 금액을 가산한다. 다만, 민법에 따른 대습상속의 경우에는 적용하지 않는다.

$$\text{세대생략가산액} = \text{상속세 산출세액} \times \frac{\text{세대를 건너뛴 상속재산가액}}{\text{총상속재산가액(사전증여재산가액 포함)}} \times 30\%(40\%)$$

이 제도의 취지는 피상속인이 1세대(자녀세대)가 아닌 손자녀세대에게 변칙적인 상속을 함으로써 1세대가 부담해야 할 상속세를 부당하게 회피하는 것을 방지하기 위함이다.

V. 납부할세액

```
  상 속 세 산 출 세 액
(-) 문 화 재 등 징 수 유 예 세 액
(-) 세       액       공       제    증여세액공제·외국납부세액공제·단기재상속세액공제·신고세액공제
(+) 가                   산                   세
  납   부   할   세   액    분납·연부연납·물납
```

 ## 문화재 등 징수유예세액

납세지 관할세무서장은 상속재산 중 문화재보호법에 따른 문화재자료, 박물관 및 미술관 진흥법에 따른 박물관자료 또는 미술관자료가 포함되어 있는 경우에는 다음과 같이 계산한 그 재산가액에 상당하는 상속세액의 징수를 유예한다. 징수유예를 받으려는 자는 그 유예할 상속세액에 상당하는 담보를 제공해야 한다.

$$\text{징수유예세액} = \text{상속세 산출세액} \times \frac{\text{문화재자료 등에 해당하는 재산가액}}{\text{총상속재산가액(사전증여재산가액 포함)}}$$

납세지 관할세무서장은 문화재자료나 박물관자료·미술관자료를 상속받은 상속인 또는 수유자가 이를 유상으로 양도하거나 박물관자료를 인출하는 경우에는 즉시 그 징수유예한 상속세를 징수해야 한다.

제1장 상속세

2 세액공제

(1) 증여세액공제

증여세액공제란 상속재산에 가산한 사전증여재산에 대한 증여세액(증여 당시의 그 증여재산에 대한 증여세산출세액을 말함)을 상속세 산출세액에서 공제하는 것을 말한다. 다만, 상속세 과세가액에 가산하는 증여재산에 대하여 국세기본법에 규정된 국세부과 제척기간의 만료로 인하여 증여세가 부과되지 않는 경우와 상속세 과세가액이 5억원 이하인 경우에는 적용하지 않는다.

이 제도의 취지는 사전증여재산에 대해 증여 당시 이미 과세된 증여세를 상속세를 과세할 때 공제함으로써 이중과세를 방지하기 위함이다. 다만, 상속세 및 증여세법에서는 이중과세에 해당하는 부분을 증여 당시 과세된 증여세 전액이 아니라 상속재산 중 사전증여재산이 차지하는 비율에 상당하는 상속세로 한정하여 다음과 같이 공제한도를 규정하고 있다.

$$한도액 = 상속세\ 산출세액^{❋} \times \frac{사전증여재산에\ 대한\ 증여세\ 과세표준^{❋}}{상속재산(사전증여재산\ 포함)에\ 대한\ 상속세\ 과세표준^{❋}}$$

❋ 수증자가 상속인 또는 수유자인 경우 상속인 등 각자의 산출세액 및 과세표준을 말한다.

(2) 외국납부세액공제

외국납부세액공제란 거주자의 사망으로 상속세를 부과하는 경우에 외국에 있는 상속재산에 대하여 외국의 법령에 따라 상속세를 부과받은 경우 그 부과받은 상속세에 상당하는 금액(외국납부상속세액)을 다음의 금액을 한도로 상속세 산출세액에서 공제하는 것을 말한다.

$$한도액 = 상속세\ 산출세액 \times \frac{외국의\ 법령에\ 따라\ 상속세가\ 부과된\ 상속재산의\ 과세표준}{상속세\ 과세표준}$$

(3) 단기재상속세액공제

단기재상속세액공제란 상속개시 후 10년 이내에 상속인이나 수유자의 사망으로 다시 상속이 개시되는 경우에는 이전의 상속세가 부과된 상속재산(상속재산에 가산하는 증여재산 중 상속인이나 수유자가 받은 증여재산 포함) 중 재상속되는 상속재산에 대한 이전의 상속세 상당액을 상속세산출세액에서 공제하는 것을 말한다. 이 제도의 취지는 단기간 내 상속이 다시 개시되는 경우 상속세 과세로 인해 해당 상속재산의 가치가 지나치게 감소되는 것을 방지하기 위함이다.

(4) 신고세액공제

신고세액공제란 상속세 과세표준 신고기한 내에 신고한 경우에 다음의 금액을 공제하는 것을 말한다. 신고세액공제는 세액의 납부를 요건으로 하지 아니하므로 신고만 한 경우에도 적용된다.

신고세액공제 = [상속세 산출세액(세대생략가산액 포함) - 문화재 등 징수유예세액 - 공제·감면세액] × 3%

기출문제

제1장 _ 상속세

01 상속세 및 증여세법상 상속세에 관한 설명으로 옳지 않은 것은? [국가직 9급 2013]

① 상속인 또는 수유자는 각자가 받았거나 받을 재산을 한도로 연대하여 상속세를 납부할 의무를 진다.
② 피상속인이 신탁한 재산은 상속재산으로 보지만, 타인이 신탁의 이익을 받을 권리를 소유하고 있는 경우 그 이익에 상당하는 가액은 상속재산으로 보지 아니한다.
③ 상속개시일 전 10년 이내에 피상속인이 상속인이 아닌 자에게 진 증여채무는 상속재산의 가액에서 빼지 아니한다.
④ 피상속인의 사망으로 인하여 받는 생명보험의 보험금으로서 피상속인이 보험계약자인 보험계약에 의하여 받는 것은 상속재산으로 본다.

해설 상속개시일 전 10년 이내에 피상속인이 상속인에게 진 증여채무와 상속개시일 전 5년 이내에 피상속인이 상속인이 아닌 자에게 진 증여채무는 공제되는 채무에서 제외한다.

해답 ③

02 상속세 및 증여세법상 거주자인 피상속인의 사망으로 상속이 개시되는 경우 상속재산에 대한 설명으로 옳지 않은 것은? [국가직 7급 2017]

① 공무원연금법 또는 사립학교교직원 연금법에 따라 지급되는 유족연금, 유족연금부가금, 유족연금일시금, 유족일시금 또는 유족보상금은 상속재산으로 보지 아니한다.
② 상속개시일 전 8년 전에 피상속인이 상속인에게 증여한 재산가액은 상속개시 당시의 시가로 평가하여 상속재산에 가산한다.
③ 피상속인이 신탁으로 인하여 타인으로부터 신탁의 이익을 받을 권리를 소유하고 있는 경우에는 그 이익에 상당하는 가액을 상속재산에 포함한다.
④ 피상속인의 사망으로 인하여 받은 생명보험 또는 손해보험의 보험금으로서 피상속인이 보험계약자인 보험계약(피상속인이 사망시까지 보험료 전액을 납입함)에 의하여 받은 것은 상속재산으로 본다.

해설 상속개시일 전 10년 이내에 피상속인이 상속인에게 증여한 재산가액은 상속개시일이 아닌 증여일 현재의 시가로 평가하여 상속재산에 가산한다.

해답 ②

03 상속세 과세가액을 계산할 때 가산(또는 산입)하지 않는 것은? (단, 피상속인과 상속인 모두 거주자이며, 증여재산은 상속세 및 증여세법 상 비과세, 과세가액불산입 및 합산배제증여재산에 해당하지 아니함) [국가직 7급 2016]

① 피상속인이 상속개시일 8년 전에 상속인에게 증여한 재산가액
② 피상속인이 상속개시일 4년 전에 상속인이 아닌 자에게 증여한 재산가액
③ 피상속인이 상속개시일 6개월 전에 토지를 처분하고 받은 금액 3억 원의 용도가 객관적으로 명백하지 아니한 경우 그 금액
④ 피상속인이 상속개시일 1년 6개월 전에 부담한 금융회사에 대한 채무 4억 원의 용도가 객관적으로 명백하지 아니한 경우 그 금액

> **해설** 피상속인이 부담한 채무합계액이 다음 중 하나인 경우로서 용도가 객관적으로 명백하지 않은 경우에는 이를 상속받은 것으로 추정하여 상속세 과세가액에 산입한다.
> 1. 상속개시일 전 1년 이내에 2억원 이상
> 2. 상속개시일 전 2년 이내에 5억원 이상

해답 ④

04 상속세 및 증여세법상 상속공제에 관한 설명으로 옳지 않은 것은? [국가직 7급 2014]

① 부와 모가 동시에 사망하였을 경우 상속세의 과세는 부와 모의 상속재산에 대하여 각각 개별로 계산하여 과세하며, 이 경우 배우자상속공제는 적용되지 아니한다.
② 상속인 및 동거가족 중 장애인에 대해서는 장애인 1명당 500만 원에 기대여명(통계법에 따라 통계청장이 승인하여 고시하는 통계표상의 기대여명)의 연수를 곱하여 계산한 금액을 공제한다.
③ 피상속인의 배우자가 단독으로 상속받는 경우에는 기초공제와 그 밖의 인적공제액을 합친 금액으로만 공제하며, 일괄공제는 선택할 수 없다.
④ 인적공제 대상자가 상속인으로서 상속을 포기한 경우라면 그 상속포기인에 대하여는 인적공제를 적용하지 않는다.

> **해설** 인적공제 대상자가 상속인으로서 상속을 포기한 경우라도 그 상속포기인에 대하여 인적공제를 적용한다.

해답 ④

05. 상속세 및 증여세법상 상속세에 대한 설명으로 옳지 않은 것은? [국가직 7급 2018]

① 거주자의 사망으로 상속이 개시되어 배우자가 실제 상속받은 금액이 있는 경우 배우자 상속공제는 최고 30억 원 한도로 상속세 과세가액에서 공제한다.
② 상속인(대습상속인이 아님)이 피상속인의 자녀를 제외한 직계비속이며 성년인 경우는 상속세산출세액에 상속재산(상속재산에 가산한 증여재산 중 상속인이 받은 증여재산을 포함) 중 그 상속인이 받았거나 받을 재산이 차지하는 비율을 곱하여 계산한 금액의 100분의 30에 상당하는 금액을 가산한다.
③ 상속세 신고납부를 위하여 상속재산을 감정평가 및 감정평가사에 관한 법률 제2조제4호에 따른 감정평가업자에게 평가를 받아 그 평가수수료를 상속세 과세가액에서 공제받을 수 있는 경우에는 500만 원을 한도로 한다.
④ 거주자의 사망으로 상속이 개시되는 경우로서 자녀 1명에 대해서는 3천만 원을 상속세 과세가액에서 공제한다.

해설 상속세의 자녀공제는 자녀 1인당 5,000만원이 적용된다.

해답 ④

06. 상속세 및 증여세법상 거주자의 사망으로 상속이 개시되는 경우 상속공제에 대한 설명으로 옳은 것만을 모두 고르면? [국가직 9급 2023]

ㄱ. 배우자가 실제 상속받은 금액이 없거나 상속받은 금액이 5억 원 미만이면 5억 원을 공제한다.
ㄴ. 상속개시일 현재 상속재산가액 중 순금융재산의 가액이 2천만 원인 경우에는 2천만 원을 상속세 과세가액에서 공제한다.
ㄷ. 상속인(배우자는 제외한다) 및 동거가족 중 미성년자에 대해서는 2천만 원에 19세가 될 때까지의 연수를 곱하여 계산한 금액을 상속세 과세가액에서 공제한다.
ㄹ. 법령의 요건을 모두 갖춘 경우에는 상속주택가액의 100분의 100에 상당하는 금액을 상속세 과세가액에서 공제하되, 그 공제할 금액은 5억 원을 한도로 한다.

① ㄱ
② ㄱ, ㄴ
③ ㄷ, ㄹ
④ ㄴ, ㄷ, ㄹ

해설
ㄷ. 상속인(배우자는 제외한다) 및 동거가족 중 미성년자에 대해서는 1천만 원에 19세가 될 때까지의 연수를 곱하여 계산한 금액을 상속세 과세가액에서 공제한다.
ㄹ. 법령의 요건을 모두 갖춘 경우에는 상속주택가액의 100분의 100에 상당하는 금액을 상속세 과세가액에서 공제하되, 그 공제할 금액은 6억 원을 한도로 한다.

해답 ②

제2장 증여세

제1절 증여세 개요

I. 증여의 개념

민법상 증여란 당사자 일방(증여자)이 무상으로 재산을 상대방(수증자)에게 수여하는 의사를 표시하고 상대방이 이를 승낙함으로써 효력이 발생하는 계약을 말한다. 반면 상속세 및 증여세법에서는 증여의 개념을 다음과 같이 완전포괄주의 원칙에 따라 규정함으로써 민법상 증여의 개념보다 넓게 정의하고 있다.

> 증여란 그 행위 또는 거래의 명칭·형식·목적 등과 관계없이 직접 또는 간접적인 방법으로 타인에게 무상으로 유형·무형의 재산 또는 이익을 이전(현저히 낮은 대가를 받고 이전하는 경우 포함)하거나 타인의 재산가치를 증가시키는 것을 말한다.

II. 증여세 과세대상

다음 중 어느 하나에 해당하는 증여재산에 대해서는 증여세를 부과한다.

① 무상으로 이전받은 재산 또는 이익
② 현저히 낮은 대가를 주고 재산 또는 이익을 이전받음으로써 발생하는 이익이나 현저히 높은 대가를 받고 재산 또는 이익을 이전함으로써 발생하는 이익*
③ 재산 취득 후 해당 재산의 가치가 증가한 경우의 그 이익*
④ 기타 상속세 및 증여세법에서 규정하고 있는 경우의 그 재산 또는 이익

* 다만, 특수관계인이 아닌 자 간의 거래인 경우에는 거래의 관행상 정당한 사유가 없는 경우로 한정한다.

위의 ④에서 기타 상속세 및 증여세법에서 규정하고 있는 경우란 다음 구분에 따른 규정을 말하며, 구체적인 내용은 본서의 범위를 벗어나므로 해당 규정의 명칭만 살펴보기로 한다.

구 분	내 용
예시적 성격의 규정 (상속세 및 증여세법 제4조 제1항 제4호)	㉠ 보험금의 증여 ㉡ 저가 양수 또는 고가 양도에 따른 이익의 증여 ㉢ 채무면제 등에 따른 증여 ㉣ 부동산 무상사용에 따른 이익의 증여 ㉤ 합병에 따른 이익의 증여 ㉥ 증자에 따른 이익의 증여 ㉦ 감자에 따른 이익의 증여 ㉧ 현물출자에 따른 이익의 증여 ㉨ 전환사채 등의 주식전환 등에 따른 이익의 증여 ㉩ 초과배당에 따른 이익의 증여 ㉪ 주식등의 상장 등에 따른 이익의 증여 ㉫ 금전 무상대출 등에 따른 이익의 증여 ㉬ 합병에 따른 상장 등 이익의 증여 ㉭ 재산사용 및 용역제공 등에 따른 이익의 증여 ⓐ 법인의 조직 변경 등에 따른 이익의 증여 ⓑ 재산 취득 후 재산가치 증가에 따른 이익의 증여
증여추정 규정 (상속세 및 증여세법 제4조 제1항 제5호)	㉠ 배우자 등에게 양도한 재산의 증여 추정 ㉡ 재산 취득자금 등의 증여 추정
완전포괄주의 규정 (상속세 및 증여세법 제4조 제1항 제6호)	위의 예시적 성격의 규정의 경우와 경제적 실질이 유사한 경우 등 예시적 성격의 각 규정을 준용하여 증여재산의 가액을 계산할 수 있는 경우의 그 재산 또는 이익

증여받은 재산을 반환하는 경우

증여받은 재산을 반환하는 경우에는 원칙적으로 최초의 증여와 반환을 모두 증여로 본다. 다만, 금전을 제외한 증여재산의 경우 반환의 시기에 따라 다음과 같이 증여 여부를 판단한다.

구 분		당초 증여	반 환
① 증여세 신고기한 이내에 반환		증여 ×✪	증여 ×
② 증여세 신고기한이 지난 후 반환	㉠ 3개월 이내 반환	증여 ○	증여 ×
	㉡ 3개월이 지난 후 반환	증여 ○	증여 ○

✪ 다만, 반환하기 전에 과세표준과 세액을 결정받은 경우에는 당초 증여를 증여로 본다.

Ⅲ. 증여세 납부의무

증여세 납세의무자는 수증자이다. 수증자는 다음의 구분에 따른 증여재산에 대하여 증여세를 납부할 의무가 있다.

① 수증자가 거주자❶인 경우 : 증여세 과세대상이 되는 모든 증여재산
② 수증자가 비거주자❷인 경우: 증여세 과세대상이 되는 국내에 있는 모든 증여재산❸

❶ 본점이나 주된 사무소의 소재지가 국내에 있는 비영리법인을 포함한다.
❷ 본점이나 주된 사무소의 소재지가 외국에 있는 비영리법인을 포함한다.
❸ 거주자가 비거주자에게 국외예금·적금과 같은 국외에 있는 재산을 증여하는 경우에는 국제조세 조정에 관한 법률에 따라 증여자가 증여세를 납부할 의무를 진다.

다만, 증여재산에 대하여 수증자에게 소득세법에 따른 소득세 또는 법인세법에 따른 법인세가 부과되는 경우에는 증여세를 부과하지 않으며, 이때 소득세 또는 법인세가 소득세법, 법인세법 또는 다른 법률에 따라 비과세되거나 감면되는 경우에도 동일하게 적용한다. 따라서 원칙적으로 수증자가 영리법인인 경우 증여세가 면제되며, 수증자가 비영리법인이거나 비영리법인으로 보는 단체(국세기본법에 따른 법인으로 보는 단체)인 경우 증여세가 면제되지 않는다.

한편, 증여자는 다음 중 어느 하나에 해당하는 경우에는 수증자가 납부할 증여세를 연대하여 납부할 의무가 있다. 세무서장은 증여자에게 증여세를 납부하게 할 때에는 그 사유를 알려야 한다.

① 수증자의 주소나 거소가 분명하지 아니한 경우로서 증여세에 대한 조세채권을 확보하기 곤란한 경우
② 수증자가 증여세를 납부할 능력이 없다고 인정되는 경우로서 강제징수를 하여도 증여세에 대한 조세채권을 확보하기 곤란한 경우
③ 수증자가 비거주자인 경우 등

명의신탁재산의 증여의제 납부의무자

(1) 개 념
권리의 이전이나 그 행사에 등기 등이 필요한 재산(토지·건물 제외)의 실제소유자와 명의자가 다른 경우에는 그 명의자로 등기 등을 한 날❶에 그 재산의 가액❷을 실제소유자가 명의자에게 증여한 것으로 보는데, 이를 명의신탁재산의 증여의제라 한다. 이 제도의 취지는 명의신탁을 통한 조세회피를 제재하고자 하는 데에 있다.

❶ 그 재산이 명의개서를 하여야 하는 재산인 경우에는 소유권취득일이 속하는 해의 다음 해 말일의 다음 날
❷ 그 재산이 명의개서를 하여야 하는 재산인 경우에는 소유권취득일을 기준으로 평가한 가액

(2) 납부의무자
명의신탁재산의 증여의제에 따라 재산을 증여한 것으로 보는 경우에는 실제소유자가 해당 재산에 대하여 증여세를 납부할 의무가 있다. 이는 종전에 명의자에게 납부의무를 부과하고 실제소유자에게 연대납부의무만 부담하게 한 것을 개정한 것으로서, 명의신탁을 통한 조세회피의 책임이 있는 실제소유자에게 납부의무를 부과하여 명의신탁 증여의제 과세제도를 합리화하고 과세의 실효성을 확보하기 위한 것이다.

Ⅳ. 과세관할과 과세최저한

 과세관할

증여세는 수증자의 주소지나 거소지를 관할하는 세무서장 등이 과세한다. 다만, 수증자가 비거주자인 경우 또는 수증자의 주소 및 거소가 분명하지 아니한 경우에는 증여자의 주소지를 관할하는 세무서장등이 과세한다.

한편, 다음 중 어느 하나에 해당하는 경우에는 증여재산의 소재지를 관할하는 세무서장 등이 과세한다.

① 수증자와 증여자가 모두 비거주자인 경우
② 수증자와 증여자 모두의 주소 또는 거소가 분명하지 아니한 경우 등

2 과세최저한

증여세의 과세표준이 50만원 미만이면 증여세를 부과하지 않는다.

제2절 증여세 신고와 납부

I. 증여세 신고

증여세 납부의무가 있는 자는 증여받은 날이 속하는 달의 말일부터 3개월 이내에 증여세의 과세가액 및 과세표준을 납세지 관할 세무서장에게 신고해야 한다.

증여세는 상속세와 동일한 부과과세세목으로, 납세의무자의 증여세 신고는 일차적인 협력의무에 불과하여 확정력을 갖지 않는다. 따라서 과세당국은 납세의무자의 신고내용을 바탕으로 또는 신고가 없는 경우에도 조사하여, 증여세 과세표준 신고기한으로부터 6개월 이내에 증여세 납세의무를 구체적으로 확정시키고 그 결과를 납세의무자에게 통지해야 한다.

II. 증여세 납부

증여세를 신고하는 자는 증여세 과세표준 신고기한까지 증여세액을 납세지 관할 세무서, 한국은행 또는 우체국에 납부해야 한다. 상속세 및 증여세법에서는 증여세 납세의무자의 과도한 납부부담을 줄이기 위해 다음과 같이 납부와 관련한 여러 제도를 규정하고 있다.

구 분	내 용
(1) 원 칙	증여세는 금전으로 일시에 납부하는 것이 원칙이다(물납이 허용되지 않음).
(2) 분 납	납부할 금액이 1,000만원을 초과하는 경우에는 다음의 금액을 납부기한이 지난 후 2개월 이내에 분할납부할 수 있다. ① 납부할 세액이 2,000만원 이하인 때 : 1,000만원을 초과하는 금액 ② 납부할 세액이 2,000만원을 초과하는 때 : 그 세액의 50% 이하의 금액
(3) 연부연납	납세지 관할세무서장은 증여세 납부세액이 2,000만원을 초과하는 경우에는 납세의무자의 신청을 받아 연부연납을 허가할 수 있다. 이 경우 납세의무자는 담보를 제공해야 한다. 연부연납의 기간은 연부연납 허가일부터 5년 이내의 범위에서 납세의무자가 신청한 기간으로 하되, 각 회분의 분할납부 세액이 1,000만원을 초과하도록 연부연납기간을 정해야 한다.

제3절 증여세 계산구조

증 여 재 산 가 액	
(+) 증 여 재 산 가 산 액	10년 이내 동일인으로부터 받은 증여재산이 1천만원 이상인 경우
(-) 비 과 세 재 산 가 액	
(-) 과 세 가 액 불 산 입	
(-) 채 무 액	부담부 증여시 채무인수액
증 여 세 과 세 가 액	
(-) 증 여 재 산 공 제	6억원(배우자), 5,000만원(직계존비속), 1,000만원(기타친족)
(-) 재 해 손 실 공 제	
(-) 감 정 평 가 수 수 료 공 제	500만원 한도
증 여 세 과 세 표 준	과세최저한(50만원 미만)
(×) 세 율	10%~50%의 5단계 초과누진세율
증 여 세 산 출 세 액	세대생략가산액 포함
(-) 박물관자료등징수유예세액	
(-) 세 액 공 제	증여세납부세액공제·외국납부세액공제·신고세액공제
(+) 가 산 세	
납 부 할 세 액	분납·연부연납

Ⅰ. 증여세 과세가액

증 여 재 산 가 액	
(+) 증 여 재 산 가 산 액	10년 이내 동일인으로부터 받은 증여재산이 1천만원 이상인 경우
(-) 비 과 세 재 산 가 액	
(-) 과 세 가 액 불 산 입	
(-) 채 무 액	부담부 증여시 채무인수액
증 여 세 과 세 가 액	

1 증여재산가액

증여재산이란 증여로 인하여 수증자에게 귀속되는 모든 재산 또는 이익을 말하며, 다음의 물건, 권리 및 이익을 포함한다.

① 금전으로 환산할 수 있는 경제적 가치가 있는 모든 물건
② 재산적 가치가 있는 법률상 또는 사실상의 모든 권리
③ 금전으로 환산할 수 있는 모든 경제적 이익

2 증여재산가산액

상속세 및 증여세법에서는 증여세의 과세방식으로 유산취득세방식을 채택하고 있어 수증자가 이전받은 증여재산별로 과세하는 것을 원칙으로 한다. 다만, 해당 증여일 전 10년 이내에 동일인(증여자가 직계존속인 경우에는 그 직계존속의 배우자 포함)으로부터 받은 증여재산가액을 합친 금액이 1천만원 이상인 경우에는 그 가액을 증여세 과세가액에 가산한다.

이 제도의 취지는 여러 차례 걸쳐 분할하여 증여함으로써 누진세율의 적용을 피해 세부담을 부당하게 감소시키는 것을 방지하기 위함이다. 다만, 합산된 종전 증여재산가액에 대한 증여세는 이중과세의 조정을 위하여 증여세납부세액공제로 산출세액에서 공제한다.

3 비과세재산가액

비과세재산가액이란 조건이나 사후관리 없이 증여세가 원천적으로 과세되지 않는 재산가액을 말한다.

① 국가나 지방자치단체로부터 증여받은 재산의 가액
② 정당법에 따른 정당이 증여받은 재산의 가액
③ 근로복지기본법에 따른 사내근로복지기금, 우리사주조합, 공동근로복지기금 및 근로복지진흥기금이 증여받은 재산의 가액
④ 사회통념상 인정되는 이재구호금품, 치료비, 피부양자의 생활비, 교육비, 그 밖에 이와 유사한 다음의 것
　㉠ 학자금 또는 장학금 기타 이와 유사한 금품
　㉡ 기념품·축하금·부의금 기타 이와 유사한 금품으로서 통상 필요하다고 인정되는 금품
　㉢ 혼수용품으로서 통상 필요하다고 인정되는 금품
　㉣ 불우한 자를 돕기 위하여 언론기관을 통하여 증여한 금품 등
⑤ 신용보증기금법에 따라 설립된 신용보증기금이나 그 밖에 이와 유사한 단체가 증여받은 재산의 가액
⑥ 국가, 지방자치단체 또는 공공단체가 증여받은 재산의 가액
⑦ 장애인을 보험금 수령인으로 하는 보험의 보험금(연 4,000만원 한도) 등

4 과세가액불산입

과세가액불산입이란 증여세 과세대상 재산 중 일부를 제외시켜 증여세 과세가액에 산입하지 않는 것을 말하며, 비과세재산가액과 달리 조건의 충족과 사후관리가 필요하다.

(1) 공익법인 등이 출연받은 재산

공익법인등이 출연받은 재산의 가액은 증여세 과세가액에 산입하지 아니한다.

(2) 공익신탁재산

증여재산 중 증여자가 공익신탁법에 따른 공익신탁으로서 종교·자선·학술 또는 그 밖의 공익을

목적으로 하는 신탁을 통하여 공익법인 등에 출연하는 재산의 가액은 증여세 과세가액에 산입하지 않는다.

(3) 장애인이 증여받은 재산

장애인이 재산을 증여받고 그 재산을 본인을 수익자로 하여 신탁한 경우로서 해당 신탁(자익신탁)이 다음의 요건을 모두 충족하는 경우에는 그 증여받은 재산가액은 증여세 과세가액에 산입하지 않는다.

> ① 자본시장과 금융투자업에 관한 법률에 따른 신탁업자에게 신탁되었을 것
> ② 그 장애인이 신탁의 이익 전부를 받는 수익자일 것
> ③ 신탁기간이 그 장애인이 사망할 때까지로 되어 있을 것. 다만, 장애인이 사망하기 전에 신탁기간이 끝나는 경우에는 신탁기간을 장애인이 사망할 때까지 계속 연장해야 한다.

한편, 타인이 장애인을 수익자로 하여 재산을 신탁한 경우로서 해당 신탁(타익신탁)이 다음의 요건을 모두 충족하는 경우에는 장애인이 증여받은 그 신탁의 수익은 증여세 과세가액에 산입하지 않는다.

> ① 신탁업자에게 신탁되었을 것
> ② 그 장애인이 신탁의 이익 전부를 받는 수익자일 것. 다만, 장애인이 사망한 후의 잔여재산에 대해서는 그러하지 않는다.
> ③ 다음의 내용이 신탁계약에 포함되어 있을 것
>   ㉠ 장애인이 사망하기 전에 신탁이 해지 또는 만료되는 경우에는 잔여재산이 그 장애인에게 귀속될 것
>   ㉡ 장애인이 사망하기 전에 수익자를 변경할 수 없을 것
>   ㉢ 장애인이 사망하기 전에 위탁자가 사망하는 경우에는 신탁의 위탁자 지위가 그 장애인에게 이전될 것

위 자익신탁에 따른 그 증여받은 재산가액 및 타익신탁 원본의 가액을 합산한 금액은 5억원을 한도로 한다.

 ## 채무액

부담부증여란 수증자가 재산을 증여받음과 동시에 채무를 부담하거나 인수하는 증여를 말한다. 부담부증여로서 해당 증여재산에 담보된 채무 중 수증자가 인수한 금액은 증여재산가액에서 차감한다. 여기서 말하는 채무에는 증여자가 해당 재산을 타인에게 임대한 경우의 해당 임대보증금을 포함한다.

배우자 간 또는 직계존·비속 간의 부담부증여에 대해서는 수증자가 증여자의 채무를 인수한 경우에도 그 채무액은 수증자에게 인수되지 않은 것으로 추정하여 증여재산가액에서 차감하지 않는다. 다만, 그 채무액이 국가 및 지방자치단체에 대한 채무 등 객관적으로 인정되는 것인 경우에는 증여재산가액에서 차감한다.

Ⅲ. 증여세 과세표준

```
    증 여 세 과 세 가 액
(−) 증 여 재 산 공 제     6억원(배우자), 5,000만원(직계존비속), 1,000만원(기타친족)
(−) 재 해 손 실 공 제
(−) 감 정 평 가 수 수 료 공 제   500만원 한도
    증 여 세 과 세 표 준     과세최저한(50만원 미만)
```

 증여재산공제

거주자가 다음 중 어느 하나에 해당하는 사람으로부터 증여를 받은 경우에는 다음의 구분에 따른 금액을 증여세 과세가액에서 공제한다. 이 경우 수증자를 기준으로 그 증여를 받기 전 10년 이내에 공제받은 금액과 해당 증여가액에서 공제받을 금액을 합친 금액이 다음의 구분에 따른 금액을 초과하는 경우에는 그 초과하는 부분은 공제하지 않는다. 즉, 다음의 구분에 따른 금액은 건별 공제한도가 아니라 해당 증여 전 10년 동안의 공제한도를 의미한다.

구 분	공제액
1) 배우자로부터의 증여받은 경우	6억원
2) 직계존속으로부터의 증여받은 경우	5,000만원 (수증자가 미성년자인 경우에는 2,000만원)
3) 직계비속으로부터의 증여받은 경우	5,000만원
4) 기타 친족(6촌 이내의 혈족, 4촌 이내의 인척)으로부터의 증여받은 경우	1,000만원
5) 직계존속으로부터 혼인신고일 이전 2년 + 혼인신고일 이후 2년 이내 증여받은 경우	1억원

한편, 둘 이상의 증여가 그 증여시기를 달리하는 경우에는 둘 이상의 증여 중 최초의 증여세 과세가액에서부터 순차로 공제하며, 둘 이상의 증여가 동시에 있는 경우에는 각각의 증여세 과세가액에 대하여 안분하여 공제한다.

 재해손실공제

증여세 과세표준 신고기한 이내에 화재·붕괴·폭발·환경오염사고 및 자연재해 등으로 인한 재난으로 증여재산이 멸실되거나 훼손된 경우에는 그 손실가액을 증여세 과세가액에서 공제하는데, 이

를 재해손실공제라 한다. 다만, 그 손실가액에 대한 보험금 등의 수령 또는 구상권 등의 행사에 의하여 그 손실가액에 상당하는 금액을 보전받을 수 있는 경우 해당 금액은 재해손실공제액에서 제외한다.

<blockquote>
재해손실공제 = 재해손실가액 − 보험금·구상권 등으로 보전받을 수 있는 금액
</blockquote>

3 감정평가수수료공제

감정평가수수료공제란 증여세를 신고·납부하기 위하여 증여재산을 평가하는데 드는 수수료로서 다음 중 어느 하나에 해당하는 것을 증여세 과세가액에서 공제하는 것을 말한다. 감정평가수수료공제를 적용받고자 하는 자는 수수료의 지급사실을 입증할 수 있는 서류를 제출해야 한다.

① 감정평가 및 감정평가사에 관한 법률에 따른 감정평가업자의 평가에 따른 수수료(500만원 한도)❶
② 평가심의위원회가 의뢰한 신용평가전문기관의 비상장주식 평가에 따른 평가수수료❷
③ 판매용이 아닌 서화골동품 등 예술적 가치가 있는 유형재산 평가에 대한 감정수수료(500만원 한도)

❶ 증여세 납부목적용으로서 해당 평가된 가액으로 증여세를 신고·납부하는 경우에 한하여 감정평가수수료공제를 적용한다.
❷ 평가대상 법인의 수 및 평가를 의뢰한 신용평가전문기관의 수별로 각각 1,000만원을 한도로 한다.

Ⅳ. 증여세 산출세액

증 여 세 과 세 표 준	과세최저한(50만원 미만)
(×) 세　　　　　　　율	10%~50%의 5단계 초과누진세율
증 여 세 산 출 세 액	세대생략가산액 포함

1 증여세 세율

과 세 표 준	세　　　　　율
1억원 이하	과세표준의 10%
1억원 초과 5억원 이하	1,000만원 + (1억원을 초과하는 금액의 20%)
5억원 초과 10억원 이하	9,000만원 + (5억원을 초과하는 금액의 30%)
10억원 초과 30억원 이하	2억4,000만원 + (10억원을 초과하는 금액의 40%)
30억원 초과	10억4,000만원 + (30억원을 초과하는 금액의 50%)

2 직계비속에 대한 증여의 할증과세

수증자가 증여자의 자녀가 아닌 직계비속인 경우에는 증여세 산출세액에 30%(수증자가 미성년자인 경우로서 증여재산가액이 20억원을 초과하는 경우 40%)에 상당하는 금액을 가산한다. 다만, 증여자의 최근친인 직계비속이 사망하여 그 사망자의 최근친인 직계비속이 증여받은 경우에는 적용하지 않는다.

$$세대생략가산액 = 증여세 산출세액 \times 30\%(40\%)$$

이 제도의 취지는 증여자가 1세대(자녀세대)가 아닌 손자녀세대에게 변칙적인 증여를 함으로써 1세대가 부담해야 할 증여세를 부당하게 회피하는 것을 방지하기 위함이다.

예제 2-1 증여세 산출세액

다음 자료는 거주자 甲(38세)이 증여받은 재산의 내역이다. 이를 토대로 증여세 산출세액을 계산하시오.

증여자	증여재산가액	증여일자
조 부	40,000,000원	2025년 7월 24일
부 친	80,000,000원	2025년 7월 24일
배우자	800,000,000원	2025년 7월 24일
누 나	50,000,000원	2025년 7월 24일

해답

1. 증여세 과세표준

증여자	증여재산가액	증여재산공제	과세표준
조 부	40,000,000원	16,666,666원❶	23,333,334원
부 친	80,000,000원	33,333,33원❶	46,666,667원
배우자	800,000,000원	600,000,000원	200,000,000원
누 나	50,000,000원	10,000,000원	40,000,000원

❶ 둘 이상의 증여가 동시에 있는 경우 증여재산공제는 다음과 같이 안분하여 공제한다.

① 조 부 : $50,000,000원 \times \dfrac{40,000,000원}{120,000,000원} = 16,666,666원$

② 부 친 : $50,000,000원 \times \dfrac{80,000,000원}{120,000,000원} = 33,333,333원$

2. 증여세 산출세액
   (1) 조 부 : 23,333,334원 × 10% × 130%(세대생략가산액) = 3,033,333원
   (2) 부 친 : 46,666,667원 × 10% = 4,666,666원
   (3) 배우자 : 10,000,000원 + 100,000,000원 × 20% = 30,000,000원
   (4) 누 나 : 40,000,000원 × 10% = 4,000,000원

V. 납부할세액

```
        증 여 세 산 출 세 액
    ( − ) 박물관자료등징수유예세액
    ( − ) 세      액      공      제    증여세납부세액공제·외국납부세액공제·신고세액공제
    ( + ) 가            산            세
        납   부   할   세   액         분납·연부연납
```

 박물관자료 등 징수유예세액

　납세지 관할세무서장은 증여재산 중 박물관 및 미술관 진흥법에 따른 박물관자료 또는 미술관자료가 포함되어 있는 경우에는 다음과 같이 계산한 그 재산가액에 상당하는 증여세액의 징수를 유예한다. 징수유예를 받으려는 자는 그 유예할 증여세액에 상당하는 담보를 제공해야 한다.

$$징수유예세액 = 증여세\ 산출세액 \times \frac{박물관자료\ 등에\ 해당하는\ 재산가액}{증여재산가액}$$

　납세지 관할세무서장은 박물관자료·미술관자료를 증여받은 수증자가 이를 유상으로 양도하거나 박물관자료를 인출하는 경우에는 즉시 그 징수유예한 증여세를 징수해야 한다.

 세액공제

(1) 증여세납부세액공제

　증여세납부세액공제란 증여세 과세가액에 가산한 증여재산의 가액(둘 이상의 증여가 있을 때에는 그 가액을 합친 금액)에 대하여 납부하였거나 납부할 증여세액(증여 당시의 증여세산출세액)은 증여세 산출세액에서 공제하는 것을 말한다. 다만, 증여세 과세가액에 가산하는 증여재산에 대하여 국세기본법에 규정된 국세부과 제척기간의 만료로 인하여 증여세가 부과되지 않는 경우에는 적용하지 않는다.

　이 제도의 취지는 가산한 증여재산에 대해 증여 당시 이미 과세된 증여세를 공제함으로써 이중과세를 방지하기 위함이다. 다만, 상속세 및 증여세법에서는 이중과세에 해당하는 부분을 증여 당시 과세된 증여세 전액이 아니라 증여재산 중 가산한 증여재산이 차지하는 비율에 상당하는 증여세로 한정하여 다음과 같이 공제한도를 규정하고 있다.

$$한도액 = 증여세\ 산출세액 \times \frac{증여세\ 과세가액에\ 가산한\ 증여재산의\ 과세표준}{증여재산가액(증여재산가산액\ 포함)에\ 대한\ 증여세\ 과세표준}$$

(2) 외국납부세액공제

외국납부세액공제란 타인으로부터 재산을 증여받은 경우에 외국에 있는 증여재산에 대하여 외국의 법령에 따라 증여세를 부과받은 경우 그 부과받은 증여세에 상당하는 금액(외국납부증여세액)을 다음의 금액을 한도로 증여세 산출세액에서 공제하는 것을 말한다.

$$\text{한도액} = \text{증여세 산출세액} \times \frac{\text{외국의 법령에 따라 증여세가 부과된 증여재산의 과세표준}}{\text{증여세 과세표준}}$$

(3) 신고세액공제

신고세액공제란 증여세 과세표준 신고기한 내에 신고한 경우에 다음의 금액을 공제하는 것을 말한다. 신고세액공제는 세액의 납부를 요건으로 하지 아니하므로 신고만 한 경우에도 적용된다.

$$\text{신고세액공제} = [\text{증여세 산출세액(세대생략가산액 포함)} - \text{박물관자료 등 징수유예세액} - \text{공제·감면세액}] \times 3\%$$

기출문제

제2장 _ 증여세

01 세목별 납세의무자에 대한 예시로 옳지 않은 것은? [국가직 9급 2007]

① 증여세: 증여자
② 소득세: 거주자가 아닌 자로서 국내원천소득이 있는 개인
③ 법인세: 국내원천소득이 있는 외국법인
④ 부가가치세: 사업상 독립적으로 재화 또는 용역을 공급하는 사업자

> **해설** 증여세의 납세의무자는 수증자이다. 다만, 수증자의 주소나 거소가 분명하지 않은 경우로서 증여세에 대한 조세채권을 확보하기 곤란한 경우 등에는 증여자는 수증자가 납부할 증여세를 연대하여 납부할 의무가 있다.
>
> **해답** ①

02 상속세 및 증여세법상 증여세의 과세대상에 대한 설명으로 옳지 **않은** 것은? [국가직 9급 2012]

① 수증자가 거주자인 경우에는 그가 증여받은 모든 재산이 증여세 과세대상이 된다.
② 수증자가 비거주자인 경우에는 그가 증여받은 재산 중 국내에 있는 모든 재산이 증여세 과세대상이 된다.
③ 증여세는 경제적 가치가 있는 유형 및 무형의 재산을 타인에게 무상으로 이전하는 경우에 적용된다.
④ 영리법인이 재산을 증여받은 경우에는 증여세와 법인세가 모두 부과된다.

> **해설** 증여재산에 대하여 수증자에게 소득세법에 따른 소득세 또는 법인세법에 따른 법인세가 부과되는 경우에는 증여세를 부과하지 않는다. 따라서 수증자가 영리법인인 경우에는 법인세가 부과되므로 증여세가 면제된다.
>
> **해답** ④

제2장 증여세

03 상속세 및 증여세법에 대한 설명으로 옳지 않은 것은? [국가직 9급 2017]

① 상속재산에 가산한 증여재산에 대한 증여 당시의 증여세 산출세액을 상속세산출세액에서 공제하는 것은 이중과세를 방지하기 위함이다.
② 영리법인은 유증 또는 사인증여로 취득한 재산에 대해 상속세를 납부할 의무가 있다.
③ 피상속인이나 상속인 전원이 외국에 주소를 둔 경우에는 상속개시일이 속하는 달의 말일부터 9개월 이내에 납세지 관할 세무서장에게 상속세의 과세가액 및 과세표준을 신고하여야 한다.
④ 기초공제와 배우자 상속공제 외의 인적공제는 그 공제요건에 해당하는 자가 상속의 포기 등으로 상속을 받지 아니하는 경우에도 적용한다.

해설 영리법인은 유증 또는 사인증여로 취득한 재산에 대해 법인세가 과세된다.

해답 ②

제3장 재산의 평가

제1절 재산평가의 원칙

Ⅰ. 시 가

상속세 및 증여세법에 따라 상속세나 증여세가 부과되는 재산의 가액은 평가기준일(상속개시일 또는 증여일) 현재의 시가에 따른다. 다만, 상속재산의 가액에 가산하는 사전증여재산가액은 증여일 현재의 시가에 따른다. 시가를 산정하기 어려운 경우에는 해당 재산의 종류, 규모, 거래 상황 등을 고려하여 상속세 및 증여세법에 규정된 보충적 평가방법으로 평가한 가액을 시가로 본다.

구 분	내 용
(1) 시가의 개 념	시가란 불특정다수인 사이에 자유로이 거래가 이루어지는 경우에 통상적으로 성립된다고 인정되는 가액을 말한다.
(2) 시가로 보 는 가 액	① 평가기준일 전후 6개월(증여재산의 경우에는 평가기준일 전 6개월부터 평가기준일 후 3개월까지)이내의 기간(평가기간) 중 매매·감정·수용·경매 또는 공매가 있는 경우에 다음의 규정에 따라 확인되는 가액은 이를 시가로 인정한다. ㉠ 해당 재산에 대한 매매사실이 있는 경우 : 그 거래가액 ㉡ 해당 재산(주식 등 제외)에 대하여 2 이상의 감정기관이 평가한 감정가격이 있는 경우 : 그 감정가격의 평균액✽ ㉢ 해당 재산에 대하여 수용·경매 또는 공매사실이 있는 경우 : 그 보상가액·경매가격 또는 공매가격 ✽ 기준시가 10억원 이하의 부동산의 경우에는 하나의 감정기관이 평가한 감정가격도 인정한다. ② 시가로 보는 가액이 2 이상인 경우에는 평가기준일을 전후하여 가장 가까운 날에 해당하는 가액(그 가액이 둘 이상인 경우에는 그 평균액)에 따른다.

Ⅱ. 국외재산에 대한 평가

외국에 있는 상속 또는 증여재산으로서 위의 규정을 적용하는 것이 부적당한 경우에는 당해 재산이 소재하는 국가에서 양도소득세·상속세 또는 증여세 등의 부과목적으로 평가한 가액을 평가액으로 한다. 다만, 이에 따른 평가액이 없는 경우에는 세무서장 등이 2 이상의 국내 또는 외국의 감정기관에 의뢰하여 감정한 가액을 참작하여 평가한 가액에 따른다.

Ⅲ. 저당권 등이 설정된 재산의 평가

저당권·담보권·질권이 설정된 재산, 양도담보재산, 전세권이 등기된 재산(임대보증금을 받고 임대한 재산 포함), 위탁자의 채무이행을 담보할 목적으로 신탁계약을 체결한 재산은 위의 규정에 불구하고 다음과 같이 평가한다.

평가액 = Max [① 해당 재산이 담보하는 채권액 등
② 평가기준일 현재의 시가 또는 보충적 평가방법에 따른 평가액

제2절 보충적 평가방법

Ⅰ. 부동산의 평가

구 분	평 가 방 법
(1) 토 지	개별공시지가
(2) 건 물	건물의 신축가격·구조·용도·위치·신축연도 등을 참작하여 매년 1회 이상 국세청장이 산정·고시하는 가액
(3) 오피스텔·상업용 건물(부수토지 포함)	매년 1회 이상 국세청장이 정하는 토지와 건물의 가액을 일괄하여 산정·고시한 가액
(4) 주 택(부수토지 포함)	① 공동주택 : 공동주택가격 ② 단독주택 : 개별주택가격

Ⅱ. 주식의 평가

 주권상장법인의 주식

주권상장법인의 주식은 평가기준일 이전·이후 각 2개월 동안 공표된 매일의 거래소 최종 시세가액의 평균액으로 평가한다.

 주권비상장법인의 주식

주권비상장법인의 주식은 1주당 순손익가치와 1주당 순자산가치를 각각 다음의 구분에 따른 비율로 가중평균한 가액으로 평가한다. 다만, 그 가중평균한 가액이 1주당 순자산가치에 80%를 곱한 금액보다 적은 경우에는 1주당 순자산가치에 80%을 곱한 금액을 평가액으로 한다.

구 분	1주당 평가액
일 반 법 인	Max[(1주당 순손익가치❶×3+1주당 순자산가치❷×2)×$\frac{1}{5}$, 순자산가치의 80%]
부동산과다보유법인❸	Max[(1주당 순손익가치❶×2+1주당 순자산가치❷×3)×$\frac{1}{5}$, 순자산가치의 80%]

❶ 1주당 순손익가치는 다음과 같이 계산한다.

$$1주당\ 순손익가치 = \frac{1주당\ 최근\ 3년간의\ 순손익액의\ 가중평균액}{기획재정부장관이\ 정하여\ 고시하는\ 이자율(10\%)}$$

❷ 1주당 순자산가치는 다음과 같이 계산한다.

$$1주당\ 순자산가치 = \frac{해당\ 법인의\ 순자산가액}{발행주식총수}$$

❸ 부동산 과다보유법인이란 법인의 자산총액 중 다음의 합계액이 차지하는 비율이 50% 이상인 법인을 말한다.
① 부동산 등(토지, 건물 부동산에 관한 권리의 가액)
② 해당 법인이 직접 또는 간접으로 보유한 다른 법인의 주식가액에 그 다른 법인의 부동산등 보유비율을 곱하여 산출한 가액

3 최대주주 등에 대한 할증평가

최대주주 및 그의 특수관계인에 해당하는 주주 등의 주식에 대해서는 위 규정에 따른 평가액에 그 가액의 20%를 가산한다. 이 제도의 취지는 주식의 가액에 직접적인 영향력을 행사할 수 있는 최대주주 등에 대한 과세를 강화함으로써 공평한 조세부담을 통한 조세정의를 실현하기 위함이다.
다만, 중소기업 등의 원활한 가업승계를 지원하기 위해 중소기업기본법에 따른 중소기업, 중견기업 및 평가기준일이 속하는 사업연도 전 3년 이내의 사업연도부터 계속하여 법인세법에 따른 결손금이 있는 법인의 주식 등에는 할증평가를 적용하지 않는다.

III. 그 밖의 재산의 평가

구 분	평 가 방 법
(1) 부동산을 취득할 수 있는 권리	평가기준일까지 불입한 금액* + 평가기준일 현재의 프리미엄에 상당하는 금액 ▣ 소득세법에 따른 기준시가가 있는 경우에는 그 기준시가를 평가액으로 한다. * 조합원입주권의 경우 관리처분계획을 기준으로 하여 기획재정부령으로 정하는 조합원권리가액과 평가기준일까지 납입한 계약금, 중도금 등을 합한 금액을 말한다.
(2) 선박·항공기·차량·기계장비·입목	① 재취득가액 ② 재취득가액이 확인되지 않을 경우 : ㉠과 ㉡을 순차로 적용 　㉠ 장부가액(취득가액 - 감가상각비 누계액) 　㉡ 지방세법에 따른 시가표준액
(3) 판매용이 아닌 서화·골동품	Max(㉠, ㉡) ㉠ 전문분야별로 2인 이상의 전문가가 감정한 가액의 평균액 ㉡ 국세청장이 위촉한 전문가로 구성된 감정평가심의회에서 감정한 감정가액
(4) 국채·공채·사채	① 한국거래소에 상장되어 있는 경우 　Max(㉠, ㉡) 　㉠ 평가기준일 이전 2개월간 공표된 최종시세가액의 평균액 　㉡ 평가기준일 이전 최근일의 최종시세가액 ② 한국거래소에 상장되지 않은 경우 　㉠ 타인으로부터 매입한 경우 : 매입가액 + 평가 기준일까지 미수 이자상당액 　㉡ 발행기관 등으로부터 액면가액으로 직접 매입한 경우 : 평가기준일 현재 처분예상액
(5) 예금·적금·적금	예입금액 + 미수이자상당액 - 원천징수세액상당액

기출문제

제3장 _ 재산의 평가

01 상속세 및 증여세법상 상속재산의 평가에 대한 설명으로 옳지 않은 것은?

① 상속세나 증여세가 부과되는 재산의 가액은 평가기준일(상속개시일 또는 증여일) 현재의 시가에 따른다. 다만, 상속재산의 가액에 가산하는 사전증여재산가액은 증여일 현재의 시가에 따른다.
② 평가기준일 전후 6개월(증여재산의 경우에는 평가기준일 전 6개월부터 평가기준일 후 3개월까지) 이내의 기간 중 해당 재산에 대한 매매사실이 있는 경우 그 거래가액을 시가로 인정한다.
③ 평가기준일 전후 6개월(증여재산의 경우에는 평가기준일 전 6개월부터 평가기준일 후 3개월까지) 이내의 기간 중 해당 주식에 대한 2 이상의 감정기관이 평가한 감정가격이 있는 경우 그 감정가격의 평균액을 시가로 인정한다.
④ 시가로 보는 가액이 2 이상인 경우에는 평가기준일을 전후하여 가장 가까운 날에 해당하는 가액(그 가액이 둘 이상인 경우에는 그 평균액)에 따른다.

> **해설** 평가기준일 전후 6개월(증여재산의 경우에는 평가기준일 전 6개월부터 평가기준일 후 3개월까지) 이내의 기간 중 해당 재산에 대한 2 이상의 감정기관이 평가한 감정가격이 있는 경우 그 감정가격의 평균액을 시가로 인정한다. 다만, 주식은 해당 재산에서 제외한다. 참고로 기준시가 10억원 이하의 부동산의 경우에는 하나의 감정기관이 평가한 감정가격도 인정한다.
>
> **해답** ④

02 상속세 및 증여세법상 상속재산의 평가에 대한 설명으로 옳지 않은 것은? [국가직 9급 2014]

① 신탁의 이익을 받을 권리에 대해서는 해당 권리의 성질, 내용, 남은 기간 등을 기준으로 법령으로 정하는 방법으로 그 가액을 평가한다.
② 서화에 대해서는 해당 재산의 종류, 규모, 거래상황 등을 고려하여 법령으로 정하는 방법으로 평가한다.
③ 지가가 급등하지 않은 지역으로서 개별공시지가가 없는 토지의 가액은 납세지 관할세무서장이 인근 유사 토지의 개별공시지가를 고려하여 법령으로 정하는 방법으로 평가한 금액으로 한다.
④ 양도담보재산은 그 재산이 담보하는 채권액을 그 재산의 가액으로 평가한다.

> **해설** 양도담보재산은 ① 해당 재산이 담보하는 채권액과 ② 평가기준일 현재의 시가 또는 보충적 평가방법에 따른 평가액 중 큰 금액으로 평가한다.
>
> **해답** ④

제1장 국세부과와 세법적용

제1절 국세부과의 원칙

I. 국세부과 원칙의 의의

1 개념

국세부과란 국세의 과세요건(납세의무자, 과세대상, 과세표준, 세율)이 충족되어 성립된 납세의무를 사후적으로 확정하는 행위를 말하며, 이러한 국세부과에 있어 준수해야 할 다음의 규정을 국세부과의 원칙이라 한다. 이는 조세회피행위를 방지하고 조세정의를 실현하는데 주된 목적이 있으며, 조세평등주의를 구현하고자 하는 선언적·확인적 규정이다.

① 실질과세의 원칙
② 신의성실의 원칙
③ 근거과세의 원칙
④ 조세감면의 사후관리

2 특징

납세의무의 확정주체는 신고납세제도 세목(법인세·소득세 등)의 경우 납세의무자이며 부과과세제도 세목(상속세·증여세 등)의 경우 과세당국이다. 따라서 국세부과의 원칙은 납세의무자와 과세당국 모두에게 적용되는 규정이다. 반면, 다음 절에서 설명하는 세법적용의 원칙은 과세당국에게만 적용되는 규정이다.

Ⅱ. 실질과세의 원칙

 실질과세 원칙의 의의

(1) 개 념

실질과세의 원칙이란 과세를 함에 있어서 법적 형식이나 외관에 불구하고 그 실질에 따라서 과세해야 한다는 원칙을 말한다. 이러한 실질과세의 원칙은 형식과 실질이 다른 경우에는 실질에 따른 과세를 함으로써 조세부담의 공평성을 도모하는데 그 취지가 있으므로 조세평등주의에서 파생된 기본원리 중 하나이다.

한편, 실질과세의 원칙은 조세법에 본원적으로 내재하고 있는 조리이므로, 국세기본법에서 이를 규정한 것은 그것이 창설적 의미를 갖는 것이 아니라 이미 조세법에 내재하고 있는 기본적인 원칙을 확인하고 선언하는 것에 불과한 것이다.

(2) 유 형

국세기본법에서는 실질과세의 원칙을 다음과 같이 구분하여 규정하고 있다. 이러한 실질과세의 원칙은 궁극적으로 납세의무의 성립여부를 판단하는데 근간이 되는 과세요건 중 납세의무자, 과세대상 및 과세표준의 판단 시 적용되는 개념이다.

① 거래의 귀속에 대한 실질과세
② 거래의 내용에 대한 실질과세
③ 경제적 실질에 따른 실질과세

 실질과세원칙의 유형

(1) 거래의 귀속에 대한 실질과세

과세의 대상이 되는 소득·수익·재산·행위 또는 거래의 귀속이 명의일 뿐이고 사실상 귀속되는 자가 따로 있을 때에는 사실상 귀속되는 자를 납세의무자로 하여 세법을 적용한다. 이 규정의 사례는 다음과 같다.

① 사업자명의등록자와는 별도로 사실상의 사업자가 있는 경우에는 사실상의 사업자를 납세의무자로 본다.
② 회사의 주주로 명부상 등재되어 있더라도 회사의 대표자가 임의로 등재한 것일 뿐 회사의 주주로서 권리행사를 한 사실이 없는 경우에는 그 명의자인 주주를 세법상 주주로 보지 않는다.

(2) 거래의 내용에 대한 실질과세

세법 중 과세표준의 계산에 관한 규정은 소득·수익·재산·행위 또는 거래의 명칭이나 형식에 관계없이 그 실질내용에 따라 적용한다. 이 규정의 사례는 다음과 같다.

① 거래의 실질내용은 형식상의 기록내용이나 거래명의에 불구하고 상거래관계, 구체적인 증명서류, 거래당시의 정황 및 사회통념 등을 고려하여 판단한다.
② 공부상 지목이 아파트라 하더라도 실제로는 사무실로 사용하였다면 주택이 아닌 사무실로 보아 과세여부를 결정한다.

(3) 경제적 실질에 따른 실질과세

제3자를 통한 간접적인 방법이나 둘 이상의 행위 또는 거래를 거치는 방법에 의하여 국세기본법 또는 세법의 혜택을 부당하게 받기 위한 것으로 인정되는 경우에는 그 경제적 실질에 따라 당사자가 직접 거래를 한 것으로 보거나 연속된 하나의 행위 또는 거래를 한 것으로 보아 국세기본법 또는 세법을 적용한다.

Ⅲ. 신의성실의 원칙

 신의성실원칙의 의의

(1) 개 념

신의성실의 원칙이란 법률행위를 함에 있어서 권리의 행사자와 의무의 이행자는 권리행사와 의무이행에 있어 상대방의 신뢰와 기대가 무너지지 않도록 신의와 성실을 가지고 행동해야 한다는 원칙으로서 신의칙이라고도 한다. 이는 본래 채권·채무관계를 규율하기 위한 원칙으로 사법분야에서 형성된 법원리로서, 민법에서도 권리의 행사와 의무의 이행은 신의에 좇아 성실히 하여야 한다고 규정하고 있다.

(2) 규 정

조세채권·채무관계는 비록 사법상 채권·채무관계와 달리 반대급부가 없는 일방적 채권·채무관계이지만, 국세기본법에서는 사법상 법원리를 채택하여 다음과 같은 신의성실의 원칙을 규정하고 있다. 참고로 국세기본법에서는 신의성실의 원칙을 보다 구체화한 원칙으로서 세법적용의 원칙에 행정상 소급과세의 금지 규정을 두고 있다.

납세의무자가 그 의무를 이행할 때에는 신의에 따라 성실하게 하여야 한다. 세무공무원이 그 직무를 수행할 때에도 또한 같다.

 적용요건과 효과

(1) 적용요건

과세당국에 대한 신의성실의 원칙은 다음의 요건을 모두 갖춘 경우에 적용된다.

① 공적인 견해표시(형식은 문서 또는 구두를 불문함)
② 견해의 신뢰
③ 신뢰에 기초한 특정 행동의 이행(납세의무자의 신뢰와 행위 사이에 상당한 인과관계 있어야 함)
④ 배반적 행정처분
⑤ 납세의무자의 불이익

즉, ① 과세당국이 납세의무자에게 신뢰의 대상이 되는 공적인 견해를 표시하였고, ② 과세당국의 견해표명이 정당하다고 신뢰한데 대하여 납세의무자에게 귀책사유가 없으며, ③ 납세의무자가 해당 과세당국의 견해표명을 신뢰하고 그 신뢰를 기초로 특정한 행위를 한 후 ④ 과세당국이 당초의 견해표명에 반하는 적법한 처분을 함으로써 ⑤ 납세의무자가 불이익을 받아야 한다.

(2) 효 과

위의 요건이 충족되면 과세당국의 처분은 적법함에도 불구하고 신의성실의 원칙을 위반하였으므로 취소할 수 있는 행정처분이 된다.

Ⅳ. 근거과세의 원칙

1 개 념

국세부과의 출발점은 과세요건의 파악인데, 해당 과세요건을 파악할 때 납세의무자가 세법에 따른 장부를 비치·기장하고 있다면 해당 장부 등에 따라 조사해야한다는 원칙이 근거과세의 원칙이다. 이는 과세관청의 과세권 남용을 방지하여 국민의 재산권이 부당히 침해되는 것을 막음과 동시에 과세형평을 도모하고자 하는데 그 취지가 있다.

2 규 정

(1) 실지조사결정

과세당국은 납세의무자가 세법에 따라 장부를 갖추어 기록하고 있는 경우에는 해당 국세의 과세표준의 조사와 결정은 그 장부와 이에 관계되는 증거자료에 의하여야 한다.

(2) 추계조사결정

만일 과세당국이 위의 규정에 따라 국세를 조사·결정할 때 장부의 기록내용이 사실과 다르거나 장부의 기록에 누락된 것이 있을 때에는 그 부분에 대해서만 과세당국이 조사한 사실에 따라 결정할 수 있다. 이 경우 과세당국은 조사한 사실과 결정의 근거를 결정서에 적어야 한다. 이는 과세당국이 일부 장부의 기록내용의 허위 또는 누락을 평계 삼아 장부 전체를 전면 부인하고 추계조사하여 과세하는 것을 배제하는 규정이다.

V. 조세감면의 사후관리

1 규 정

과세당국은 국세를 감면한 경우에 그 감면의 취지를 성취하거나 국가정책을 수행하기 위하여 필요하다고 인정하면 세법에서 정하는 바에 따라 감면한 세액에 상당하는 자금 또는 자산의 운용범위를 정할 수 있다. 또한 과세당국은 납세의무자가 세액을 감면받은 후 세법이 정하는 운용범위를 벗어난 자금 또는 자산에 상당하는 감면세액은 세법에서 정하는 바에 따라 감면을 취소하고 추징할 수 있다.

2 사 례

조세감면의 사후관리에 관한 사례로는 다음과 같은 것을 들 수 있다. 참고로 조세특례제한법상 최저한세 규정은 조세평등주의와 조세수입확보를 위한 규정이므로 조세감면의 사후관리와는 관계가 없음에 유의하여야 한다.

① 조세특례제한법상 투자세액공제를 적용받은 자산의 2년간 매각 제한
② 조세특례제한법상 근로자복지증진시설투자세액공제를 적용받는 자산의 5년 이내 다른 목적의 전용 제한
③ 상속세 및 증여세법상 공익목적출연재산의 사후관리

제2절 세법적용의 원칙

I. 세법적용 원칙의 의의

세법적용이란 과세당국이 조세법률주의에 따라 제정된 세법을 사전적으로 해석한 후, 납세의무자에게 실제로 발생하는 구체적인 과세사실에 결부시킴으로써 세법에서 의도한 효과를 실현시키는 과정을 말하며, 이러한 세법적용에 있어 준수해야 할 다음의 규정을 세법적용의 원칙이라 한다. 세법적용의 원칙은 과세당국에게만 적용되는 규정이다.

① 재산권 부당침해금지의 원칙(세법해석의 기준)
② 소급과세금지의 원칙
③ 세무공무원 재량한계의 원칙
④ 기업회계존중의 원칙

II. 재산권 부당침해금지의 원칙

재산권 부당침해금지의 원칙이란 세법을 해석·적용할 때에는 과세의 형평과 해당 조항의 합목적성에 비추어 납세의무자의 재산권이 부당하게 침해되지 않도록 해야 한다는 규정을 말하며, 세법해석의 기준이라고도 한다. 조세채권·채무관계는 일방적 채권·채무관계에 해당하므로 해당 채권·채무관계에 다툼이 발생하게 되면 대부분 납세의무자의 일방적 피해로 종결되게 마련이다. 따라서 과세당국이 세무행정을 함에 있어서는 위의 규정을 반드시 따라야 한다.

한편, 세법적용의 원칙 중 나머지 세 가지 원칙인 소급과세금지의 원칙, 세무공무원 재량한계의 원칙, 기업회계존중의 원칙은 재산권 부당침해금지의 원칙을 보다 구체화한 원칙이라 할 수 있다.

III. 소급과세의 금지

1 개 념

소급과세의 금지란 새로 제정된 법규의 효력발생 전에 이미 완결된 사실(구체적으로 납세의무가 성립된 경우를 말함)에 대하여는 해당 법규정을 적용하지 않는다는 것으로서, 그 취지는 조세법률관계에 대한 법적안정성과 예측가능성의 확보에 있다.

이러한 소급과세금지의 원칙은 납세의무자의 조세부담이 증가되는 경우에는 당연히 적용된다. 그러나 납세의무자의 조세부담이 감소되는 경우에는 소급을 인정하는 것이 통설이다.

2 규정

(1) 입법상 소급과세의 금지

국세를 납부할 의무가 성립한 소득·수익·재산·행위 또는 거래에 대해서는 그 성립 후의 새로운 세법에 따라 소급하여 과세하지 않는다. 여기서 국세를 납부할 의무에는 세법에 징수의무자가 따로 규정되어 있는 국세의 경우 이를 징수하여 납부할 의무를 포함한다. 이러한 입법상 소급과세의 금지 원칙은 조세법의 기본원칙인 조세법률주의의 하부원칙이라 볼 수 있다.

(2) 행정상 소급과세의 금지

세법의 해석이나 국세행정의 관행이 일반적으로 납세자에게 받아들여진 후에는 그 해석이나 관행에 의한 행위 또는 계산은 정당한 것으로 보며, 새로운 해석이나 관행에 따라 소급하여 과세하지 않는다. 즉, 새로운 세법해석이 종전의 해석과 상이한 경우에는 새로운 해석이 있는 날 이후에 납세의무가 성립하는 분부터 새로운 해석을 적용한다. 이러한 행정상 소급과세의 금지 원칙은 신의성실의 원칙을 보다 구체화한 것으로 볼 수 있다.

(3) 소급과세여부의 판정기준일

소급과세여부의 판정기준일은 납세의무 성립일이다. 즉, 납세의무가 이미 성립한 경우에는 새로운 세법이나 해석을 적용할 수 없으며, 납세의무가 성립하지 않은 경우에는 새로운 세법이나 해석을 적용할 수 있다.

Ⅳ. 세무공무원의 재량의 한계

세무공무원이 재량으로 직무를 수행할 때에는 과세의 형평과 해당 세법의 목적에 비추어 일반적으로 적당하다고 인정되는 한계를 엄수해야 한다. 이 규정의 취지는 세무공무원이 국세의 부과·징수권을 행사하는 과정에서 납세자의 재산권이 부당하게 침해되는 것을 방지하기 위함이다.

Ⅴ. 기업회계의 존중

세무공무원이 국세의 과세표준을 조사·결정할 때에는 해당 납세의무자가 계속하여 적용하고 있는 기업회계의 기준 또는 관행으로서 일반적으로 공정·타당하다고 인정되는 것은 존중해야 한다. 다만, 법인세법상 기부금의 수입시기를 현금주의로 하는 것 같이 세법에 특별한 규정이 있는 경우에는 적용하지 않는다.

기출문제

제1장 _ 국세부과와 세법적용

01 국세기본법상 실질과세원칙에 관한 설명으로 옳지 않은 것은? [국가직 9급 2013]

① 과세의 대상이 되는 거래의 귀속이 명의일 뿐이고 사실상 귀속되는 자가 따로 있는 때에는 사실상 귀속되는 자를 납세의무자로 본다.
② 사업자등록 명의자와는 별도로 사실상의 사업자가 있는 경우에는 사실상의 사업자를 납세의무자로 본다.
③ 세법 중 과세표준의 계산에 관한 규정은 거래의 명칭이나 형식에 불구하고 그 실질 내용에 따라 적용한다.
④ 제3자를 통한 간접적인 방법으로 거래한 경우 국세기본법 또는 세법의 혜택을 부당하게 받기 위한 것인지 여부와 관계없이 그 경제적 실질 내용에 따라 당사자가 직접 거래를 한 것으로 본다.

> **해설** 제3자를 통한 간접적인 방법이나 둘 이상의 행위 또는 거래를 거치는 방법으로 국세기본법 또는 세법의 혜택을 부당하게 받기 위한 것으로 인정되는 경우에는 그 경제적 실질 내용에 따라 당사자가 직접 거래를 한 것으로 보거나 연속된 하나의 행위 또는 거래를 한 것으로 보아 이 법 또는 세법을 적용한다.
>
> **해답** ④

02 국세기본법상 실질과세의 원칙에 대한 설명으로 옳지 않은 것은? [국가직 9급 2016]

① 세법 중 과세표준의 계산에 관한 규정은 소득, 수익, 재산, 행위 또는 거래의 명칭이나 형식에 관계없이 그 실질내용에 따라 적용한다.
② 과세의 대상이 되는 소득, 수익, 재산, 행위 또는 거래의 귀속이 명의일 뿐이고 사실상 귀속되는 자가 따로 있을 때에는 명의자를 납세의무자로 하여 세법을 적용한다.
③ 제3자를 통한 간접적인 방법이나 둘 이상의 행위 또는 거래를 거치는 방법으로 국세기본법 또는 세법의 혜택을 부당하게 받기 위한 것으로 인정되는 경우에는 그 경제적 실질내용에 따라 당사자가 직접 거래를 한 것으로 보거나 연속된 하나의 행위 또는 거래를 한 것으로 보아 국세기본법 또는 세법을 적용한다.
④ 세법에서 국세기본법 상 실질과세원칙에 대한 특례규정을 두고 있는 경우에는 그 세법에서 정하는 바에 따른다.

> **해설** 과세표준의 계산에 관한 규정은 소득, 수익, 재산, 행위 또는 거래의 명칭이나 형식에 관계없이 그 실질내용에 따라 적용한다.
>
> **해답** ②

03 조세법률주의에 대한 설명으로 옳지 않은 것은? (단, 다툼이 있는 경우 판례에 의함)
[국가직 9급 2019]

① 조세의 과세요건 및 부과·징수 절차는 입법부가 제정하는 법률로 정해져야 한다.
② 1세대 1주택에 대한 양도소득세 비과세요건(거주요건)을 추가하여 납세자가 양도소득세 비과세를 받기 어렵게 규정을 개정하였지만 경과규정을 두어 법령시행 후 1년간 주택을 양도한 경우에는 구법을 적용하도록 하였다면 이러한 법개정은 소급과세금지에 반하지 않는다.
③ 엄격해석으로 세법상 의미를 확정할 수 없는 경우 세법규정의 유추적용이 허용된다.
④ 조세법률주의는 과세권의 자의적 발동으로부터 납세자를 보호하기 위한 대원칙으로 헌법에 그 근거를 두고 있다.

해설 과세요건에 해당하는 경우에는 물론 비과세 및 조세감면 요건에 해당하는 경우에도 조세법의 해석에 있어서 문언에 따라 엄격하게 해석해야 하고, 합리적 이유 없이 확장해석하거나 유추해석 하는 것은 허용되지 않는다.

해답 ③

04 다음은 국세기본법상 실질과세원칙에 대한 설명이다. 다음 중 틀린 것은? [세무회계 3급 2020]

① 소득의 귀속이 명의일뿐 사실상 귀속자가 따로 있을 때에는 사실상 귀속되는 자를 납세의무자로 한다.
② 과세표준을 계산할 때 거래의 형식에 관계없이 그 실질에 따라 적용한다.
③ 제3자를 통한 간접적인 방법을 거치는 경우 각 거래에 따라 세법을 적용한다.
④ 실질과세원칙에 따라 명의신탁부동산을 매각처분하는 경우에 양도주체 및 납세의무자는 명의신탁자이다.

해설 제3자를 통한 간접적인 방법이나 둘 이상의 행위 또는 거래를 거치는 방법으로 이 법 또는 세법의 혜택을 부당하게 받기 위한 것으로 인정되는 경우에는 그 경제적 실질 내용에 따라 당사자가 직접 거래를 한 것으로 보거나 연속된 하나의 행위 또는 거래를 한 것으로 보아 이 법 또는 세법을 적용한다.

해답 ③

05 다음 중 국세기본법상 소급과세에 관한 설명으로 옳지 않은 것은? [세무회계 3급 2020]

① 개별납세자에게 유리한 소급입법이라고 하더라도 그것이 전체적으로 조세공평을 침해할 수 있는 경우에는 허용하지 않을 수 있다.
② 국세기본법은 새로운 입법에 의한 과세가 소급과세인지 여부를 판단하는 기준시점을 납세의무의 확정시점으로 규정하고 있다.
③ 국세기본법은 입법에 의한 소급과세 이외에 해석에 의한 소급과세에 대해서도 규정하고 있다.
④ 국민의 기득권을 침해하지 않고 당사자의 법적 안정성 또는 신뢰보호에 위배되지 않는 일정한 경우에는 소급과세금지원칙의 예외가 인정될 수 있다.

해설 새로운 입법에 의한 과세가 소급과세인지 여부를 판단하는 기준시점은 납세의무의 확정시점이 아니라 성립시점이다.

해답 ②

제2장 납세의무

제1절 납세의무의 성립

Ⅰ. 납세의무 성립의 의의

납세의무는 각 세법이 정하는 과세요건이 충족되는 시점, 즉 특정시기에 특정사실 또는 상태가 존재함으로써 과세대상이 납세의무자에게 귀속되어 세법이 정하는 바에 따라 과세표준의 산정 및 세율의 적용이 가능하게 되는 때에 성립한다(추상적 납세의무). 납세의무가 성립되지 않으면 세금을 납부할 필요가 없고, 국세부과권도 행사할 수 없기 때문에 납세의무의 성립은 중요하다.

Ⅱ. 납세의무의 성립시기

 원칙적인 납세의무의 성립시기

유 형	세 목	성 립 시 기
(1) 과세기간이 끝나는때 성립하는 국세	① 소 득 세	과세기간이 끝나는 때 ▶ 청산소득에 대한 법인세는 그 법인이 해산하는 때 ▶ 수입재화에 대한 부가가치세는 세관장에게 수입신고를 하는 때
	② 법 인 세	
	③ 부가가치세	
(2) 과세사실이 발생하는 때 성립하는 국세	① 상 속 세	상속이 개시되는 때
	② 증 여 세	증여에 의하여 재산을 취득하는 때
	③ 개별소비세 주 세 교통·에너지·환경세	과세물품을 제조장으로부터 반출하거나 판매장에서 판매하는 때 또는 과세장소에 입장하거나 과세유흥장소에서 유흥음식행위를 한 때 또는 과세영업장소에서 영업행위를 한 때 ▶ 수입물품의 경우에는 세관장에게 수입신고를 하는 때
	④ 인 지 세	과세문서를 작성한 때
	⑤ 증권거래세	해당 매매거래가 확정되는 때
(3) 부 가 세	① 교 육 세	본세의 납세의무가 성립되는 때
	② 농어촌특별세	본세의 납세의무가 성립하는 때

유 형	세 목	성 립 시 기
(4) 가산세	① 무신고가산세 및 과소신고·초과환급신고가산세	법정신고기한이 경과하는 때
	② 납부지연가산세	㉠ 과소납부분·초과환급분(1일 0.022%): 법정납부기한 경과 후 1일마다 그 날이 경과하는 때 ㉡ 체납분(3%): 납부고지서에 따른 납부기한이 경과하는 때
	③ 원천징수 등 납부지연가산세	㉠ 과소납부분(1일 0.025%): 법정납부기한 경과 후 1일마다 그 날이 경과하는 때 ㉡ 과소납부분(3%): 법정납부기한이 경과하는 때
	④ 그 밖의 가산세	가산할 국세의 납세의무가 성립하는 때
(5) 종합부동산세		과세기준일(매년 6월 1일)

예외적인 납세의무의 성립시기

본래 법인세·소득세·부가가치세는 기간과세세목으로서 과세기간이 끝나는 때에 납세의무가 성립되는 것이나, 과세당국은 세수의 평준화 및 세수의 안정적 확보차원에서 과세기간 중에도 여러 형태의 명목으로 납부할 것을 요구하고 있다. 이러한 세액들은 그 시점(과세기간 중)에 확정과 소멸의 요건을 충족시키므로 과세기간이 끝나는 날이 아닌 별도의 납세의무 성립일을 필요로 하게 되어, 국세기본법에서는 다음과 같이 예외적인 납세의무의 성립시기를 규정하고 있다.

① 원천징수하는 소득세·법인세 : 소득금액 또는 수입금액을 지급하는 때
② 납세조합이 징수하는 소득세·예정신고납부하는 소득세 : 그 과세표준이 되는 금액이 발생한 달의 말일
③ 중간예납하는 소득세·법인세 : 중간예납기간이 끝나는 때
④ 예정신고기간·예정부과기간에 대한 부가가치세 : 예정신고기간·예정부과기간이 끝나는 때
⑤ 수시부과에 의하여 징수하는 국세 : 수시부과할 사유가 발생한 때

제2절 납세의무의 확정

I. 납세의무 확정의 의의

납세의무의 확정이란 국세의 납부 또는 징수를 위하여 납세의무자 또는 과세당국의 일정한 행위나 절차를 거쳐 과세표준과 세액을 구체적으로 확정하는 절차이다(구체적 납세의무). 즉, 납세의무의 확정은 과세요건의 충족에 따라 성립한 추상적인 납세의무를 구체적으로 확정하는 것이다. 이는 납세의무자와 과세당국 간의 조세채권·채무관계를 확정시키는 절차이므로 중요하다. 이러한 납세의무의 확정방식은 다음과 같다.

① 신고납세제도
② 부과과세제도
③ 납세의무의 성립과 동시에 확정되는 경우

II. 납세의무의 확정방식

1 신고납세제도와 부과과세제도

(1) 신고납세제도

신고납세제도란 납세의무자가 세법이 정하는 바에 따라 과세표준과 세액을 과세당국에 신고함으로써 납세의무가 확정되는 것으로서, 대상세목으로는 소득세·법인세·부가가치세·개별소비세·주세·증권거래세·교육세 등이 있다. 만약 납세의무자가 신고하지 않거나 신고내용에 오류나 누락이 있는 경우에는 과세당국이 2차적인 확정권자가 되어 과세표준과 세액을 확정시킨다.

(2) 부과과세제도

부과과세제도란 과세당국의 결정에 의하여 납세의무가 확정되는 것으로, 대상세목으로는 상속세·증여세가 있다. 한편, 상속세와 증여세는 상속세 및 증여세법상 납세의무자에 대하여 과세표준과 세액의 신고의무를 두고 있으나, 이는 일종의 협력의무에 불과한 것이지 납세의무의 확정효력은 갖고 있지 아니하다. 따라서 과세당국은 반드시 과세표준과 세액에 대하여 상속세의 경우 법정신고기한으로부터 9개월 이내에, 증여세의 경우 6개월 이내에 결정해야 한다.

(3) 신고납세제도와 부과과세제도의 비교

구 분		신고납세제도		부과과세제도
의 의		납세의무자의 신고에 의하여 납부할 세액을 확정하는 제도		과세당국의 결정에 의하여 납부할 세액을 확정하는 제도
조세채권의 확정	주 체	1차 납세의무자	2차 과세당국	과세당국
	방 법	과세표준확정신고서의 제출		과세당국의 결정
	효력발생시기	과세표준신고서를 제출하는 때		결정통지서가 납세의무자에게 도달하는 때
탈루세액에 대한 조치		세액추징 및 처벌		세액추징
대 상 세 목		소득세, 법인세, 부가가치세, 개별소비세, 주세, 증권거래세, 교육세 등		상속세, 증여세

(4) 종합부동산세의 확정방식

종합부동산세는 과세당국이 종합부동산세의 과세표준과 세액을 결정하는 때에 납세의무가 확정된다. 다만, 납세자가 종합부동산세의 과세표준과 세액을 정부에 신고하는 경우에는 그 신고하는 때를 납세의무의 확정시기로 한다.

① 원 칙 : 부과과세제도를 채택
② 예 외 : 납세자가 신고 시 신고납세제도 허용

2 납세의무의 성립과 동시에 확정되는 경우

세 목	확 정 시 점
(1) 인지세	과세문서를 작성한 때
(2) 원천징수하는 소득세 또는 법인세	소득금액 또는 수입금액을 지급하는 때
(3) 납세조합이 징수하는 소득세	그 과세표준이 되는 금액이 발생한 달의 말일
(4) 중간예납하는 법인세	중간예납기간이 끝나는 때
(5) 납부지연가산세 및 원천징수 등 납부지연가산세(납부고지서에 따른 납부기한 후의 가산세에 한함)	㉠ 과소납부분·초과환급분(1일 0.025%): 법정납부기한 경과 후 1일마다 그 날이 경과하는 때 ㉡ 납부지연가산세의 체납분(3%): 납부고지서에 따른 납부기한이 경과하는 때 ㉢ 원천징수 등 납부지연가산세의 과소납부분(3%) 법정납부기한이 경과하는 때

제3절 납세의무의 소멸

I. 납세의무 소멸의 의의

국세·가산금 또는 강제징수비를 납부할 의무는 다음 중 어느 하나에 해당하는 때에 소멸하는데, 이를 납세의무의 소멸이라 한다. 이 제도의 취지는 국세부과와 징수를 행사할 수 있는 기간을 정함으로써 납세자로 하여금 무한정 납세의무를 부담하게 하는 것에 대한 경제적·심리적 부담을 최소화하고 법적 안정성을 도모하기 위함이다.

① 납부·충당되거나 부과가 취소된 때
② 국세부과권 제척기간의 만료
③ 국세징수권 소멸시효의 완성

한편, 납세의무의 소멸과 관련하여 개별 세법에 특례규정이 있는 경우에는 해당 특례규정이 국세기본법의 규정에 우선한다.

II. 납세의무의 소멸사유

납세의무의 소멸사유로는 국세채권의 실현상태로 종결되는 납부 및 충당과 미실현상태로 종결되는 부과의 취소, 국세부과권 제척기간의 만료, 국세징수권 소멸시효의 완성이 있다. 이를 정리하면 다음과 같다.

구 분	소멸사유	개 념
(1) 국세채권 실현	① 납 부	세액을 정부에 납부하는 것
	② 충 당	㉠ 납부 또는 징수할 국세 등을 국세환급금과 상계하는 것 ㉡ 국세징수법상 공매대금으로 체납액을 충당하는 것
(2) 국세채권 미실현	① 부과의 취소	당초의 흠결 또는 하자가 있는 부과처분이 취소처분에 의하여 소급적으로 효력이 상실되는 것을 말하는 것으로 예컨대, 납세의무 자체가 성립되지 아니하는 건에 대한 부과처분에 대해서 취소하는 것을 그 예로 들 수 있다.
	② 제척기간 만료	국세부과권의 존속기간이 경과
	③ 소멸시효 완성	국세징수권을 일정기간동안 미행사

II. 국세부과권 제척기간의 만료

 의 의

국세부과권이란 이미 성립된 납세의무를 과세당국이 확정하는 권한, 즉 납세의무의 구체적 내용을 확인하는 결정·경정결정 등의 행정행위를 할 수 있는 권리를 말한다. 이러한 국세부과권은 형성권의 특징을 갖고 있는데, 형성권이란 상대방의 협력 없이 권리자의 일방적 의사표시 또는 행위로 법률관계를 발생시키는 권리를 말한다.

국세부과권은 일정기간 동안만 그 권리의 존속이 인정되며 일정한 기간이 지난 경우에는 해당 권리를 행사할 수 없다. 이와 같이 국세부과권이 존속하는 기간을 국세부과권의 제척기간이라 한다. 이는 조세법률관계를 신속히 확정짓기 위한 것으로서, 납세자의 법적안정성을 보장하고 국가의 과세권 행사의 어려움을 해소하는데 그 취지가 있다.

 국세부과권의 제척기간

세 목	구 분	제척기간
상속세 증여세❶	① 사기나 그 밖의 부정한 행위(부정행위)로 상속세·증여세를 포탈하거나 환급·공제받은 경우, 무신고한 경우, 거짓신고 또는 누락신고한 경우(거짓·누락 신고분에 한함)	15년
	② 위 외의 경우	10년
그밖의 국 세	① 부정행위로 국세를 포탈하거나 환급·공제받은 경우	10년 (역외거래❷ 15년)
	② 부정행위로 법인세를 포탈하거나 환급·공제받은 경우로서 법인세법에 따라 처분된 금액에 대한 국세	
	③ 부정행위로 세법이 정하는 가산세 부과대상이 되는 경우 해당 가산세	10년
	④ 무신고한 경우	7년 (역외거래❷ 10년)
	⑤ 위 외의 경우(거짓신고·누락신고한 경우 포함)	5년 (역외거래❷ 7년)

❶ 부담부증여에 따라 증여세와 함께 소득세법에 따른 양도소득세가 과세되는 경우 해당 양도소득세를 포함한다.
❷ 역외거래란 국제조세조정에 관한 법률에 따른 국제거래 및 거래 당사자 양쪽이 거주자(내국법인과 외국법인의 국내사업장 포함)인 거래로서 국외에 있는 자산의 매매·임대차, 국외에서 제공하는 용역과 관련된 거래를 말한다.

 제척기간 만료의 효과

국세부과의 제척기간이 만료되면 국세부과권은 장래를 향하여 소멸한다. 따라서 결국 성립된 납세의무가 확정되지도 않은 상태에서 소멸되므로 다음 단계인 징수권은 처음부터 발생할 여지가 없다.

Ⅲ. 국세징수권 소멸시효의 완성

 의 의

국세징수권이란 이미 확정된 납세의무에 대한 이행을 청구하고 강제할 수 있는 권리를 말하며, 이는 구체적으로 납부고지·독촉·강제징수절차에 의한다. 이러한 국세징수권은 청구권의 특징을 갖고 있는데, 법률적으로 청구권이란 상대방에 대하여 특정행위를 요구할 수 있는 권리를 말한다. 여기서 특정행위란 작위 또는 부작위 모두를 포함하는 개념이다.

국세징수권은 일정기간동안 행사하지 아니하면 그 권리가 소멸되는데, 이 기간을 국세징수권의 소멸시효라 한다. 이는 납세자의 거래안전 및 법적 안정성을 보장하고, 장기간 징수권 불행사로 인한 부실 조세채권을 정리하고자 하는데 그 취지가 있다.

 국세징수권의 소멸시효

국세징수권은 이를 행사할 수 있는 때부터 다음의 구분에 따른 기간 동안 행사하지 않으면 소멸시효가 완성된다. 이 경우 다음 구분에 따른 국세의 금액은 가산세를 제외한 금액으로 한다.

(1) 5억원 이상의 국세 : 10년
(2) 5억원 미만의 국세 : 5년

여기서 소멸시효가 완성한다는 것은 소멸시효기간이 완성하면 국세징수권이 당연히 소멸하는 것을 말한다. 국세징수권의 소멸시효는 국세부과권의 제척기간과 달리 각 세목별 차이가 없으며 특례기간도 존재하지 않는다.

국세징수권을 행사할 수 있는 때는 다음의 날을 말한다.

구 분	소멸시효 기산일
① 과세표준과 세액의 신고에 의하여 납세의무가 확정되는 국세의 경우	그 법정 신고납부기한의 다음 날
② 과세표준과 세액을 정부가 결정, 경정 또는 수시부과결정 하는 경우	그 고지에 따른 납부기한의 다음 날
③ 원천징수의무자 또는 납세조합으로부터 징수하는 국세의 경우 납부고지한 원천징수세액 또는 납세조합징수세액	그 고지에 따른 납부기한의 다음 날
④ 인지세의 경우 납부고지한 인지세액	
⑤ 위 ①의 법정 신고납부기한이 연장되는 경우	그 연장된 기한의 다음 날

3 소멸시효의 중단과 정지

(1) 소멸시효의 중단

소멸시효의 중단이란 소멸시효 중단사유가 발생함으로써 이미 지나간 소멸시효기간의 효력이 상실되는 것을 말한다. 따라서 소멸시효가 중단된 경우에는 중단사유가 발생할 때까지 지나간 소멸시효기간은 효력을 상실하고 중단사유 종료시점부터 새로 시효가 진행한다. 소멸시효의 중단사유와 새로운 시효의 기산일을 살펴보면 다음과 같다.

소멸시효 중단사유	새로운 시효의 기산일
① 납부고지	고지한 납부기간이 지난 때
② 독촉	독촉에 의한 납부기간이 지난 때
③ 교부청구	교부청구 중의 기간이 지난 때
④ 압류	압류해제까지의 기간이 지난 때

(2) 소멸시효의 정지

소멸시효의 정지란 개별 세법에서 국세징수권의 행사를 유예한 기간 동안 소멸시효의 완성을 유예하는 것을 말하며, 이러한 경우에는 소멸시효의 정지사유 종료 후 잔여기간이 지나면 소멸시효가 완성된다. 소멸시효의 정지사유를 살펴보면 다음과 같다.

① 분납기간
② 징수유예기간
③ 압류·매각유예기간
④ 연부연납기간
⑤ 세무공무원이 국세징수법에 따른 사해행위 취소소송 등을 제기하여 그 소송이 진행 중인 기간❋
⑥ 체납자가 국외에 6개월 이상 계속 체류하는 경우 해당 국외 체류 기간

❋사해행위취소 소송 등의 제기로 인한 시효정지의 효력은 소송이 각하·기각 또는 취하된 경우에는 그 효력이 없다.

사해행위 취소소송

사해행위란 채무자(납세자)가 고의로 재산을 줄여서 채권자(과세당국)가 충분한 변제를 받지 못하게 하는 행위를 말한다. 세무공무원은 체납처분을 집행함에 있어서 납세자가 국세의 징수를 피하기 위하여 재산권을 목적으로 한 법률행위를 한 경우에는 민법의 규정을 준용하여 사해행위의 취소 및 원상회복을 법원에 청구할 수 있다.

소멸시효 완성의 효과

 소멸시효가 완성되면 국세징수권은 당연히 소멸되고 부과된 납세의무는 기산일에 소급하여 소멸한다. 즉, 국세의 소멸시효가 완성한 때에는 국세뿐만 아니라 해당 국세의 가산금, 강제징수비 및 이자상당세액에도 그 효력이 미친다.

Ⅳ. 국세부과 제척기간과 국세징수권 소멸시효의 비교

구 분	국세부과 제척기간	국세징수권 소멸시효
(1) 대 상	국세의 부과권(형성권의 일종)	국세의 징수권(청구권의 일종)
(2) 성 격	권리의 존속기간	권리의 불행사기간
(3) 기 간	15년, 10년, 7년, 5년	10년, 5년
(4) 기 산 일	국세를 부과할 수 있는 날	국세징수권을 행사할 수 있는 날
(5) 중 단 과 정 지	중단과 정지제도가 없음	중단과 정지제도가 있음
(6) 소 급 효 유 무	없음(장래를 향하여 부과권 소멸)	있음(기산일로 소급하여 징수권 소멸)

기출문제

제2장 _ 납세의무

01 국세기본법상 납세의무의 성립에 대한 설명으로 옳지 않은 것은? [국가직 9급 2012]

① 청산소득에 대한 법인세는 그 법인이 해산(분할 또는 분할합병으로 인한 해산을 포함한다) 또는 합병을 하는 때에 성립한다.
② 가산세는 가산할 국세의 납세의무가 성립하는 때에 성립한다.
③ 금융업자의 수익금액에 부과되는 교육세는 해당 금융업자의 법인세 납세의무가 확정하는 때에 성립한다.
④ 납세조합이 징수하는 소득세 또는 예정신고납부하는 소득세는 과세표준이 되는 금액이 발생한 달의 말일에 성립한다.

> **해설** 금융·보험업자의 수익금액에 부과되는 교육세는 본세인 법인세의 납세의무가 성립되는 때, 즉 과세기간이 끝나는 때에 성립한다.

 ③

02 국세기본법상 납세의무의 성립과 확정에 대한 설명으로 옳지 않은 것은? [국가직 9급 2022]

① 청산소득에 대한 법인세의 납세의무 성립시기는 그 법인이 해산을 하는 때이다.
② 원천징수하는 소득세의 납세의무 성립시기는 과세기간이 끝나는 때이다.
③ 소득세와 법인세는 납세의무자가 과세표준과 세액의 신고를 하지 아니한 경우에는 정부가 과세표준과 세액을 결정하는 때에 그 결정에 따라 확정된다.
④ 납세조합이 징수하는 소득세는 납세의무가 성립하는 때에 특별한 절차 없이 그 세액이 확정된다.

> **해설** 원천징수하는 소득세·법인세의 납세의무 성립시기는 소득금액 또는 수입금액을 지급하는 때로 한다

 ②

03 국세기본법상 납세의무의 성립시기에 대한 설명으로 옳지 않은 것은? [국가직 7급 2015]

① 종합부동산세를 납부할 의무는 과세기준일에 성립한다.
② 원천징수하는 소득세·법인세를 납부할 의무는 소득금액 또는 수입금액을 지급하는 때에 성립한다.
③ 수시부과하여 징수하는 국세를 납부할 의무는 수시부과할 사유가 발생한 때에 성립한다.
④ 수입재화의 경우 부가가치세를 납부할 의무는 과세기간이 끝나는 때에 성립한다.

해설 수입재화에 대한 부가가치세는 세관장에게 수입신고를 하는 때에 성립한다.

해답 ④

04 국세기본법상 납세의무에 대한 설명으로 옳지 않은 것은? [국가직 7급 2014]

① 농어촌특별세는 본세의 납세의무가 성립하는 때에 납세의무가 성립되고, 가산세는 가산할 국세의 납세의무가 성립하는 때에 납세의무가 성립된다.
② 신고납세제도가 적용되는 세목일지라도 과세표준과 세액을 정부가 결정한 경우에는 그 결정하는 때를 납세의무 확정시기로 한다.
③ 상속세의 경우 납세의무자의 신고는 세액을 확정시키는 효력이 있다.
④ 국세 부과의 제척기간이 만료되면 부과권을 행사할 수 없고 징수권도 발생하지 아니한다.

해설 상속세는 부과과세제도이므로 과세당국의 결정에 의하여 납세의무가 확정된다.

해답 ③

05 국세기본법상 국세부과의 제척기간과 국세징수권의 소멸시효에 관한 설명으로 옳지 않은 것은? [국가직 7급 2011]

① 국세부과의 제척기간은 권리관계를 조속히 확정시키려는 것이므로 국세징수권 소멸시효와는 달리 진행기간의 중단이나 정지가 없다.
② 주된 납세자의 국세가 소멸시효의 완성에 의하여 소멸한 때에는 제2차 납세의무자, 납세보증인과 물적납세의무자에도 그 효력이 미친다.
③ 납세고지, 납부최고, 교부청구 및 연부연납의 허가는 국세징수권 소멸시효의 중단사유에 해당한다.
④ 국세의 소멸시효가 완성한 때에는 그 국세의 가산금, 체납처분비 및 이자상당세액에도 그 효력이 미친다.

해설 국세징수권 소멸시효 중단사유는 납세고지, 독촉 또는 납부최고, 교부청구, 압류이다. 연부연납의 허가는 해당하지 않는다.

해답 ③

06 국세기본법상 국세부과의 제척기간과 관련한 다음 제시문의 괄호 안에 들어갈 내용으로 옳은 것은? [국가직 7급 2018]

> 국세기본법 제26조의2 제1항에서 규정하고 있는 일반적인 국세부과제척기간에도 불구하고 국세기본법 제7장에 따른 이의신청, 심사청구, 심판청구, 감사원법 에 따른 심사청구 또는 행정소송법 에 따른 소송에 대한 결정이나 판결이 확정된 경우에 그 결정 또는 판결에서 명의대여 사실이 확인된 경우에는 그 결정 또는 판결이 확정된 날부터 ( ) 이내에 명의대여자에 대한 부과처분을 취소하고 실제로 사업을 경영한 자에게 경정결정이나 그밖에 필요한 처분을 할 수 있다.

① 2개월 ② 3개월
③ 6개월 ④ 1년

해설 제척기간의 특례에 대한 내용으로서 그 결정 또는 판결이 확정된 날부터 1년 이내에 부과권(감액 또는 취소에 대한 부과권)을 행사할 수 있는 경우에 해당한다.

 ④

07 다음 중 국세기본법상 국세부과 제척기간을 바르게 짝지은 것은?(단, 역외거래는 제외한다.) [세무회계 2급 2020]

① 납세자가 소득세를 무신고한 경우 – 국세를 부과할 수 있는 날부터 10년
② 납세자가 사기나 그 밖의 부정한 행위로 부가가치세를 환급 받은 경우 – 국세를 부과할 수 있는 날부터 15년
③ 납세자가 법인세를 과소신고한 경우 – 국세를 부과할 수 있는 날부터 5년
④ 납세자가 상속세를 무신고한 경우 – 국세를 부과할 수 있는 날부터 10년

해설 ① 7년 ② 10년 ④ 15년

 ③

제3장 수정신고와 경정 등의 청구

제1절 수정신고와 경정청구

납세의무는 성립된 이후 납세의무자의 신고 또는 과세당국의 결정에 따라 확정된다. 그런데 만약 확정된 세액이 잘못된 경우 국세기본법에서는 납세의무자가 능동적으로 이를 바로 잡을 수 있는 제도를 마련해놓고 있는데, 이를 수정신고와 경정청구라 한다. 한편, 과세당국도 세무실사 및 경정결정권 행사를 통해 잘못 확정된 세액을 바로 잡고 있다.

 수정신고

(1) 수정신고의 개념

수정신고란 당초 신고한 과세표준 및 세액이 과소하게 신고된 경우 또는 결손금액 및 환급세액이 과다한 경우 이를 수정하는 신고를 말한다. 이는 납세자 스스로에게 자기시정의 기회를 제공하고 이를 통하여 가산세 감면의 혜택을 부여하며, 세무조사로 인한 불이익을 사전에 예방할 수 있는 기회를 제공하는데 그 취지가 있다.

(2) 수정신고의 요건

수정신고는 법정신고기한까지 과세표준신고서를 제출한 자 및 기한후과세표준신고서를 제출한 자만 할 수 있으며, 관할세무서장이 해당 국세에 대하여 결정 또는 경정하여 통지하기 전으로서 국세부과의 제척기간이 끝나기 전까지 할 수 있다. 수정신고의 사유는 다음과 같다.

① 과세표준신고서 또는 기한후과세표준신고서에 기재된 과세표준 및 세액이 세법에 따라 신고하여야 할 과세표준 및 세액에 미치지 못할 때
② 과세표준신고서 또는 기한후과세표준신고서에 기재된 결손금액 또는 환급세액이 세법에 따라 신고하여야 할 결손금액이나 환급세액을 초과할 때
③ 위 ① 및 ② 외에 세무조정과정에서의 누락(국고보조금 등, 공사부담금에 상당하는 금액을 익금과 손금에 동시에 산입하지 아니한 경우) 또는 원천징수의무자의 정산과정에서의 누락 등의 사유로 인하여 불완전한 신고를 하였을 때(경정청구를 할 수 있는 경우는 제외)

(3) 추가자진납부와 가산세 감면

1) 추가자진납부

수정신고는 과세표준수정신고 및 추가자진납부계산서에 의하며, 세액을 자진납부하는 국세에 관하여 수정신고를 하는 자는 이미 납부한 세액이 수정신고하는 세액에 미치지 못할 때에는 그 부족한 금액과 국세기본법 또는 세법에서 정하는 가산세를 추가하여 납부하여야 한다.

2) 가산세 감면

과세표준신고서를 법정신고기한까지 제출한 자가 법정신고기한이 지난 후 수정신고한 경우에는 과소신고·초과환급신고가산세액에서 그 가산세액의 다음의 구분에 따른 감면율을 곱한 금액을 감면한다. 다만, 과세표준과 세액을 결정할 것을 미리 알고 과세표준수정신고서를 제출한 경우는 제외한다.

① 법정신고기한이 지난 후 1개월 이내에 수정신고한 경우 : 90%
② 법정신고기한이 지난 후 1개월 초과 3개월 이내에 수정신고한 경우 : 75%
③ 법정신고기한이 지난 후 3개월 초과 6개월 이내에 수정신고한 경우 : 50%
④ 법정신고기한이 지난 후 6개월 초과 1년 이내에 수정신고한 경우 : 30%
⑤ 법정신고기한이 지난 후 1년 초과 1년 6개월 이내에 수정신고한 경우 : 20%
⑥ 법정신고기한이 지난 후 1년 6개월 초과 2년 이내에 수정신고한 경우 : 10%

(4) 수정신고의 효력

신고납세제도 세목의 경우에는 당초의 신고 시 확정력이 있으므로 수정신고 또한 세액을 확정하는 효력이 있다. 즉, 신고납세제도 세목의 수정신고(과세표준신고서를 법정신고기한까지 제출한 자의 수정신고에 한함)는 당초의 신고에 따라 확정된 과세표준과 세액을 증액하여 확정하는 효력을 가진다. 이에 따른 수정신고는 당초 신고에 따라 확정된 세액에 관한

2 경정청구

(1) 경정청구의 개념

경정청구란 당초 신고한 과세표준 및 세액이 과다하게 신고된 경우 또는 결손금액 및 환급세액이 과소한 경우 해당 세액의 경정을 관할세무서장에게 청구하는 것을 말한다. 이는 납세자의 권익을 보호하고 권리구제 절차를 간소하려는데 그 취지가 있다. 경정청구는 일반적인 사유로 인한 경정청구와 후발적 사유로 인한 경정청구로 구분된다.

(2) 일반적인 사유로 인한 경정청구

1) 대상자 및 대상범위

일반적인 사유로 인한 경정청구는 과세표준신고서를 법정신고기한까지 제출한 자 및 기한후과세

표준신고서를 제출한 자만 할 수 있다. 최초로 신고한 과세표준 및 세액뿐만 아니라 수정신고한 과세표준 및 세액에 대해서도 할 수 있으며, 결정 또는 경정으로 인하여 증가한 과세표준 및 세액에 대해서도 할 수 있다. 종합부동산세의 경우 신고·납부한 경우뿐만 아니라 종합부동산세를 부과·고지받아 납부한 납세자의 경우도 경정청구가 가능하다.

2) 기한

일반적인 경정청구는 법정신고기한이 지난 후 5년 이내에 청구해야 한다. 다만, 결정 또는 경정으로 인하여 증가된 과세표준 및 세액에 대하여는 해당 처분이 있는 것을 안 날(해당 처분의 통지를 받은 때에는 그 통지를 받은 날)로부터 90일 이내(법정신고기한이 지난 후 5년 이내에 한함)에 해야 한다.

3) 사유

① 과세표준신고서 또는 기한후과세표준신고서에 기재된 과세표준 및 세액(각 세법에 따라 결정 또는 경정이 있는 경우에는 해당 결정 또는 경정후의 과세표준 및 세액)이 세법에 따라 신고하여야 할 과세표준 및 세액을 초과할 때
② 과세표준신고서 또는 기한후과세표준신고서에 기재된 결손금액 또는 환급세액(각 세법에 따라 결정 또는 경정이 있는 경우에는 해당 결정 또는 경정후의 결손금액 또는 환급세액)이 세법에 따라 신고하여야 할 결손금액 또는 환급세액에 미치지 못할 때

(3) 후발적 사유로 인한 경정청구

1) 대상자

후발적 사유로 인한 경정청구는 과세표준신고서를 법정신고기한까지 제출한 자 뿐만 아니라 법정신고기한까지 과세표준신고서를 제출하지 않아 국세의 과세표준 및 세액의 결정을 받은 자도 할 수 있다.

2) 기한

후발적 사유로 인한 경정청구는 해당 사유가 발생한 것을 안 날로부터 3개월 이내에 경정청구를 할 수 있다.

3) 사유

① 최초의 신고·결정 또는 경정에서 과세표준 및 세액의 계산 근거가 된 거래 또는 행위 등이 그에 관한 심사청구, 심판청구, 「감사원법」에 따른 심사청구에 대한 결정이나 소송에 대한 판결(판결과 같은 효력을 가지는 화해나 그 밖의 행위를 포함한다)에 의하여 다른 것으로 확정되었을 때
② 소득이나 그 밖의 과세물건의 귀속을 제3자에게로 변경시키는 결정 또는 경정이 있을 때
③ 조세조약에 따른 상호합의가 최초의 신고·결정 또는 경정의 내용과 다르게 이루어졌을 때
④ 결정 또는 경정으로 인하여 그 결정 또는 경정의 대상이 된 과세표준 및 세액과 연동된 다른 세목(같은 과세기간으로 한정한다)이나 연동된 다른 과세기간(같은 세목으로 한정한다)의 과세표준 또는 세액이 세법에 따라 신고하여야 할 과세표준 또는 세액을 초과할 때
⑤ 제1호부터 제4호까지와 유사한 사유로서 대통령령으로 정하는 사유가 해당 국세의 법정신고기한이 지난 후에 발생하였을 때

(4) 경정통지

경정청구를 받은 세무서장은 그 청구를 받은 날로부터 2개월 이내에 과세표준 및 세액을 결정 또는 경정하거나, 결정 또는 경정하여야 할 이유가 없다는 뜻을 그 청구자에게 통지해야 한다. 다만, 청구를 한 자가 2개월 이내에 아무런 통지를 받지 못한 경우에는 통지를 받기 전이라도 그 2개월이 되는 날의 다음 날부터 후술할 이의신청, 심사청구, 심판청구 또는 감사원법에 따른 심사청구 등의 불복청구를 할 수 있다. 청구를 받은 세무서장은 2개월 내에 과세표준 및 세액의 결정 또는 경정이 곤란한 경우에는 청구를 한 자에게 관련 진행상황 및 이의신청, 심사청구, 심판청구 또는 「감사원법」에 따른 심사청구를 할 수 있다는 사실을 통지하여야 한다.

제2절 기한 후 신고 등

 기한 후 신고

(1) 개 요

기한 후 신고제도란 법정신고기한까지 과세표준신고서를 제출하지 아니한 자가 관할세무서장이 해당 국세의 과세표준과 세액(국세기본법 및 세법에 따른 가산세 포함)을 결정하여 통지하기 전까지 기한 후 과세표준신고서를 제출할 수 있는 제도를 말한다.

기한 후 신고제도를 통해 납세의무자의 입장에서는 매일 미납세액의 0.025%가 가산되는 납부불성실·환급불성실가산세를 줄일 수 있고, 과세당국의 입장에서는 무신고자에 대한 과세표준 및 세액의 조사결정에 필요한 과세자료를 용이하게 취득할 수 있다.

(2) 자진납부와 가산세 감면

1) 자진납부

기한 후 과세표준신고서를 제출한 자로서 세법에 따라 납부해야 할 세액이 있는 자는 그 세액을 납부해야 한다.

2) 가산세 감면

과세표준신고서를 법정신고기한까지 제출하지 않은 자가 법정신고기한이 지난 후 기한 후 신고를 한 경우에는 무신고가산세액에서 그 가산세액의 다음의 구분에 따른 감면율을 곱한 금액을 감면한다. 다만, 과세표준과 세액을 결정할 것을 미리 알고 기한후과세표준신고서를 제출한 경우는 제외한다.

① 법정신고기한이 지난 후 1개월 이내에 기한 후 신고를 한 경우   : 50%
② 법정신고기한이 지난 후 1개월 초과 3개월 이내에 기한 후 신고를 한 경우 : 30%
③ 법정신고기한이 지난 후 3개월 초과 6개월 이내에 기한 후 신고를 한 경우 : 20%

(3) 기한 후 신고의 효력

기한 후 신고는 신고납세제도 세목과 부과과세제도 세목 모두 과세표준과 세액을 확정하는 효력이 없다. 따라서 납세의무자가 기한후과세표준신고서를 제출하거나 기한후과세표준신고서를 제출한 자가 과세표준수정신고서를 제출한 경우 관할세무서장은 세법에 따라 신고일부터 3개월 이내에 해당 국세의 과세표준과 세액을 결정 또는 경정하여 신고인에게 통지해야 한다. 다만, 그 과세표준과 세액을 조사할 때 조사 등에 장기간이 걸리는 등 부득이한 사유로 신고일부터 3개월 이내에 결정 또는 경정할 수 없는 경우에는 그 사유를 신고인에게 통지해야 한다.

2 추가자진납부

과세표준신고서를 법정신고기한까지 제출하였으나 과세표준신고액에 상당하는 세액의 전부 또는 일부를 납부하지 않은 자는 해당 세액과 국세기본법 및 세법에서 정하는 가산세를 세무서장이 고지하기 전에 납부할 수 있다.

3 신용카드 등으로 하는 국세납부

납세자는 세법에 따라 신고하거나 과세관청이 결정 또는 경정하여 고지한 세액을 국세납부대행기관을 통하여 신용카드, 직불카드, 통신과금서비스 등으로 납부할 수 있다. 신용카드 등으로 납부할 수 있는 국세의 범위에는 제한이 없으며, 이 경우 국세납부대행기관의 승인일을 납부일로 본다.

제3절 가산세

 가산세의 개요

가산세란 국세기본법 및 세법에서 규정하는 의무의 성실한 이행을 확보하기 위하여 세법에 따라 산출한 세액에 가산하여 징수하는 금액을 말한다. 정부는 세법에서 규정한 의무를 위반한 자에게 국세기본법 또는 세법에서 정하는 바에 따라 가산세를 부과할 수 있다. 가산세는 해당 의무가 규정된 세법의 해당 국세의 세목으로 한다. 다만, 해당 국세를 감면하는 경우에는 가산세는 그 감면대상에 포함시키지 않는 것으로 한다. 가산세는 납부할 세액에 가산하거나 환급받을 세액에서 공제한다.

가산세는 협력의무 위반에 대한 행정벌적 성격을 그 본질로 한다고 보는 것이 통설이나 조세의 형식으로 부과되기 때문에 조세벌과는 구별된다. 즉, 가산세는 세법에 의해 징수되는 조세에 부가하여 징수되기 때문에 동일한 의무위반에 대하여 조세벌이 중복적으로 과징되어도 이중처벌이 아니라고 본다.

 국세기본법상 가산세

(1) 무신고가산세

납세의무자가 법정신고기한까지 세법에 따른 국세의 과세표준신고(예정신고 및 중간신고 포함)를 하지 않은 경우에는 다음의 구분에 따른 금액을 가산세로 한다.

구 분	가산세액
부가가치세	①+② ① 무신고납부세액❶×20%(부정행위❷ 40%❸) ② 영세율과세표준×0.5%❹
법인세	Max(①, ②)
소득세 (복식부기의무자)	① 무신고납부세액×20%(부정행위 40%❸) ② 수입금액×0.07%(부정행위 0.14%)
그 밖의 국세	무신고납부세액×20%(부정행위 40%❸)

❶ 무신고납부세액이란 그 신고로 납부하여야 할 세액(가산세와 가산하여 납부해야 할 이자상당가산액 제외)을 말한다.
❷ 부정행위란 다음 중 어느 하나에 해당하는 행위로서 조세의 부과와 징수를 불가능하게 하거나 현저히 곤란하게 하는 적극적 행위를 말한다.
 ① 이중장부의 작성 등 장부의 거짓 기장
 ② 거짓 증빙 또는 거짓 문서의 작성 및 수취
 ③ 장부와 기록의 파기
 ④ 재산의 은닉, 소득·수익·행위·거래의 조작 또는 은폐
 ⑤ 고의적으로 장부를 작성하지 않거나 비치하지 않는 행위 또는 계산서, 세금계산서 또는 계산서합계표, 세금계산서합계표의 조작

⑥ 조세특례제한법에 따른 전사적 기업자원 관리설비의 조작 또는 전자세금계산서의 조작
⑦ 그 밖에 위계에 의한 행위 또는 부정한 행위

[3] 역외거래에서 발생한 부정행위로 인한 경우에는 60%를 적용한다.
[4] 부가가치세법에 따른 사업자가 예정신고 및 확정신고를 하지 않은 경우로서 영세율이 적용되는 과세표준(영세율과세표준)이 있는 경우에 적용한다.

(2) 과소신고가산세

납세의무자가 법정신고기한까지 세법에 따른 국세의 과세표준신고(예정신고 및 중간신고 포함)를 한 경우로서 납부할 세액을 신고해야 할 세액보다 적게 신고(과소신고)하거나 환급받을 세액을 신고해야 할 금액보다 많이 신고(초과신고)한 경우에는 다음의 구분에 따른 금액을 가산세로 한다.

구 분		가산세액
부가가치세	일반적인 경우	①+② ① 과소신고납부세액 등[1]×10% ② 영세율과세표준×0.5%[2]
	부정행위로 인한 경우	①+②+③ ① 부정행위로 인한 과소신고납부세액 등×40%[3] ② (과소신고납부세액 등 - 부정행위로 인한 과소신고납부세액 등)×10% ③ 영세율과세표준×0.5%
법인세		①+② ① Max(㉠, ㉡) 　㉠ 부정행위로 인한 과소신고납부세액 등×40%[3] 　㉡ 부정행위로 과소신고된 과세표준 관련 수입금액×0.14% ② (과소신고납부세액 등 - 부정행위로 인한 과소신고납부세액 등)×10%
그 밖의 국세	일반적인 경우	과소신고납부세액 등×10%
	부정행위로 인한 경우	①+② ① 부정행위로 인한 과소신고납부세액 등×40%[3] ② (과소신고납부세액 등 - 부정행위로 인한 과소신고납부세액 등)×10%

[1] 과소신고납부세액 등이란 과소신고한 납부세액과 초과신고한 환급세액을 합한 금액(가산세와 가산하여 납부해야 할 이자상당가산액 제외)을 말한다.
[2] 부가가치세법에 따른 사업자가 예정신고 및 확정신고 신고를 한 경우로서 영세율과세표준을 과소신고하거나 신고하지 않은 경우에 적용한다.
[3] 역외거래에서 발생한 부정행위로 인한 경우에는 60%를 적용한다.

(3) 납부지연가산세

납세의무자가 세법에 따른 납부기한까지 ① 국세의 납부(중간예납·예정신고납부·중간신고납부 포함)를 하지 않거나 납부해야 할 세액보다 적게 납부(과소납부)하거나 ② 환급받아야 할 세액보다 많이 환급(초과환급)받은 경우에는 다음의 금액을 가산세로 한다.

납부지연가산세 = ①+②+③
① 과소납부분❸: 납부하지 않은 세액 또는 과소납부분 세액❶ × 경과일수❷ × 0.022%
② 초과환급분❸: 초과환급받은 세액❶ × 경과일수❷ × 0.022%
③ 체납분❹: 납부기한까지 납부해야 할 세액 중 납부고지서에 따른 납부기한까지 납부하지 않은 세액 또는 과소납부분 세액❶ × 3%

❶ 세법에 따라 가산하여 납부해야 할 이자상당가산액이 있는 경우에는 그 금액을 더한다.
❷ 납부기한(환급받은 날)의 다음 날부터 납부일까지의 기간(납부고지일부터 납부고지서에 따른 납부기한까지의 기간 제외)을 말하며, 납부고지서에 따른 납부기한의 다음 날부터 납부일까지의 기간이 5년을 초과하는 경우에는 그 기간은 5년으로 한다.
❸ 체납된 국세의 납부고지서별·세목별 세액이 100만원 미만인 경우에는 납부지연가산세 중 위 ① 및 ②를 적용하지 않는다.
❹ 국세를 납부고지서에 따른 납부기한까지 완납하지 않은 경우에만 적용한다.

한편, 납부지연가산세는 부가가치세법에 따른 사업자가 아닌 자가 부가가치세액을 환급받은 경우에도 적용한다.

(4) 원천징수 등 납부지연가산세

국세를 징수하여 납부할 의무를 지는 자가 징수하여야 할 세액을 법정납부기한까지 납부하지 않거나 과소납부한 경우에는 다음의 금액을 가산세로 한다.

원천징수 등 납부지연가산세 = Min(①, ②)
① ㉠+㉡❶
  ㉠ 납부하지 않은 세액 또는 과소납부분 세액 × 3%
  ㉡ 납부하지 않은 세액 또는 과소납부분 세액 × 경과일수❷ × 0.022%
② 한도: 납부하지 않은 세액 또는 과소납부분 세액 × 50% (위 ㉠의 금액과 ㉡ 중 법정납부기한의 다음 날부터 납부고지일까지의 기간에 해당하는 금액을 합한 금액은 10%)

❶ 체납된 부가가치세의 납부고지서별·세목별 세액이 100만원 미만인 경우에는 위 ㉡의 가산세를 적용하지 않는다.
❷ 납부기한의 다음 날부터 납부일까지의 기간(납부고지일부터 납부고지서에 따른 납부기한까지의 기간 제외함)을 말하며, 납부고지서에 따른 납부기한의 다음 날부터 납부일까지의 기간이 5년을 초과하는 경우에는 그 기간은 5년으로 한다.

3 가산세의 감면

(1) 가산세를 전액 감면하는 경우

국세기본법 또는 세법에 따라 가산세를 부과하는 경우 그 부과의 원인이 되는 사유가 다음 중 어느 하나에 해당하는 경우에는 해당 가산세를 부과하지 않는다.

① 천재지변 등 기한연장사유에 해당하는 경우
② 납세자가 의무를 이행하지 아니한 데에 정당한 사유가 있는 경우
③ 그 밖에 ① 및 ②와 유사한 경우로서 대통령령으로 정하는 경우

(2) 가산세를 일부 감면하는 경우

1) 무신고가산세 감면

과세표준신고서를 법정신고기한까지 제출하지 않은 자가 법정신고기한이 지난 후 기한 후 신고를 한 경우에는 무신고가산세액에서 그 가산세액의 다음의 구분에 따른 감면율을 곱한 금액을 감면한다. 다만, 과세표준과 세액을 결정할 것을 미리 알고 기한후과세표준신고서를 제출한 경우는 제외한다.

① 법정신고기한이 지난 후 1개월 이내에 기한 후 신고를 한 경우 : 50%
② 법정신고기한이 지난 후 1개월 초과 3개월 이내에 기한 후 신고를 한 경우 : 30%
③ 법정신고기한이 지난 후 3개월 초과 6개월 이내에 기한 후 신고를 한 경우 : 20%

2) 과소신고·초과환급신고가산세 감면

과세표준신고서를 법정신고기한까지 제출한 자가 법정신고기한이 지난 후 수정신고한 경우에는 과소신고·초과환급신고가산세액에서 그 가산세액의 다음의 구분에 따른 감면율을 곱한 금액을 감면한다. 다만, 과세표준과 세액을 결정할 것을 미리 알고 과세표준수정신고서를 제출한 경우는 제외한다.

① 법정신고기한이 지난 후 1개월 이내에 수정신고한 경우 : 90%
② 법정신고기한이 지난 후 1개월 초과 3개월 이내에 수정신고한 경우 : 75%
③ 법정신고기한이 지난 후 3개월 초과 6개월 이내에 수정신고한 경우 : 50%
④ 법정신고기한이 지난 후 6개월 초과 1년 이내에 수정신고한 경우 : 30%
⑤ 법정신고기한이 지난 후 1년 초과 1년 6개월 이내에 수정신고한 경우 : 20%
⑥ 법정신고기한이 지난 후 1년 6개월 초과 2년 이내에 수정신고한 경우 : 10%

> **참고 | 가산세 한도**
>
> 각 세법에 따라 적용하는 가산세에 대해서는 그 의무위반의 종류별로 각각 5,000만원(중소기업기본법에 따른 중소기업이 아닌 기업은 1억원)을 한도로 한다. 다만, 해당 의무를 고의적으로 위반한 경우에는 그러하지 않다. 이러한 가산세 한도 규정은 소득세법·법인세법·부가가치세법에 따른 가산세는 과세기간 단위, 상속세 및 증여세법에 따른 가산세는 의무를 이행하여야 할 기간 단위로 구분하여 적용한다.

기출문제

제3장_ 수정신고와 경정 등의 청구 등

01 국세기본법상 수정신고와 경정청구에 대한 설명으로 옳지 않은 것은? [국가직 9급 2014]

① 과세표준신고서를 법정신고기한까지 제출한 자는 과세표준 신고서에 기재된 과세표준 및 세액이 세법에 따라 신고하여야 할 과세표준 및 세액보다 큰 경우 과세표준수정신고서를 제출할 수 있다.
② 국세의 과세표준 및 세액의 결정 또는 경정을 받은 자가 소득의 귀속을 제3자에게로 변경시키는 결정 또는 경정이 있을 때에는 그 사유가 발생한 것을 안 날부터 3개월 이내에 결정 또는 경정을 청구할 수 있다.
③ 과세표준신고서를 법정신고기한까지 제출한 자는 과세표준 신고서에 기재된 환급세액이 세법에 따라 신고하여야 할 환급세액을 초과할 때는 법에 정한 바에 따라 과세표준수정신고서를 제출할 수 있다.
④ 결정 또는 경정의 청구를 받은 세무서장은 그 청구를 받은 날부터 2개월 이내에 과세표준 및 세액을 결정 또는 경정하거나 결정 또는 경정하여야 할 이유가 없다는 뜻을 그 청구를 한 자에게 통지하여야 한다.

해설 수정신고란 당초 신고한 과세표준 및 세액이 과소하게 신고된 경우 또는 결손금액 및 환급세액이 과다한 경우 이를 수정하는 신고를 말한다.

해답 ①

02 국세기본법상 경정청구의 청구기간과 관련한 다음 제시문의 ㉠ ~ ㉢에 들어갈 내용을 바르게 연결한 것은? [국가직 9급 2018]

> 납세자가 법정신고기한까지 과세표준 신고서를 제출한 경우에는 국세기본법 제45조의2제1항에 따라 경정청구를 할 수 있는데 이 경우 법정신고기한이 지난 후 (㉠) 이내에 관할세무서장에게 그 경정청구를 해야 한다. 다만, 결정 또는 경정으로 인하여 증가된 과세표준 및 세액에 대하여는 해당 처분이 있음을 안 날(처분의 통지를 받은 때에는 그 받은 날)부터 (㉡) 이내[법정신고기한이 지난 후 (㉢) 이내로 한정한다]에 경정을 청구할 수 있다.

	㉠	㉡	㉢		㉠	㉡	㉢
①	5년	60일	5년	②	3년	60일	3년
③	5년	90일	5년	④	3년	90일	3년

해설 과세표준신고서를 법정신고기한 내에 제출한 자는 경정사유가 있는 때에는 최초신고 및 수정신고한 국세의 과세표준 및 세액의 결정 또는 경정을 법정신고기한이 지난 후 5년 이내에 관할 세무서장에게 청구할 수 있다. 다만, 결정 또는 경정으로 인하여 증가된 과세표준 및 세액에 대하여는 해당 처분이 있음을 안 날(처분의 통지를 받은 때에는 그 받은 날)부터 90일 이내(법정신고기한이 지난 후 5년 이내에 한한다.)에 경정을 청구할 수 있다.

해답 ③

03 국세기본법상 기한 후 신고에 대한 설명으로 옳지 않은 것은? [국가직 9급 2018]

① 납세자가 적법하게 기한후과세표준신고서를 제출한 경우 관할세무서장은 세법에 따라 신고일부터 30일 이내에 해당 국세의 과세표준과 세액을 결정하여야 한다.
② 적법하게 기한후과세표준신고서를 제출한 자로서 세법에 따라 납부하여야 할 세액이 있는 자는 그 세액을 납부하여야 한다.
③ 적법한 기한 후 신고가 있다고 하더라도 그 신고에는 해당 국세의 납세의무를 확정하는 효력은 없다.
④ 납세자가 적법하게 기한후과세표준신고서를 제출한 경우이지만, 세무서장이 과세표준과 세액을 결정할 것을 미리 알고 그러한 신고를 한 경우에는 기한 후 신고에 따른 무신고가산세 감면을 해주지 않는다.

> **해설** 기한 후 과세표준신고서를 제출한 경우 관할 세무서장은 세법에 따라 신고일로부터 3개월 이내에 해당 국세의 과세표준과 세액을 결정하여야 한다. 다만, 그 과세표준과 세액을 조사할 때 조사 등에 장기간이 걸리는 등 부득이한 사유로 신고일로부터 3개월 이내에 결정할 수 없는 경우에는 그 사유를 신고인에게 통지하여야 한다.
>
> **해답** ①

04 국세기본법상 가산세에 대한 설명으로 옳지 않은 것은? [국가직 9급 2018 수정]

① 가산세는 납부할 세액에 가산하거나 환급받을 세액에서 공제한다.
② 소득세법에 따라 소득세를 원천징수하여 납부할 의무를 지는 자에게 원천징수 납부 등 불성실가산세를 부과하는 경우에는 납부하지 아니한 세액의 100분의 20에 상당하는 금액을 가산세로 한다.
③ 납세자가 의무를 이행하지 아니한데 대한 정당한 사유가 있는 때에는 해당 가산세를 부과하지 아니한다.
④ 해당 국세를 감면하는 경우에는 가산세는 그 감면대상에 포함시키지 아니하는 것으로 한다.

> **해설** 국세를 징수하여 납부할 의무를 지는 자가 징수하여야 할 세액을 법정납부기한까지 납부하지 아니하거나 과소납부한 경우에는 납부하지 아니한 세액 또는 과소납부분 세액의 100분의 50(제1호의 금액과 제2호 중 법정납부기한의 다음 날부터 납세고지일까지의 기간에 해당하는 금액을 합한 금액은 100분의 10)에 상당하는 금액을 한도로 하여 다음의 금액을 합한 금액을 가산세로 한다.
> ㉠ 납부하지 아니한 세액 또는 과소납부분 세액의 100분의 3에 상당하는 금액
> ㉡ 납부하지 아니한 세액 또는 과소납부분 세액 × 법정납부기한의 다음 날부터 납부일까지의 기간(납세고지일부터 납세고지서에 따른 납부기한까지의 기간은 제외한다) × 금융회사 등이 연체대출금에 대하여 적용하는 이자율 등을 고려하여 대통령령으로 정하는 이자율(연 0.025%)
>
> **해답** ②

05 국세를 납부할 의무의 확정 또는 그 관련 쟁점에 대한 설명으로 옳은 것은? [국가직 9급 2020]

① 기한후 신고는 과세표준과 세액을 확정하는 효력을 가진다.
② 세법에 따라 당초 확정된 세액을 증가시키는 경정은 당초 확정된 세액에 관한 「국세기본법」 및 기타 세법에서 규정하는 권리·의무관계에 영향을 미치지 아니한다.
③ 과세표준신고서를 법정신고기한까지 제출한 자가 수정신고를 하는 경우, 당해 수정신고에는 당초의 신고에 따라 확정된 과세표준과 세액을 증액하여 확정하는 효력이 인정되지 아니한다.
④ 상속세는 상속이 개시되는 때, 증여세는 증여에 의하여 재산을 취득하는 때에 각각 납세의무가 성립하고, 상속세 및 증여세법에 따라 납부의무가 있는 자가 신고하는 때에 확정된다.

해설
① 기한후 신고는 과세표준과 세액을 확정하는 효력을 가지지 않는다.
③ 과세표준신고서를 법정신고기한까지 제출한 자가 수정신고를 하는 경우, 당해 수정신고에는 당초의 신고에 따라 확정된 과세표준과 세액을 증액하여 확정하는 효력이 인정된다.
④ 상속세 및 증여세의 신고는 협력의무로서의 신고로서 확정력을 가지지 못한다.

해답 ②

제4장 조세불복제도

제1절 조세불복절차

I. 조세불복절차의 개요

조세불복은 국세기본법 또는 세법에 따른 처분으로서 위법 또는 부당한 처분을 받거나(행정행위상의 작위) 필요한 처분을 받지 못함으로(행정행위상의 부작위) 인하여 납세자의 권리나 이익을 침해당했을 경우 일정한 절차에 따라 그 처분의 취소 또는 변경을 청구하거나 필요한 처분을 청구할 수 있는 법률상의 납세자권리구제제도를 말한다.

조세불복절차와 관련해서는 국세기본법, 지방세기본법 및 감사원법에 규정을 두고 있으며, 본장에서는 국세기본법과 감사원법에 규정된 불복절차에 대해서 살펴보기로 한다.

  국세기본법에 따른 심사청구·심판청구

(1) 심사청구

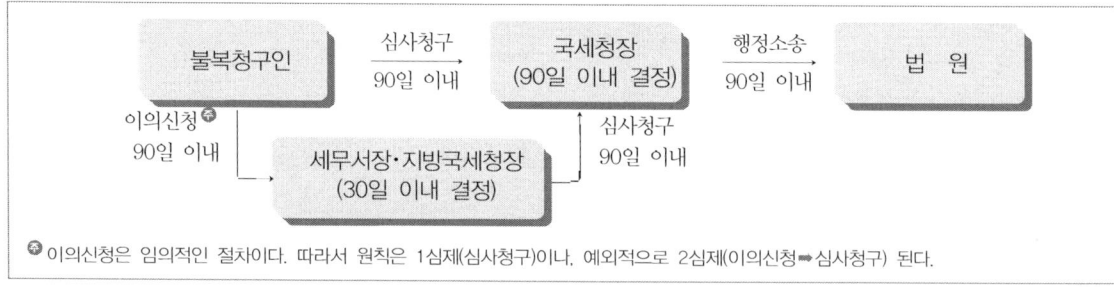

(2) 심판청구

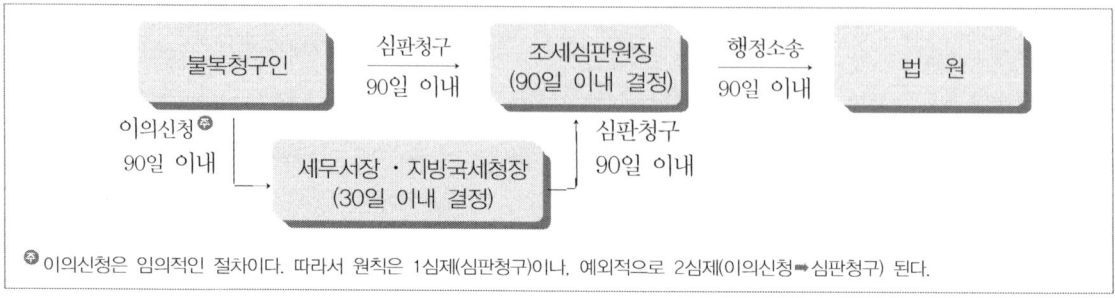

감사원법에 따른 심사청구

불복청구인은 국세처분에 대하여 감사원에 심사청구를 제기할 수 있으며, 감사원 심사청구를 제기한 경우에는 국세기본법상의 조세불복절차를 거친 것으로 본다.

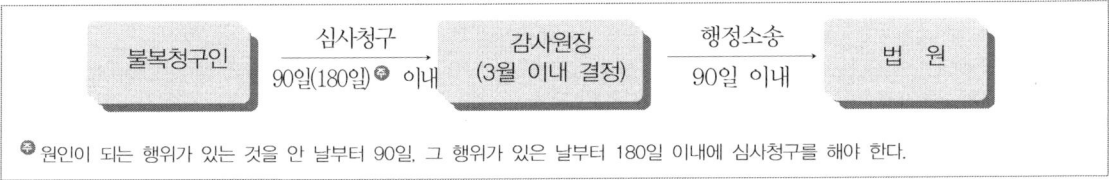

⊙ 원인이 되는 행위가 있는 것을 안 날부터 90일, 그 행위가 있은 날부터 180일 이내에 심사청구를 해야 한다.

II. 다른 법률과의 관계

 ## 행정심판법과의 관계

일반적으로 행정청과의 분쟁이 있는 경우에는 행정심판법에 따른 행정심판절차를 거친 후 행정소송법에 따른 행정소송을 제기하거나, 처음부터 행정소송법에 따른 행정소송을 통하여 사법부의 심판을 받을 수 있다.

그러나 과세당국과의 분쟁인 국세에 관한 불복에 대해서는 행정심판법의 적용이 배제되고, 국세기본법의 불복절차를 거친 후 사법부에 행정소송법에 따른 소송을 제기할 수 있다. 이와 같이 과세당국과의 분쟁에 대하여 사법부의 심판을 받기 위해서는 반드시 국세기본법에 따른 불복절차를 거쳐야만 하는데, 이를 행정심판전치주의라 한다. 따라서 국세기본법은 국세불복에 관하여 행정심판법에 대한 특별법적 지위에 있다고 볼 수 있다.

 지방세의 경우

국세의 경우에는 행정심판전치주의가 적용되는데 반하여, 지방세의 경우에는 행정심판전치주의가 적용되지 않는다. 즉, 지방세의 경우에는 지방세기본법상의 불복절차를 거치지 않고도 곧바로 행정소송법에 따른 행정소송을 제기할 수 있다.

 ## 감사원법과의 관계

납세자가 감사원법에 따라 감사원에 심사청구를 제기하는 경우에는 국세기본법의 심사청구 또는 심판청구를 할 수 없다. 즉, 납세자는 국세기본법에 따른 심사청구 또는 심판청구와 감사원법의 심사청구를 선택 적용할 수 있으나, 동일한 국세처분에 대하여 두 가지를 중복 적용할 수는 없다.

참고 **행정처분에 대한 구제제도**

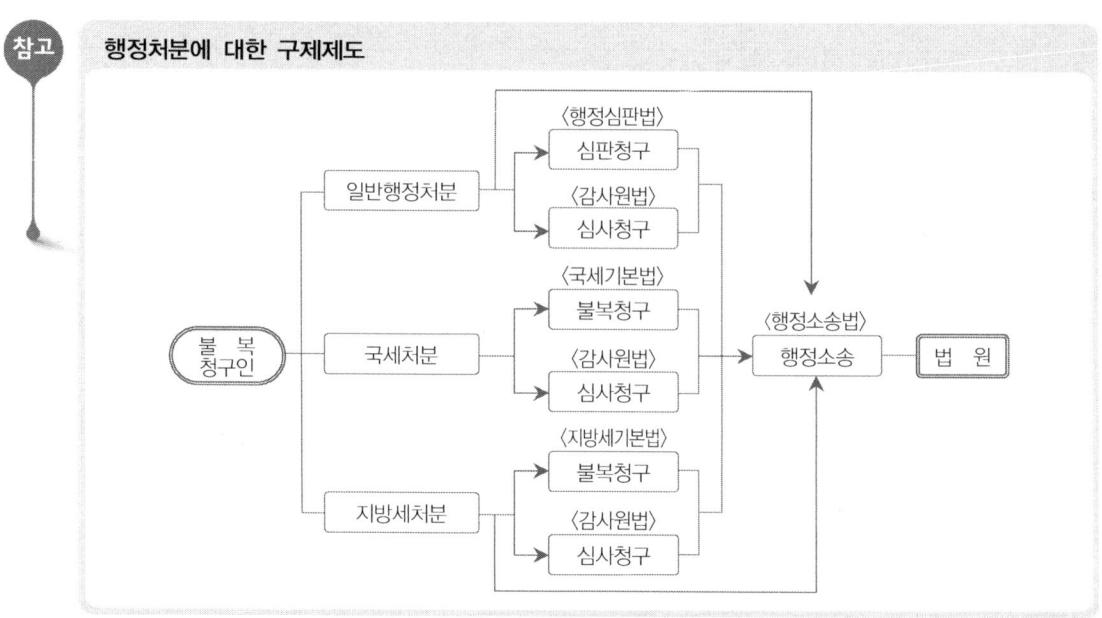

제2절 국세기본법상의 조세불복제도

I. 불복청구의 종류

국세기본법상 불복청구의 종류로는 임의적 절차에 해당하는 이의신청과 필수적 절차에 해당하는 심사청구 또는 심판청구가 있다.

구 분		내 용
(1) 임의적 절차	이 의 신 청 (세무서장·지방국세청장)	해당 처분을 하거나 했어야 할 세무서장에게 하거나 세무서장을 거쳐 관할 지방국세청장에게 해야 한다. 다만, 다음의 경우에는 관할 지방국세청장(②의 경우에는 과세처분한 세무서장의 관할 지방국세청장)에게 해야 하며, 세무서장에게 한 이의신청은 관할 지방국세청장에게 한 것으로 본다. ① 지방국세청장의 조사에 따라 과세처분을 한 경우 ② 조사한 세무서장과 과세처분한 세무서장이 서로 다른 경우 ③ 세무서장에게 과세전적부심사청구를 청구한 경우
(2) 필수적 절차	심 사 청 구 (국 세 청 장)	해당 처분을 하거나 했어야 할 세무서장을 거쳐 국세청장에게 해야 한다.
	심 판 청 구 (조 세 심 판 원 장)	해당 처분을 하거나 했어야 할 세무서장을 거쳐 조세심판원장에게 해야 한다.

II. 불복청구대상

1 불복청구대상의 범위

국세기본법 또는 세법에 따라 위법 또는 부당한 처분을 받거나 필요한 처분을 받지 못함으로써 권리나 이익을 침해당한 자는 불복청구를 제기할 수 있다. 위법 또는 부당한 처분을 받은 경우(작위 처분)의 사례로는 세금의 부과 등이 있으며, 필요한 처분을 받지 못한 경우(부작위 처분)의 사례로는 처분청이 다음 사항을 명시적 또는 묵시적으로 거부하는 것을 말한다.

① 공제·감면신청에 대한 결정
② 국세의 환급
③ 사업자등록신청에 대한 등록증 발급
④ 허가·승인
⑤ 압류해제
⑥ 경정청구에 대한 결정 또는 경정
⑦ 기타 위에 준하는 것

2 불복청구대상에서 제외되는 처분

(1) 불복청구에 대한 처분

이의신청·심사청구 또는 심판청구에 대한 처분에 대해서는 불복청구를 할 수 없다. 다만, 이의신청에 대한 처분에 대하여 심사청구 또는 심판청구를 하는 경우는 예외로 한다. 이는 동일처분에 대한 동일한 불복을 방지하기 위한 것이다.

(2) 조세범처벌절차법에 따른 통고처분

조세범처벌절차법에 따른 통고처분이란 지방국세청장 또는 세무서장이 조세범칙행위의 확증을 얻었을 때 그 대상이 되는 자에게 그 이유를 구체적으로 밝히고 벌금에 해당하는 금액이나 몰수 또는 몰취에 해당하는 물품 등 납부할 것을 통고하는 행정처분을 말한다. 통고처분은 조세범칙사건의 처리에 있어서 형사절차에 선행하여 과세당국이 벌칙을 부과하는 행정처분이므로 불복대상에서 제외한다.

(3) 감사원법에 따라 심사청구를 한 처분이나 그 심사청구에 대한 처분

감사원법에 따라 심사청구를 한 처분이나 그 심사청구에 대한 처분에 대하여는 국세기본법상 불복청구대상에서 제외한다. 그 이유는 감사원법에 따른 심사청구도 행정소송의 전심절차로 인정되기 때문이며, 해당 심사청구에 대한 처분에 대해 불만스러운 경우에는 행정소송을 제기해야 한다.

(4) 국세기본법 및 세법에 따른 과태료 부과처분

국세기본법 및 세법에 따른 과태료 부과처분에 대해서는 불복청구를 할 수 없다. 과태료 부과처분은 질서위반행위로 인한 과태료의 부과징수 및 재판 등에 관한 사항으로서 질서위반행위규제법상 불복절차를 따르기 때문에 국세기본법상 불복대상에서 제외한 것이다.

Ⅲ. 불복청구인과 대리인

 불복청구인

① 위법 또는 부당한 처분을 받거나 필요한 처분을 받지 못함으로써 권리 또는 이익을 침해당한 자
② 국세기본법 또는 세법상 처분에 따라 권리나 이익을 침해받게 될 다음의 이해관계인
  ㉠ 제2차 납세의무자·물적납세의무자로서 납부통지서를 받은 자
  ㉡ 납세보증인
  ㉢ 그 밖에 대통령령으로 정하는 자

대리인

(1) 원 칙

불복청구인과 처분청은 변호사 또는 세무사(세무사법에 따라 등록한 세무사인 공인회계사 포함)를 대리인으로 선임할 수 있다. 대리인은 본인을 위하여 그 신청 또는 청구에 관한 모든 행위를 할 수 있다. 다만, 그 신청 또는 청구의 취하는 특별한 위임을 받은 경우에만 할 수 있다.

한편, 이러한 대리인의 권한은 서면으로 증명해야 하며, 대리인을 해임하였을 때에는 그 사실을 서면으로 해당 재결청에 신고해야 한다.

(2) 예 외

불복청구인은 신청 또는 청구의 대상이 소액(국세는 3천만원 미만, 지방세는 1천만원 미만)인 경우에는 그 배우자, 4촌 이내의 혈족 또는 그 배우자의 4촌 이내의 혈족을 대리인으로 선임할 수 있다.

(3) 국선대리인 제도

신청인 또는 청구인이 빈곤 등의 사유로 대리인을 선임할 수 없다고 인정되는 경우로서 신청이 있는 경우에는 세법이 정하는 바에 따라 재결청이 대리인을 선정할 수 있다.

Ⅳ. 불복청구기한 등

 불복청구기한

(1) 최초 불복 시

이의신청(이의신청을 거치지 않고 심사청구 또는 심판청구를 하는 경우 포함)의 경우에는 해당 처분이 있은 것을 안 날(해당 처분의 통지를 받은 때에는 그 통지를 받은 날)로부터 90일 이내에 제기해야 한다.

(2) 상급심으로의 불복 시

이의신청을 거친 후 심사청구 또는 심판청구를 하는 경우에는 이의신청에 대한 결정통지를 받은 날로부터 90일 이내 제기해야 한다. 결정기간에 결정통지를 받지 못한 경우에는 결정기간이 지난 날부터 심사청구 또는 심판청구를 제기할 수 있다.

불복청구기한의 특례

(1) 우편에 의한 불복청구시

우편에 의한 불복청구시에는 발신주의를 적용한다. 이 경우 청구기간까지 우편으로 제출한 불복청구서가 청구기간을 지나서 도달한 경우에는 그 기간 만료일에 적법한 청구를 한 것으로 본다.

(2) 기한연장사유의 발생시

불복청구인이 천재지변 등 기한연장사유로 인하여 청구기간 내에 청구할 수 없는 때에는 그 사유가 소멸한 날부터 14일 이내에 청구할 수 있다.

V. 불복청구절차

 불복청구 접수기관 및 제출기관

국세기본법에 따른 불복청구 시 각 청구절차별 불복청구서의 접수기관 및 제출기관을 살펴보면 다음과 같다.

구 분	이의신청(이의신청서)	심사청구(심사청구서)	심판청구(심판청구서)
접수기관	세무서장❶	세무서장❷	세무서장❸ 또는 조세심판원장
제출기관	세무서장 또는 지방국세청장	국세청장	조세심판원장

❶ 지방국세청장에게 하는 이의신청서를 받은 세무서장은 이를 받은 날부터 7일 이내에 그 청구서에 의견서를 첨부하여 지방국세청장에게 송부해야 한다.
❷ 심사청구서를 받은 세무서장은 이를 받은 날부터 7일 이내에 그 청구서에 의견서를 첨부하여 국세청장에게 송부해야 한다.
❸ 심판청구서를 받은 세무서장은 이를 지체 없이 조세심판원장에게 송부해야 하며, 이를 받은 날부터 10일 이내에 그 심판청구서에 대한 답변서를 조세심판원장에게 제출해야 한다.

이의신청인, 심사청구인 또는 심판청구인은 국세청장 또는 조세심판원장이 운영하는 정보통신망을 이용하여 이의신청서, 심사청구서 또는 심판청구서를 제출할 수 있다. 이에 따라 이의신청서, 심사청구서 또는 심판청구서를 제출하는 경우에는 국세청장 또는 조세심판원장에게 이의신청서, 심사청구서 또는 심판청구서가 전송된 때에 국세기본법에 따라 제출된 것으로 본다.

2 불복청구결정기관

(1) 이의신청과 심사청구

1) 이의신청

세무서장 또는 지방국세청장이 받은 이의신청으로서 세무서장 또는 지방국세청장이 조사·결정·처리하였어야 할 사항에 대한 불복청구는 국세심사위원회의 심의를 거쳐 세무서장 또는 지방국세청장이 결정한다.

2) 심사청구

심사청구를 받은 국세청장은 국세심사위원회의 심의를 거쳐 결정한다. 다만, 심사청구에 대한 결정에 잘못된 기재, 계산착오, 그 밖에 이와 비슷한 잘못이 있는 것이 명백할 때에는 국세심사위원회의 심의를 거치지 않고 국세청장이 직권으로 또는 심사청구인의 신청에 의하여 경정할 수 있다.

국세청장은 위에 따른 국세심사위원회 의결이 법령에 명백히 위반된다고 판단하는 경우 구체적인 사유를 적어 서면으로 국세심사위원회로 하여금 한 차례에 한정하여 다시 심의할 것을 요청할 수 있다.

(2) 심판청구

1) 원 칙

조세심판원장이 심판청구를 받았을 때에는 조세심판관회의가 심리를 거쳐 결정한다. 조세심판원장과 상임조세심판관 모두로 구성된 회의가 일정한 방법에 따라 조세심판관회의의 의결이 다음 중 어느 하나에 해당한다고 의결하는 경우에는 조세심판관합동회의가 심리를 거쳐 결정한다.

① 해당 심판청구사건에 관하여 세법의 해석이 쟁점이 되는 경우로서 이에 관하여 종전의 조세심판원 결정이 없는 경우
② 종전에 조세심판원에서 한 세법의 해석·적용을 변경하는 경우
③ 조세심판관회의 간에 결정의 일관성을 유지하기 위한 경우
④ 그 밖에 국세행정이나 납세자의 권리·의무에 중대한 영향을 미칠 것으로 예상되는 경우 등

2) 예 외

다음의 경우에는 주심조세심판관이 심리하여 결정할 수 있다.

① 심판청구금액이 3천만원(지방세의 경우는 1천만원) 미만의 것으로서 다음 중 어느 하나에 해당하는 것
  ㉠ 청구사항이 법령해석에 관한 것이 아닌 경우
  ㉡ 청구사항이 법령해석에 관한 것으로서 유사한 청구에 대하여 이미 조세심판관회의의 의결에 따라 결정된 사례가 있는 경우
  ㉢ 각하 결정사유에 해당하는 경우
② 심판청구가 과세표준·세액의 결정에 관한 것 외의 것으로서 유사한 청구에 대해 이미 결정된 사례가 있는 것
③ 청구기간이 지난 후에 심판청구를 받은 것

보정기간 및 결정기간

이의신청·심사청구 및 심판청구의 내용이나 절차가 국세기본법 또는 세법에 적합하지 않으나 보정할 수 있다고 인정되면 다음의 구분에 따른 보정기간을 정하여 보정할 것을 요구할 수 있다. 다만, 보정할 사항이 경미한 경우에는 직권으로 보정할 수 있다. 이러한 보정요구를 받은 심사청구인은 보정할 사항을 서면으로 작성하여 국세청장에게 제출하거나, 국세청에 출석하여 보정할 사항을 말하고 그 말한 내용을 국세청 소속 공무원이 기록한 서면에 서명 또는 날인함으로써 보정할 수 있다.

한편, 이의신청·심사청구 및 심판청구의 결정은 신청·청구를 받은 날부터 다음의 구분에 따른 결정기간 내에 해야 한다. 이때 보정기간은 결정기간에 산입하지 않는다.

구 분	이 의 신 청	심 사 청 구	심 판 청 구
보 정 기 간	20일 이내	20일 이내	상당한 기간
결 정 기 간	30일✪	90일	90일

✪ 이의신청인이 결정기간 내에 항변하는 경우 60일

VI. 불복청구의 효력

 ## 원칙 : 집행부정지의 효력

이의신청·심사청구 또는 심판청구는 해당 불복대상이 된 처분의 집행에 효력을 미치지 않는 것을 원칙으로 한다. 이의 취지는 처분의 집행을 일시 모면하기 위한 불복청구제도를 악용하는 것을 방지하기 위함이다.

 ## 예외 : 집행정지의 효력

(1) 불복청구인이 재해를 입은 경우

이의신청인·심사청구인 또는 심판청구인이 심한 재해를 입은 경우에 정부가 이를 조사하기 위하여 상당한 시일이 필요하다고 인정할 때에 한하여 재결청이 그 처분의 집행을 중지하거나 중지하게 할 수 있다.

(2) 불복청구가 계류 중인 경우

이의신청·심사청구 또는 심판청구가 계류 중인 때에는 그 신청 또는 청구에 대한 결정이 확정되기 전에는 국세체납으로 인하여 압류한 재산을 매각할 수 없다.

Ⅷ. 불복청구에 대한 결정

1 결정의 종류

구 분	내 용
(1) 각 하	요건심리의 결과 청구요건을 갖추지 못한 경우에 내용심리를 하지 아니하고 신청 자체를 배척하는 결정이다.
(2) 기 각	불복청구에 대한 내용심리결과 그 불복내용이 이유 없다고 인정될 경우에 내리는 결정이다.
(3) 인 용	불복청구에 대한 내용심리결과 그 불복내용이 이유 있다고 인정될 경우에 내리는 결정이다. 이때에는 그 청구의 대상이 된 처분의 취소·변경결정 또는 필요한 처분의 결정을 해야 한다.

> **참고** 심리 및 결정

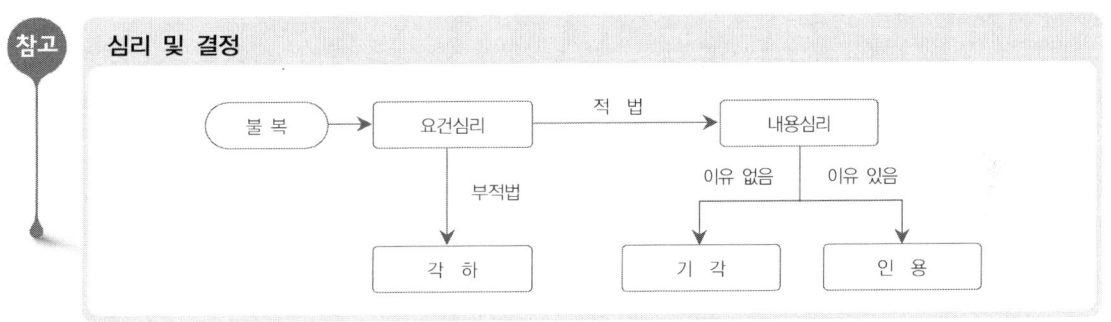

2 결정의 통지

(1) 결정기간 내 결정시

재결청은 결정기간 내에 그 이유를 기재한 결정서를 청구인에게 통지해야 한다. 결정서에는 그 결정서를 받은 날로부터 90일 이내에 다음 단계의 청구 또는 행정소송을 제기할 수 있다는 내용을 적어야 한다.

(2) 결정기간 내 미결정시

재결청은 해당 신청 또는 청구에 대한 결정기간 내에 그 결정을 하지 못한 경우에는 결정의 통지를 받기 전이라도 그 결정기간이 지난날로부터 다음 단계의 청구 또는 행정소송을 제기할 수 있다는 내용을 지체 없이 해당 신청인에게 통지해야 한다. 이 경우 통지는 서면으로 하거나 전화, 휴대전화를 이용한 문자전송, 팩시밀리 또는 전자우편 등 간편한 통지 방법으로 할 수 있다.

3 결정의 효력

(1) 불가변력

본래 하자가 있는 행정처분은 해당 행정청의 직권 또는 상급행정청의 감독권의 발동에 의하여 변경할 수 있는 것이 원칙이다. 그러나 국세불복청구에 대한 결정은 쟁송절차에 따라 내려진 결정이므로 해당 결정을 한 재결청 자신도 이를 취소하거나 변경할 수 없는데, 이를 불가변력이라 한다. 다만, 불복청구에 대한 결정에 오기·계산착오 그 밖에 이와 비슷한 잘못이 있는 것이 명백할 때에는 결정권자는 직권으로 또는 불복청구인의 신청에 의하여 이를 경정할 수 있다.

한편, 불가변력은 각하결정시에는 적용될 여지가 없음에 유의해야 한다. 왜냐하면 각하결정은 형식적 청구요건을 갖추지 못하여 내용심리 전단계인 요건심리 결과 해당 신청자체를 배척하는 결정이기 때문이다.

(2) 불가쟁력

불복청구에 대한 결정에 대하여 청구인 또는 처분청이 불복청구기간 내에 다음 단계의 불복청구를 하지 않거나 행정소송을 제기하지 않는 경우에는 그 결정은 형식적으로 확정된다. 따라서 그 이후로는 해당 결정내용에 대하여 당연 무효가 아닌 이상 다툴 수 없게 되는데, 이를 불가쟁력이라 한다. 한편, 불가쟁력은 위의 불가변력과 마찬가지로 각하결정시에는 적용될 여지가 없다.

(3) 기속력

불복청구에 대한 인용결정이 있으면 해당 행정청은 결정의 취지에 따라 즉시 필요한 처분을 해야 하는데, 이를 기속력이라 한다. 이러한 기속력은 인용결정에 대하여만 의미가 있는 개념이므로 각하나 기각결정에는 적용될 여지가 없다. 왜냐하면 각하는 요건불비로 인하여 청구자체를 배척하는 것이며, 기각은 내용심리결과 청구인의 주장을 배척하는 결정이기 때문이다.

Ⅷ. 조세심판관회의

 조세심판관회의의 개요

구 분	내 용
(1) 회의의 구성	조세심판원장이 심판청구를 받으면 이에 관한 조사와 심리를 담당할 주심조세심판관 1명과 배석조세심판관 2명 이상을 지정하여 조세심판관회의를 구성한다.
(2) 의 결 방 법	조세심판관회의는 담당조세심판관 3분의 2 이상의 출석으로 개의하고 출석조세심판관 과반수 이상의 찬성으로 의결한다.
(3) 비공개 원칙	조세심판관회의는 공개하지 아니한다. 다만, 조세심판관회의의 의장이 필요하다고 인정할 때에는 공개할 수 있다.

2 조세심판관의 제척·회피 및 기피

(1) 제척과 회피

제척이란 재판권 행사의 공정을 꾀하고 재판에 대한 국민의 신뢰를 지키기 위하여 법관이 특정 사건의 피해자이거나 또는 피해자나 피고인의 가족·친척관계일 때에는 그 직무의 집행에서 제외되는 것을 말한다. 한편, 회피란 사전적으로 일하기를 꺼리어 선뜻 나서지 않는 것을 말하며 엄밀한 의미에서의 법률상 용어는 아니다.

조세심판관이 다음에 해당하는 경우에는 심판관여로부터 제척된다. 또한 조세심판관은 다음 제척사유 중 어느 하나에 해당하는 경우에는 주심조세심판관 또는 배석조세심판관의 지정에서 회피해야 한다.

① 심판청구인 또는 대리인인 경우(대리인이었던 경우를 포함)
② 심판청구인 또는 대리인의 친족이거나 친족이었던 경우
③ 심판청구인 또는 대리인의 사용인이거나 심판청구일 기준 최근5년 이내 사용인이었던 경우
④ 불복의 대상이 되는 처분, 처분에 대한 이의신청에 관하여 증언 또는 감정을 한 경우
⑤ 심판청구일 전 최근 5년 이내에 세무공무원으로서 불복의 대상이 되는 처분, 처분에 대한 이의신청 또는 그 기초가 되는 세무조사(조세범 처벌절차법에 따른 조세범칙조사 포함)에 관여하였던 경우
⑥ 위 ④ 또는 ⑤에 해당하는 법인 또는 단체에 속하거나 심판청구일 전 최근 5년 이내에 속하였던 경우
⑦ 그 밖에 심판청구인 또는 그 대리인의 업무에 관여하거나 관여하였던 경우

(2) 기 피

기피란 법률에서 불공정한 재판이 행해질 우려가 있을 때 그 법관의 재판을 소송당사자가 거부함을 이르는 말이다. 심판청구인은 담당조세심판관에게 공정한 심판을 기대하기 어려운 사정이 있다고 인정될 때에는 그 조세심판관의 기피를 신청할 수 있다. 이 경우 기피신청은 담당조세심판관의 지정 또는 변경통지를 받은 날로부터 7일 이내에 문서로 해야 한다.

3 심판청구의 심리원칙

구 분	내 용
(1) 사건의 병합과 분리	담당 조세심판관이 필요하다고 인정하면 여러 개의 심리사항을 병합하거나 병합된 심리사항을 여러 개의 심리사항으로 분리할 수 있다.
(2) 자유심증주의	조세심판관은 심판청구에 관한 조사 및 심리의 결과와 과세의 형평을 고려하여 자유심증으로 사실을 판단한다.
(3) 불고불리의 원칙	조세심판관회의 또는 조세심판관합동회의는 심판청구를 하게 한 처분 외의 처분에 대해서는 그 처분의 전부·일부를 취소·변경하거나 새로운 처분의 결정을 하지 못한다.
(4) 불이익변경의 금지	조세심판관회의 또는 조세심판관합동회의는 심판청구를 하게 한 처분보다 청구인에게 불리한 결정을 하지 못한다.

이익신청 및 심사청구에 대한 불고불리·불이익변경 금지 적용

국세청장은 결정을 할 때 심사청구를 한 처분 외의 처분에 대해서는 그 처분의 전부 또는 일부를 취소 또는 변경하거나 새로운 처분의 결정을 하지 못하며(불고불리), 심사청구를 한 처분보다 청구인에게 불리한 결정을 하지 못한다(불이익변경 금지). 이의신청에 관하여는 이를 준용한다.

기출문제

제4장 _ 조세불복제도

01 국세기본법상 불복에 대한 설명으로 옳지 않은 것은? [국가직 7급 2016]

① 이의신청을 하는 경우에 조사한 세무서장과 과세처분한 세무서장이 서로 다른 경우에는 과세처분한 세무서장의 관할지방국세청장에게 하여야 한다.
② 이의신청, 심사청구 또는 심판청구의 재결청은 결정서에 그 결정서를 받은 날부터 90일 이내에 이의신청인은 심사청구 또는 심판청구를, 심사청구인 또는 심판청구인은 행정소송을 제기할 수 있다는 내용을 적어야 한다.
③ 대리인은 본인을 위하여 그 신청 또는 청구에 관한 모든 행위를 할 수 있으므로 그 신청 또는 청구의 취하에 있어서도 특별한 위임을 받을 필요는 없다.
④ 이의신청, 심사청구 또는 심판청구는 세법에 특별한 규정이 있는 것을 제외하고는 해당 처분의 집행에 효력을 미치지 아니하나 해당 재결청이 필요하다고 인정할 때에는 그 처분의 집행을 중지하게 하거나 중지할 수 있다.

해설 대리인은 본인을 위하여 그 신청 또는 청구에 관한 모든 행위를 할 수 있다. 다만, 그 신청 또는 청구의 취하는 특별한 위임을 받은 경우에만 할 수 있다.

해답 ③

02 국세기본법령상 조세불복의 대리인에 대한 설명으로 옳지 않은 것은? (단, 지방세는 고려하지 않는다) [국가직 9급 2019]

① 이의신청인 등과 처분청은 변호사를 대리인으로 선임할 수 있다.
② 이의신청인 등은 신청 또는 청구의 대상이 되는 금액이 3천만 원 미만인 경우 그 배우자도 대리인으로 선임할 수 있다.
③ 조세불복의 신청 또는 청구의 취하는 대리인이 본인으로부터 특별한 위임을 받은 경우에만 할 수 있다.
④ 법인이 아닌 심판청구인이 심판청구의 대상세목이 상속세이고, 청구금액이 5천만 원인 경우 조세심판원에 세무사를 국선대리인으로 선정하여 줄 것을 신청할 수 있다.

해설 법인이 아닌 불복청구인(이의신청·심사청구·심판청구)이 청구금액이 3천만 원 이하이며, 상속세, 증여세, 종합부동산세가 아닌 세목인 경우에는 조세심판원 등에 국선대리인을 선정하여 줄 것을 신청할 수 있다(종합소득금액 5천만원 이하, 재산 평가액 5억원 이하시).

해답 ④

417

03 국세기본법과 다른 법률과의 관계에 대한 설명으로 옳은 것은? [국가직 9급 2019]

① 국세기본법은 국세기본법 또는 세법에 의한 위법·부당한 처분을 받은 경우에는 우선 행정심판법에 의한 심사청구·심판청구를 하도록 하고 있다.
② 재조사 결정에 따른 처분청의 처분에 대한 행정소송은 국세기본법에 따른 심사청구 또는 심판청구와 그에 대한 결정을 거치지 아니하면 제기할 수 없다.
③ 국세에 관한 처분에 대하여는 국세기본법의 규정에 따른 불복방법과 감사원법의 규정에 따른 불복방법도 있기 때문에 두 가지 불복방법을 동시에 이용할 수 있다.
④ 국세환급금의 소멸시효에 관하여는 국세기본법 또는 세법에 특별한 규정이 있는 것을 제외하고는 민법에 따른다.

> **해설**
> ① 국세기본법은 행정심판법에 대한 특별법에 해당하므로 국세기본법 또는 세법에 의한 위법·부당한 처분을 받은 경우에는 행정심판법에 우선하여 국세처분에 대한 불복철차를 하도록 하고 있다.
> ② 재조사 결정에 따른 처분청의 처분에 대한 행정소송은 국세기본법에 따른 심사청구 또는 심판청구와 그에 대한 결정을 거치지 아니하고 바로 제기할 수 있다.
> ③ 국세에 관한 처분에 대하여는 국세기본법의 규정에 따른 불복방법과 감사원법의 규정에 따른 불복방법을 동시에 이용할 수 없다.
>
> **해답** ④

04 조세불복 및 그 관련 제도에 대한 설명으로 옳은 것은? [국가직 9급 2020]

① 조세심판관회의는 조세심판관회의 의장이 필요하다고 인정할 때 이외에는 공개하지 아니한다.
② 행정소송이 계속 중인 국세의 체납으로 압류한 재산(부패·변질·감량되기 쉬운 재산이 아님)은 소(訴)에 대한 판결이 확정되기 전에 공매할 수 있다.
③ 조세심판원의 재조사결정에 따른 후속 처분에 대하여는 심사청구나 심판청구를 할 수 없다.
④ 납세의무자가 세법에 따른 과태료 부과처분의 취소를 구하는 심판청구를 한 경우 조세심판원은 그를 심리하여 인용 또는 기각의 결정을 하여야 한다.

> **해설**
> ② 행정소송이 계속 중인 국세의 체납으로 압류한 재산은 그 신청 또는 청구에 대한 결정이나 소(訴)에 대한 판결이 확정되기 전에는 공매할 수 없다. 다만, 그 재산이 부패·변질 또는 감량되기 쉬운 재산으로서 속히 매각하지 아니하면 그 재산가액이 줄어들 우려가 있는 경우에는 예외로 한다.
> ③ 조세심판원의 재조사결정에 따른 후속 처분에 대하여는 심판청구 또는 행정소송 중 불복 청구인이 선택할 수 있다.
> ④ 과태료 부과처분에 대하여는 국세기본법에 따른 불복을 청구할 수 없다.
>
> **해답** ①

저자

저자 | 김갑순

약력 | 서울대학교 경영학과(경영학사)
서울대학교 대학원 경영학과 졸업(경영학 석사)
서울대학교 대학원 경영학과 졸업(경영학 박사)
한국회계기준원 초빙연구위원(전)
금융감독원 회계제도실 자문교수(전)
한국회계기준원 회계기준자문위원회 위원(전)
공인회계사, 세무사시험 출제위원(전)
행정고등고시 시험출제 및 선정위원(전)
한국세무학회 「세무학연구」 편집위원장(전)
한국회계학회 「회계저널」 편집위원장(전)
국세청 국세행정개혁위원회 위원(전)
한국세법학회 연구이사(전)
한국납세자연합회 회장(전)
서울지방국세청 납세자보호위원회 위원장(전)
한국세무학회 회장(전)
기획재정부 세제발전심의위원회 위원(전)
한국납세자연합회 명예회장(현)
한국세무학회 고문(현)
동국대학교 경영대학 교수(현)

저서 | 기업의 조세전략과 세무회계연구(영화조세통람)
IFRS 회계원리(도서출판 오래)
입법취지로 배우는 세무입문(나눔에이엔티)
분개법 원리로 배우는 법인세법(나눔에이엔티)
입법취지로 배우는 소득세법(나눔에이엔티)
입법취지로 배우는 부가가치세법(나눔에이엔티)

저자 | 양성희

약력 | 공인회계사, 세무사
동국대학교 경상대학 경영학과졸
한영회계법인 근무(전)
삼화회계법인 근무(전)
삼일회계법인 교육사업부 강사(전)
(주)영화조세통람 세법강사(전)
동국대학교 겸임교수(전)
아이파경영아카데미 강사(전)
중소기업연수원 강사(전)
한국생산성본부 강사(전)
아세아세무그룹 대표(현)

저서 | 한국기업회계기준해설
PRIME 객관식 세법
PRIME 세법의 마스터키
PRIME 세무회계3급
입법취지로 배우는 세무입문(나눔에이엔티)
분개법 원리로 배우는 법인세법(나눔에이엔티)
입법취지로 배우는 소득세법(나눔에이엔티)
입법취지로 배우는 부가가치세법(나눔에이엔티)
세무회계뱅크

저자 | 박시훈

약력 | 계명대학교 회계학과(경영학사)
동국대학교 대학원 세무회계전공(박사)
호서대학교 강사(전)
명지전문대학 강사(전)
한국외국어대학교 객원강의교수(전)
경북대학교 초빙교수(전)
조세연구소 선임연구원(현)

저서 | 입법취지로 배우는 세무입문(나눔에이엔티)
분개법원리로 배우는 법인세법(나눔에이엔티)
입법취지로 배우는 소득세법(나눔에이엔티)
입법취지로 배우는 부가가치세법(나눔에이엔티)

저자 | 김태준

약력 | 세무사
동국대학교 경영대학 회계학전공(학사)
우덕회계법인 역삼지점(전)
세무법인정성 성북지점(전)
세무법인포유 분당지점(현)

저서 | 입법취지로 배우는 세무입문(나눔에이엔티)
분개법원리로 배우는 법인세법(나눔에이엔티)
입법취지로 배우는 소득세법(나눔에이엔티)
입법취지로 배우는 부가가치세법(나눔에이엔티)

입법취지로 배우는 세무입문　　　　　　　　가격 26,000원

5 판 발 행	2025년 3월 4일
저　　　자	김갑순·양성희·박시훈·김태준
발 행 인	김상길
발 행 처	나눔클래스
편　　　집	(주)서울멀티넷
등　　　록	제2021-000008호
주　　　소	서울시 성북구 오패산로 38 2층(하월곡동)
홈 페 이 지	www.nanumclass.com
전　　　화	02-911-2722
팩　　　스	02-911-2723
ISBN	979-11-91475-98-2 (13320)
	2025@나눔클래스

파본은 구입하신 서점이나 출판사에서 교환해 드립니다.

나눔클래스는 정확한 지식과 정보를 독자분들께 제공하고자 최선의 노력을 다하고 있습니다. 본서가 모든 경우에 완벽성을 갖는 것은 아니므로 주의를 기울이시고 필요한 경우 전문가와 사전 논의를 하시기 바랍니다. 본서의 수록내용은 특정사안에 대한 구체적인 의견제시가 될 수 없으므로 본서의 적용결과에 대해서 책임 지지 않습니다.